모두의
기타 코드 바이블

우연히 접한 음악 속에서 기타 소리가 유독 제 귀에 들어왔습니다. 그렇게 기타를 배우고 음악을 공부한 지 벌써 몇 해가 지났을까요? 아직도 음악의 세계는 어렵습니다. 여러 음대를 다니며 배운 다양한 연습법과 경험을 조금이나마 공유하고 싶어 그 일부를 책으로 정리해 보았습니다. 이 책이 당신의 음악 생활과 기타 실력 향상에 도움이 되기를 바랍니다.

2023년 겨울, 조혜진

contents

기본 오픈 코드

Basic Open String Chords

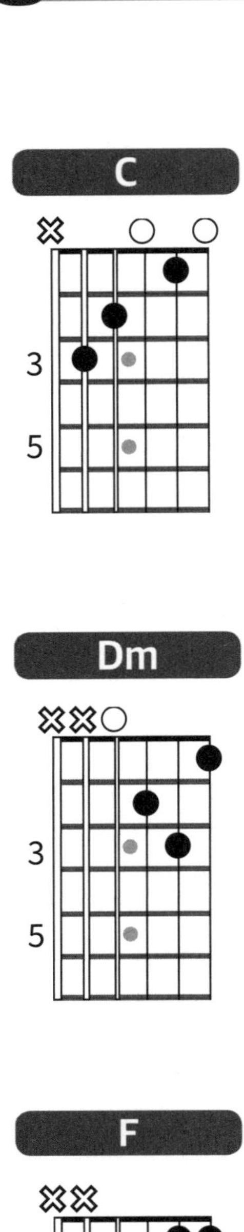

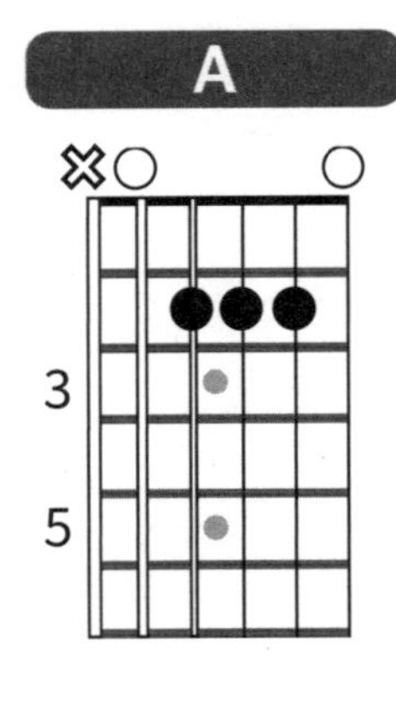
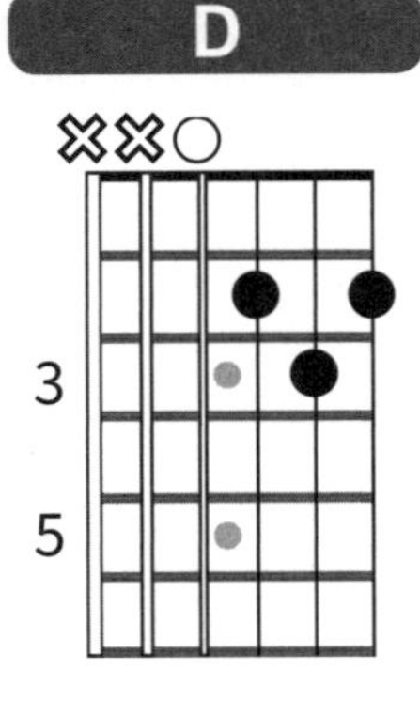
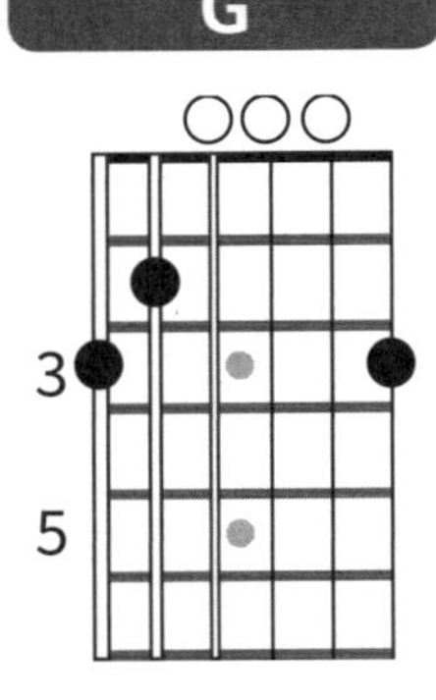
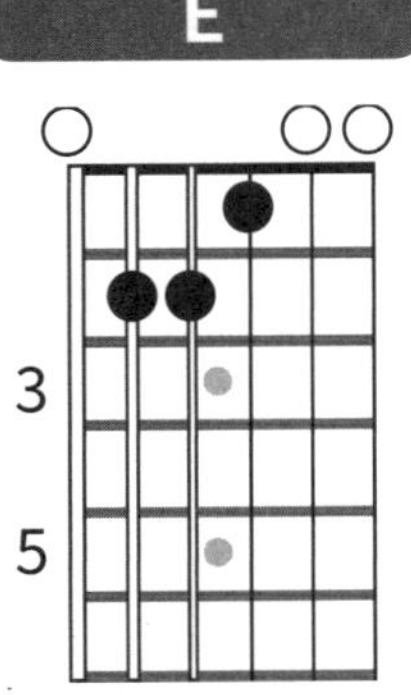

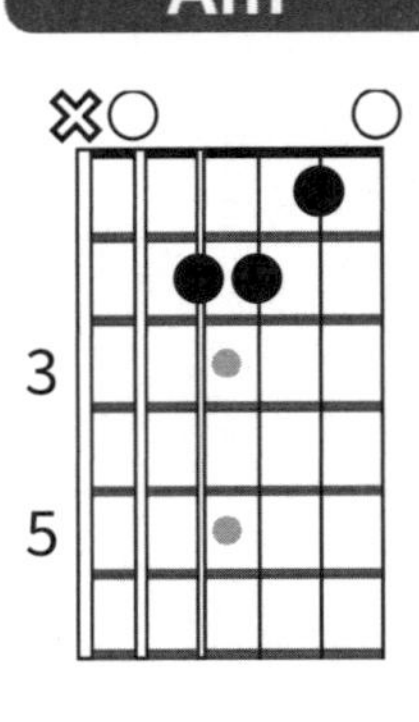
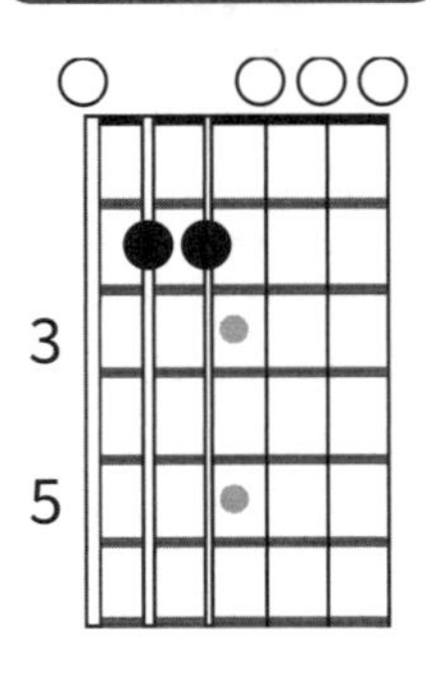
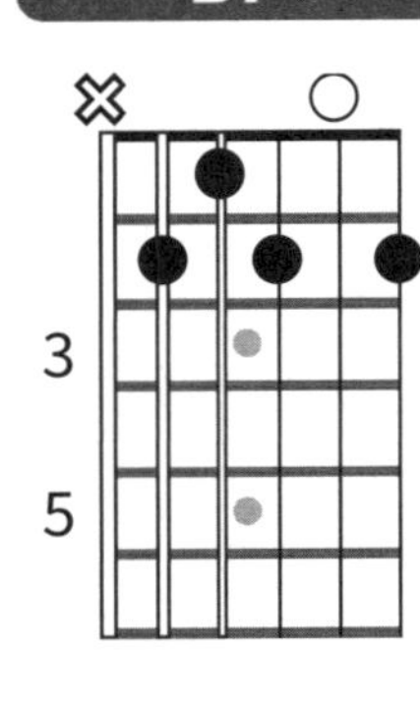
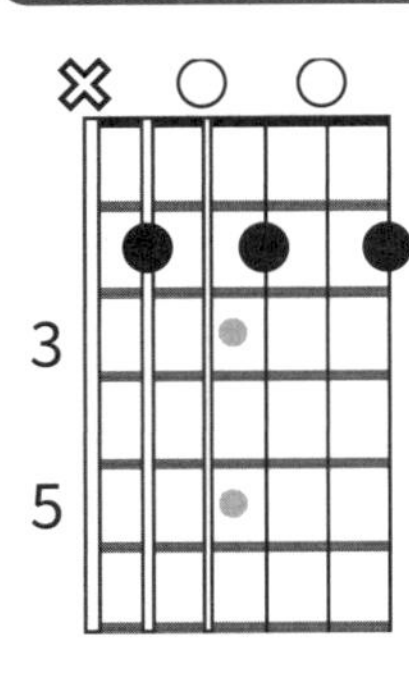

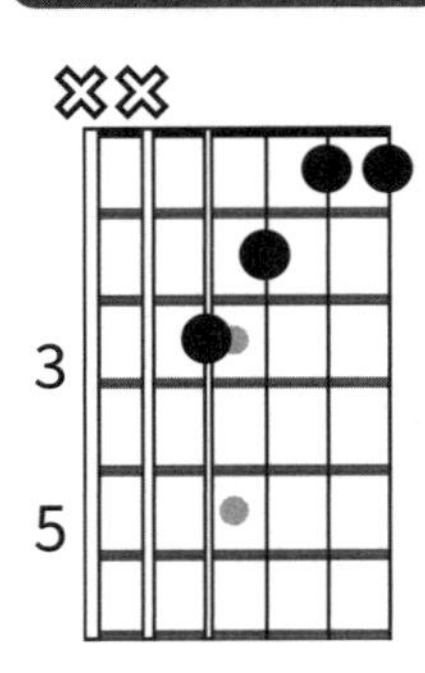
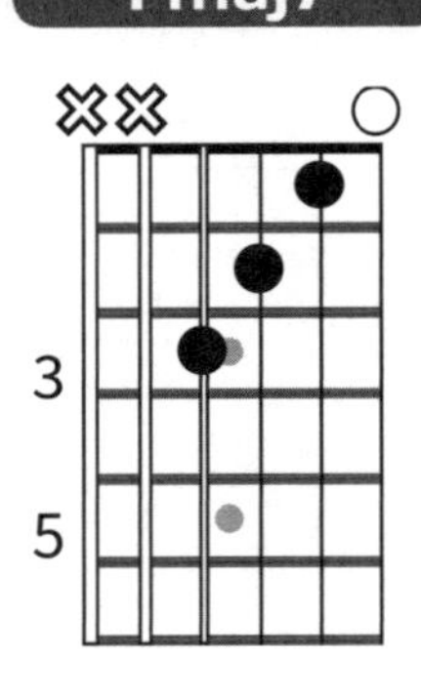
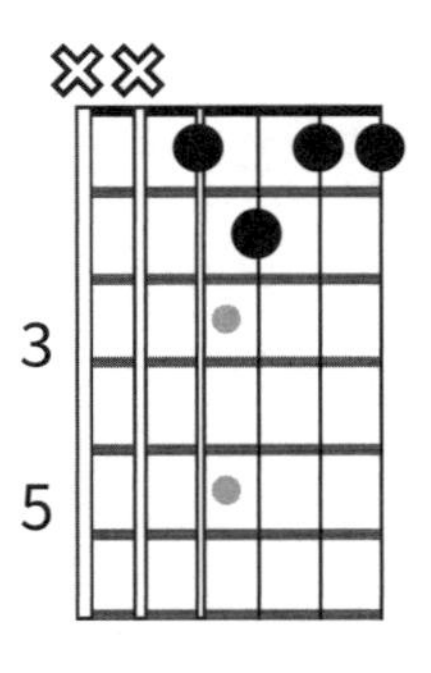
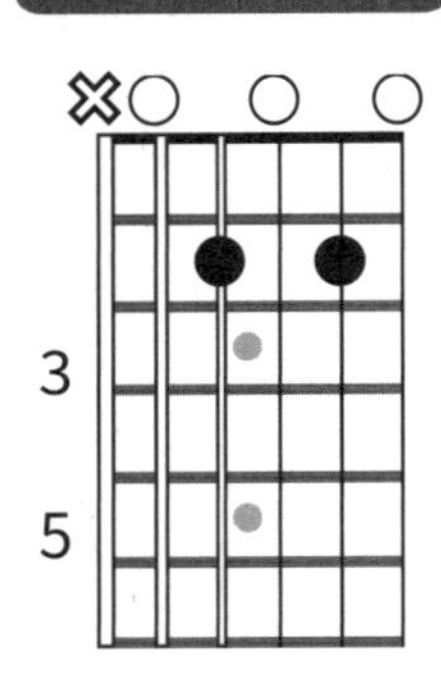
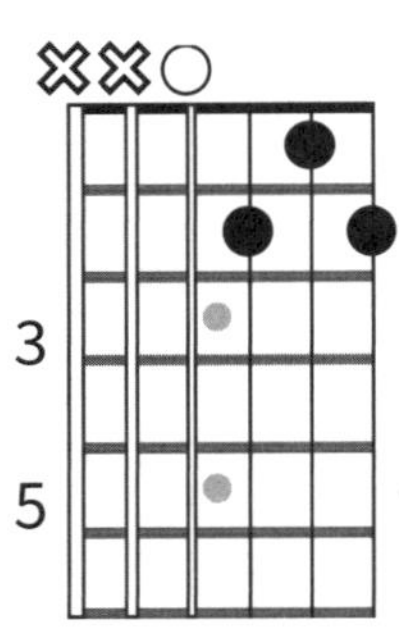

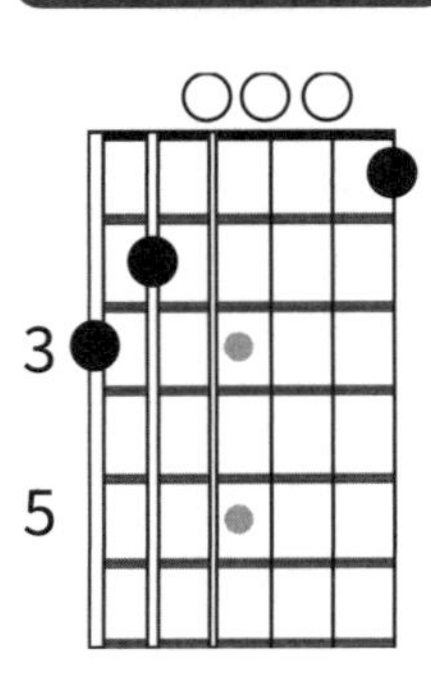
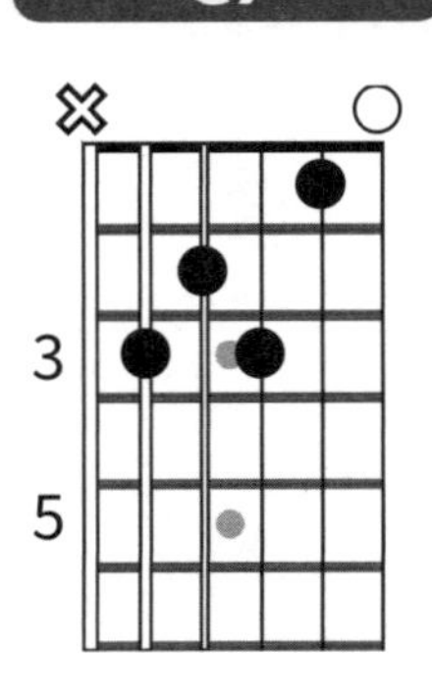
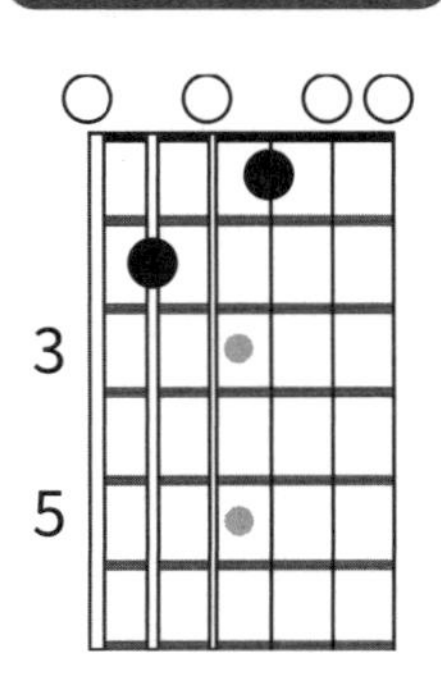
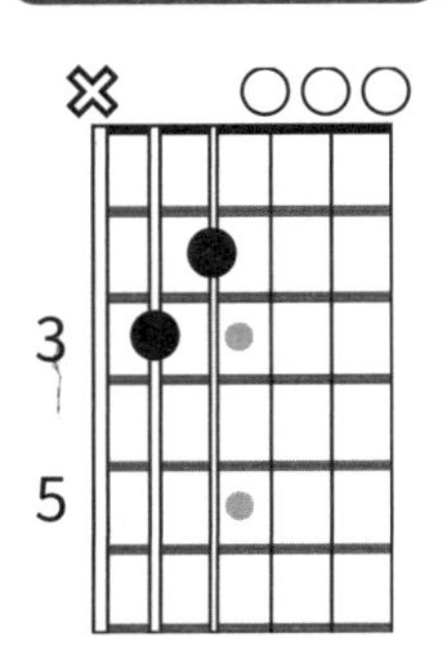
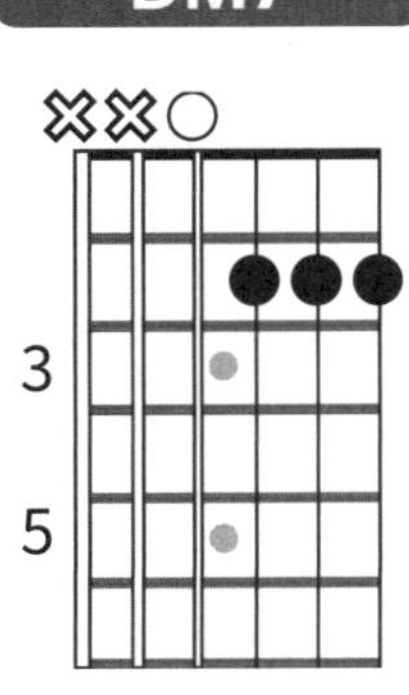

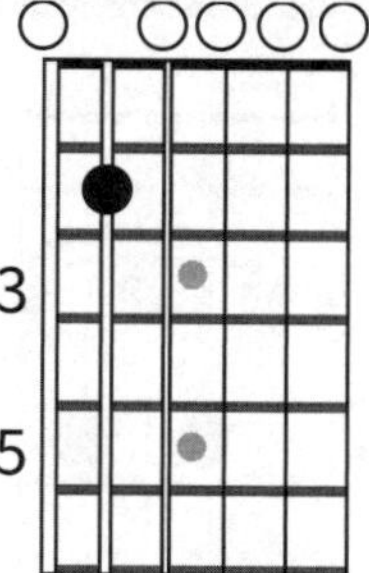

Em7

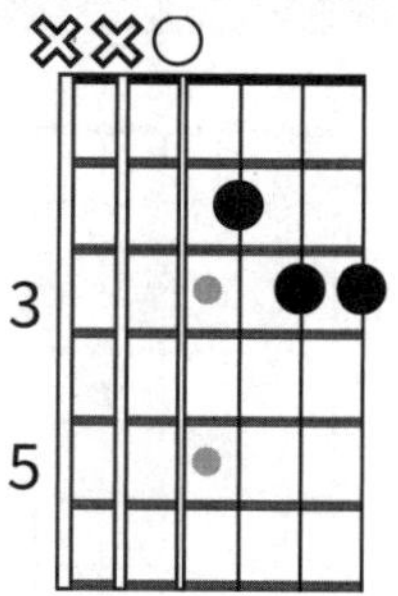

Dsus4

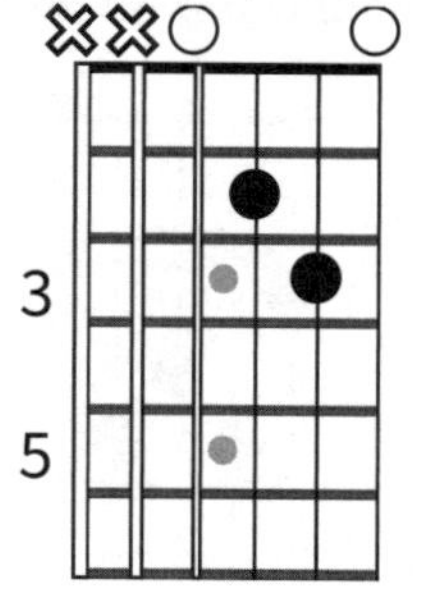

Dsus2

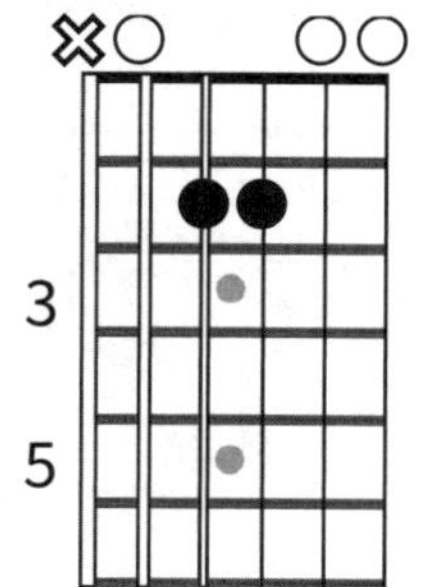

Asus2

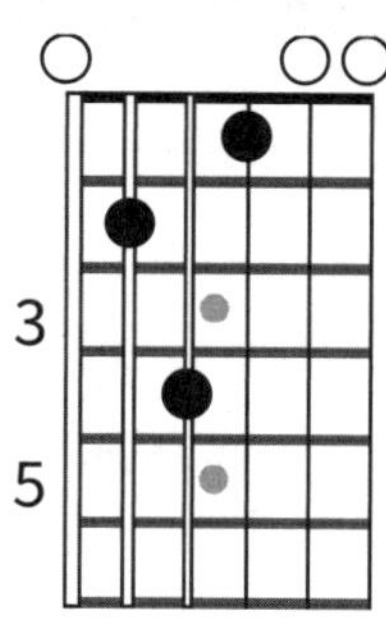

Eadd9

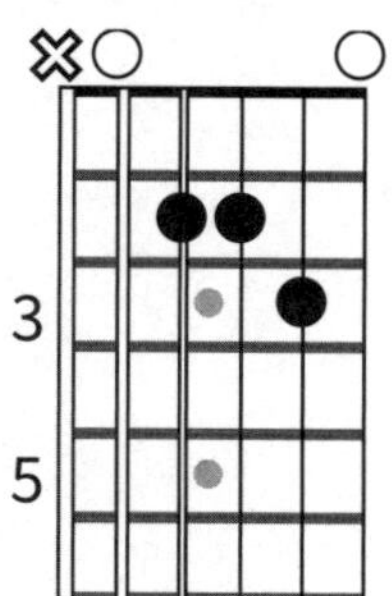

Asus4

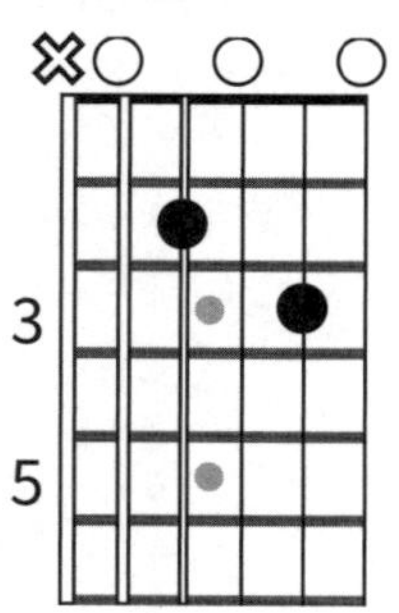

A7sus4

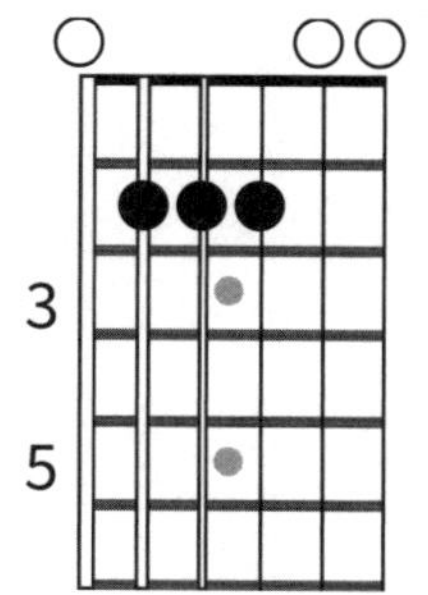

Esus4

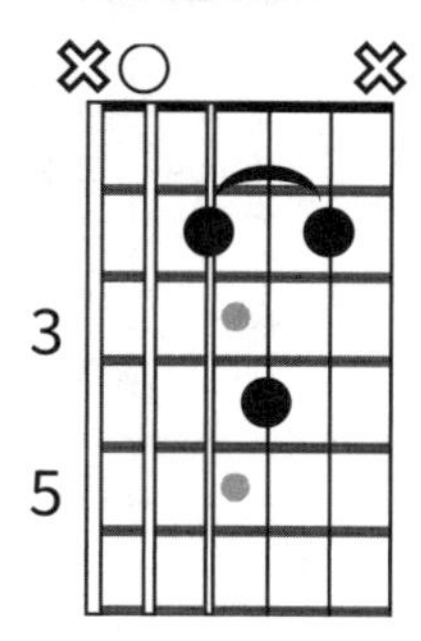

Aadd2

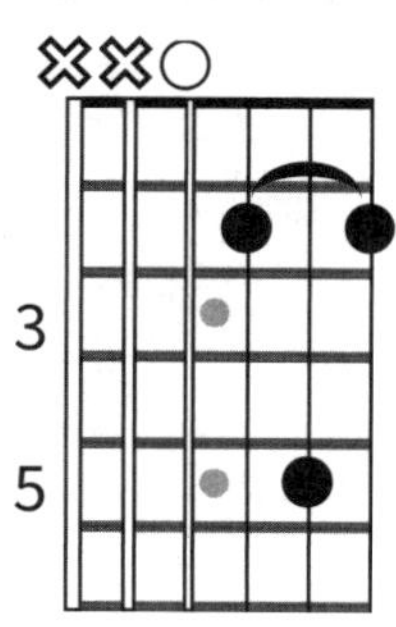

Dsus2

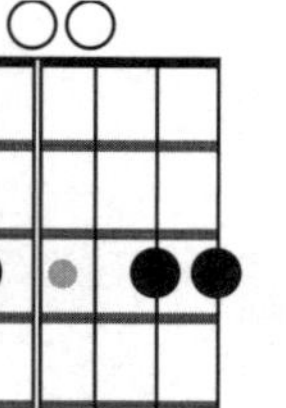

Csus2

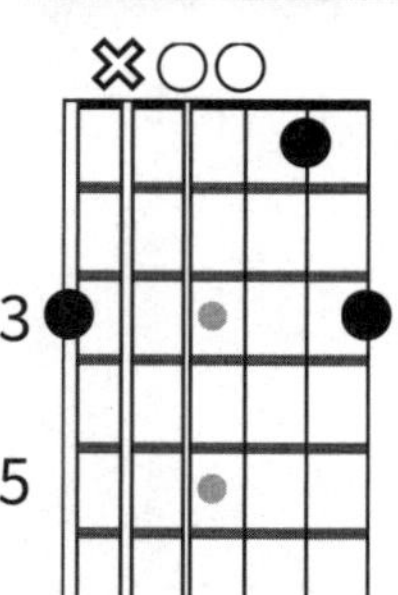

Gsus4

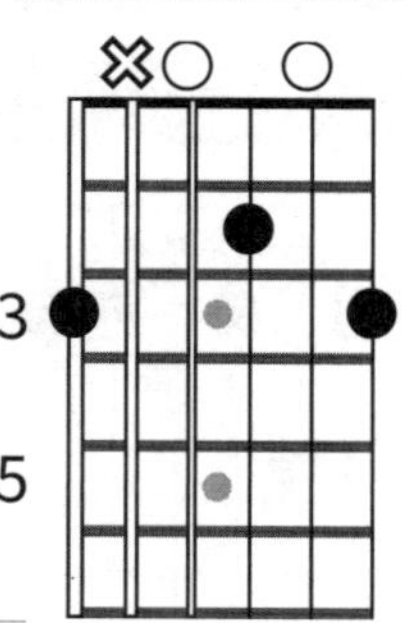

Gadd9

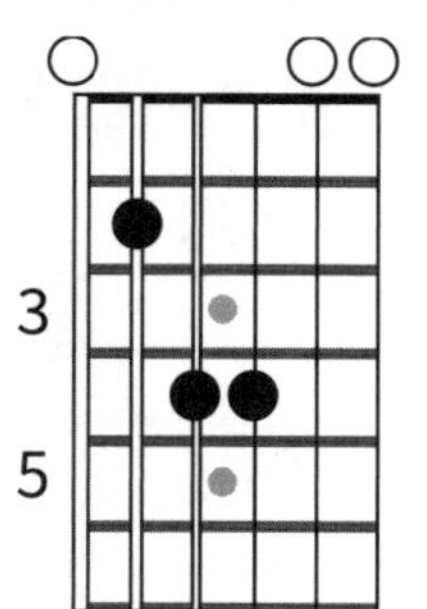

Esus2

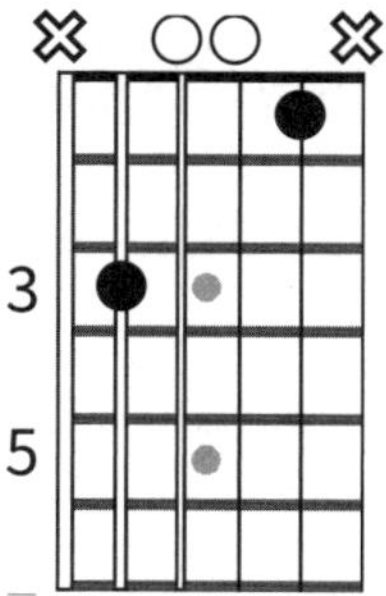

Csus2

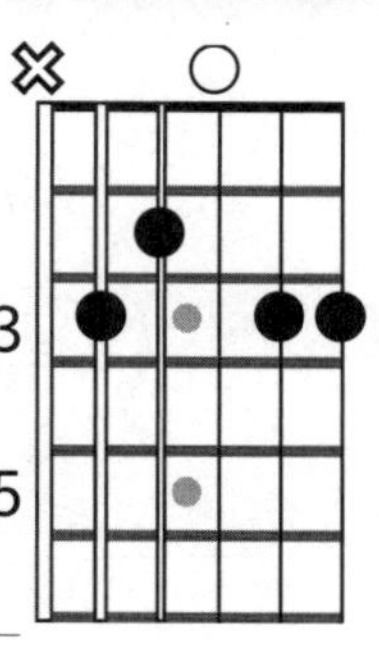

Cadd9

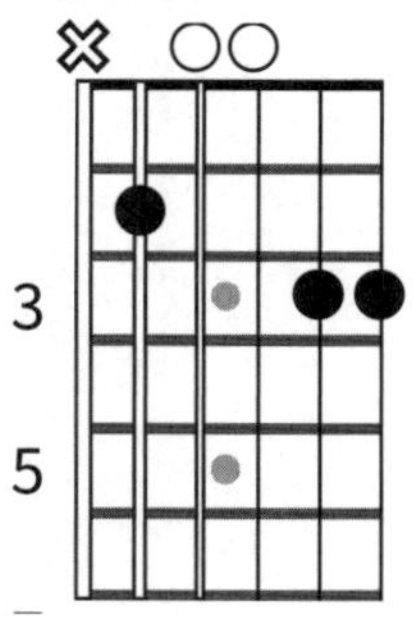

G/B

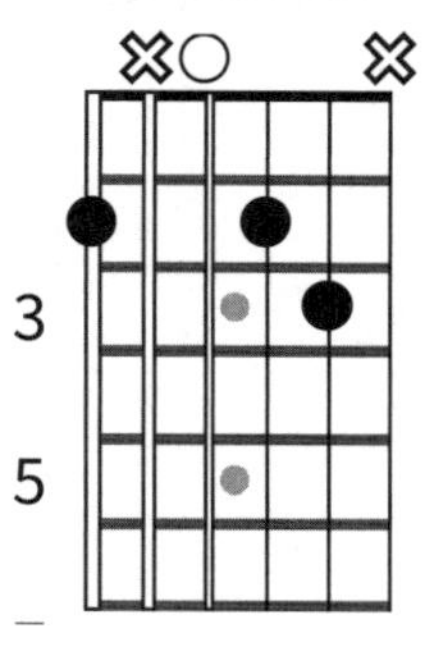

D/F♯

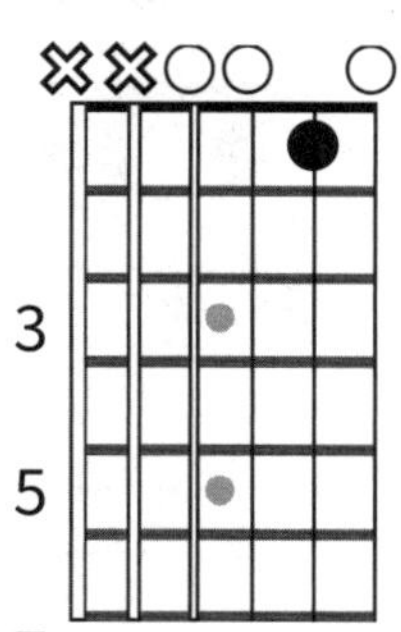

C/D

바레 코드 – 5번 줄 근음 포지션   Barre Chords - 5th String Root Position

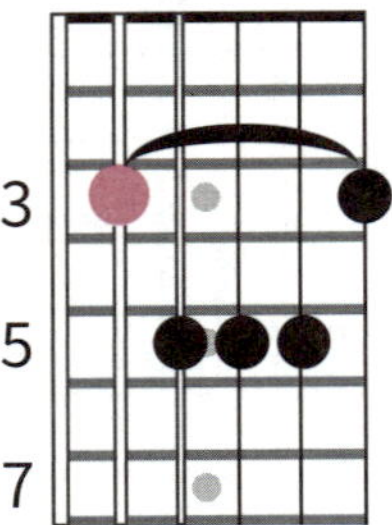

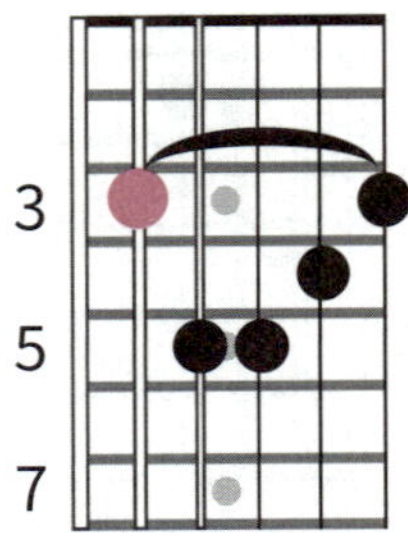

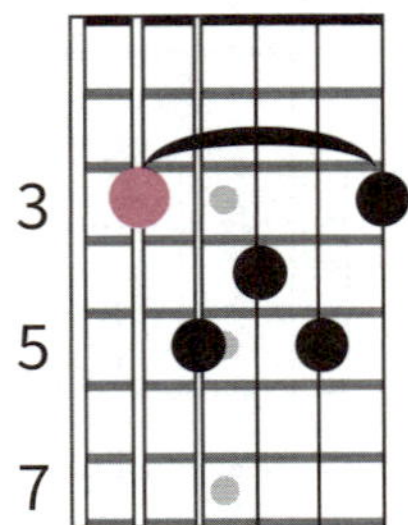

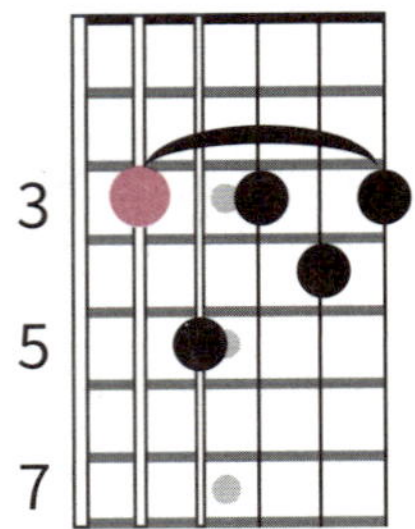

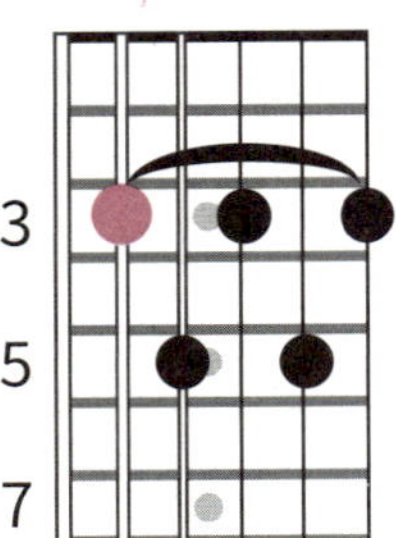

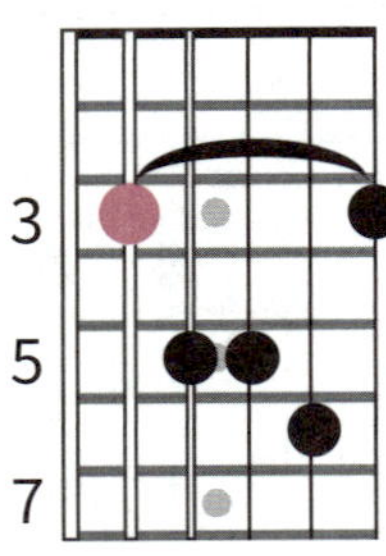

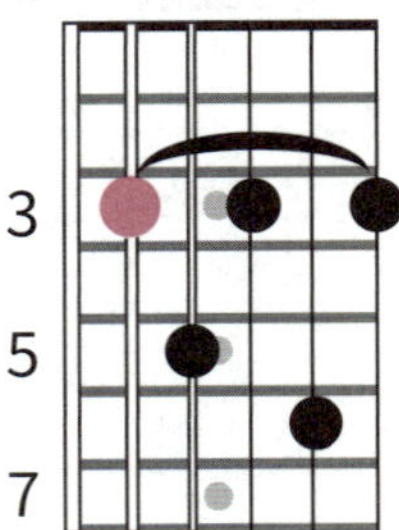

바레 코드 – 6번 줄 근음 포지션   Barre Chords - 6th String Root Position

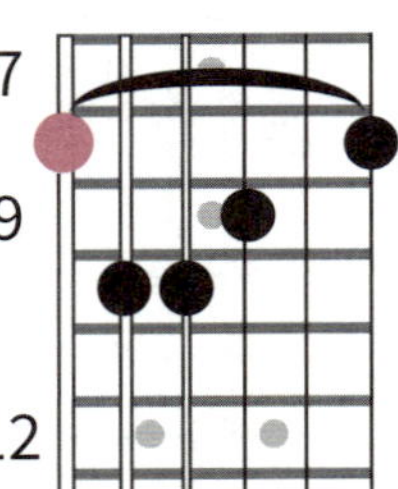

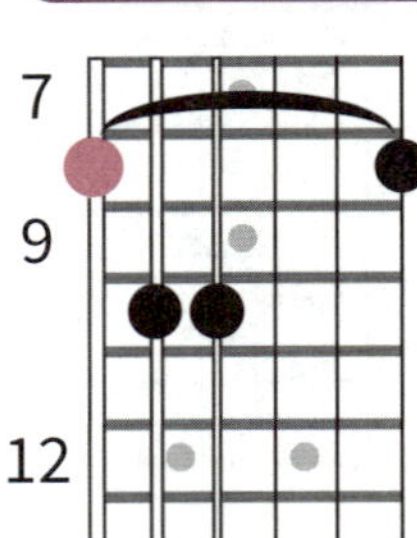

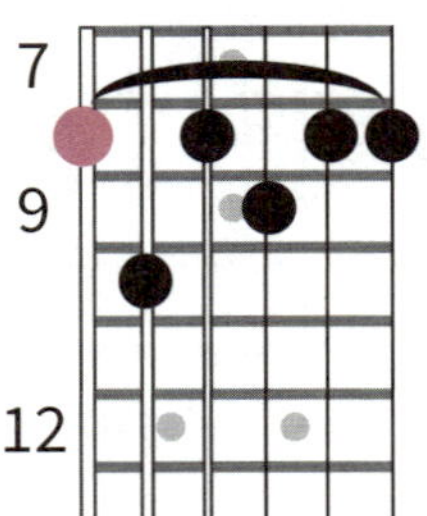

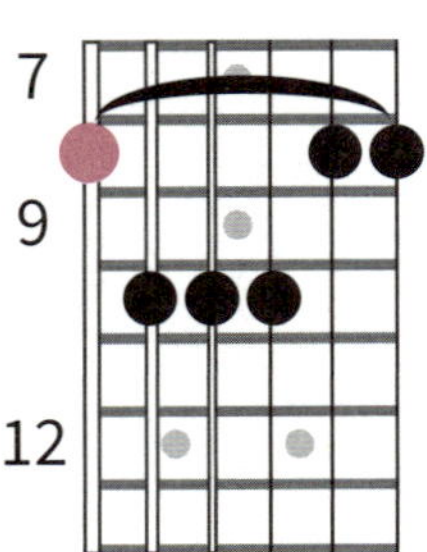

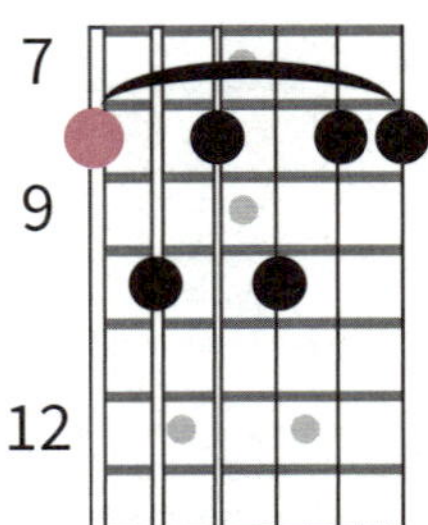

메이저 3화음 코드(D)

① 123번 줄

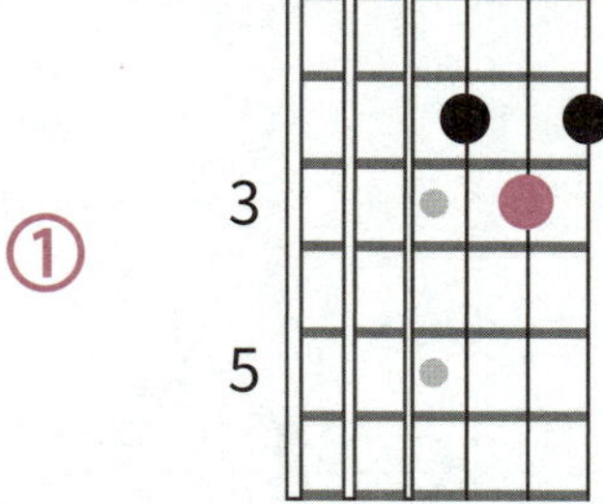
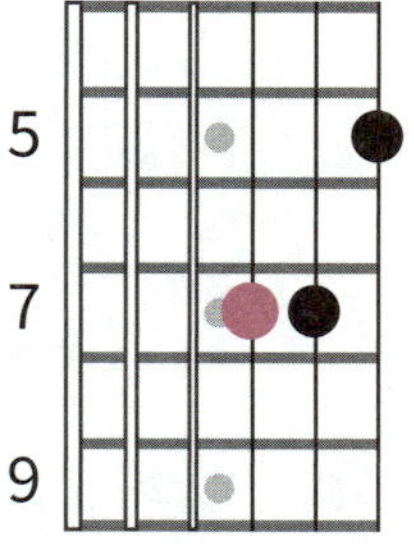
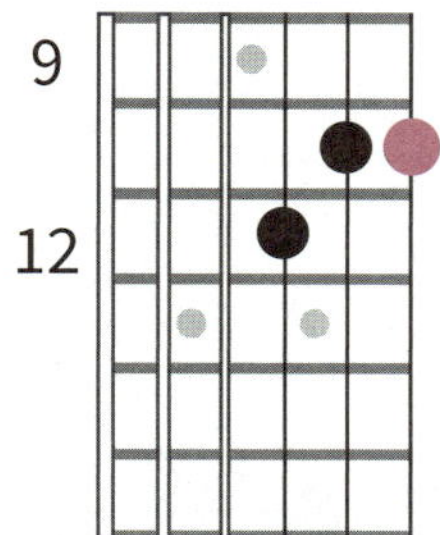

② 234번 줄

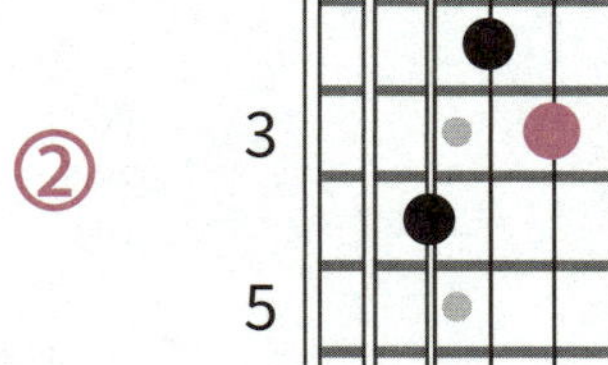
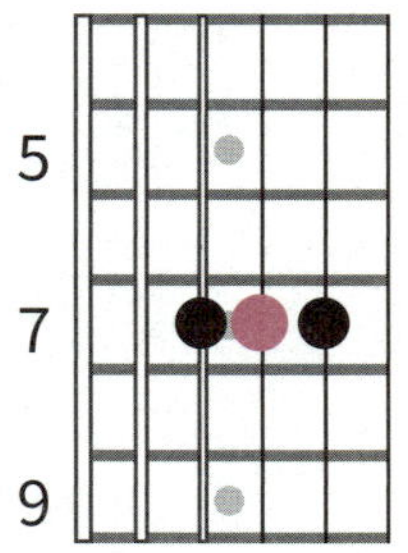
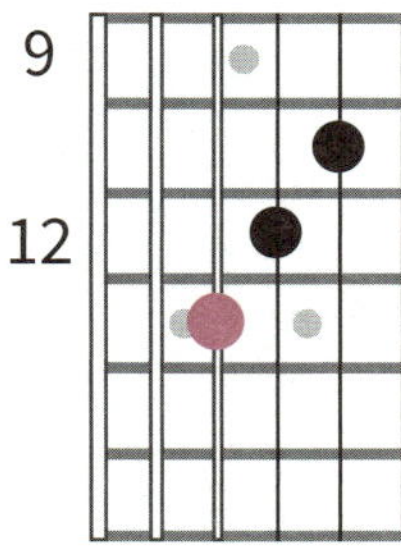

③ 345번 줄

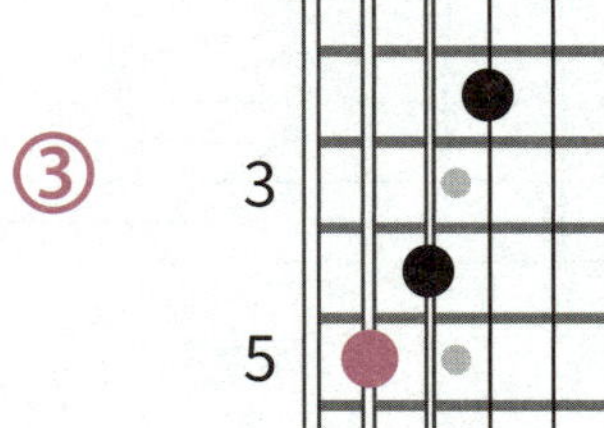
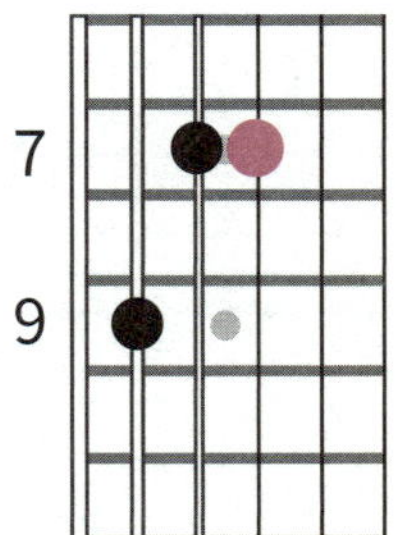
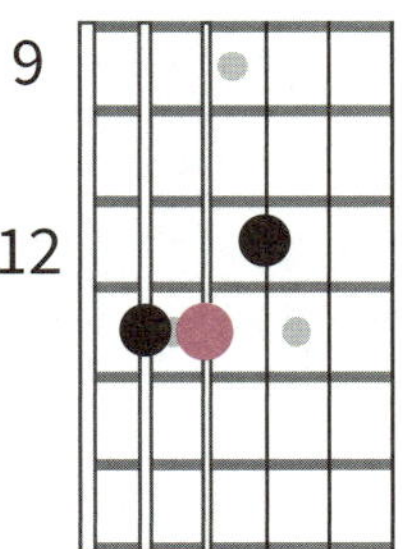

④ 456번 줄

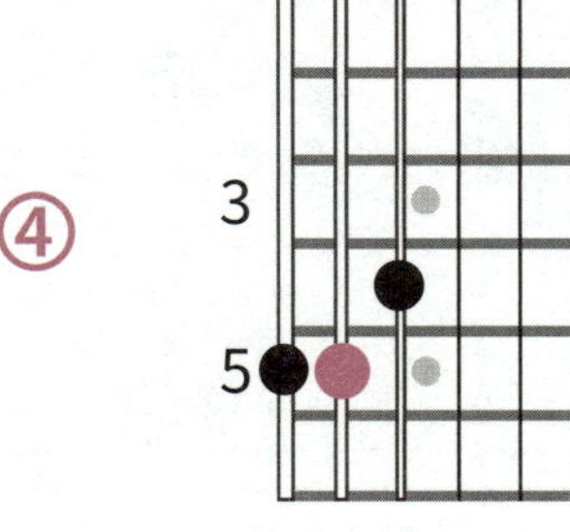
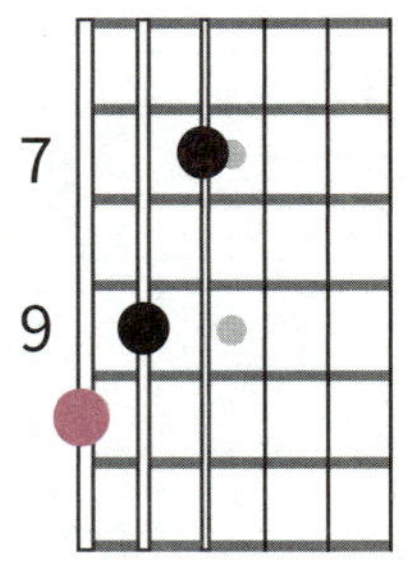
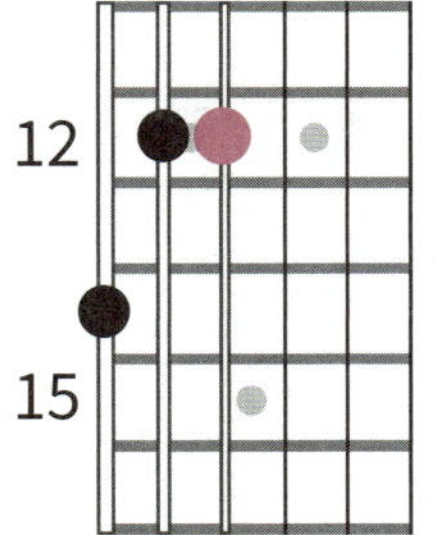

메이저 3화음 코드

123번 줄

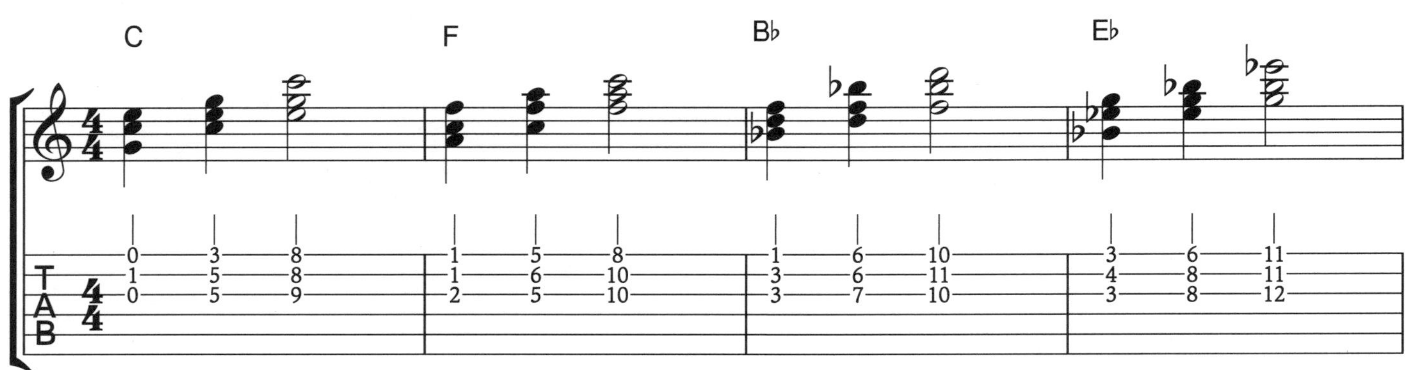

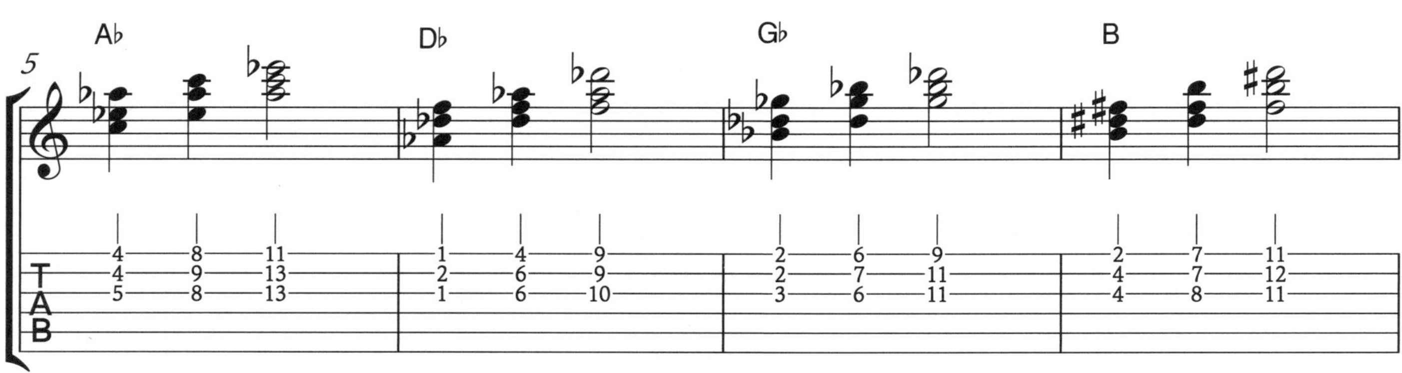

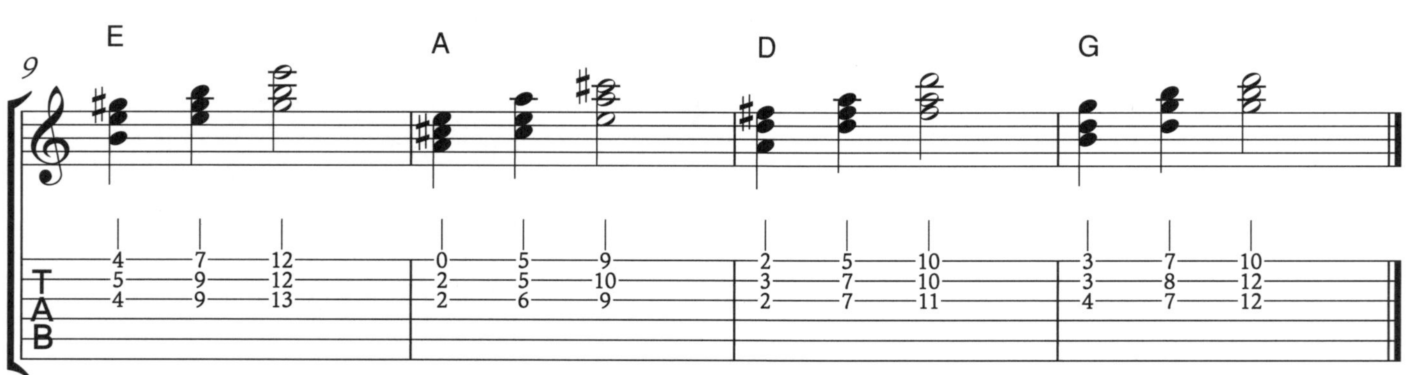

메이저 3화음 코드

234번 줄

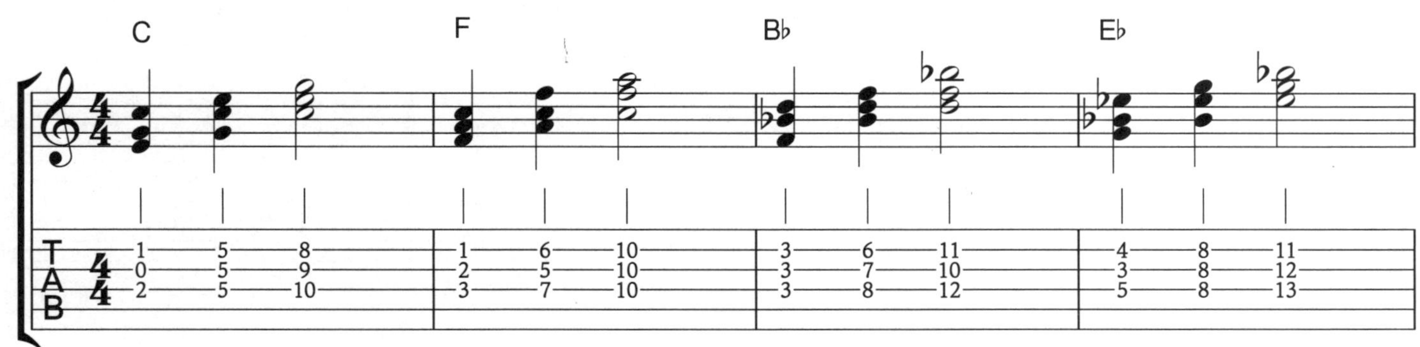

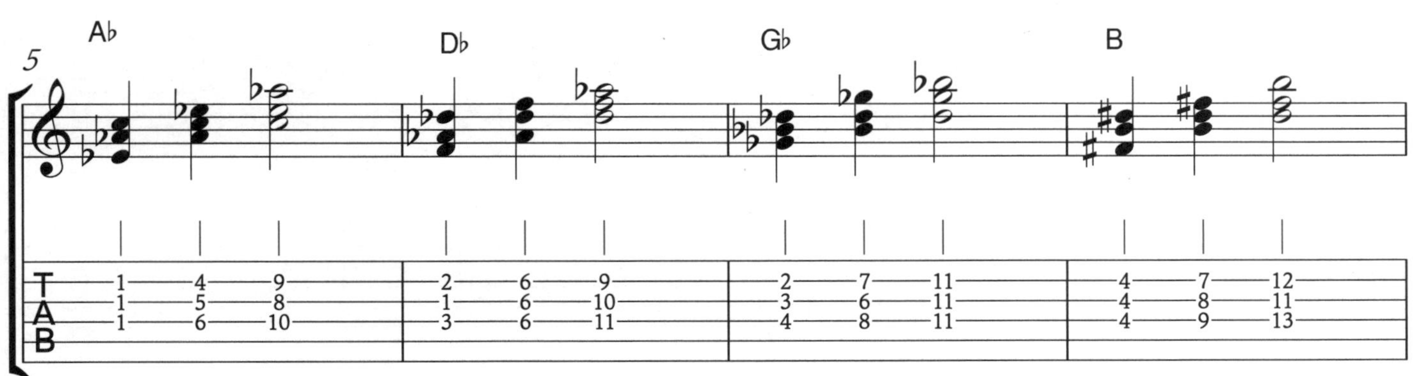

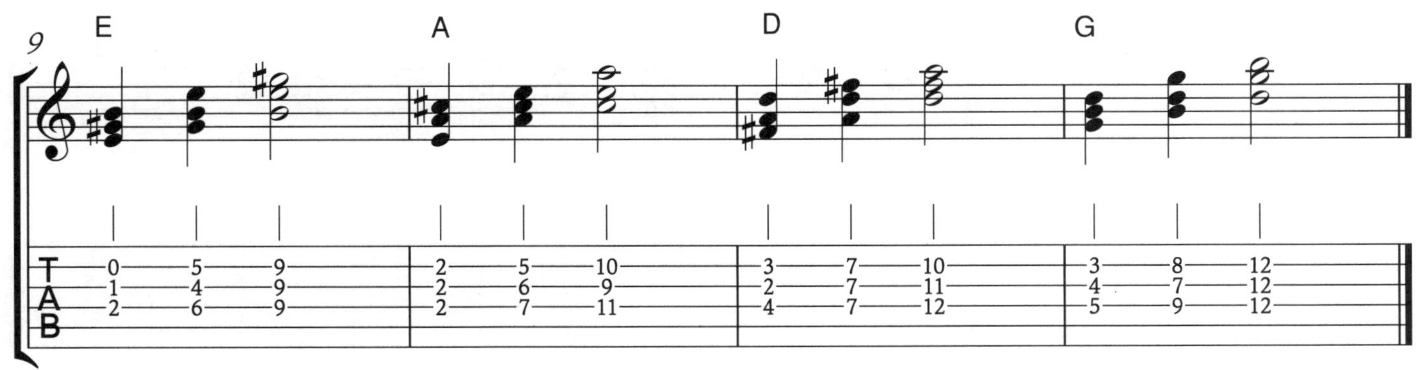

메이저 3화음 코드

345번 줄

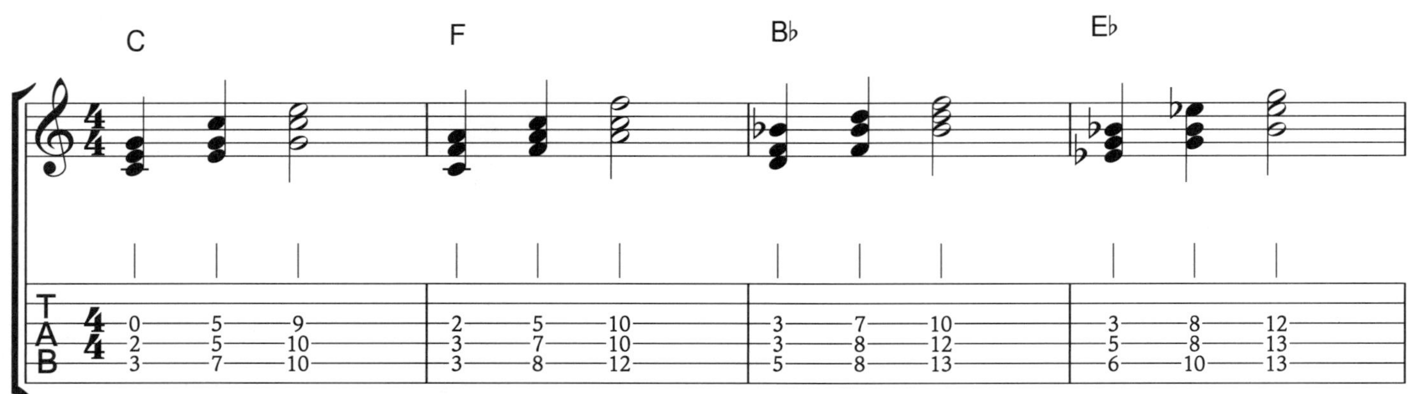

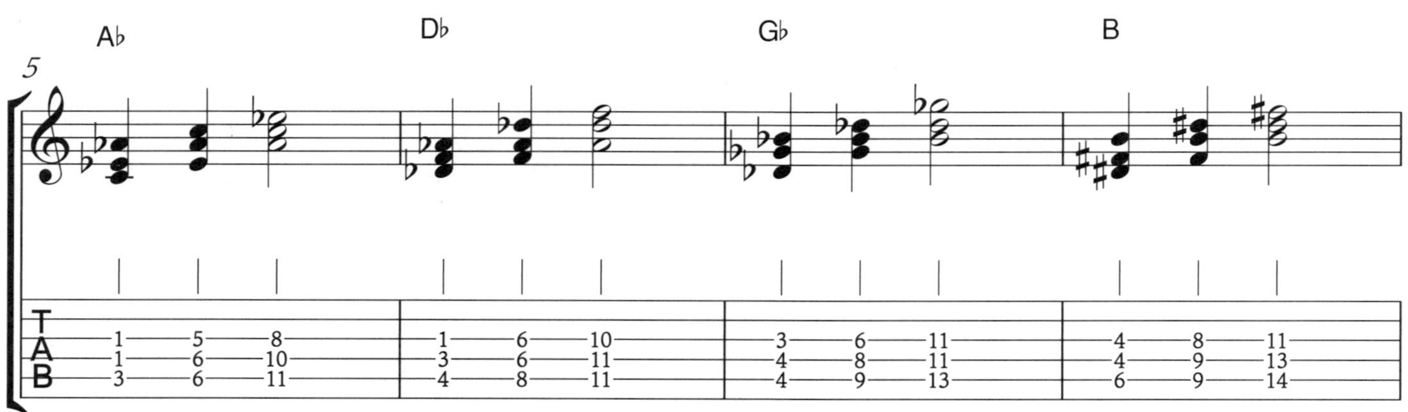

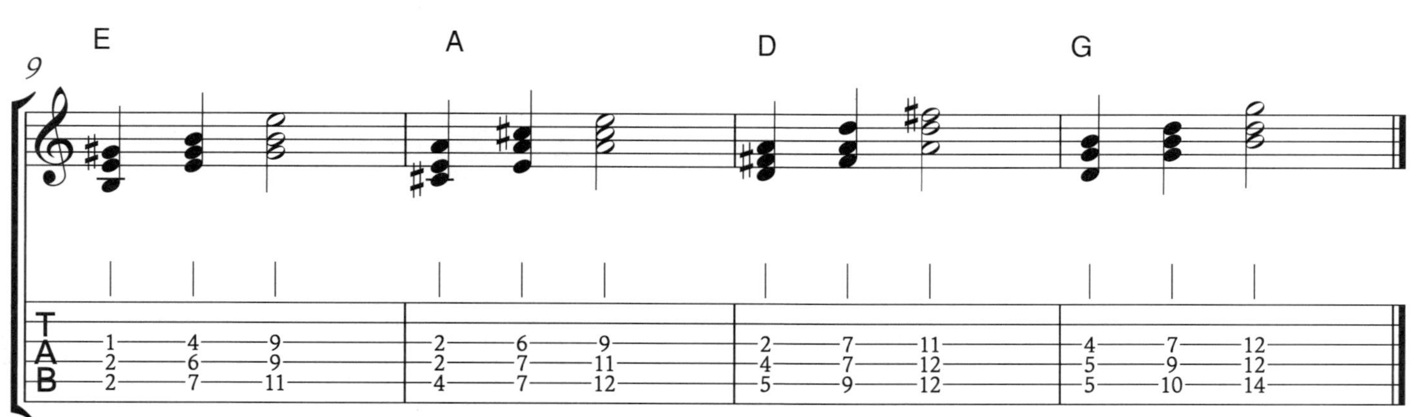

메이저 3화음 코드

456번 줄

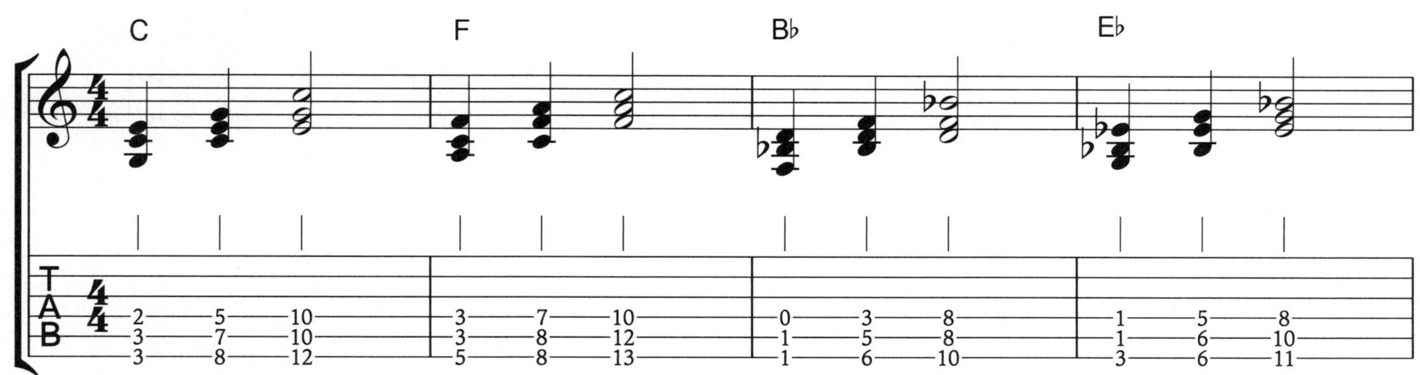

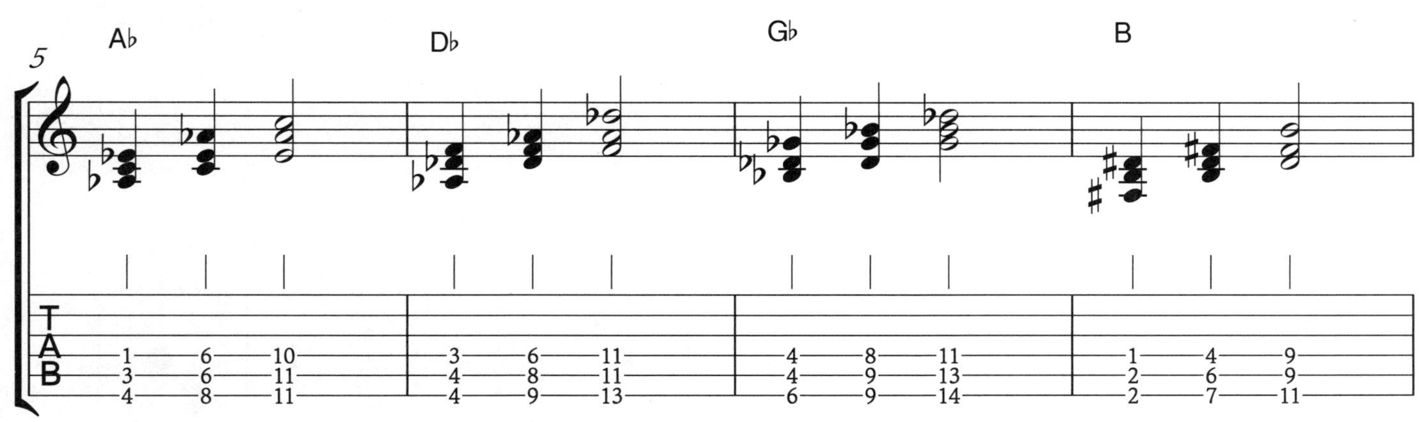

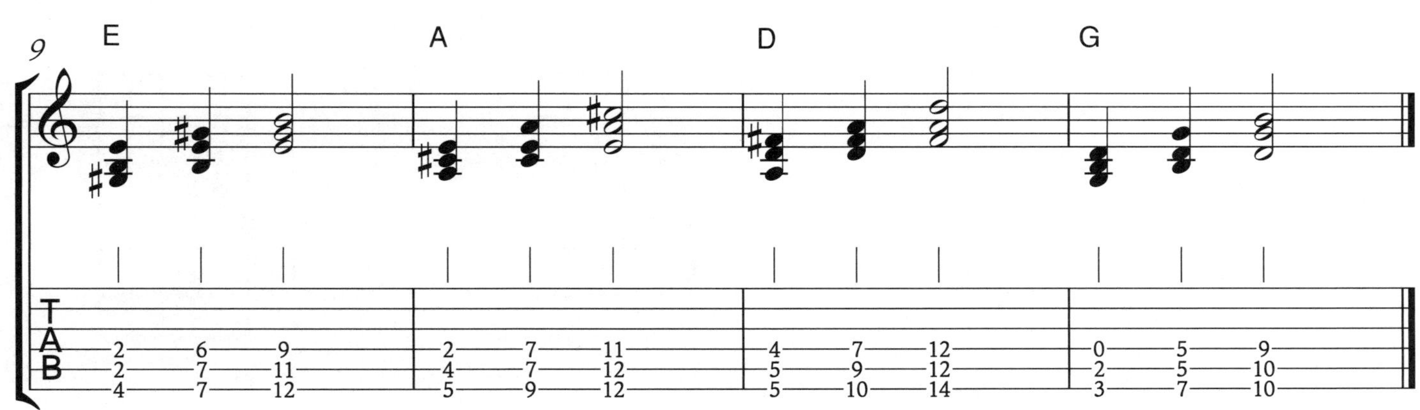

123번 줄

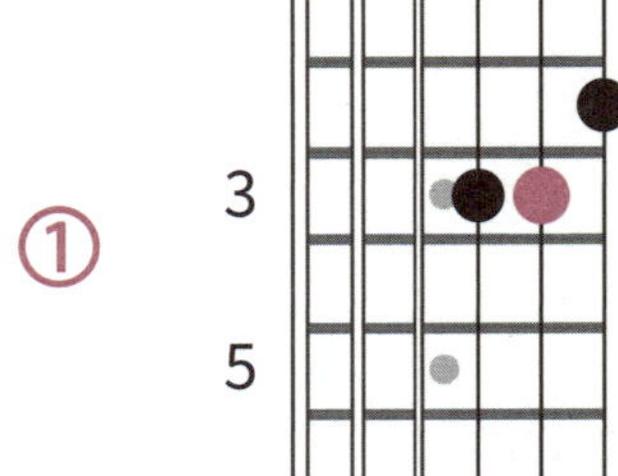 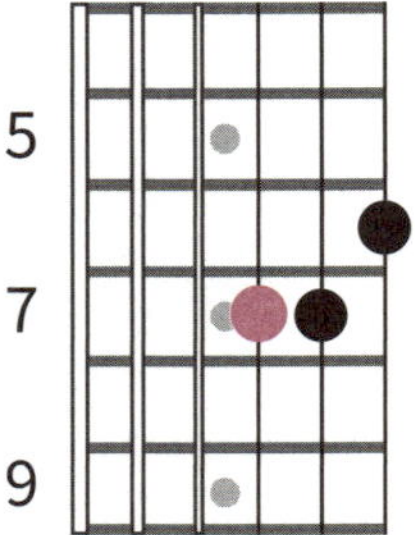 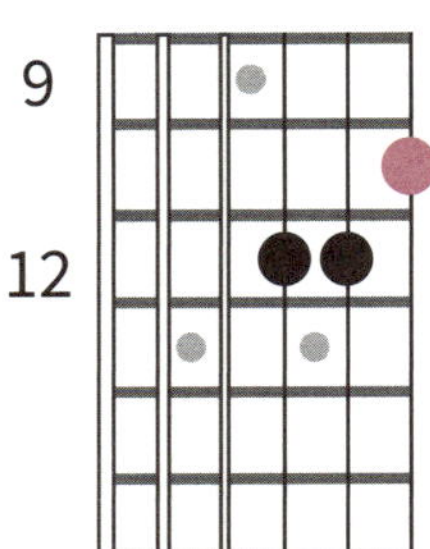

234번 줄

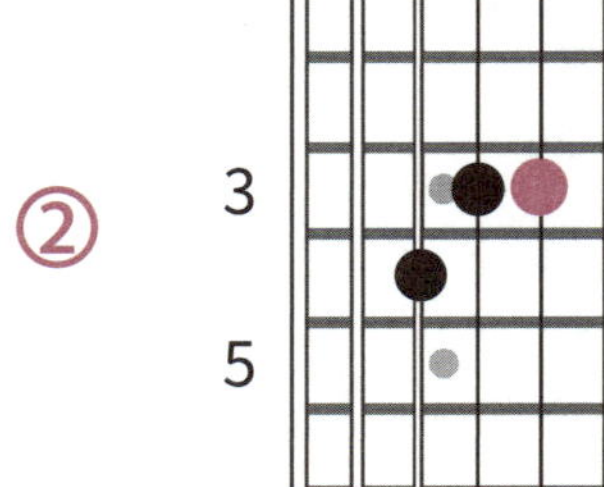 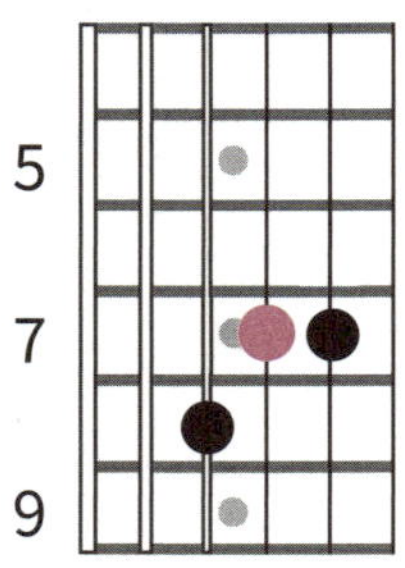 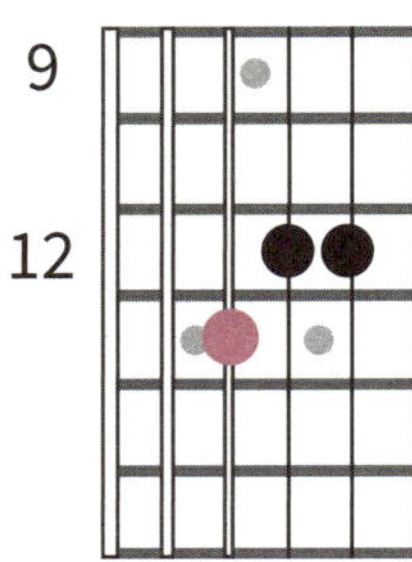

345번 줄

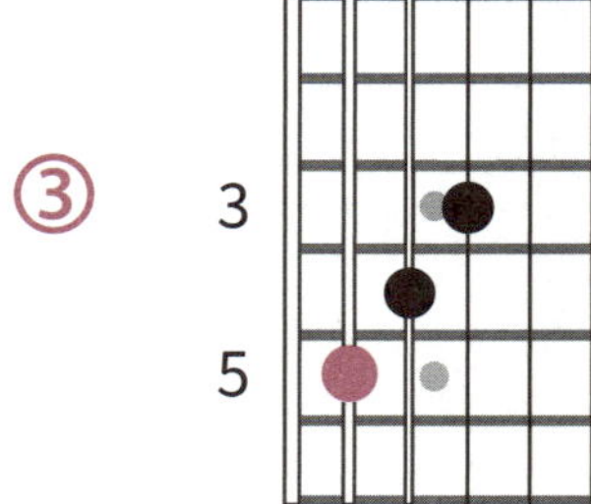 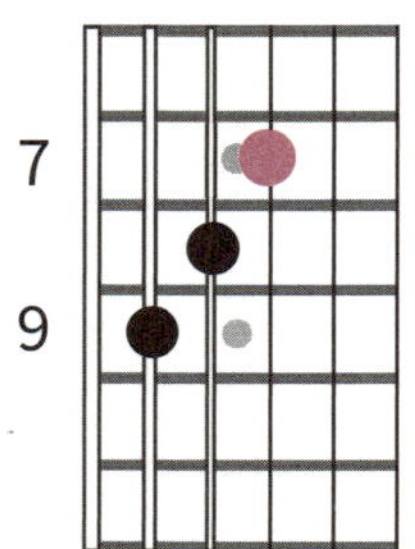 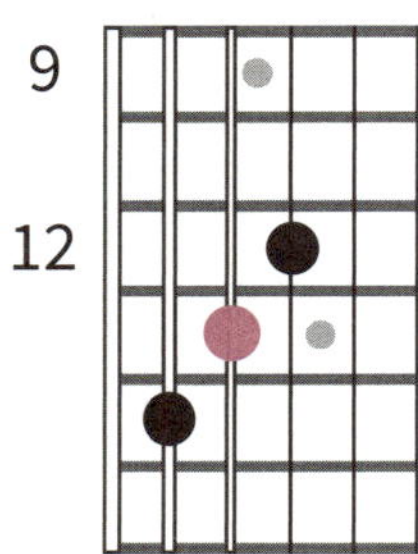

456번 줄

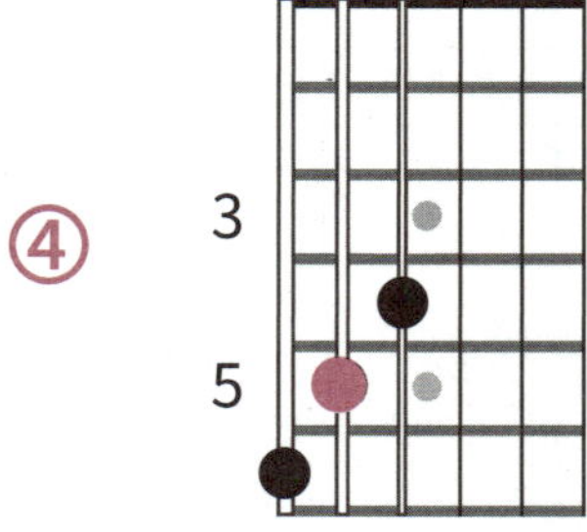 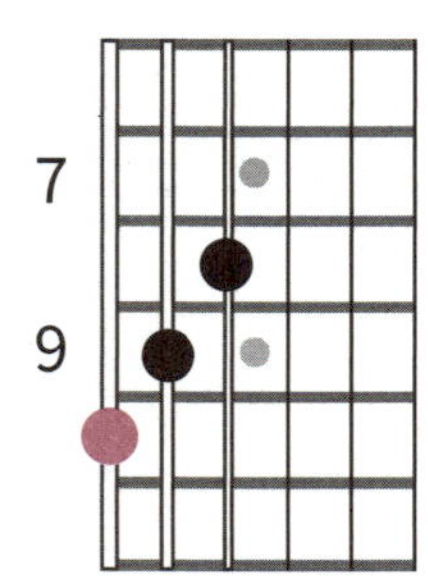 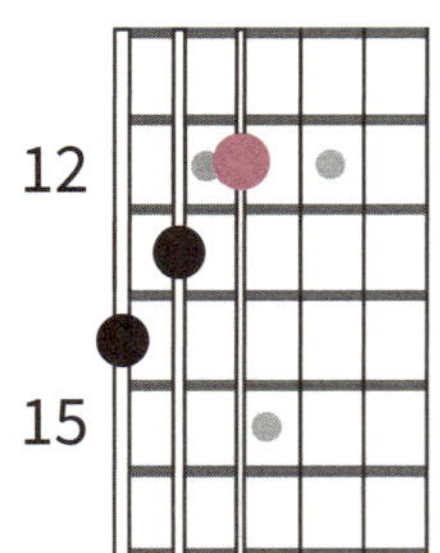

어그먼티드 3화음 코드

123번 줄

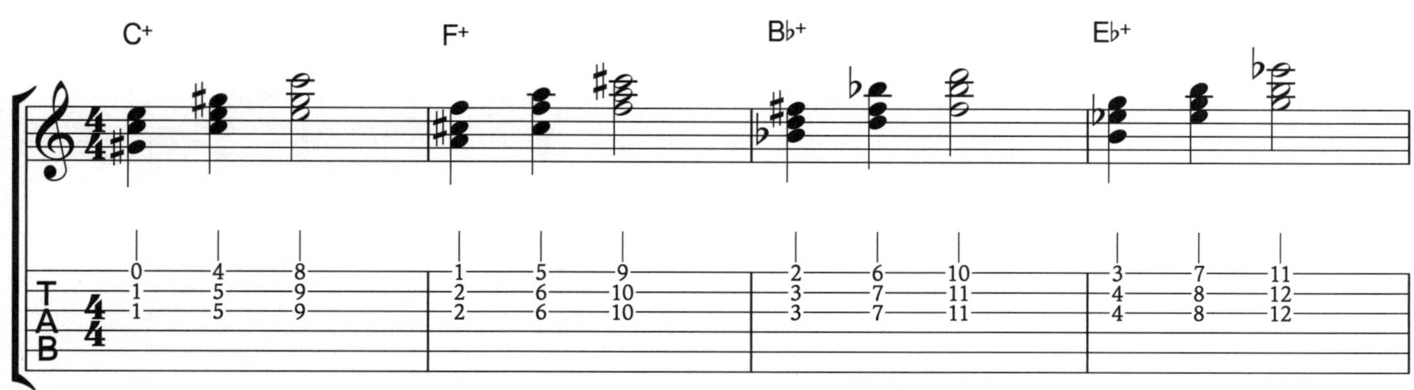

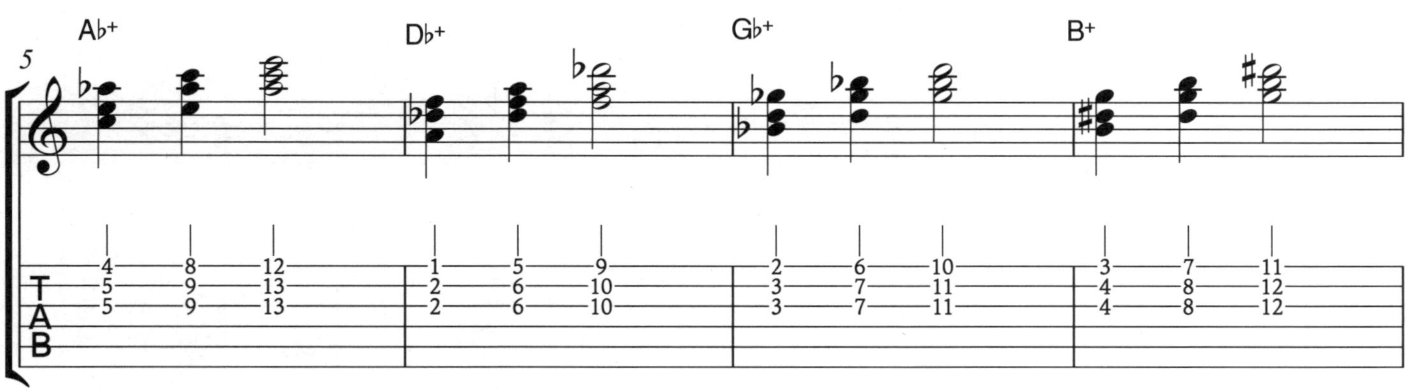

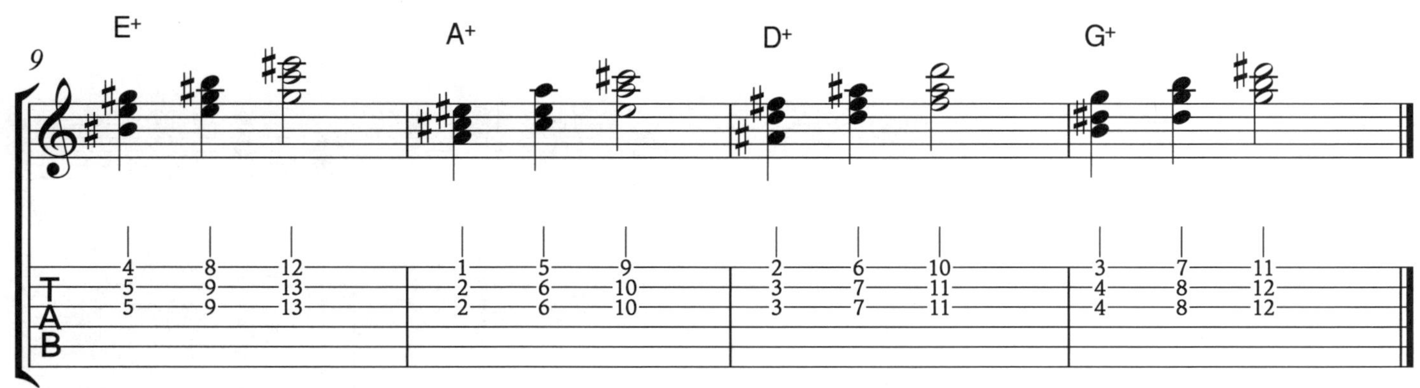

어그먼티드 3화음 코드

234번 줄

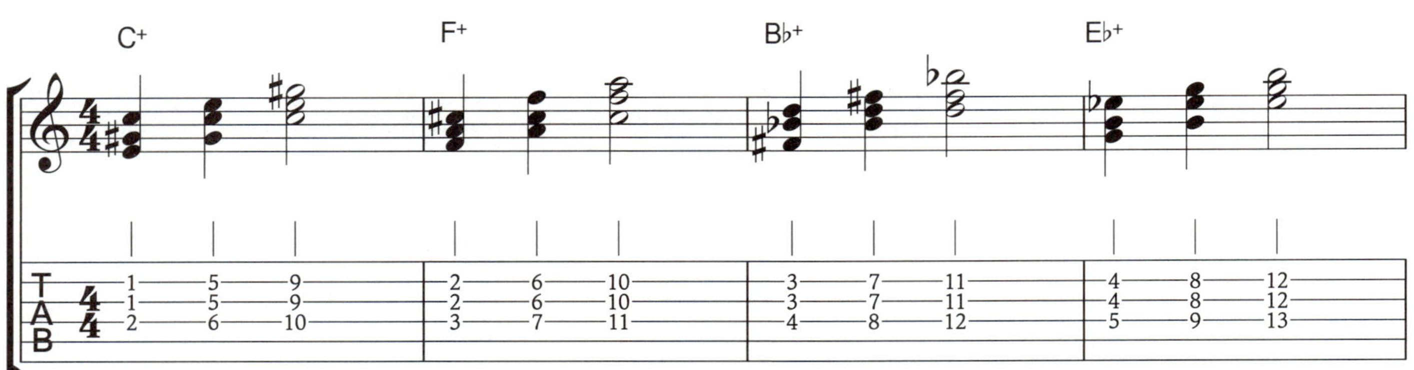

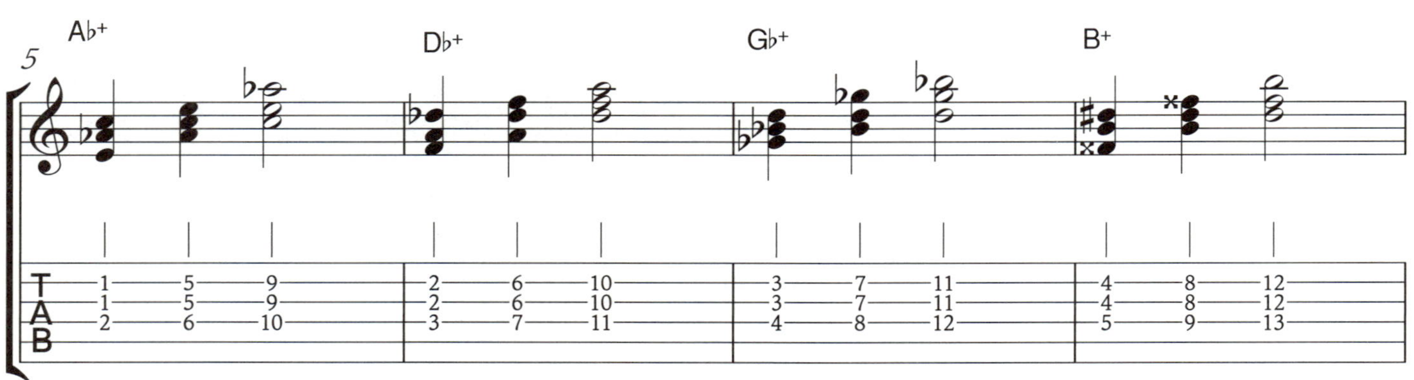

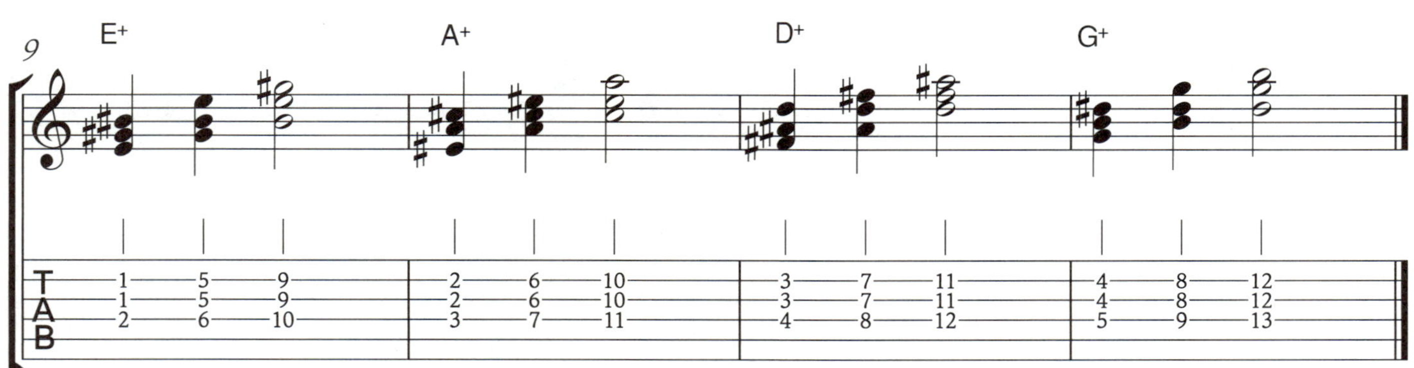

어그먼티드 3화음 코드

345번 줄

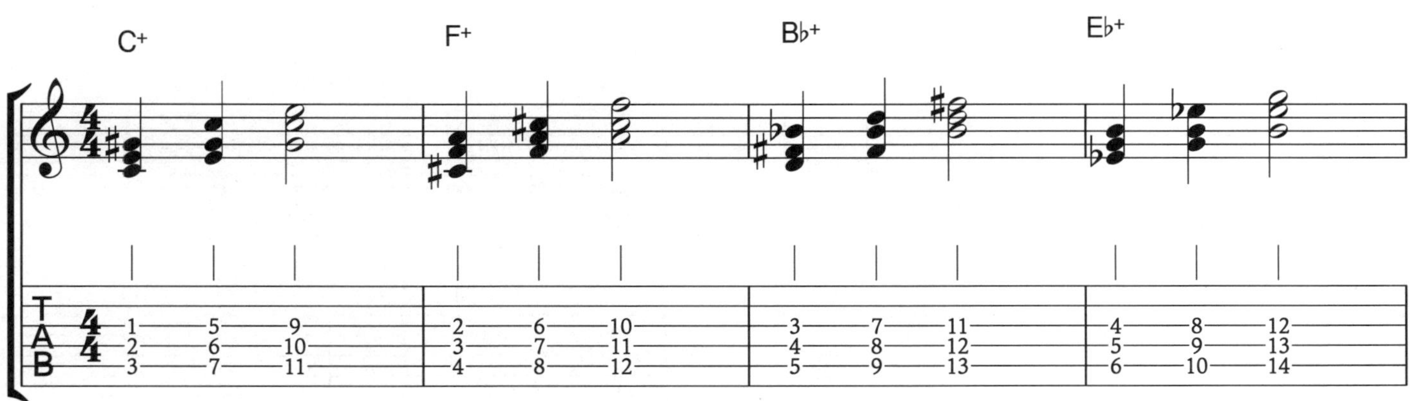

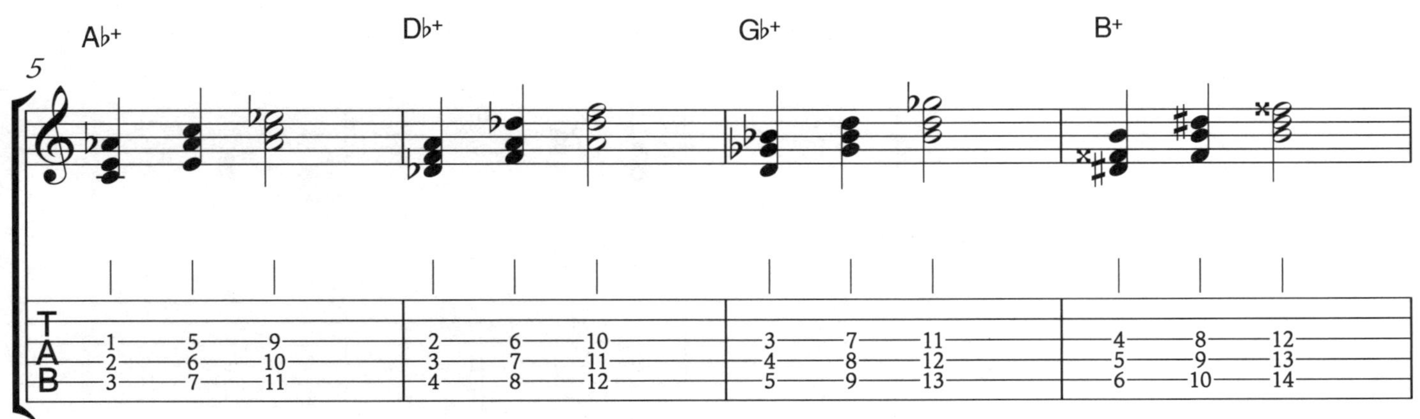

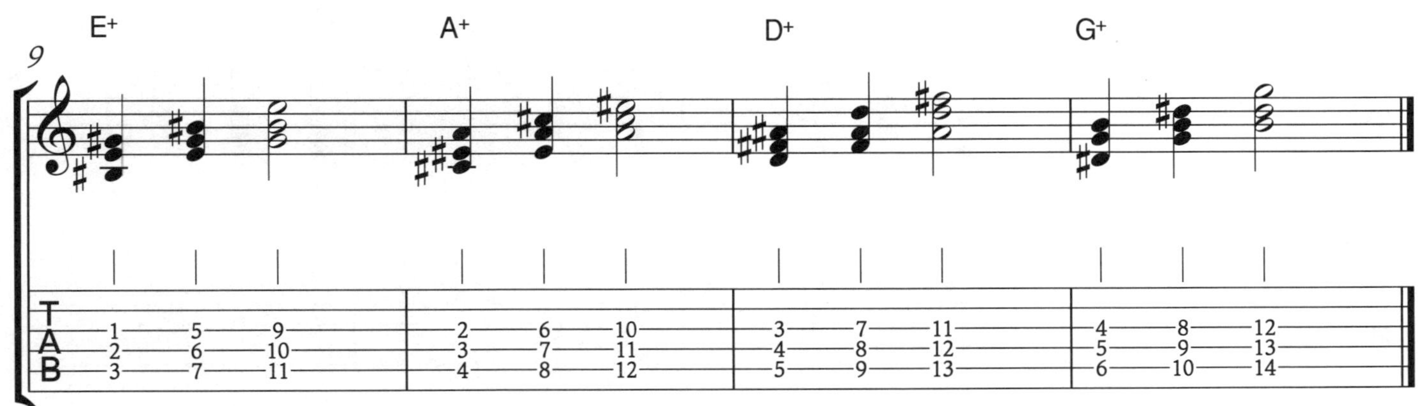

어그먼티드 3화음 코드

456번 줄

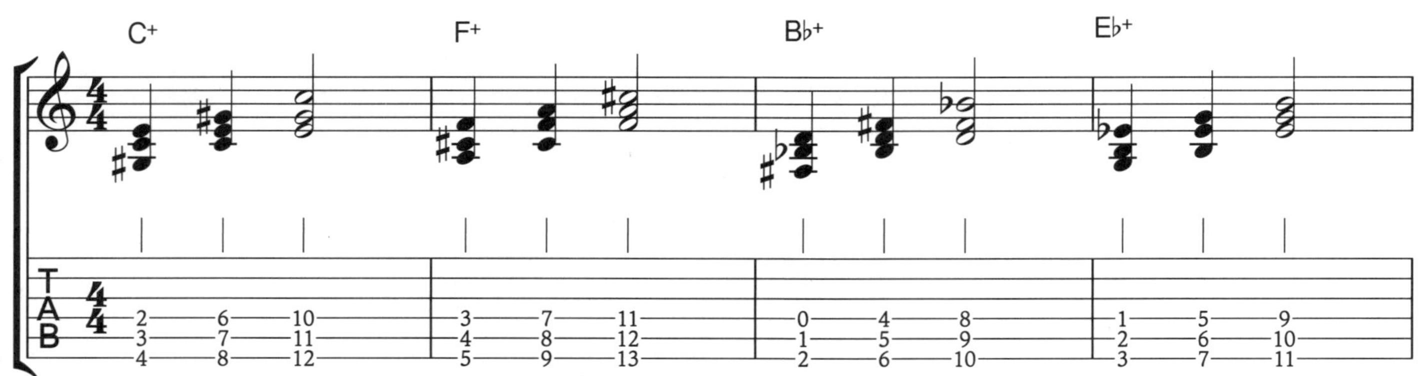

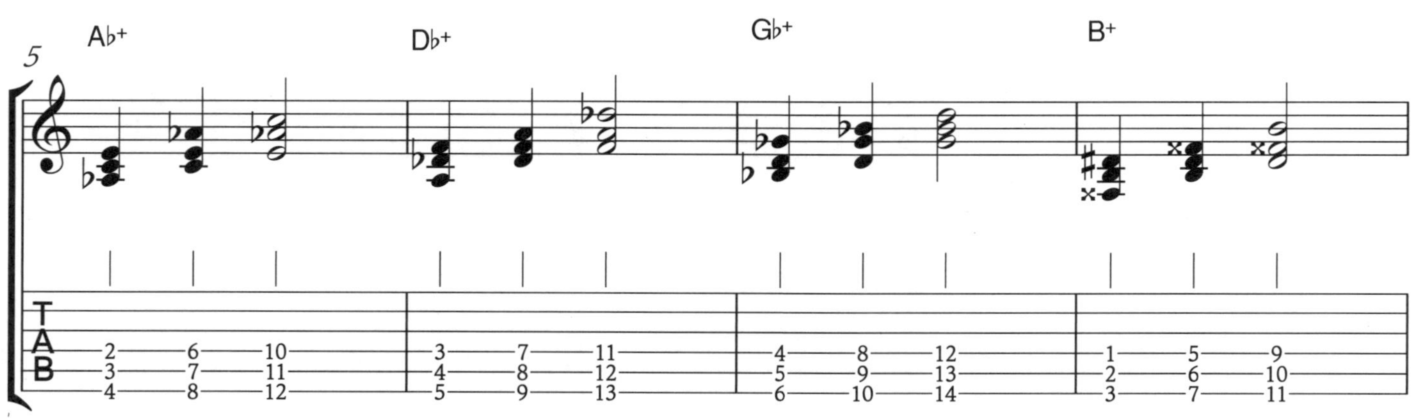

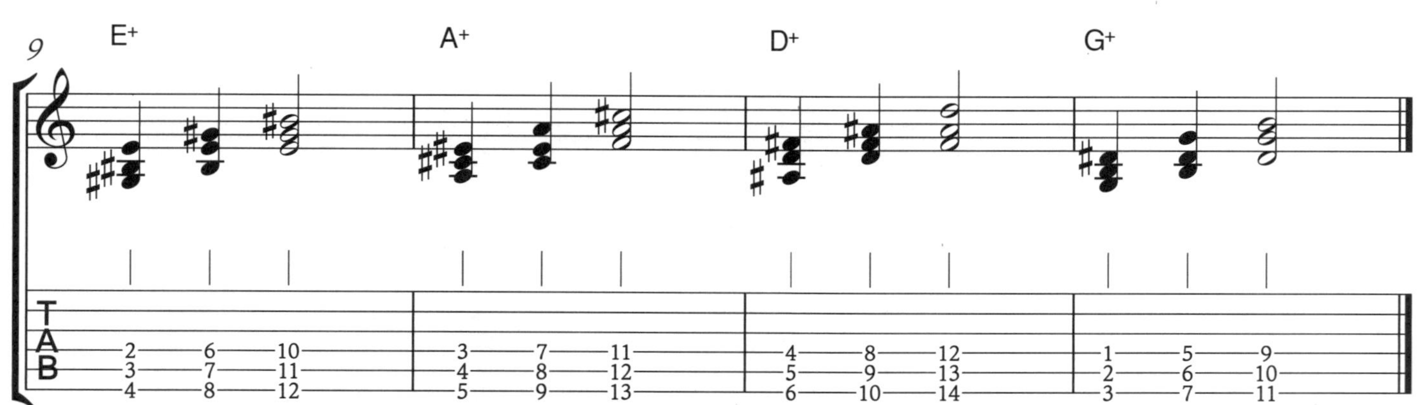

마이너 3화음 코드(Dm)

123번 줄

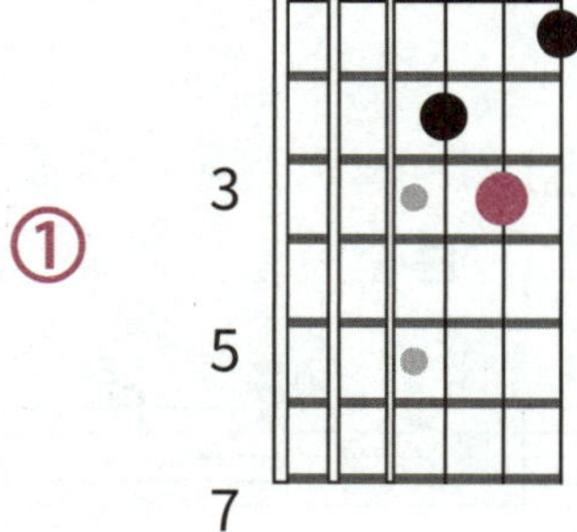 ① 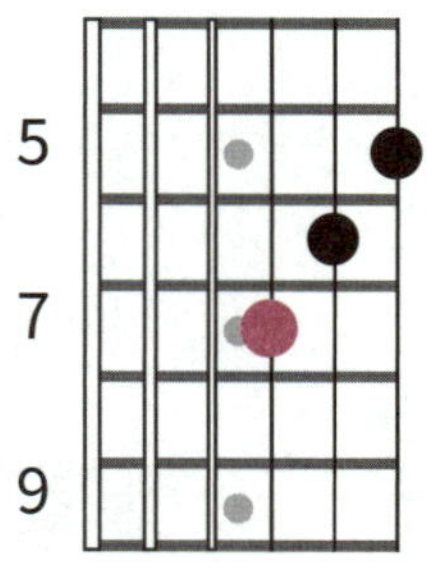 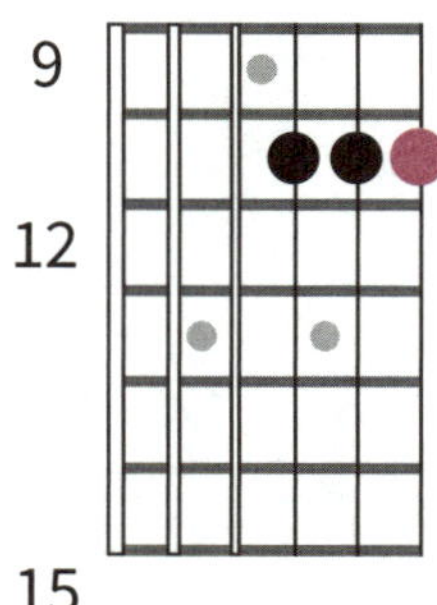

234번 줄

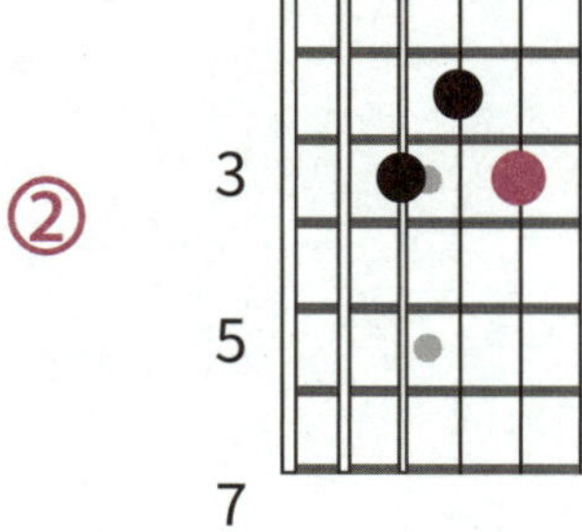 ② 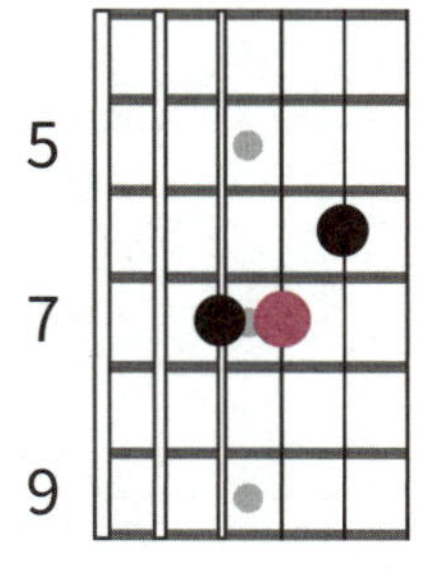 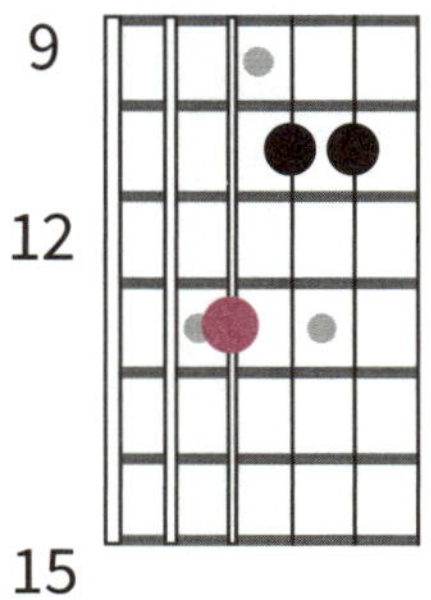

345번 줄

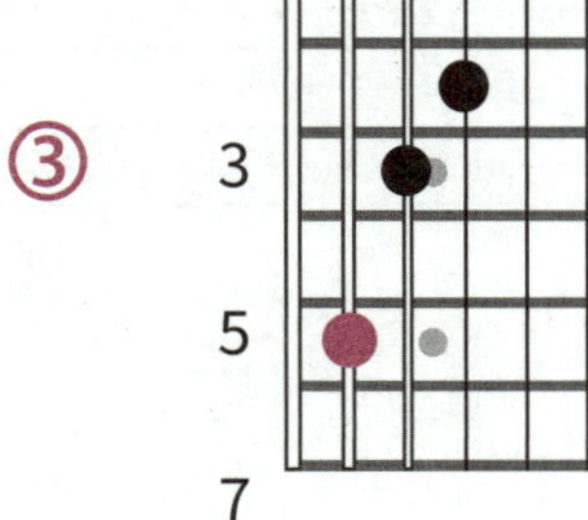 ③ 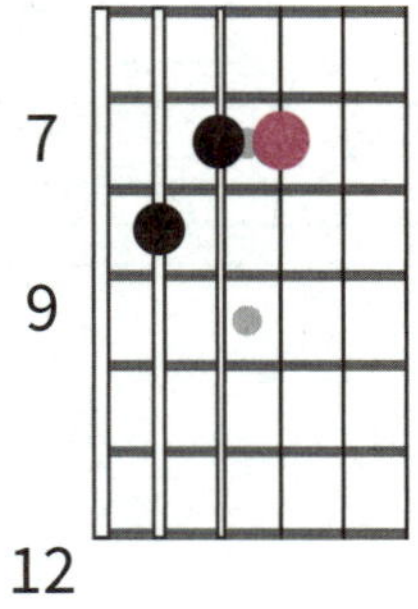 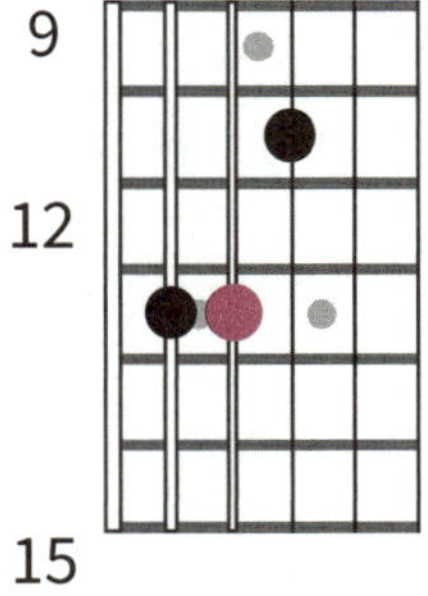

456번 줄

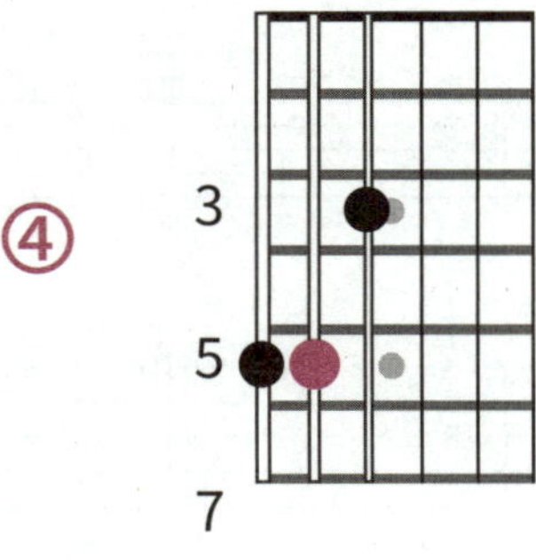 ④ 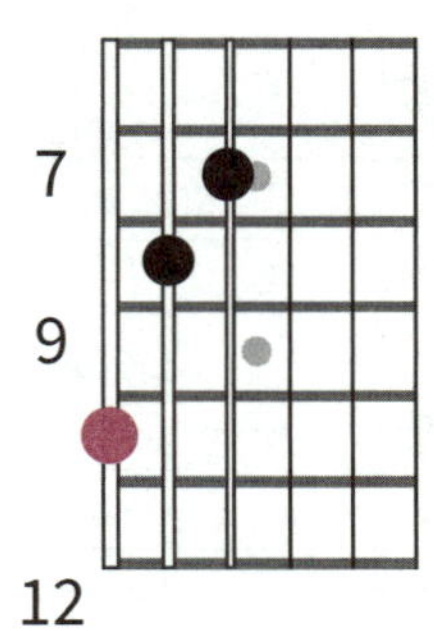 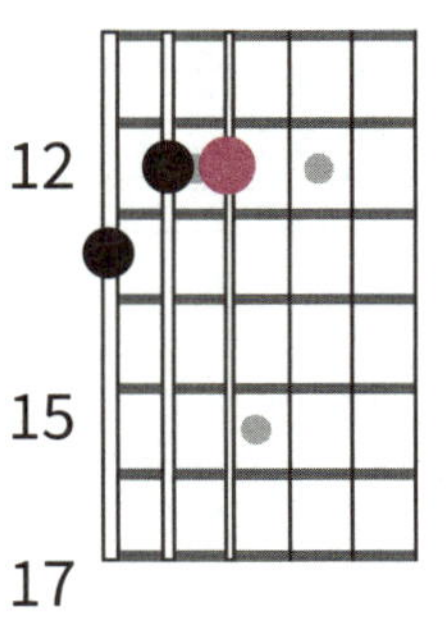

마이너 3화음 코드

123번 줄

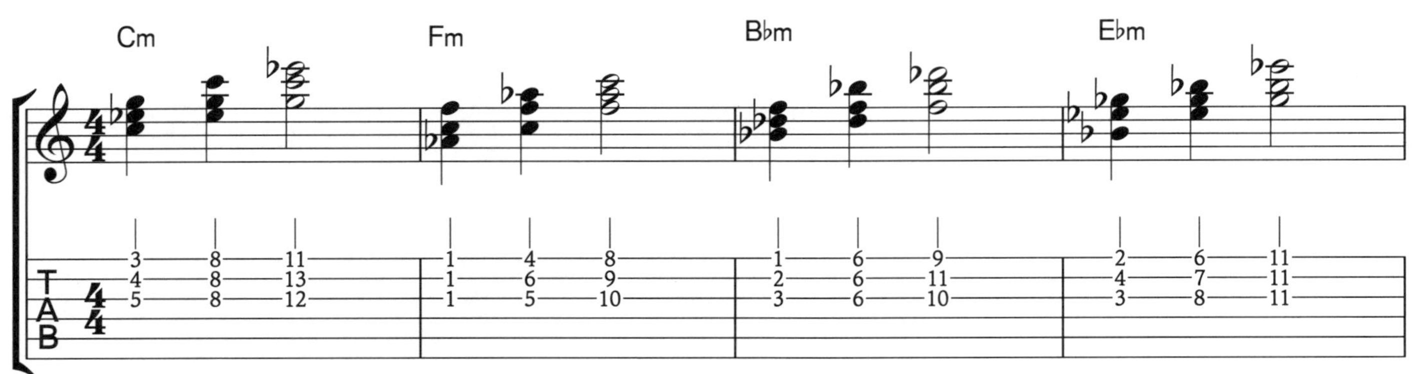

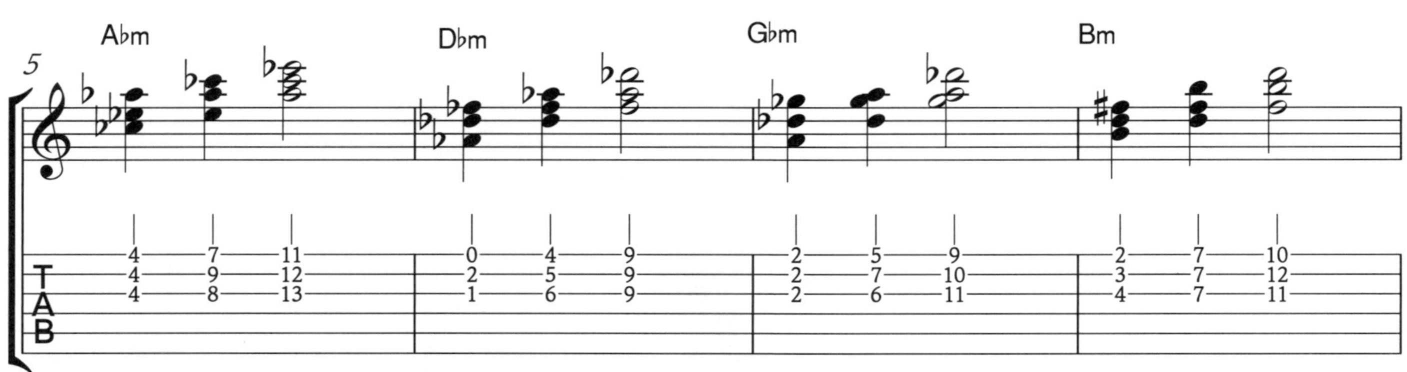

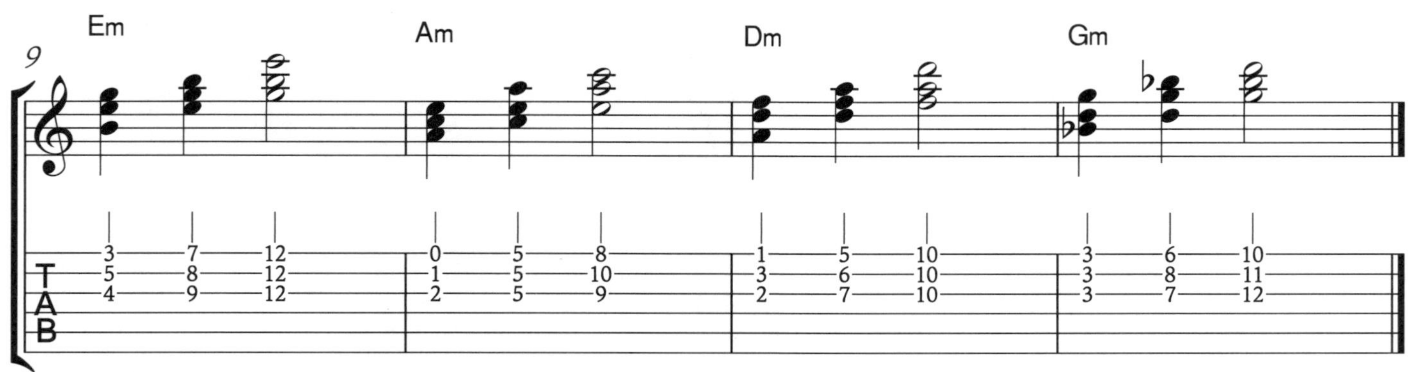

마이너 3화음 코드

234번 줄

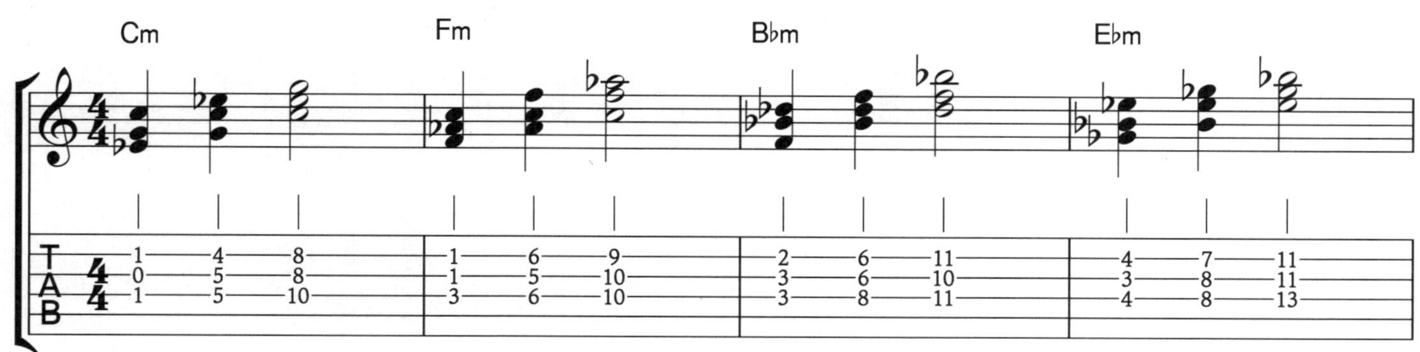

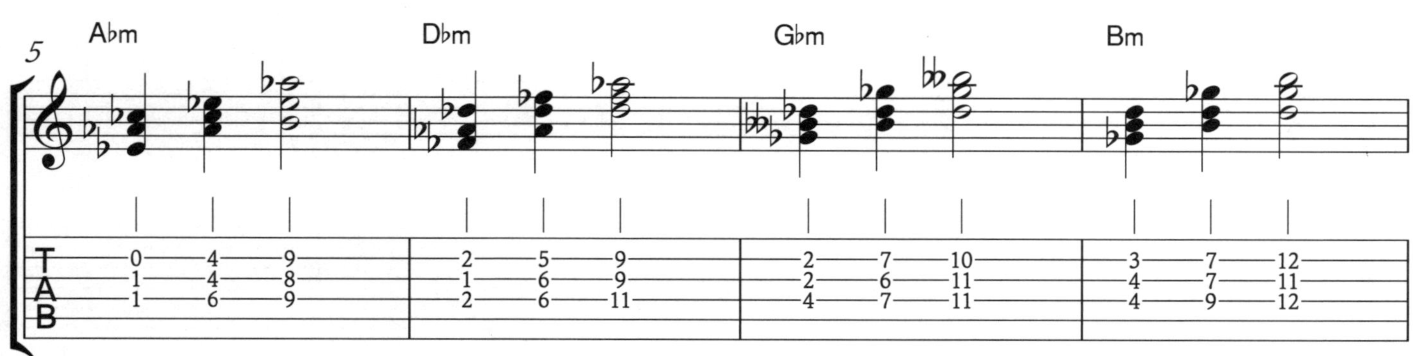

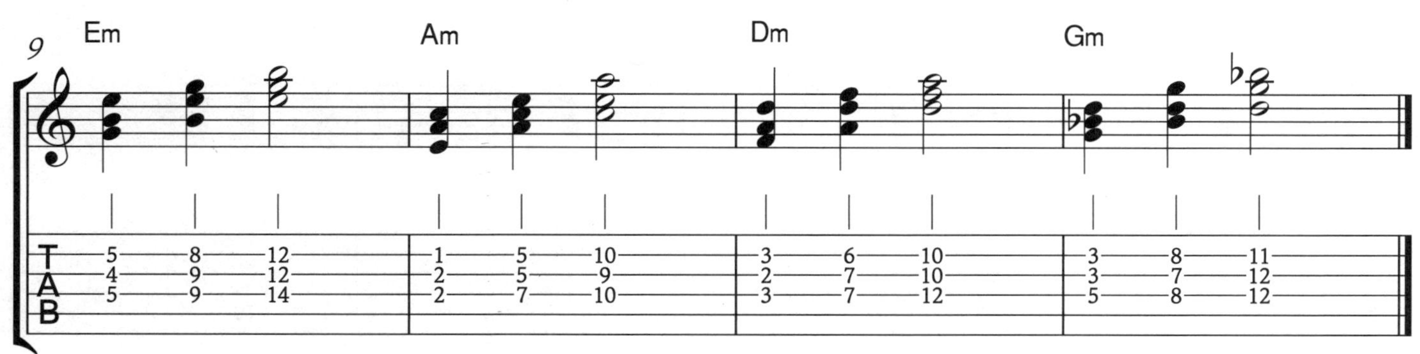

마이너 3화음 코드

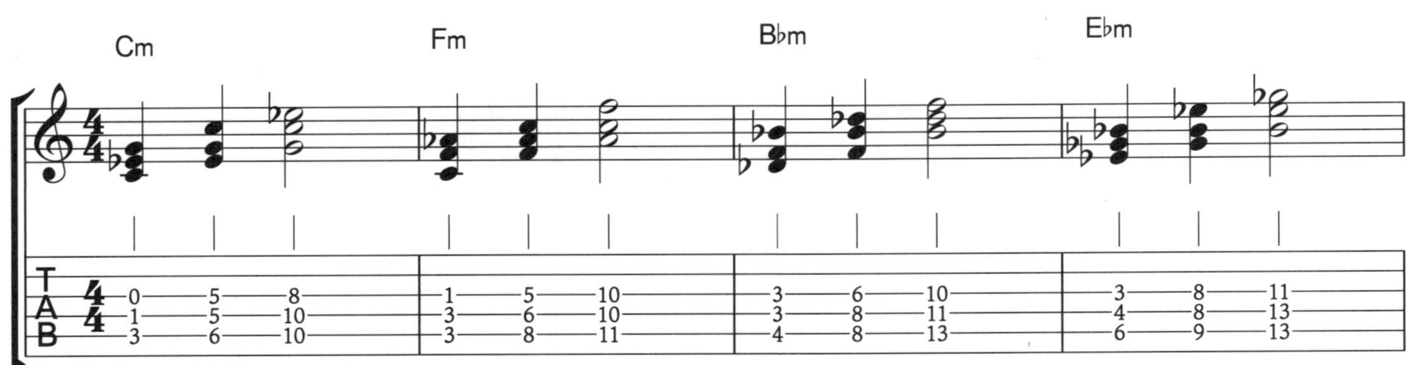

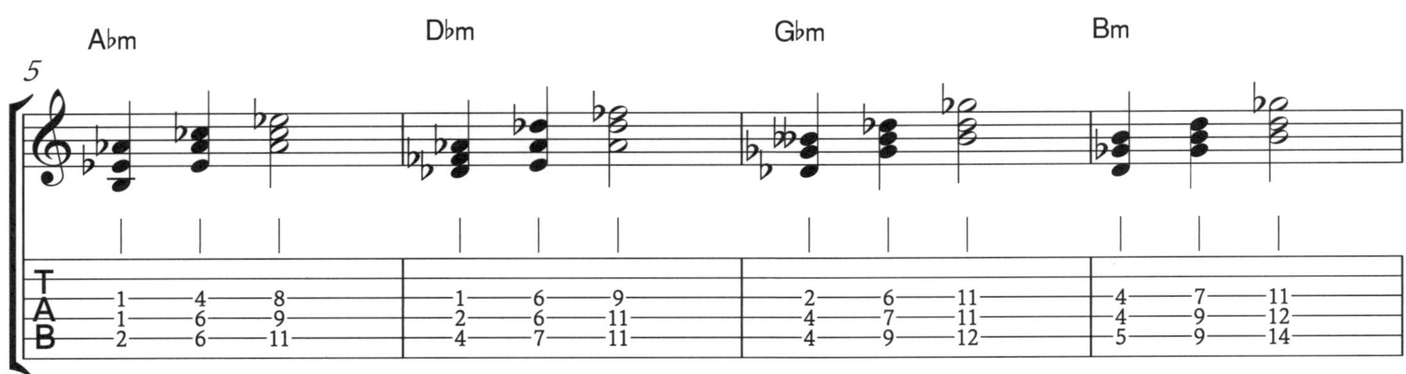

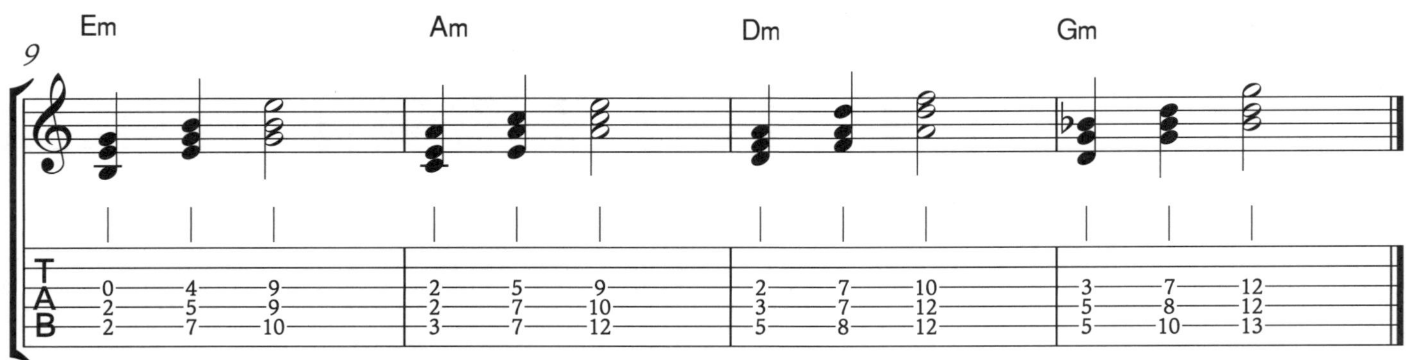

마이너 3화음 코드

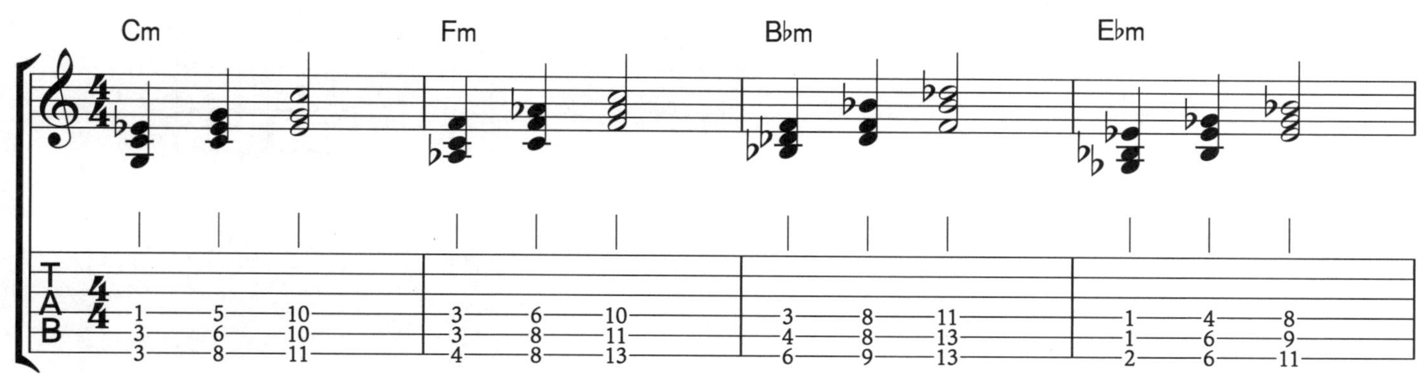

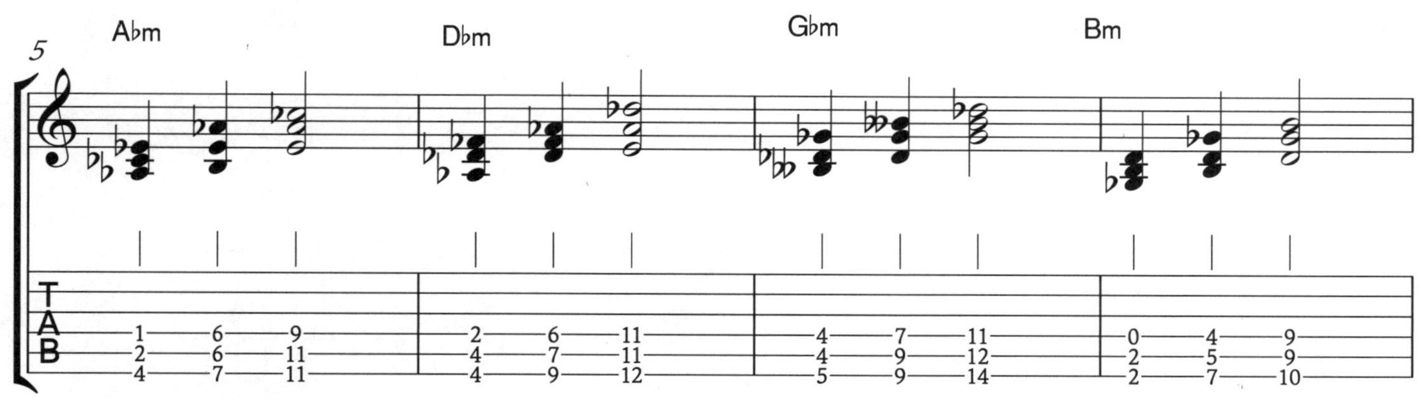

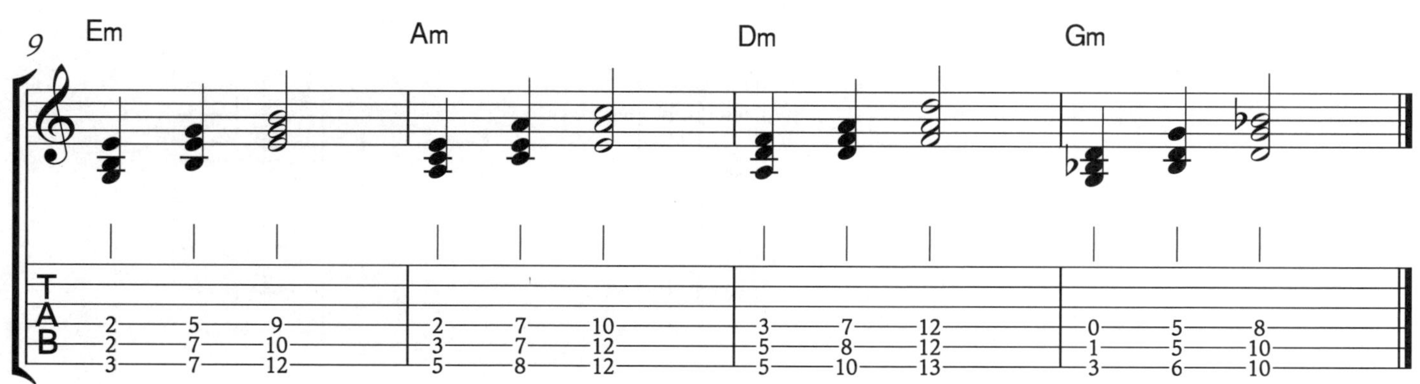

디미니시드 3화음 코드(Ddim) Diminished Triads(Ddim)

123번 줄

 ① 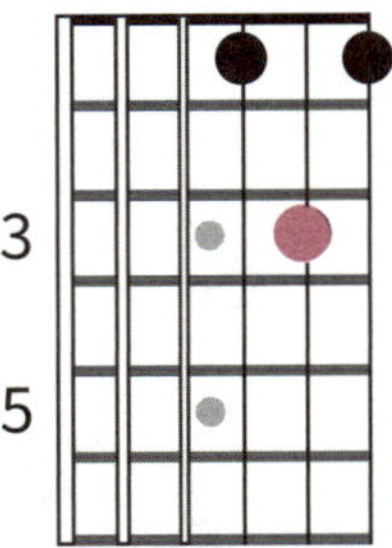 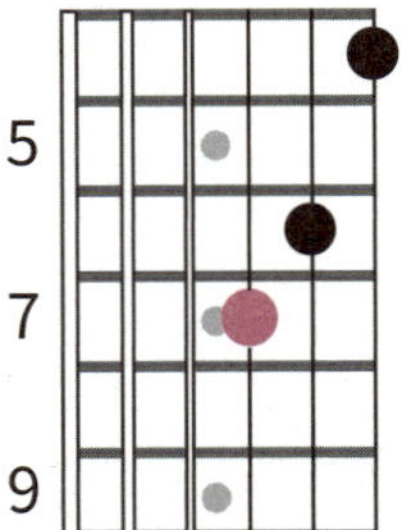 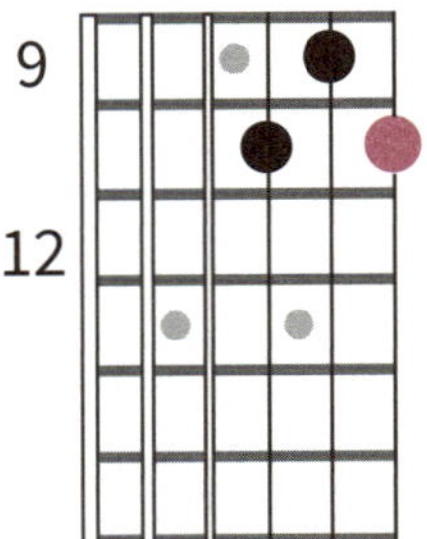

234번 줄

② 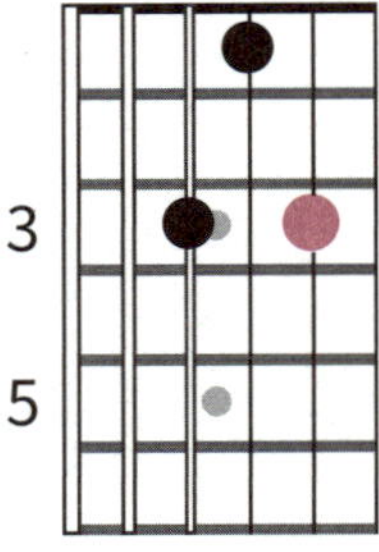 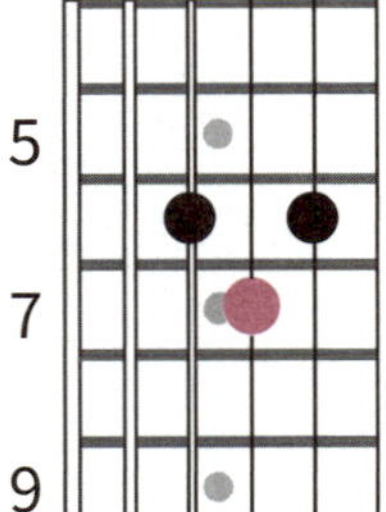 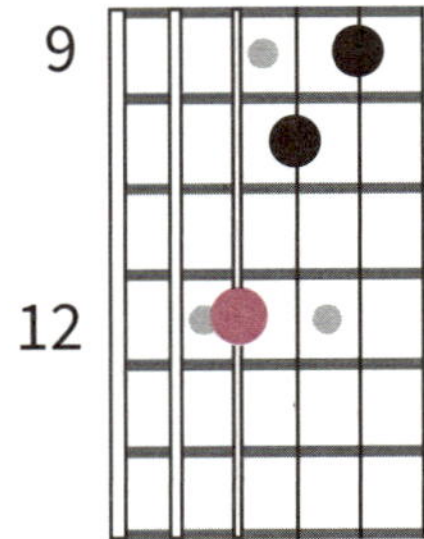

345번 줄

 ③ 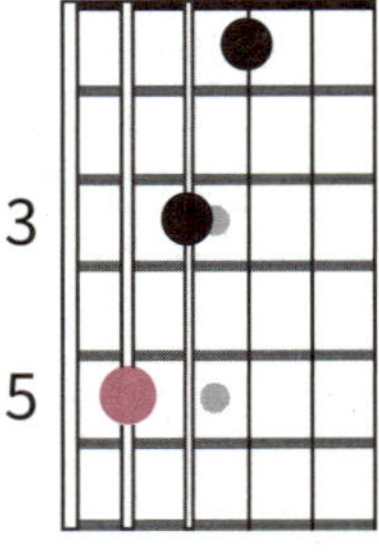 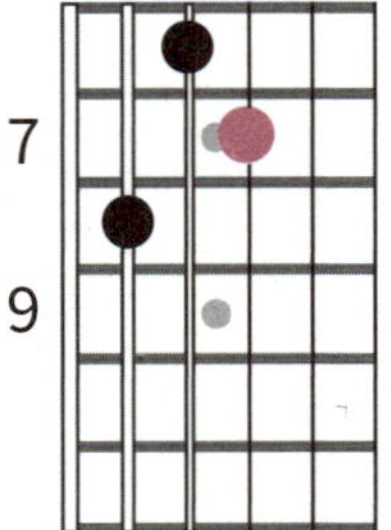 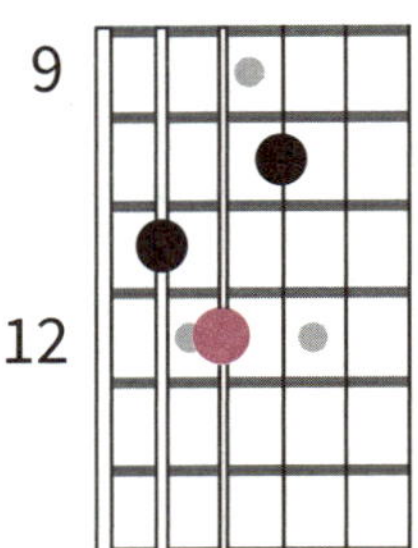

456번 줄

 ④ 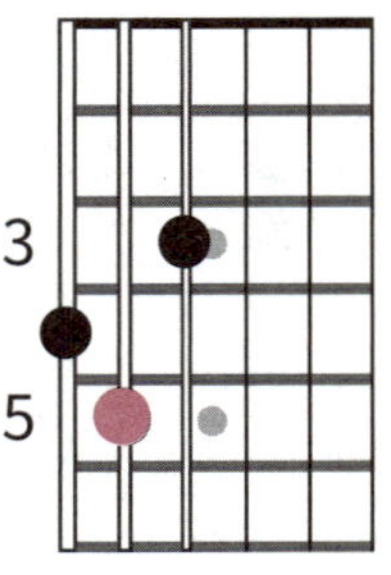 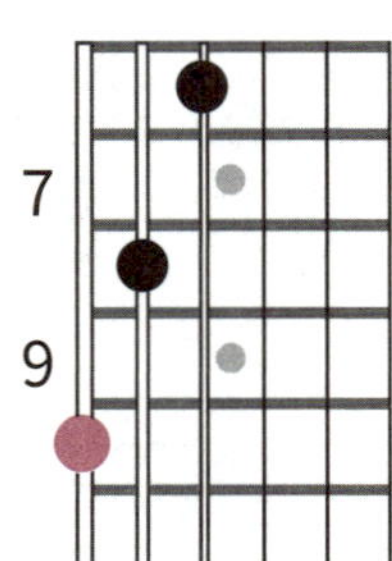 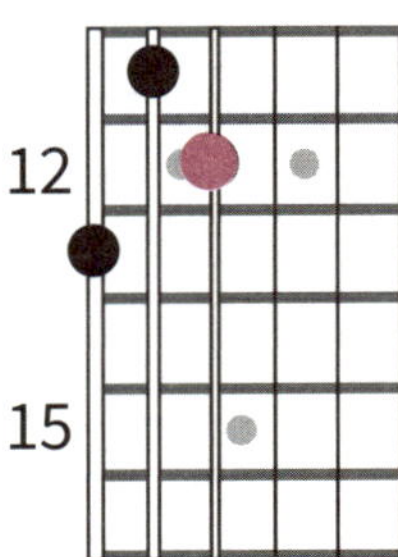

디미니시드 3화음 코드

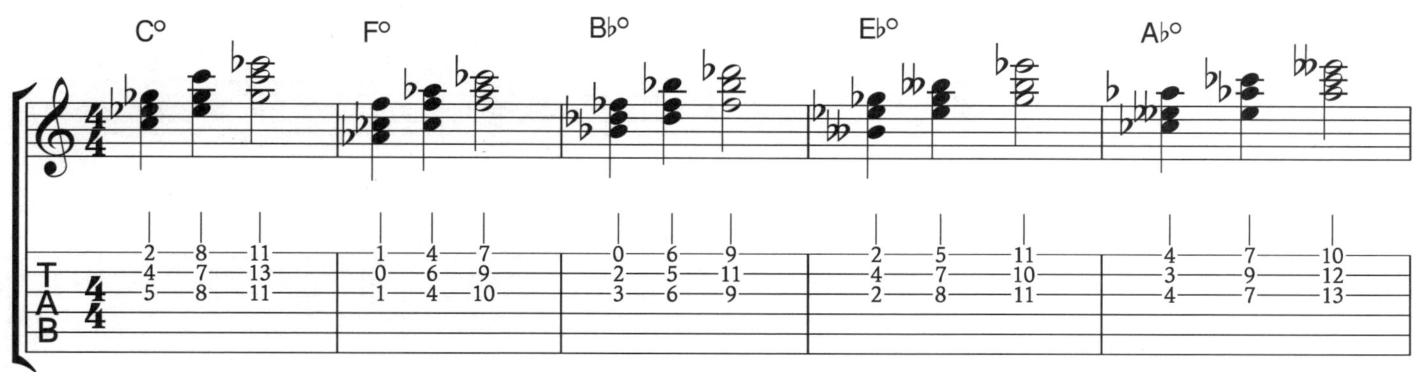

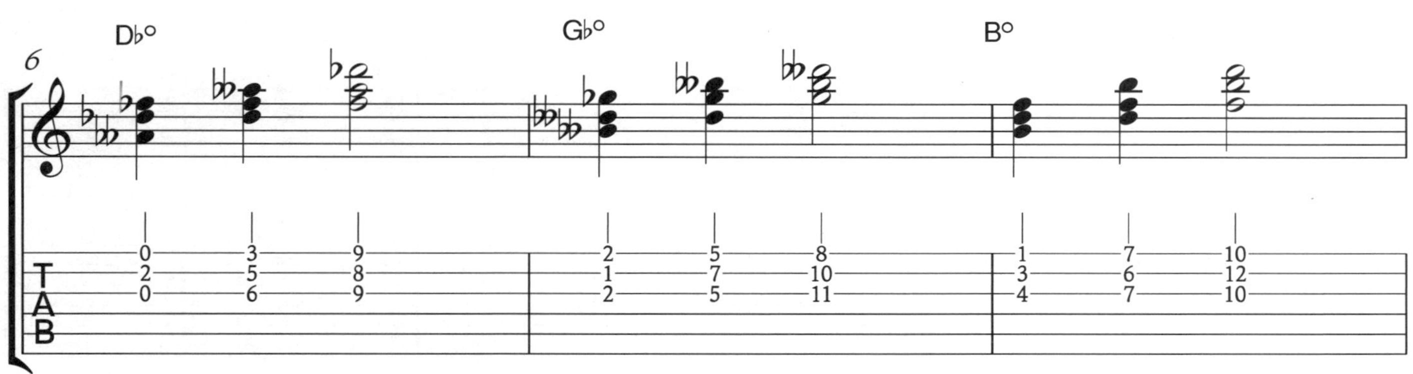

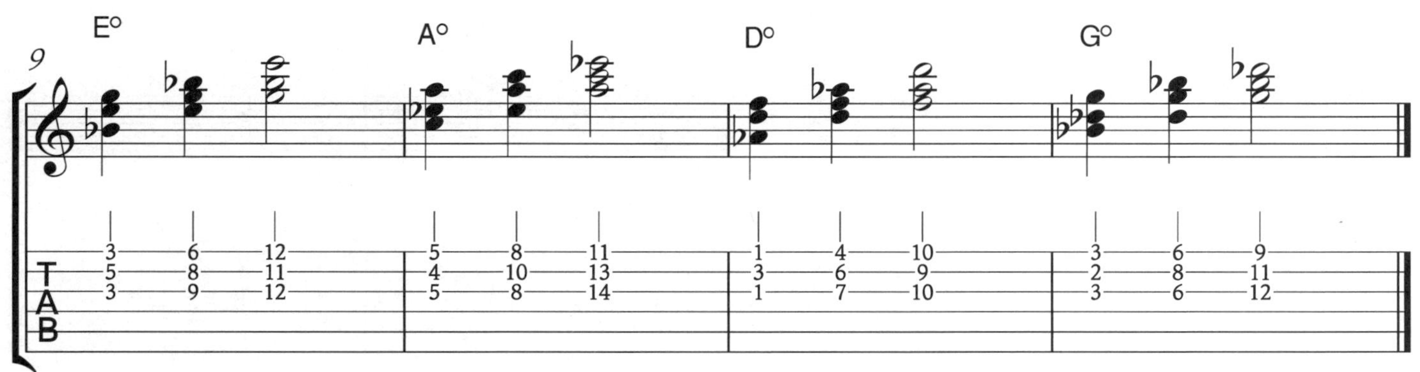

디미니시드 3화음 코드

234번 줄

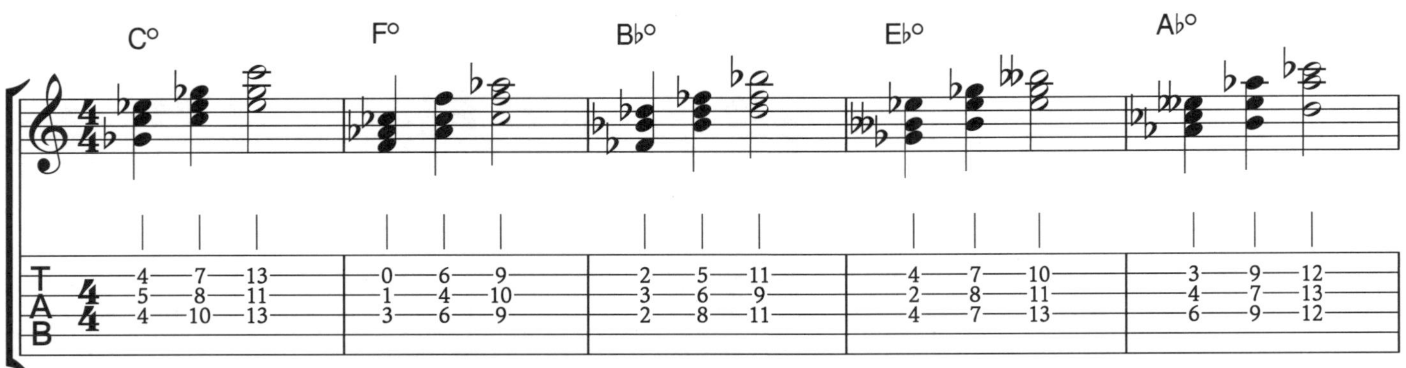

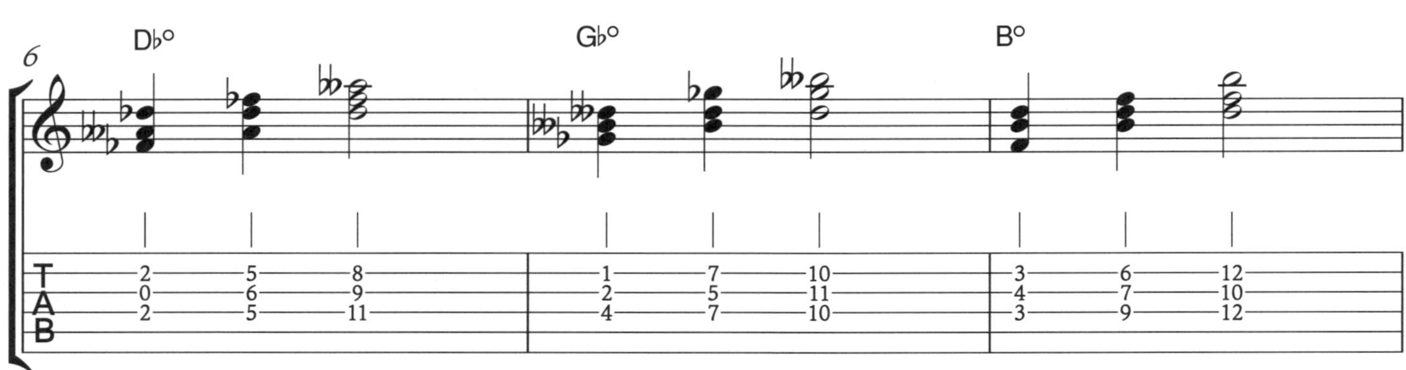

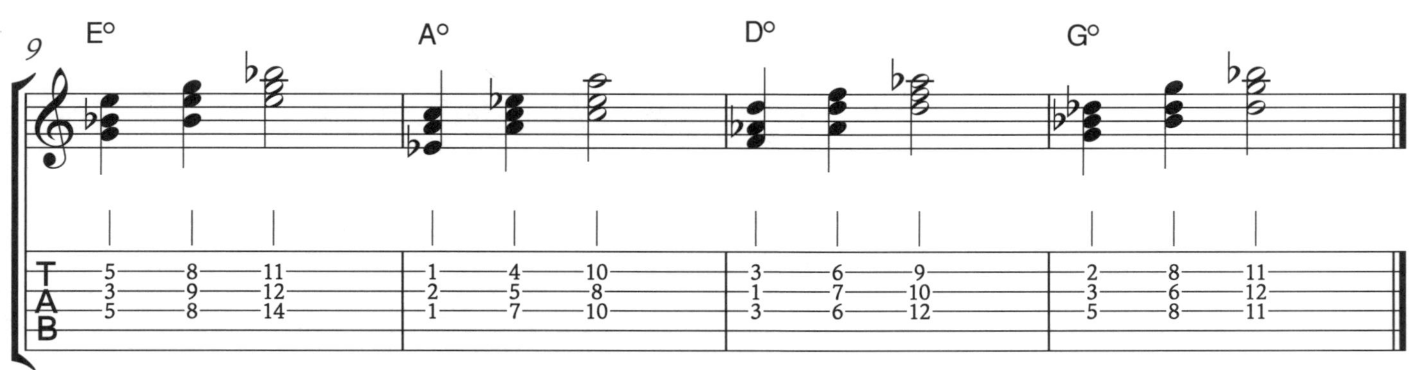

디미니시드 3화음 코드

345번 줄

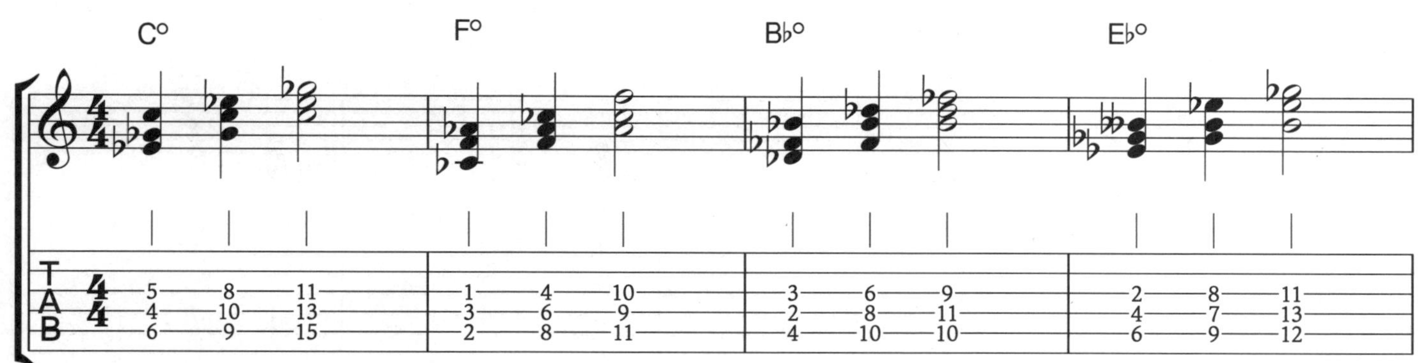

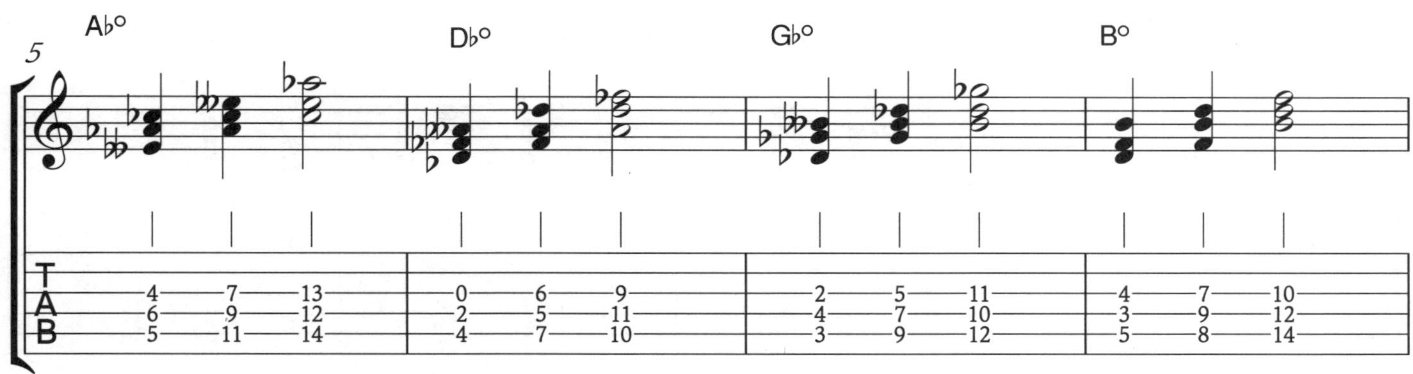

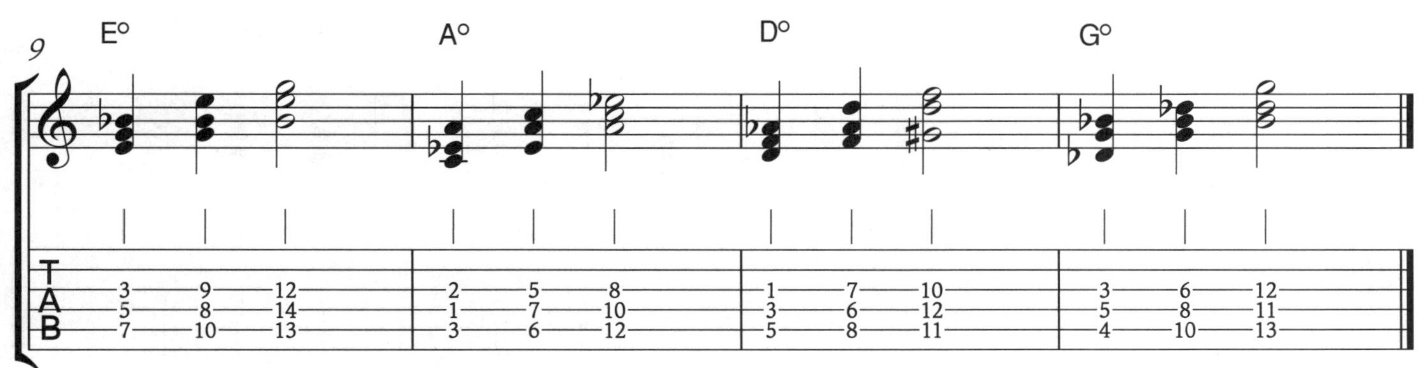

디미니시드 3화음 코드

456번 줄

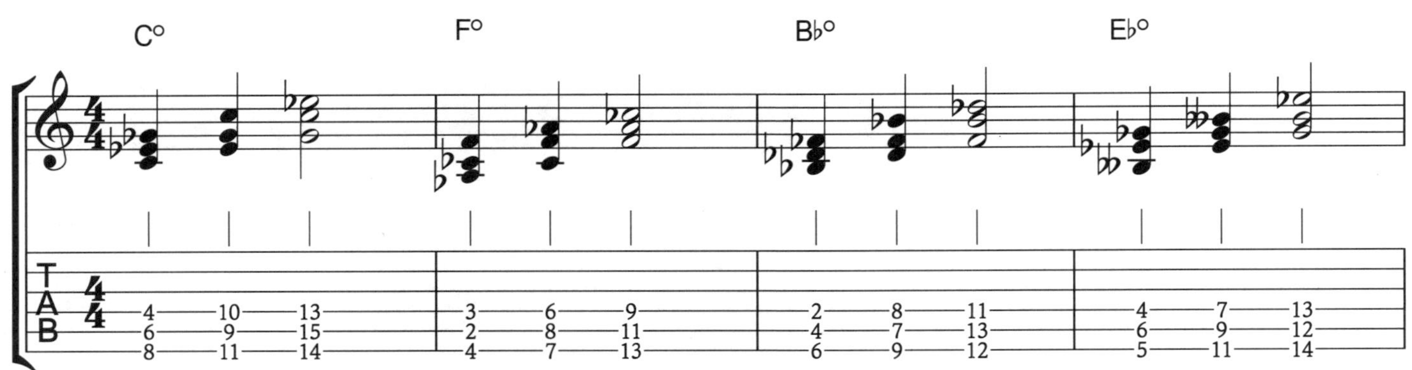

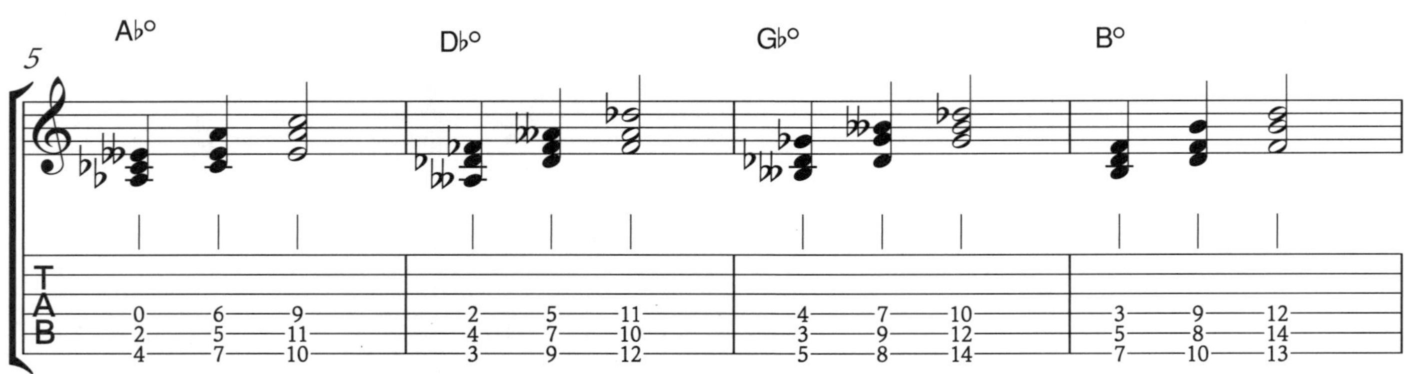

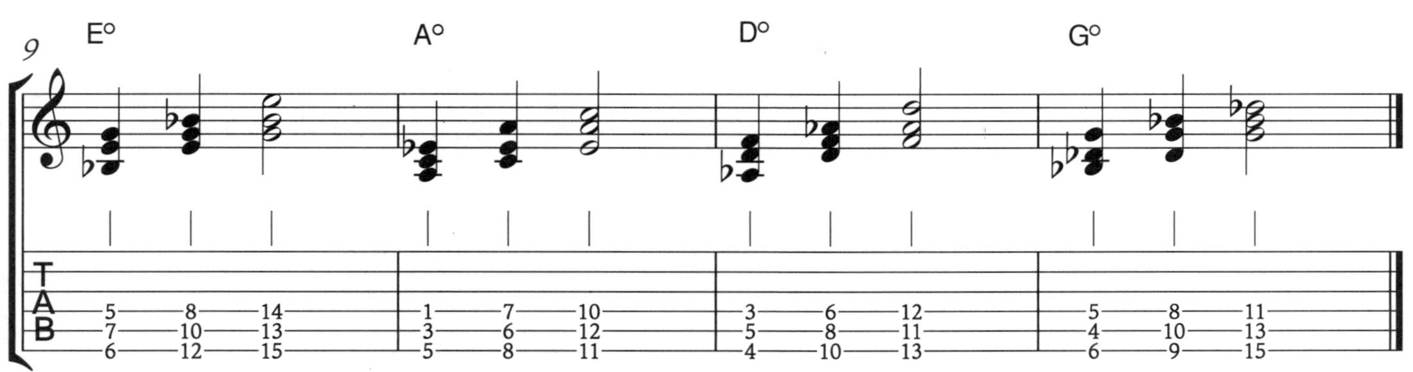

C 메이저 세븐스 코드 드롭 2 보이싱　CM7 Drop 2 Voicing

Middle Position

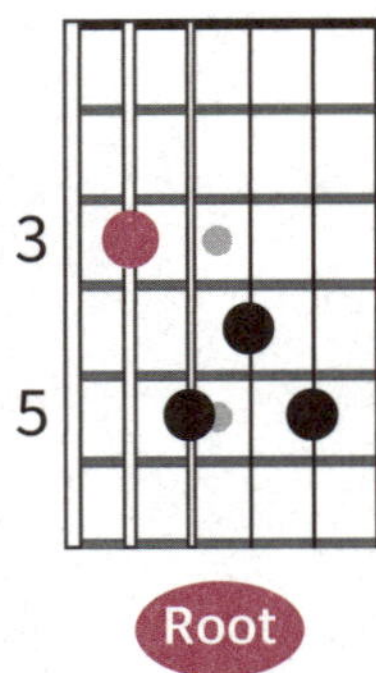
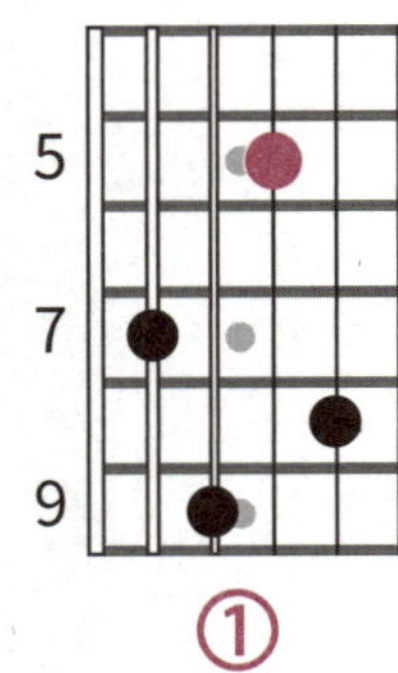
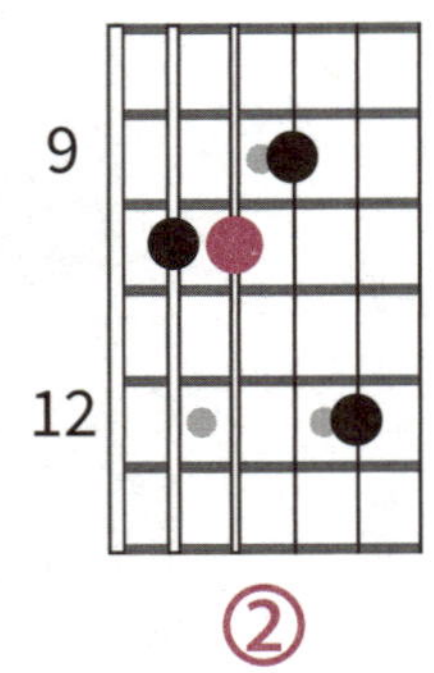
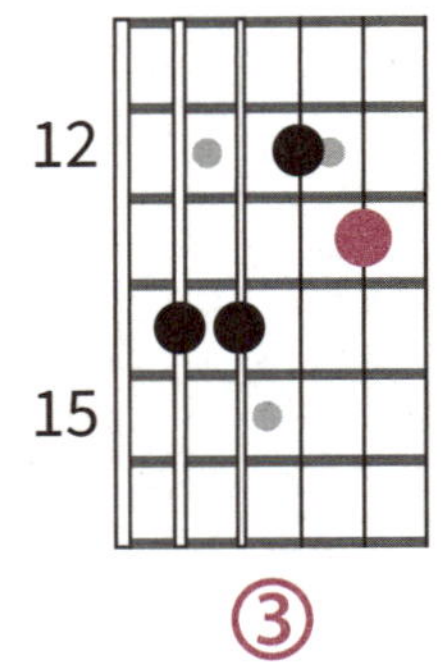

Top Position

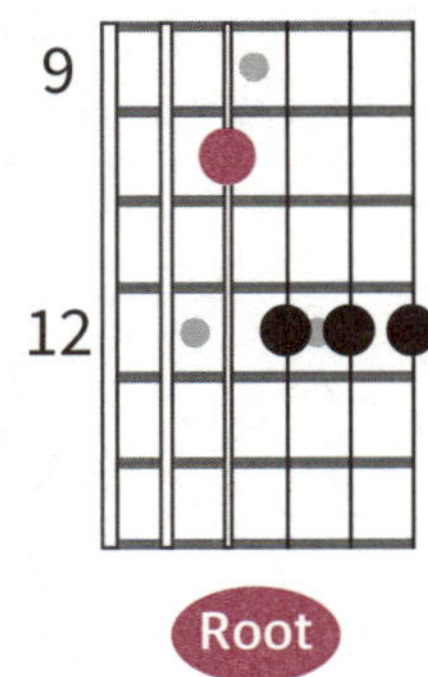
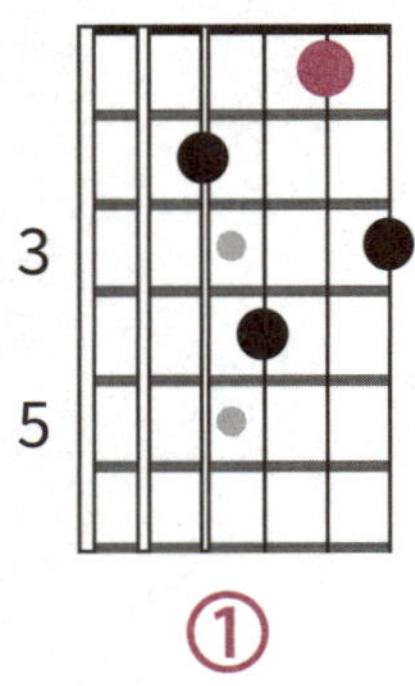
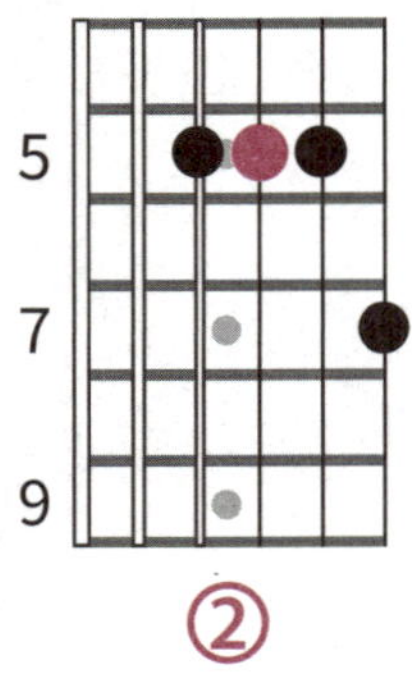
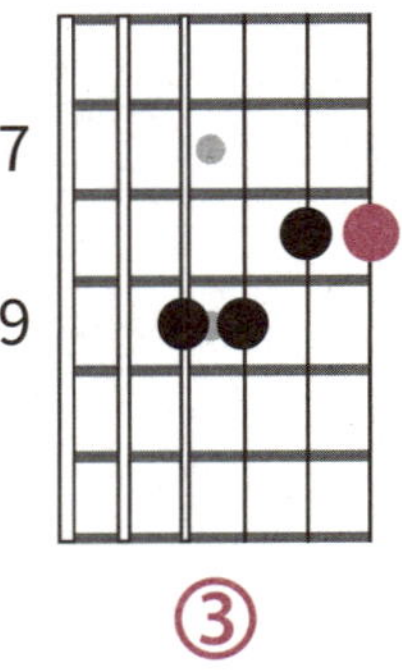

Bottom Position

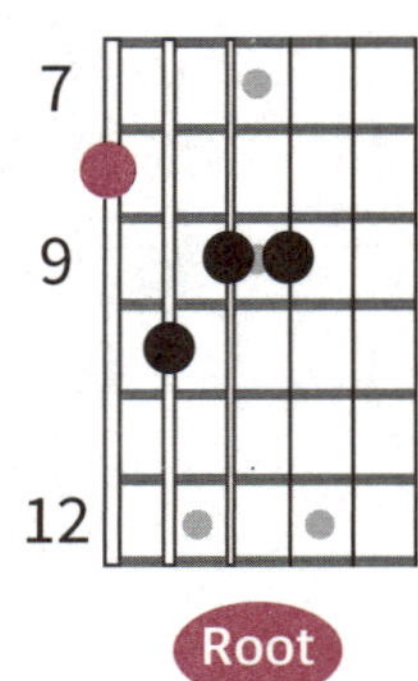
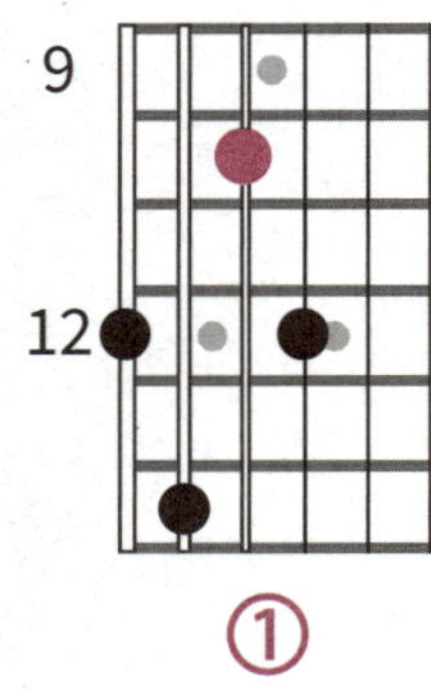
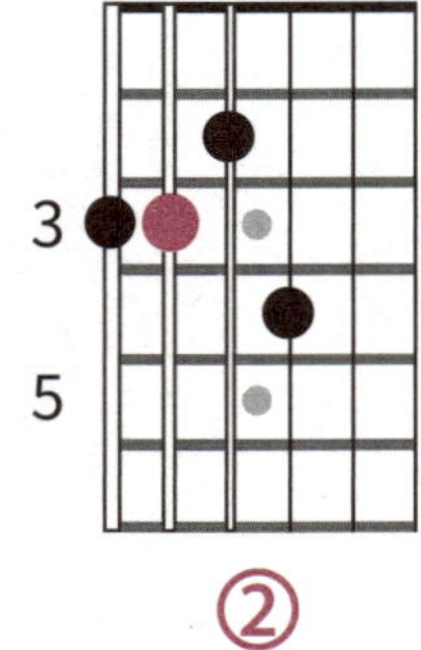
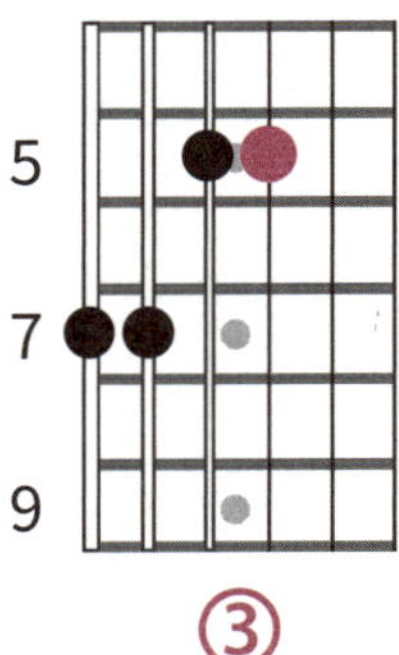

메이저 세븐스 코드 드롭 2 보이싱

Major 7th Drop 2 Voicing

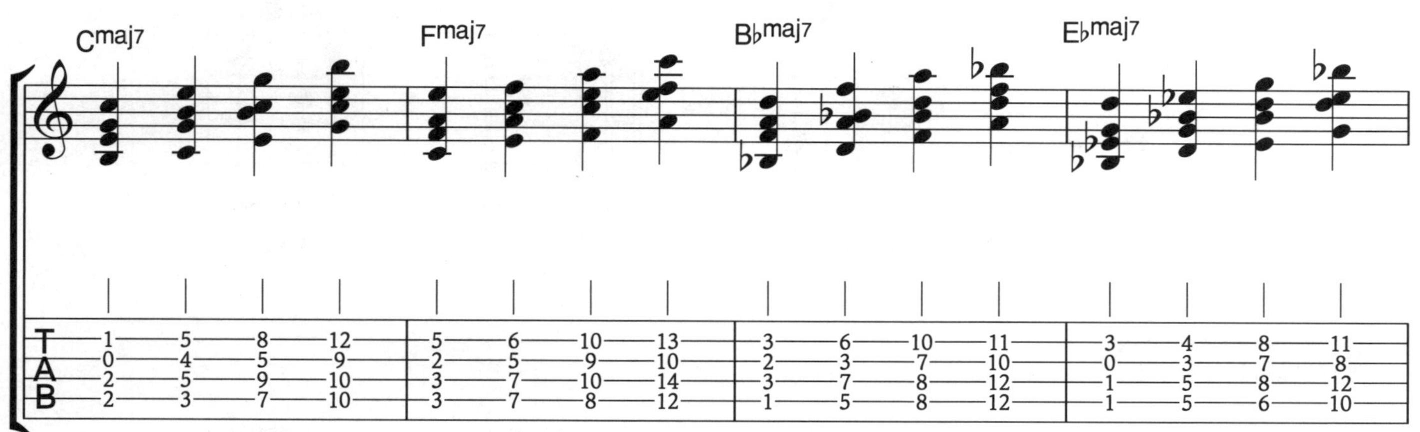

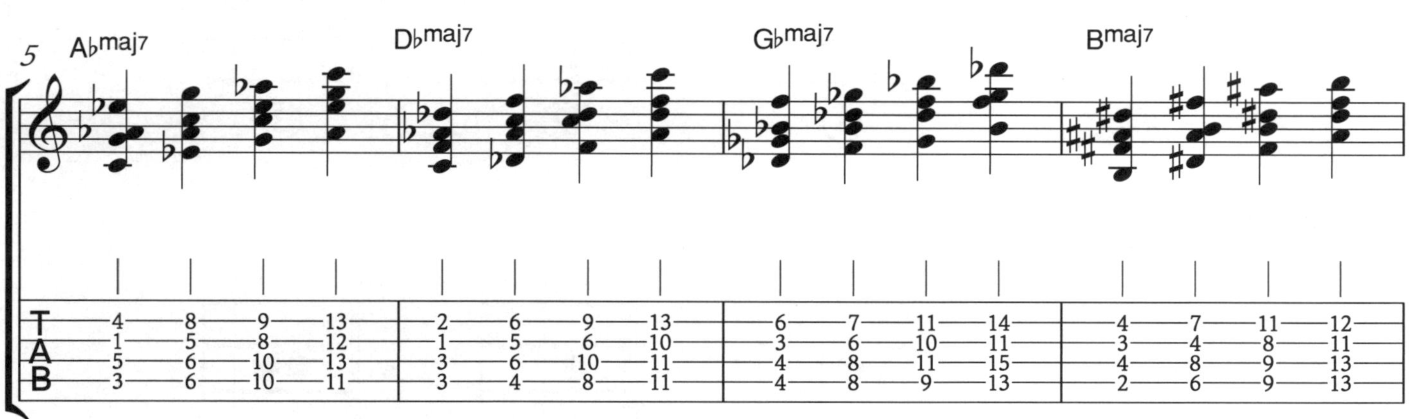

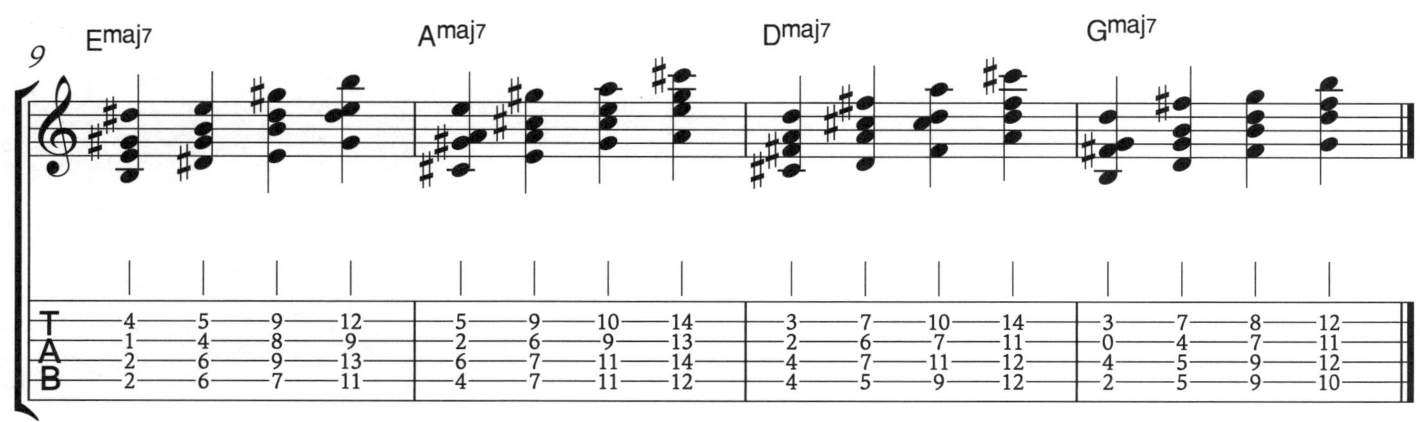

C 도미넌트 세븐스 코드 드롭 2 보이싱 C7 Drop 2 Voicing

Middle Position

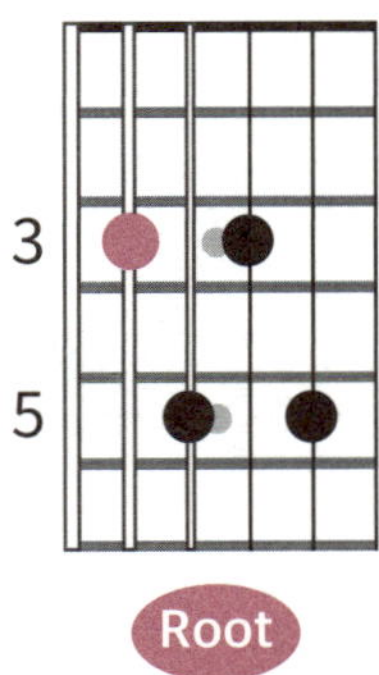

Root

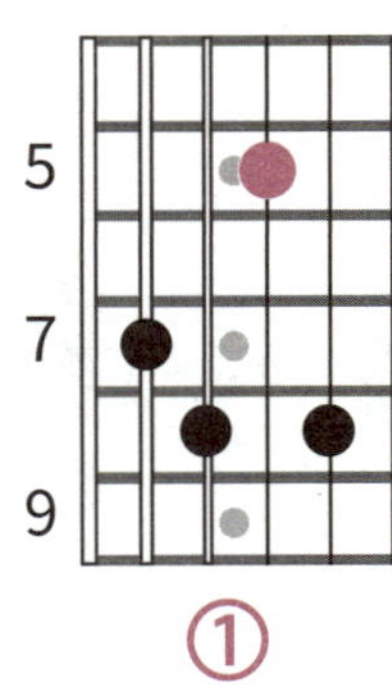

①

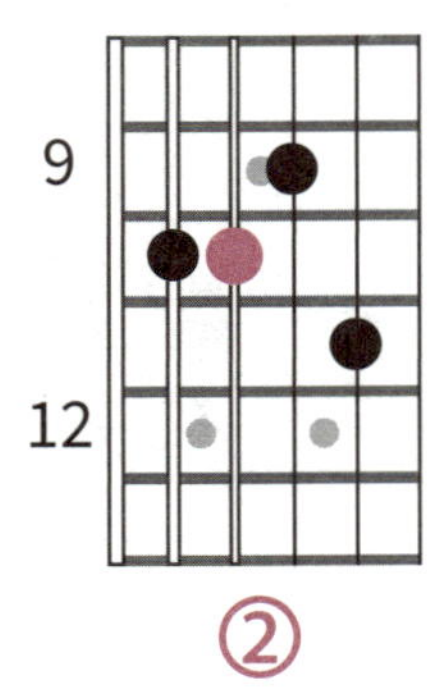

②

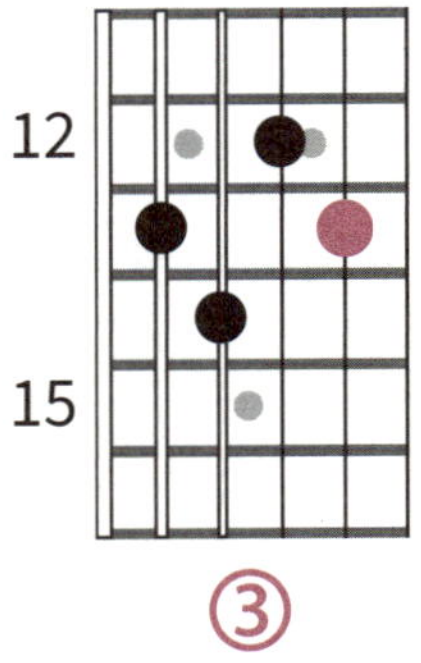

③

Top Position

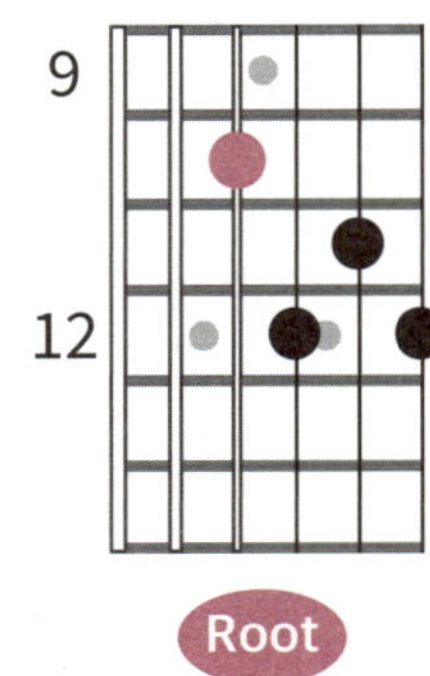

Root

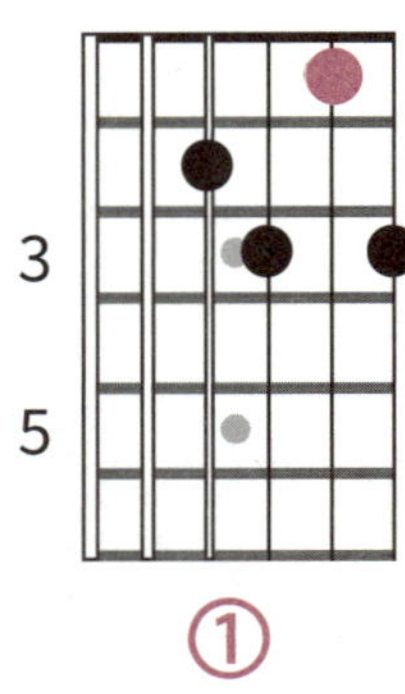

①

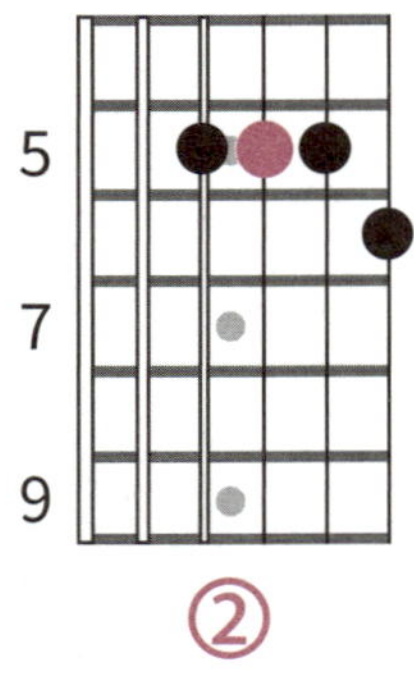

②

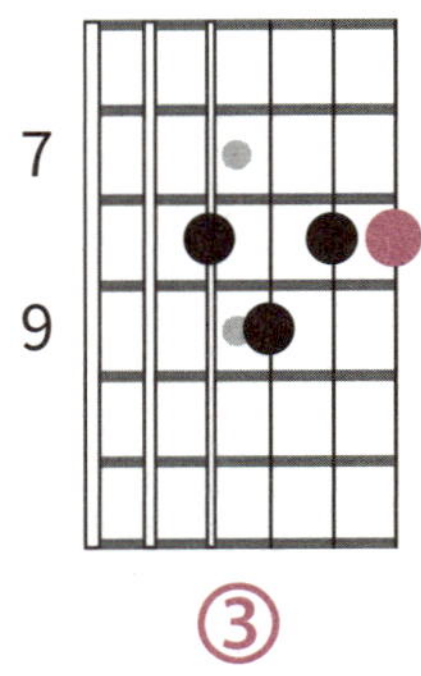

③

Bottom Position

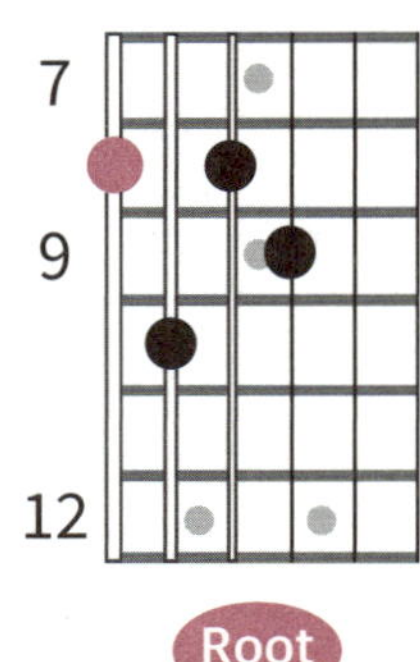

Root

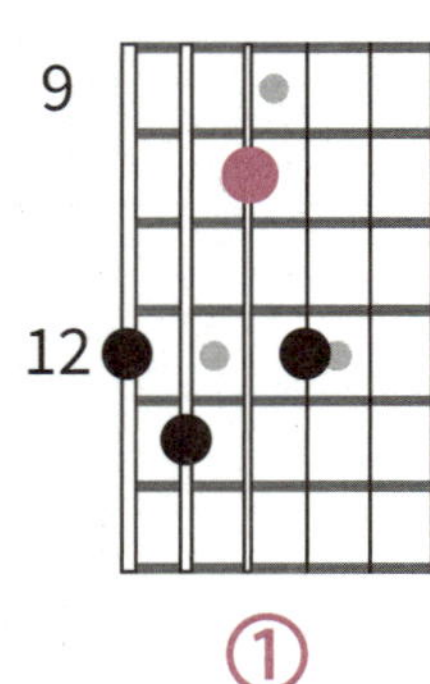

①

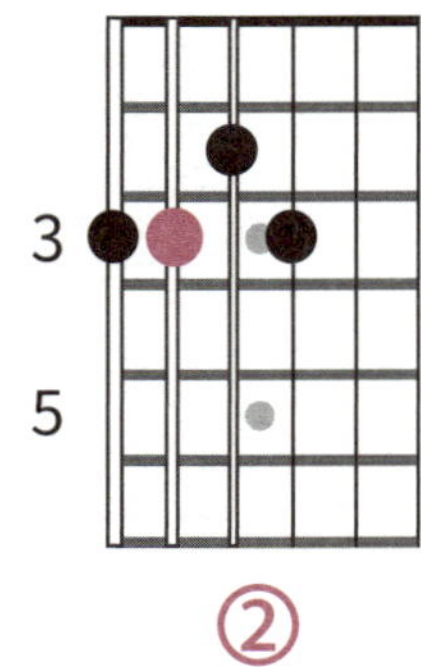

②

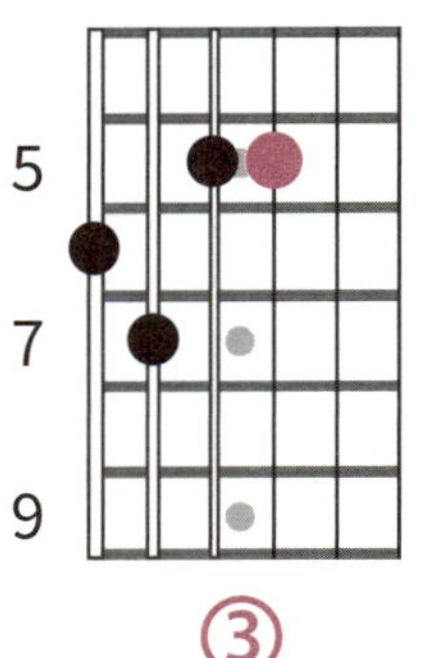

③

도미넌트 세븐스 코드 드롭 2 보이싱

Dominant 7th Drop 2 Voicing

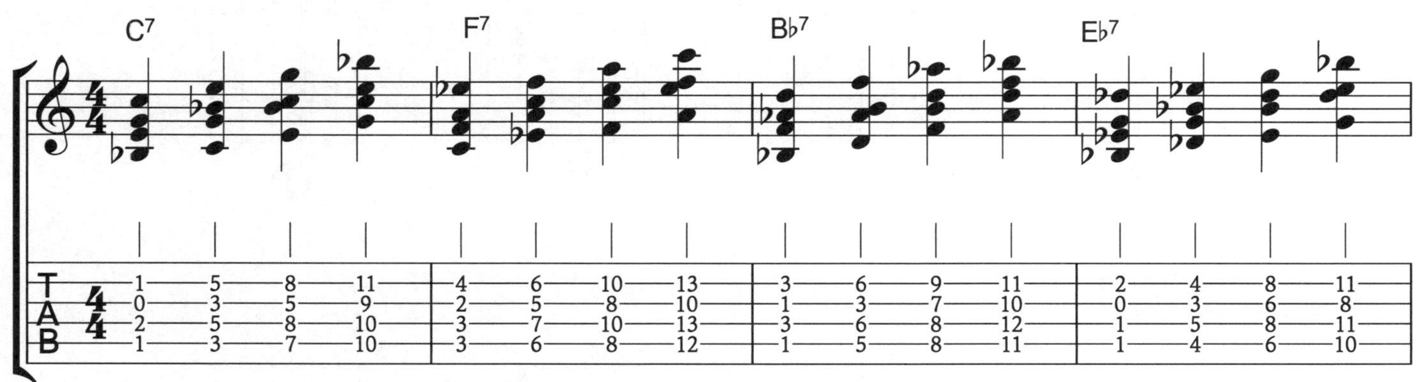

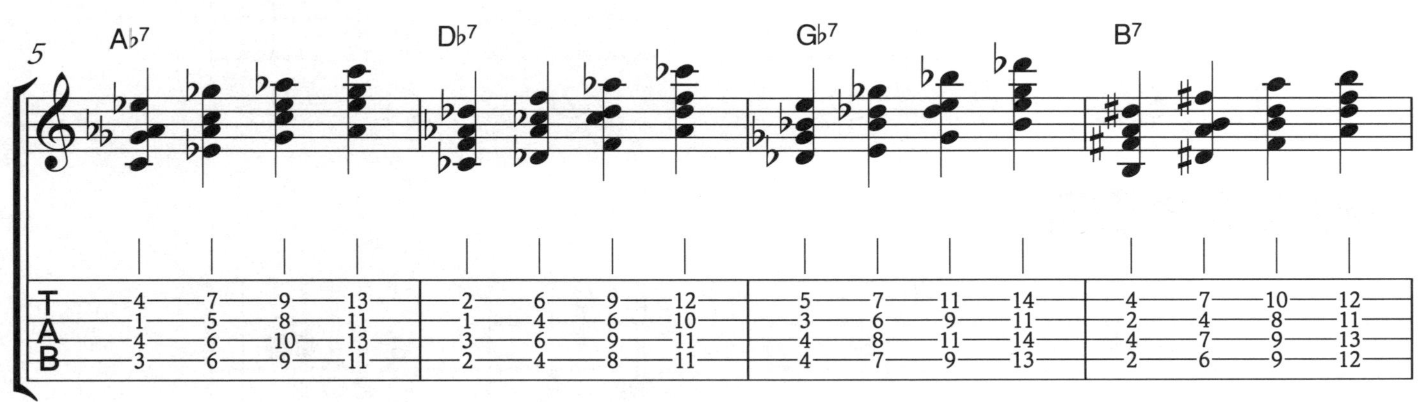

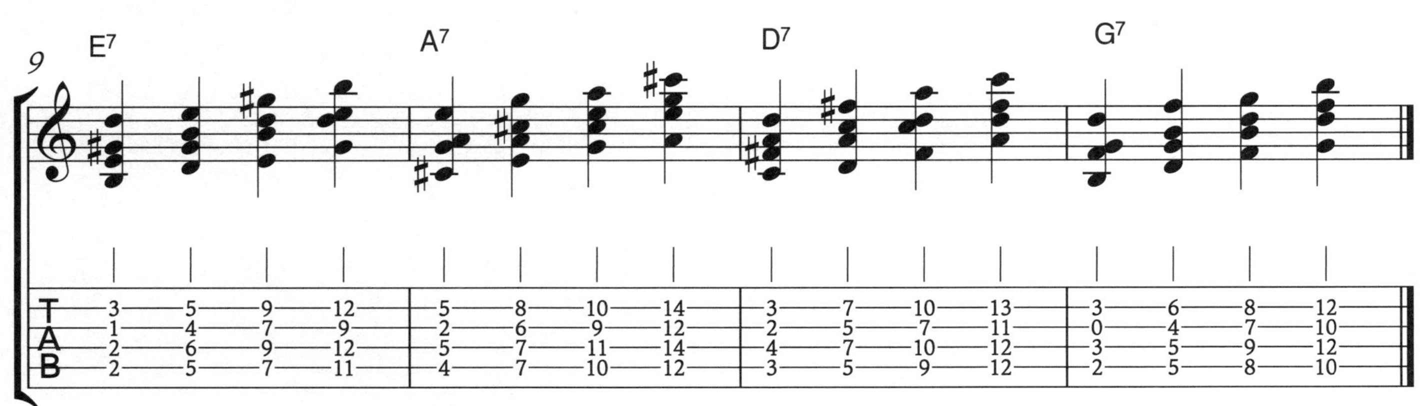

Middle Position

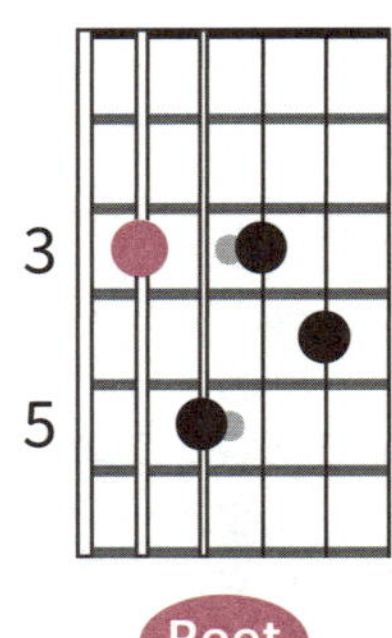

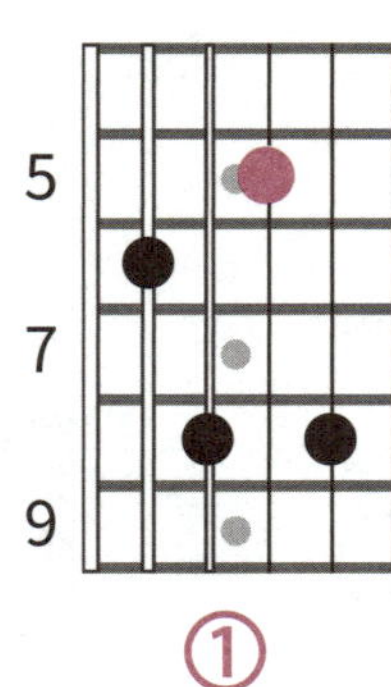

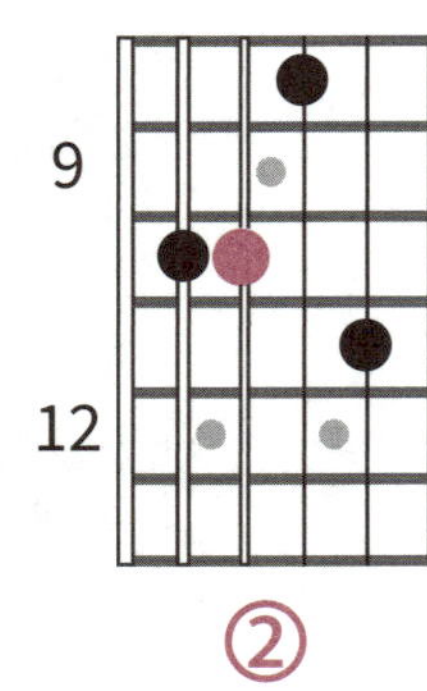

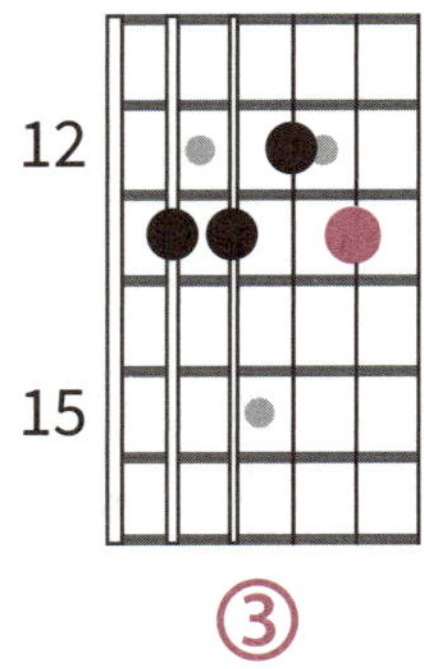

Top Position

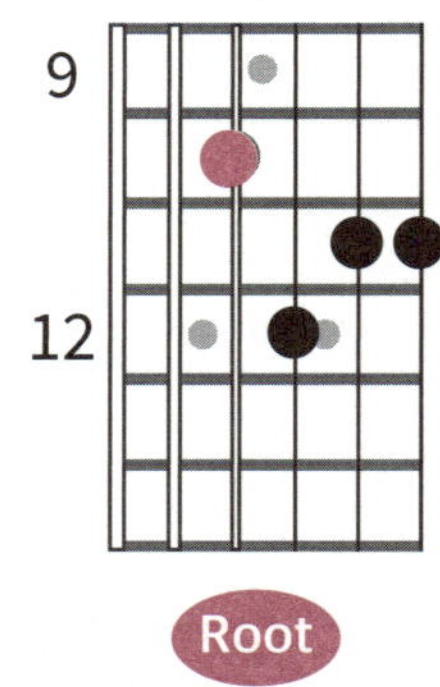

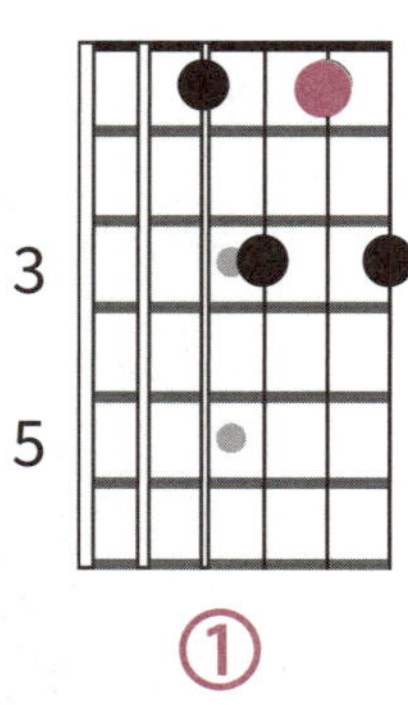

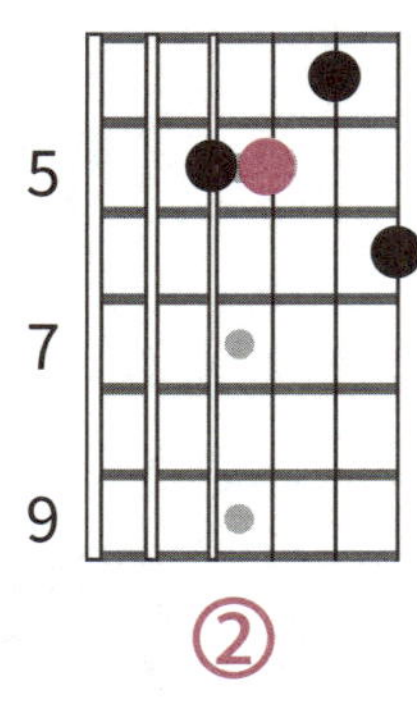

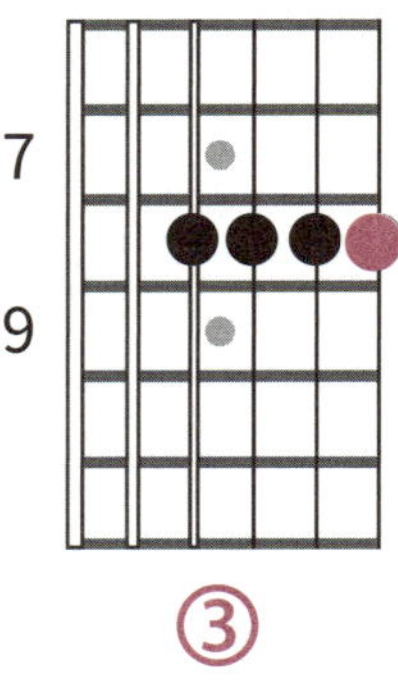

Bottom Position

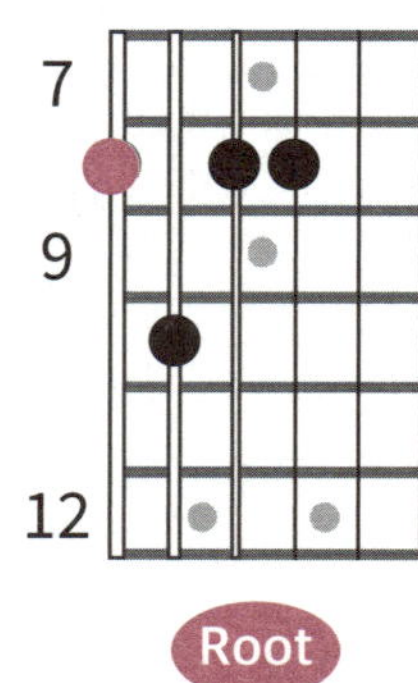

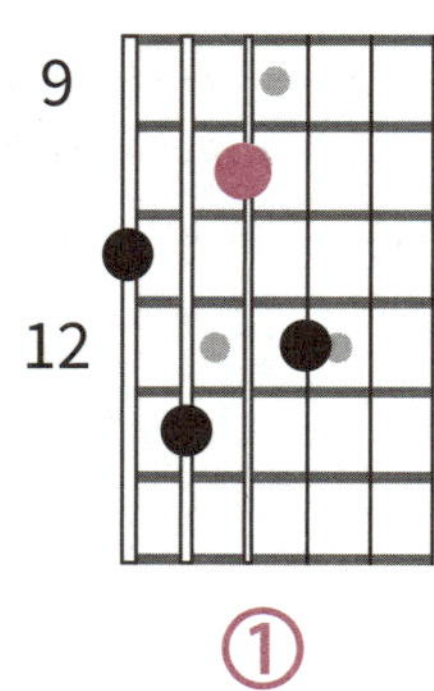

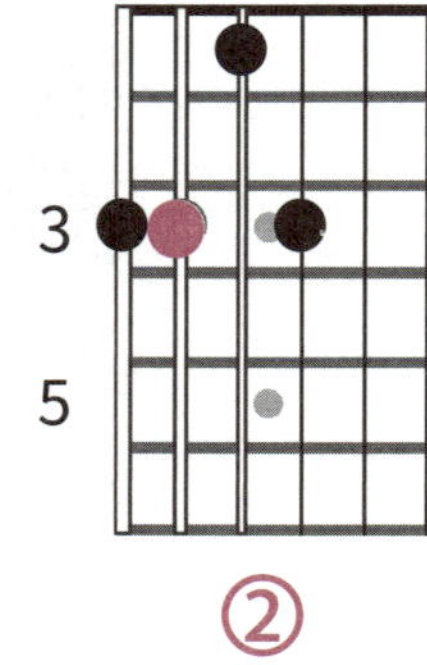

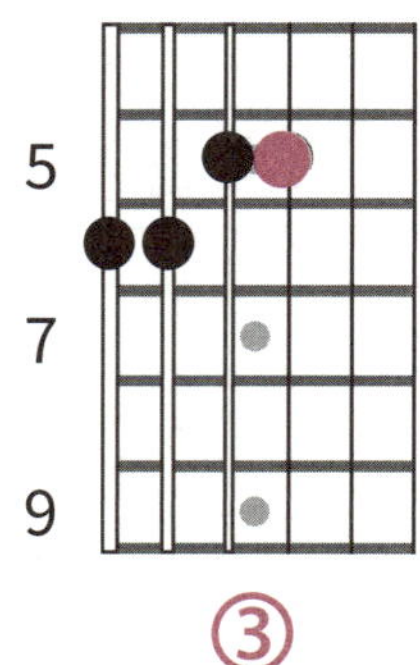

마이너 세븐스 코드 드롭 2 보이싱

Minor 7th Drop 2 Voicing

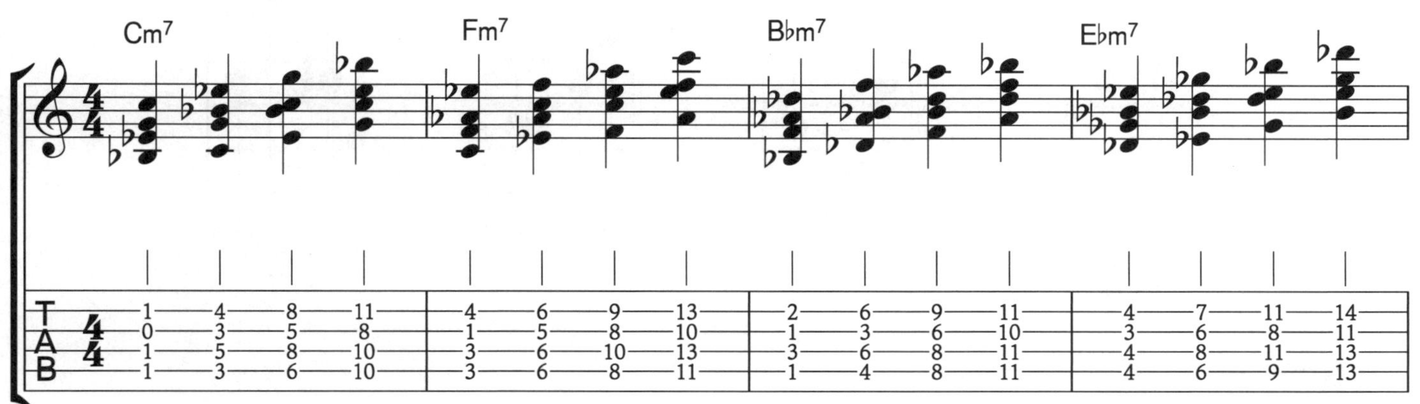

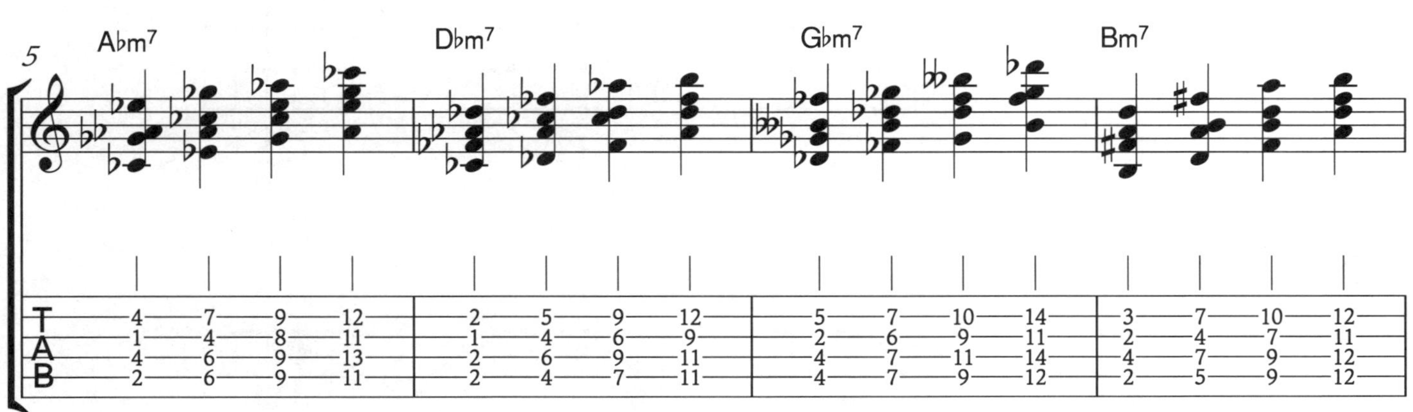

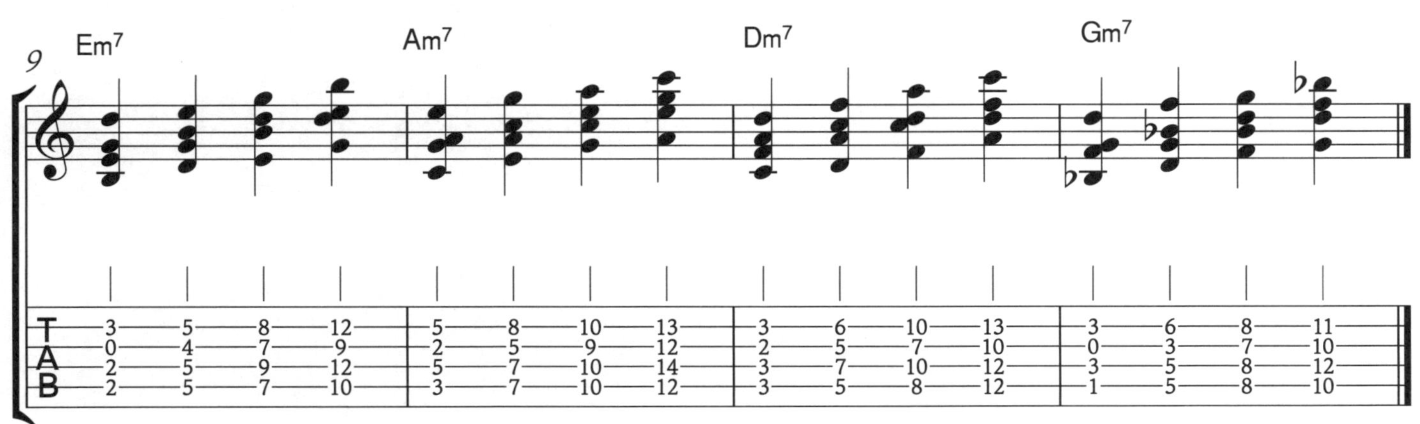

C 마이너 세븐스 ♭5 코드 드롭 2 보이싱

Cm7♭5 Drop 2 Voicing

Middle Position

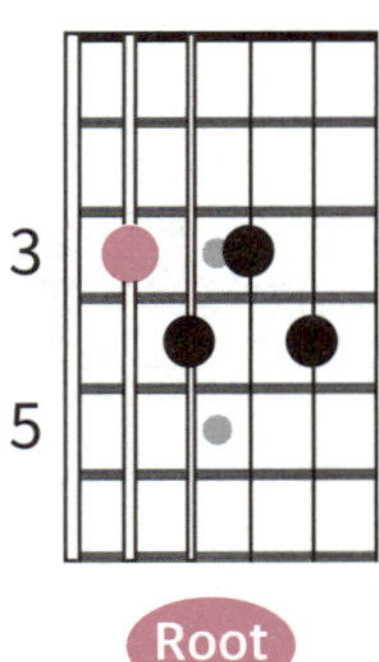 Root

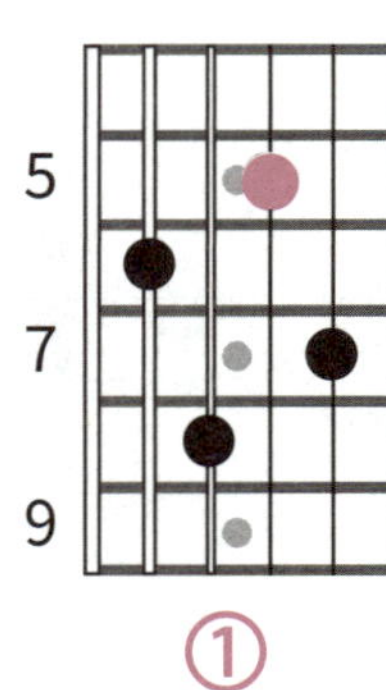 ①

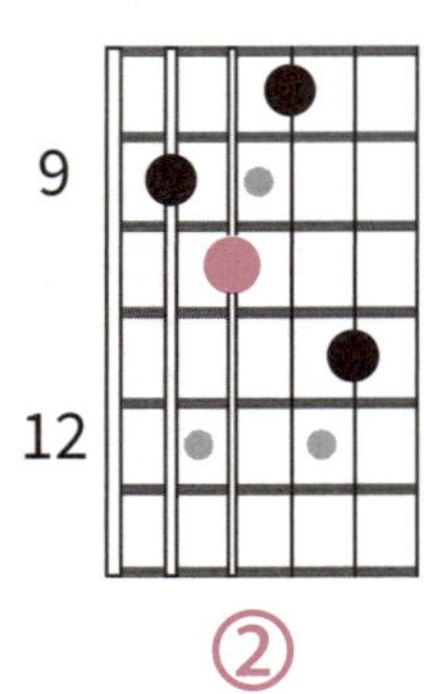 ②

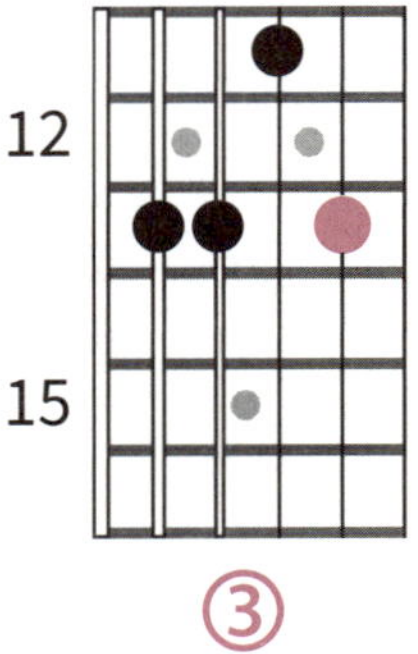 ③

Top Position

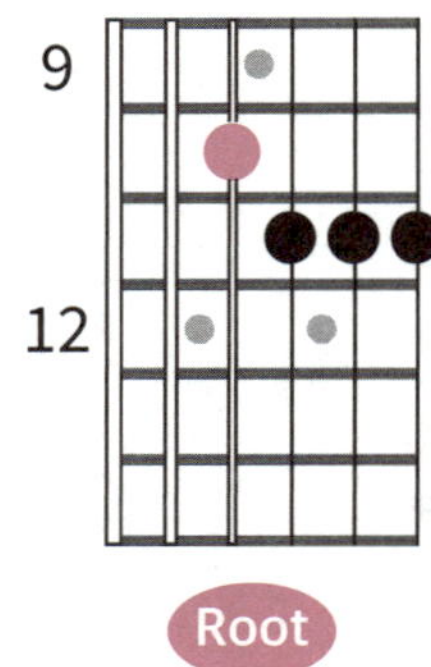 Root

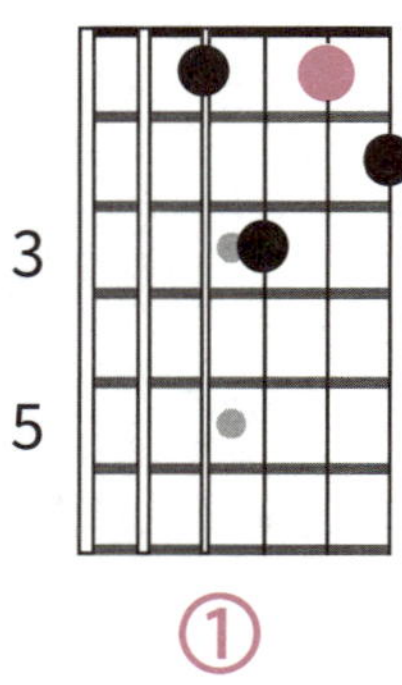 ①

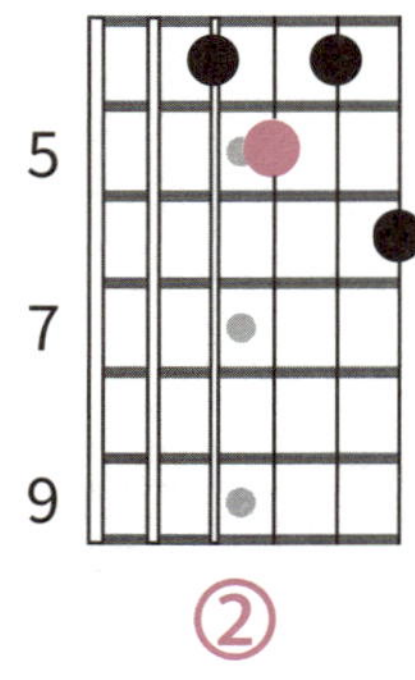 ②

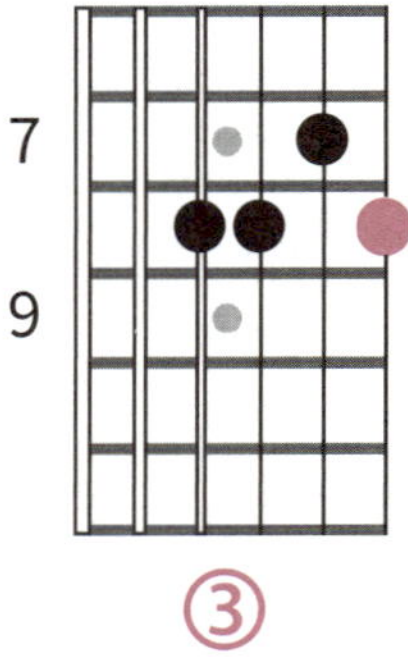 ③

Bottom Position

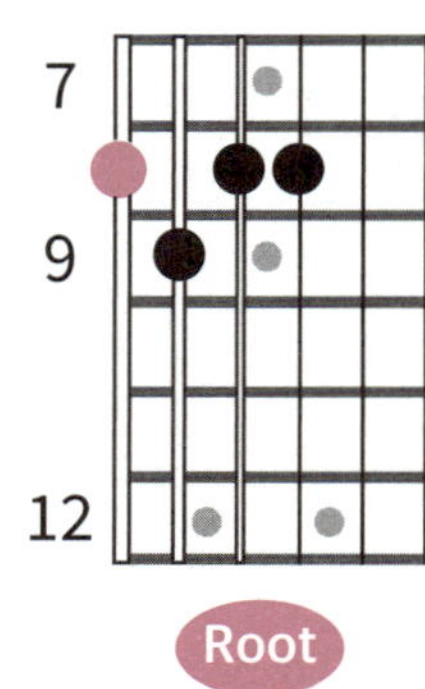 Root

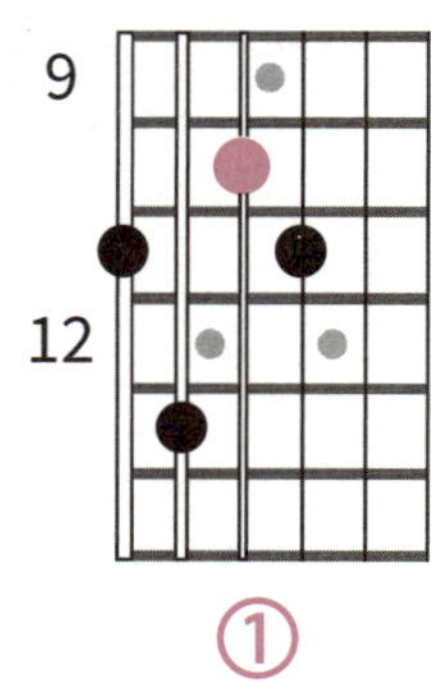 ①

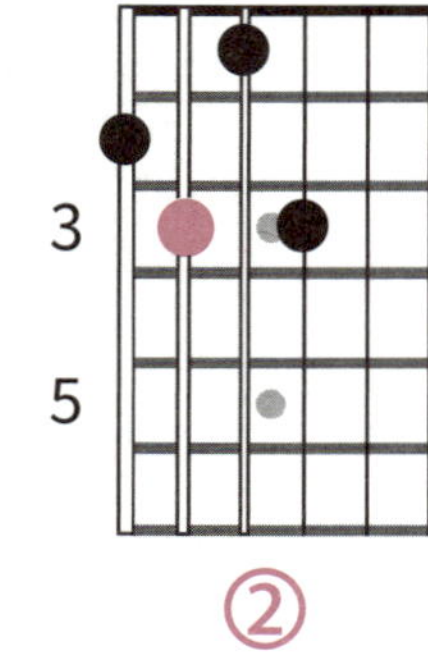 ②

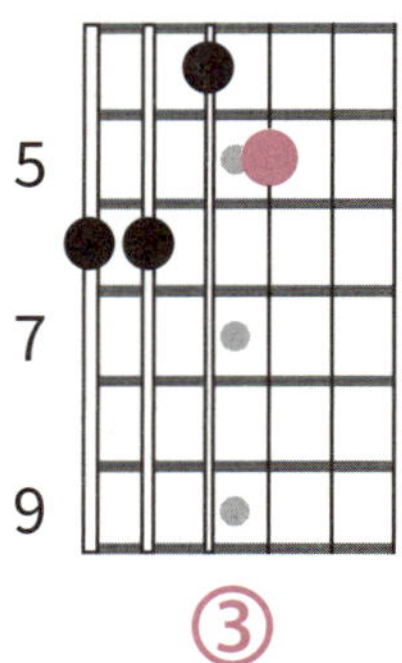 ③

마이너 세븐스 ♭5 코드 드롭 2 보이싱

Minor 7th ♭5 Drop 2 Voicing

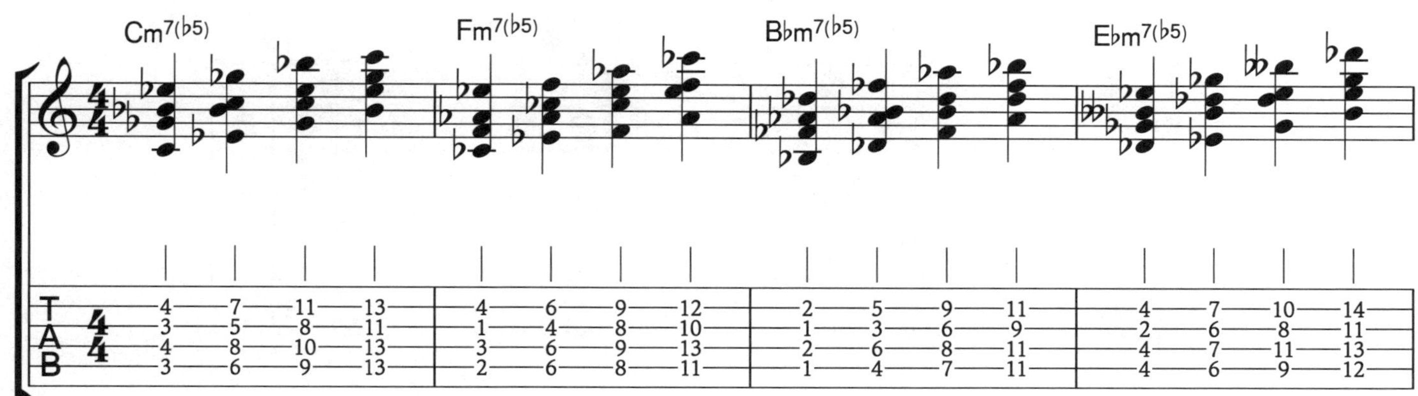

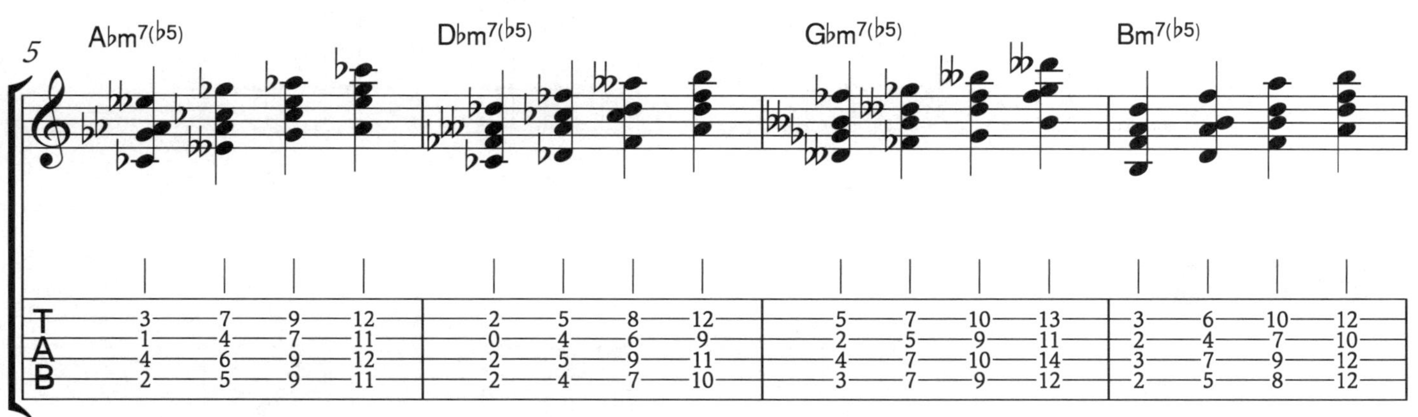

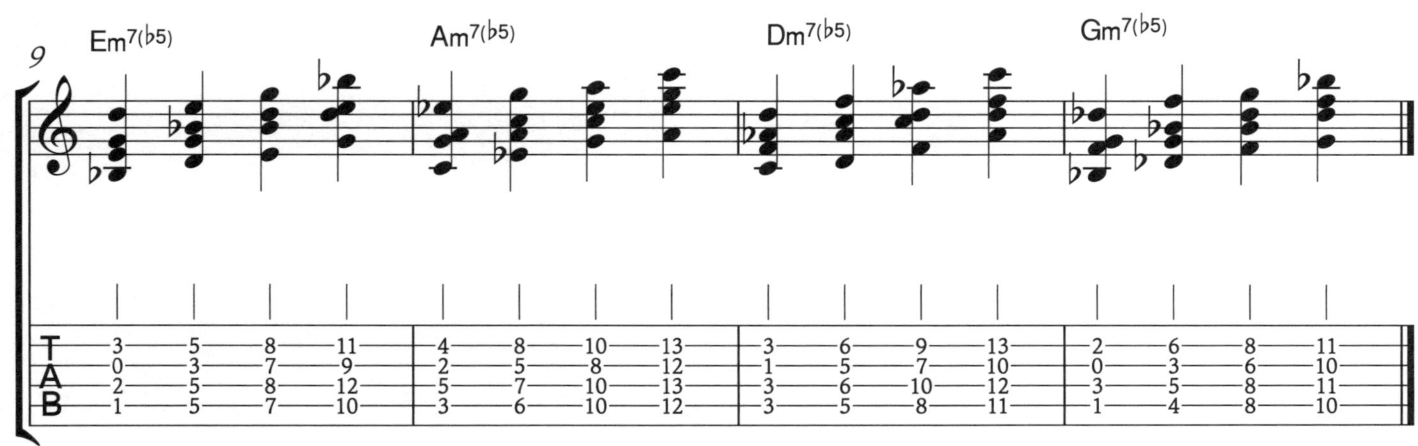

C 디미니시드 세븐스 코드 드롭 2 보이싱   Cdim7 Drop 2 Voicing

Middle Position

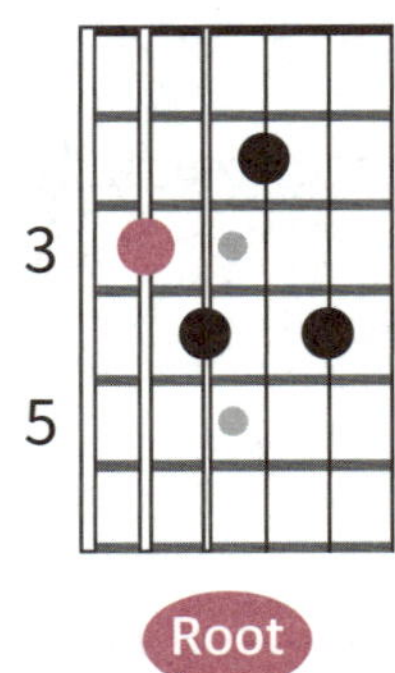

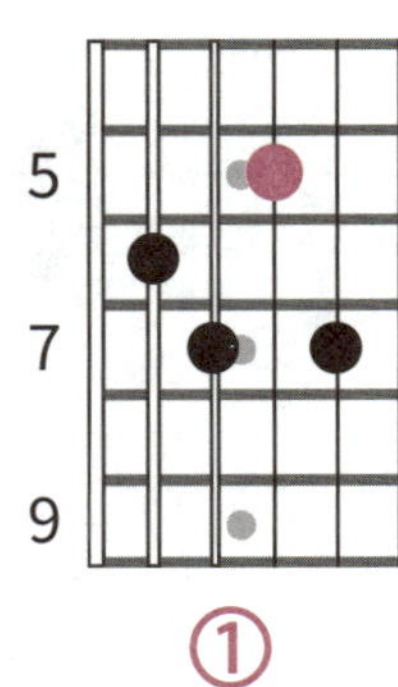

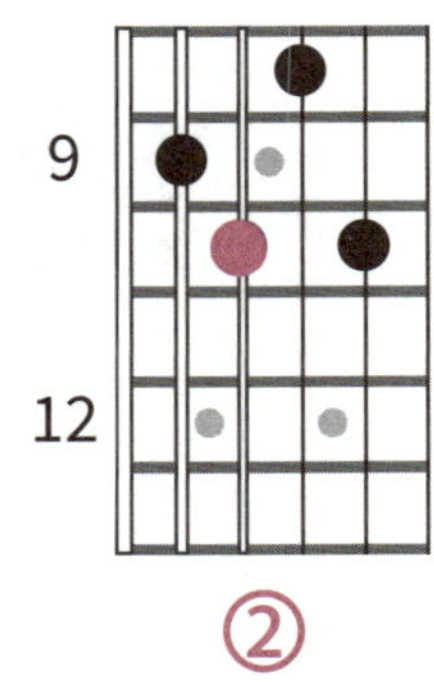

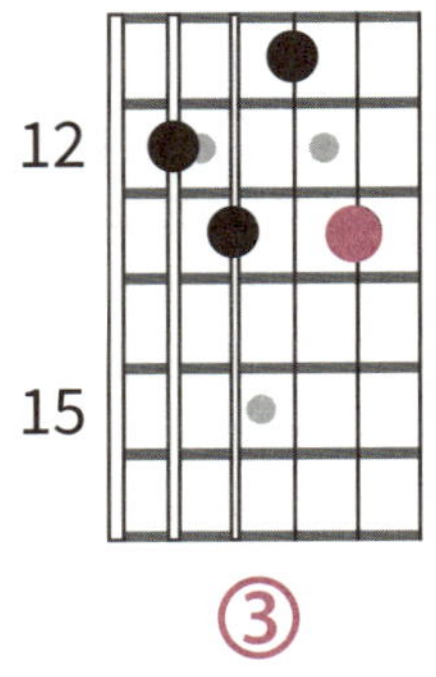

Top Position

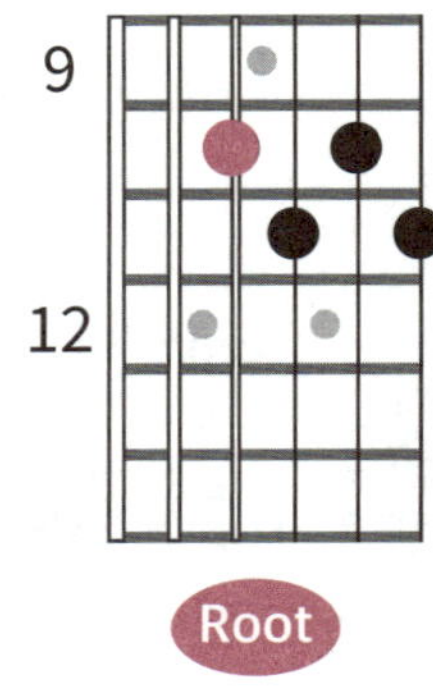

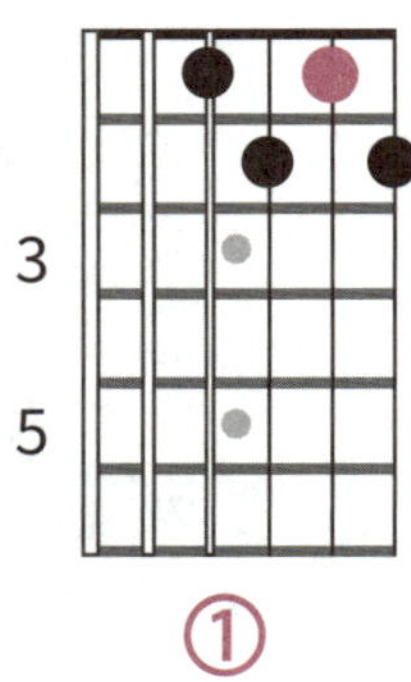

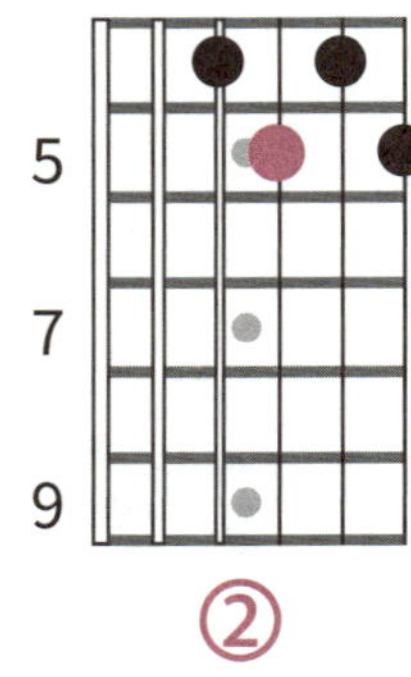

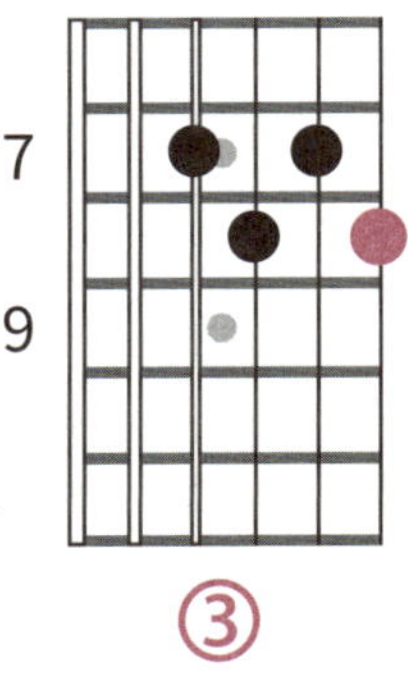

Bottom Position

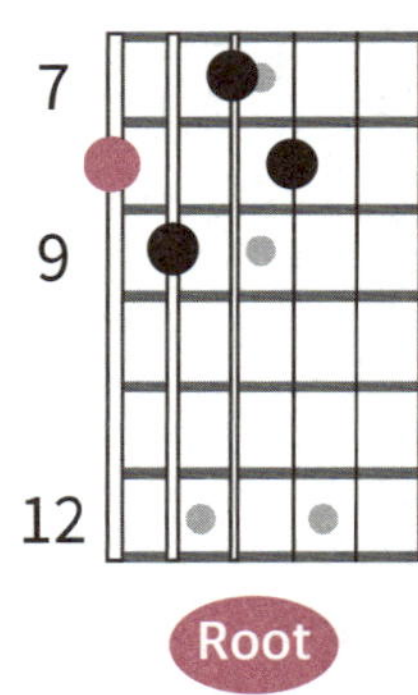

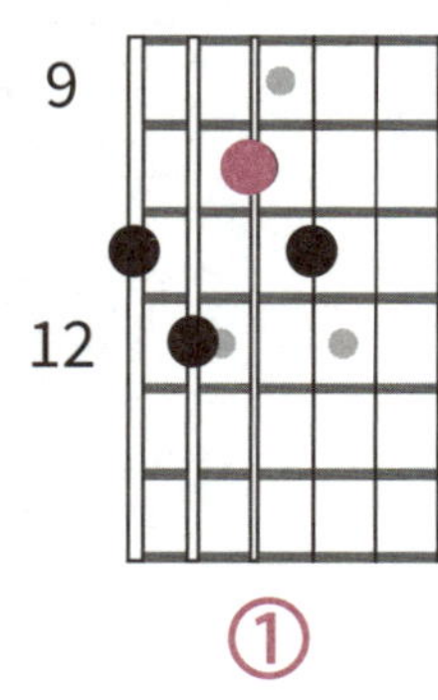

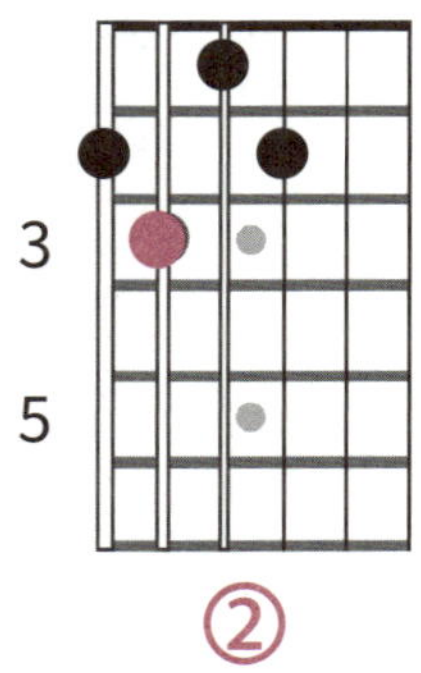

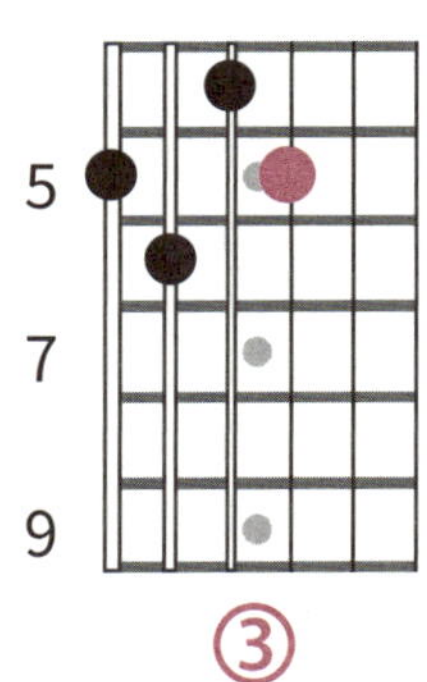

디미니시드 세븐스 코드 드롭 2 보이싱

Diminished 7th Drop 2 Voicing

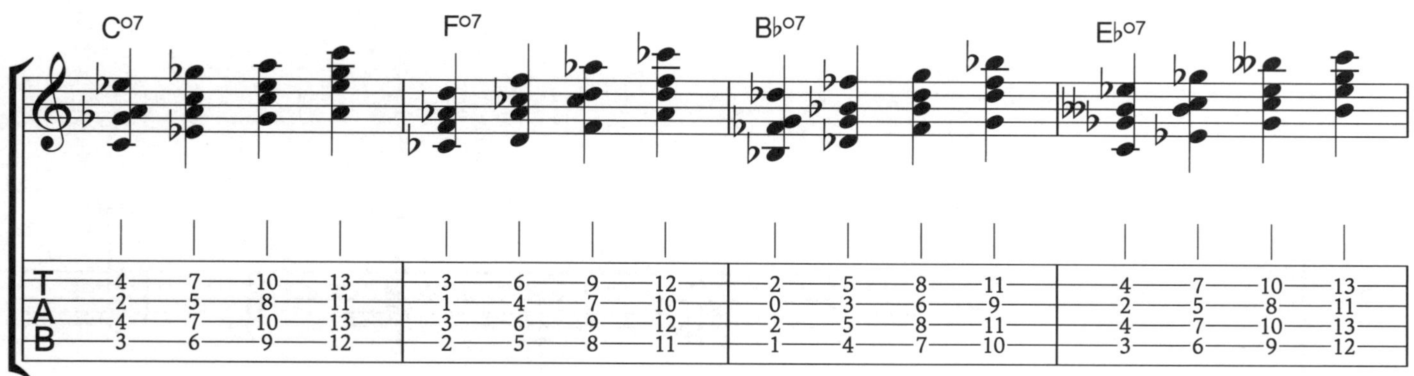

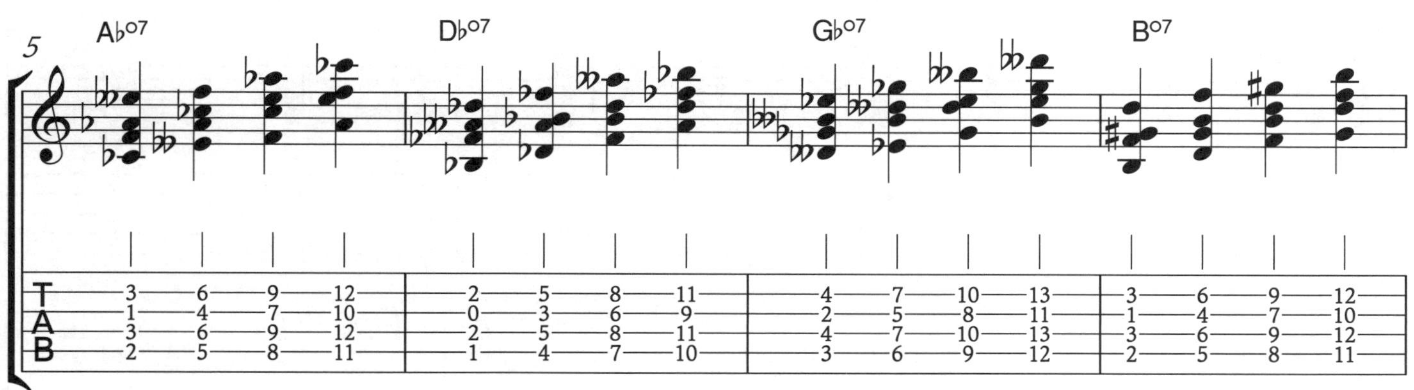

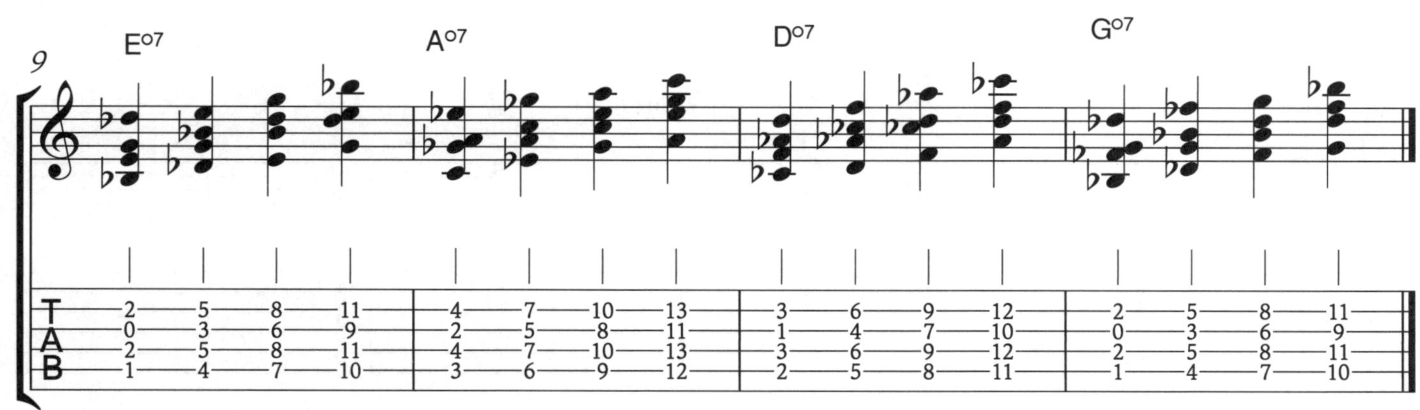

드롭 2 보이싱 예제

Autumn Leaves

C 메이저 세븐스 코드 드롭 3 보이싱

CM7 Drop 3 Voicing

Middle Position

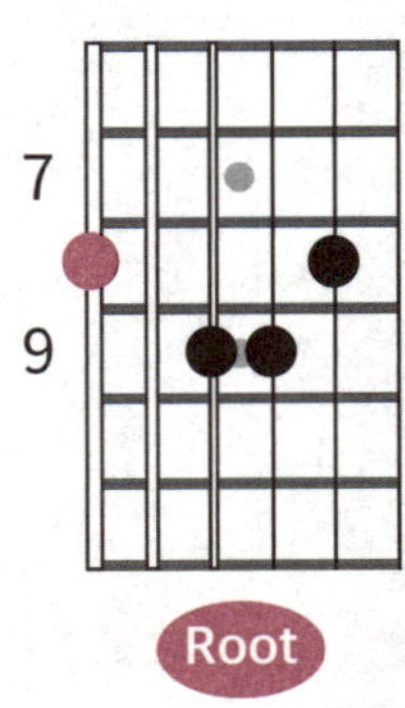

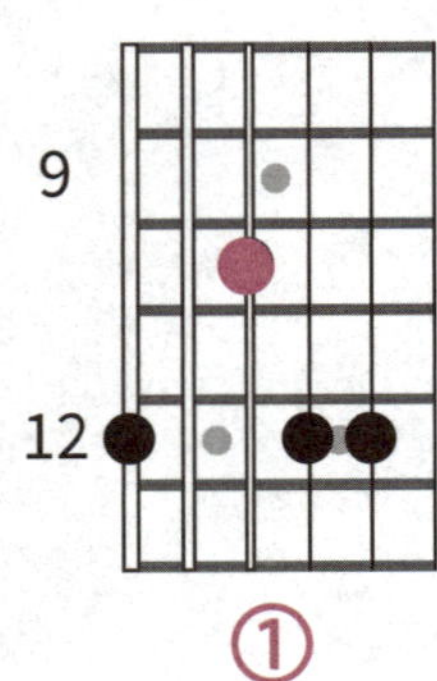

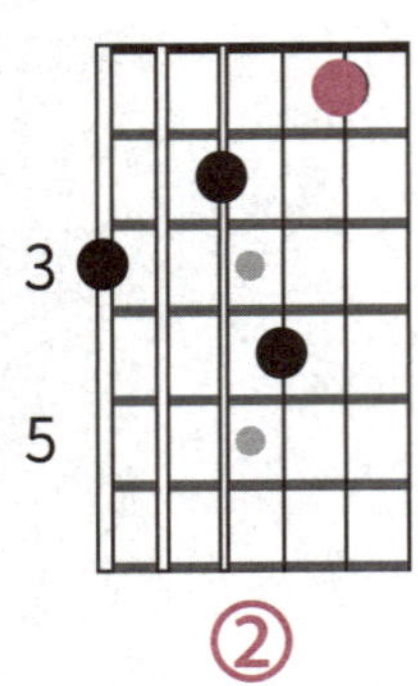

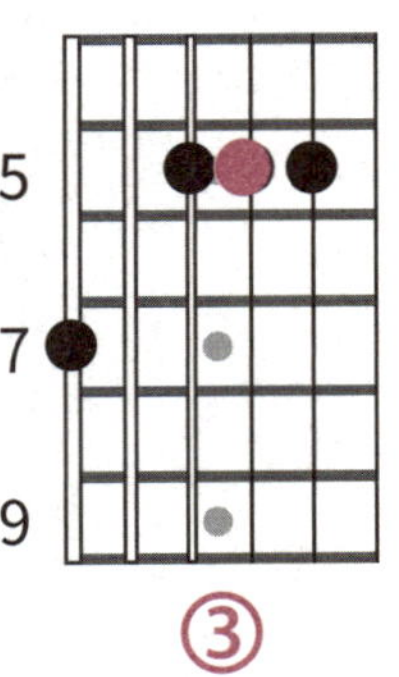

Top Position

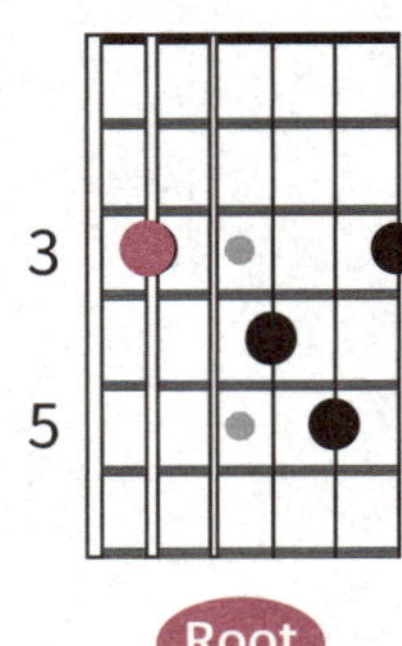

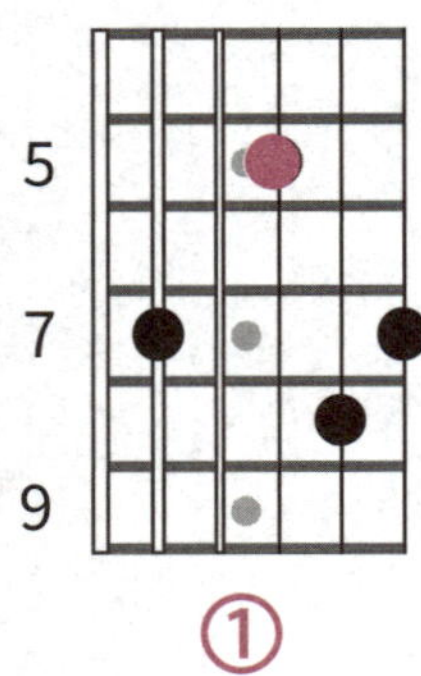

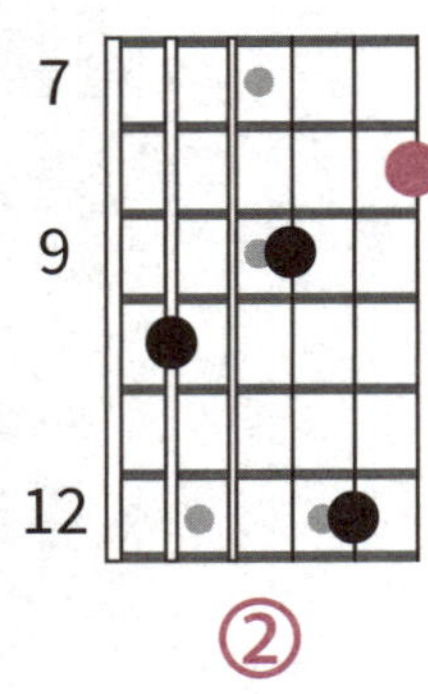

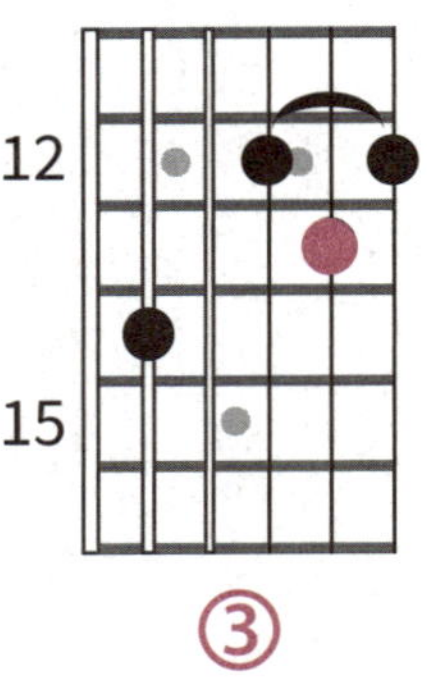

메이저 세븐스 코드 드롭 3 보이싱

Major 7th Drop 3 Voicing

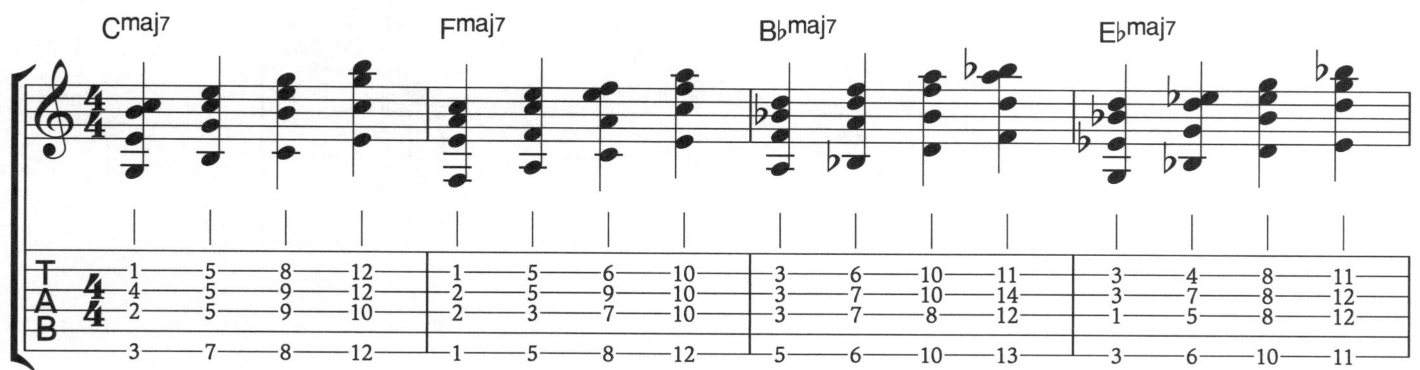

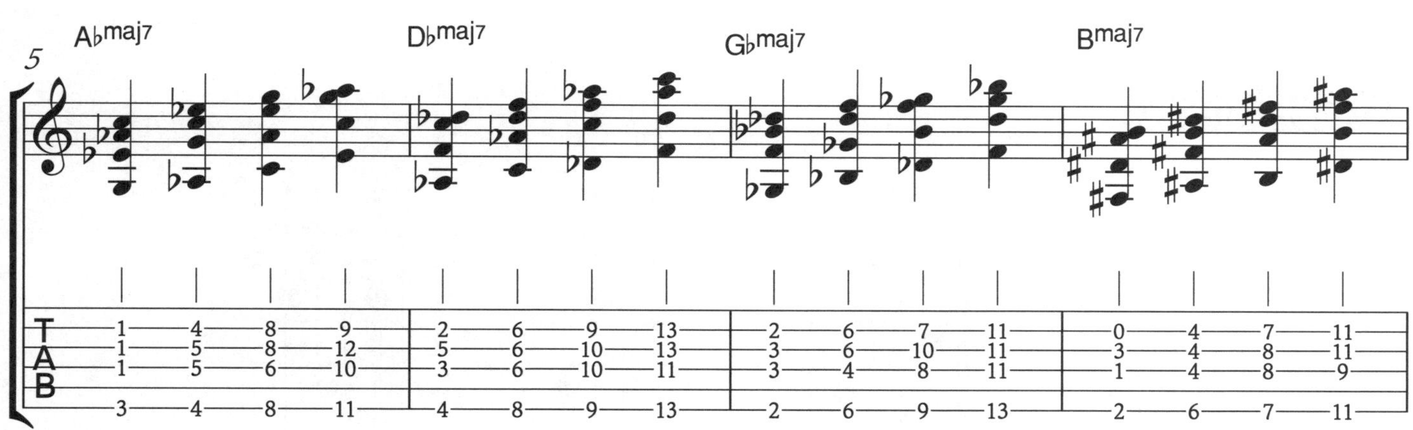

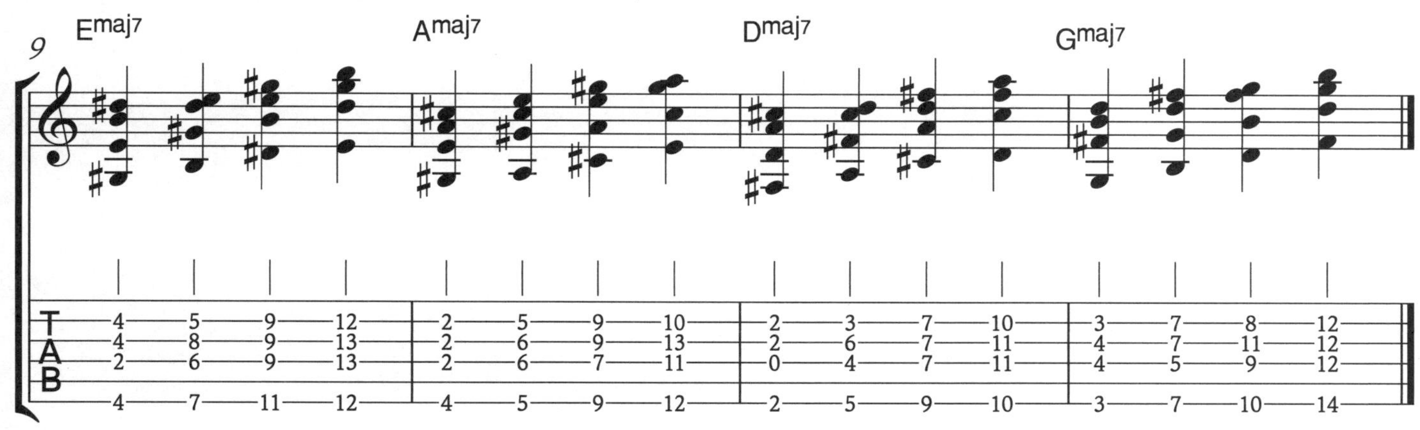

C 도미넌트 세븐스 코드 드롭 3 보이싱

C7 Drop 3 Voicing

Middle Position

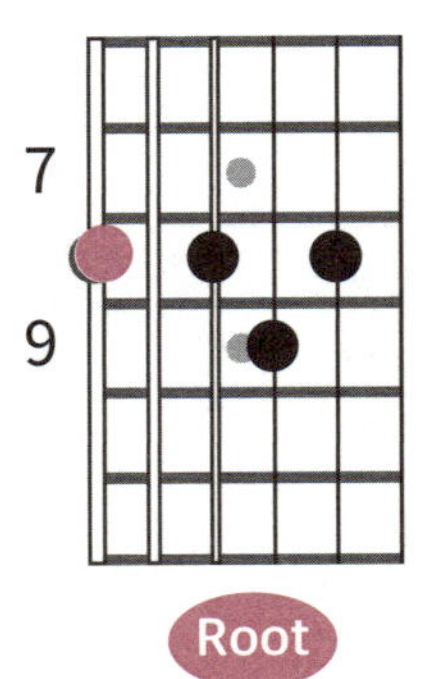
Root

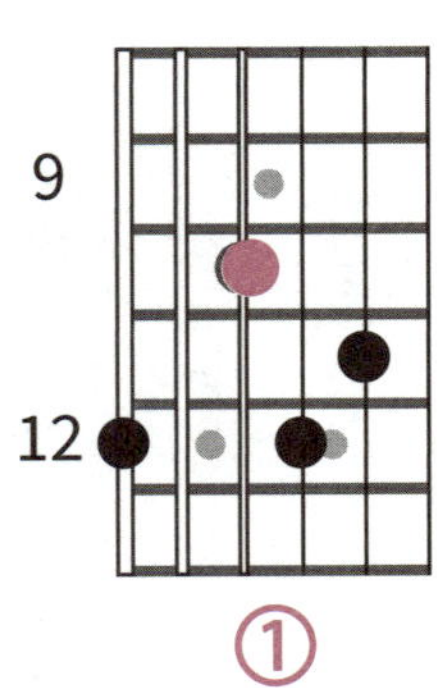
①

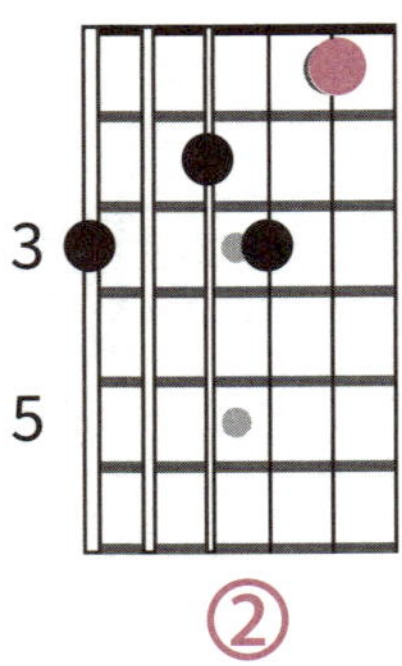
②

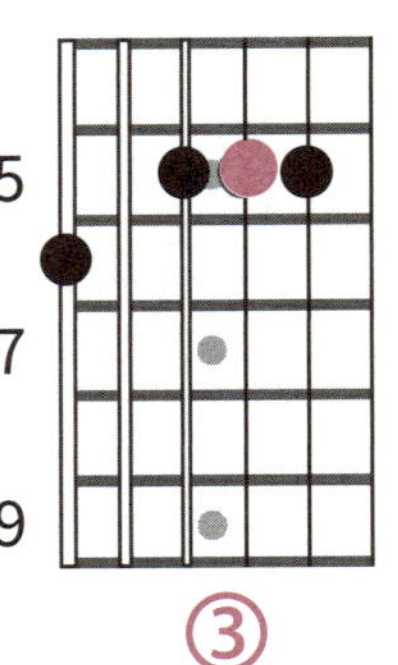
③

Top Position

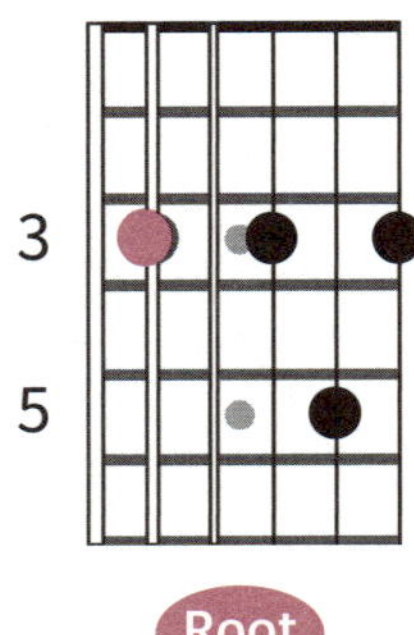
Root

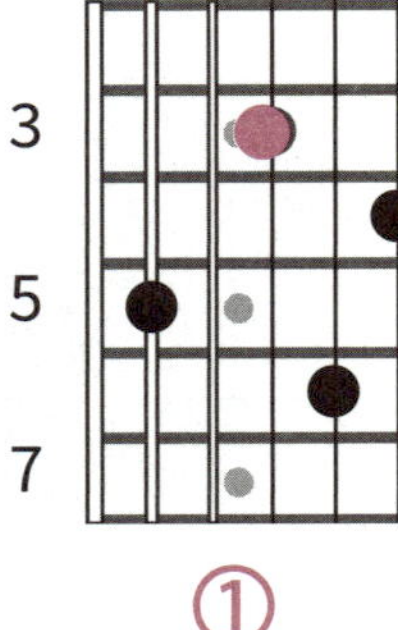
①

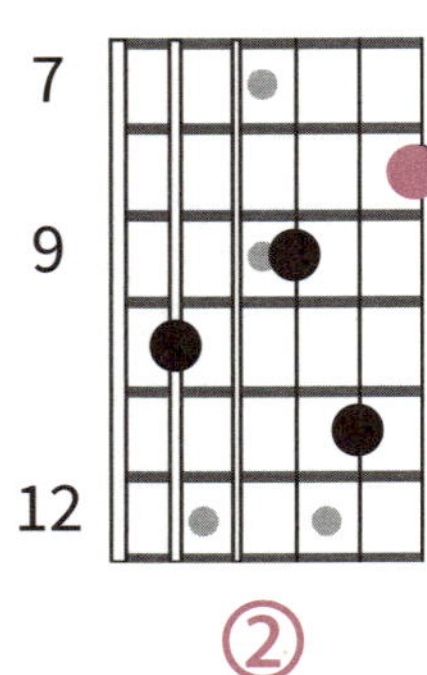
②

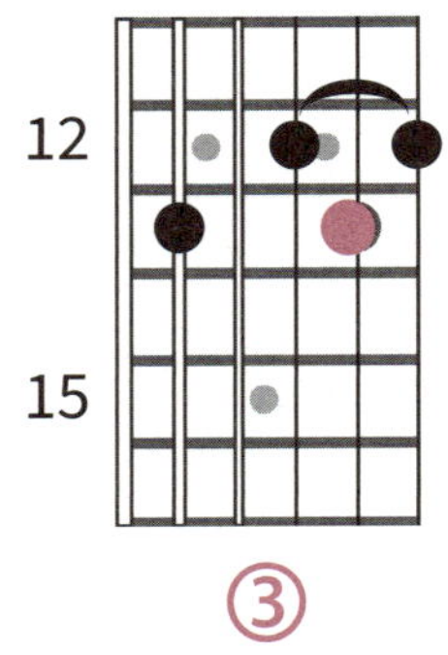
③

도미넌트 세븐스 코드 드롭 3 보이싱

Dominant 7th Drop 3 Voicing

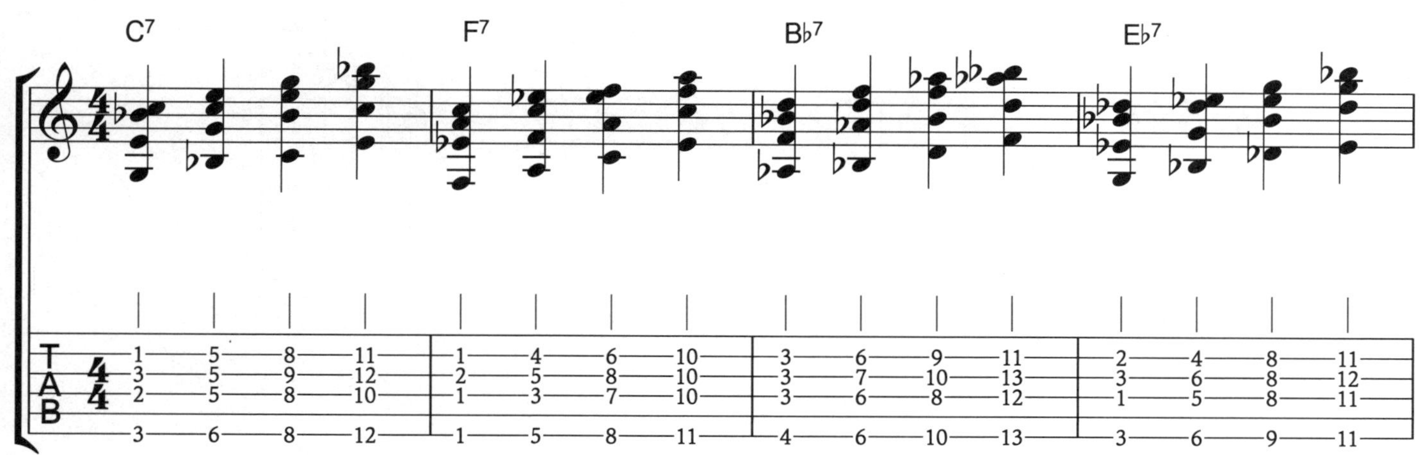

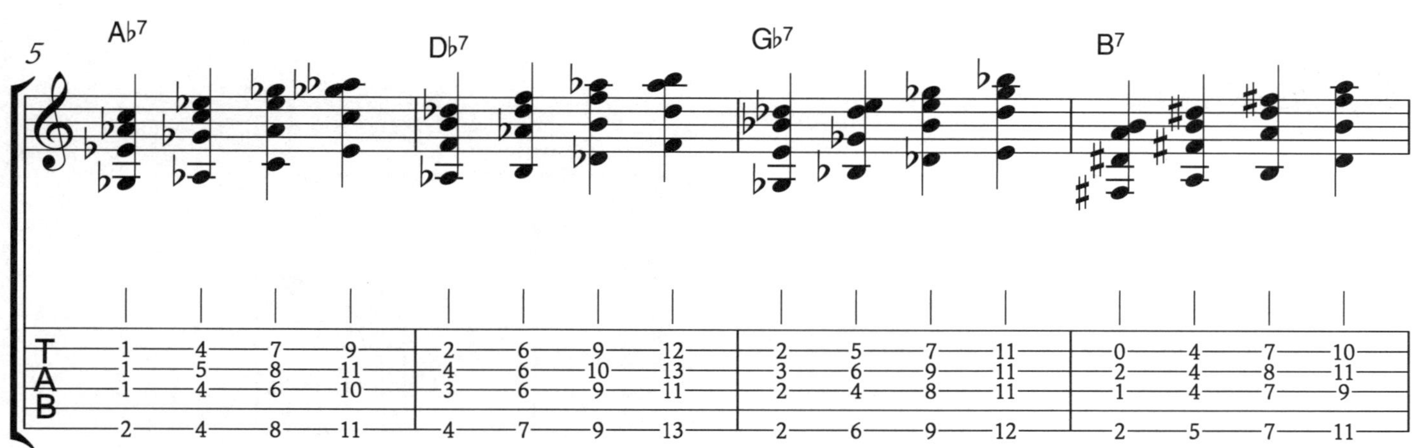

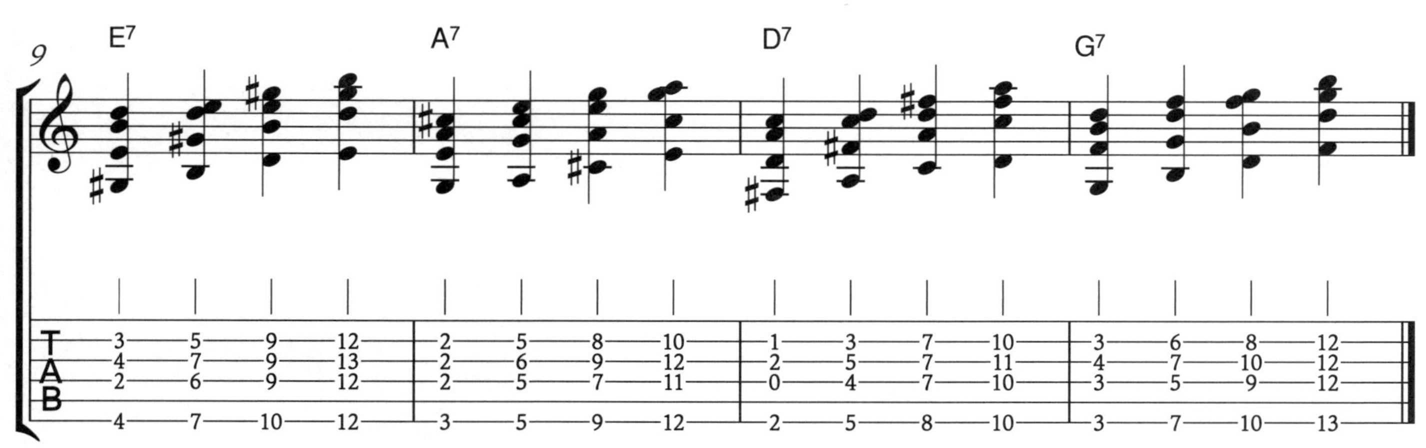

C 마이너 세븐스 코드 드롭 3 보이싱   Cm7 Drop 3 Voicing

Middle Position

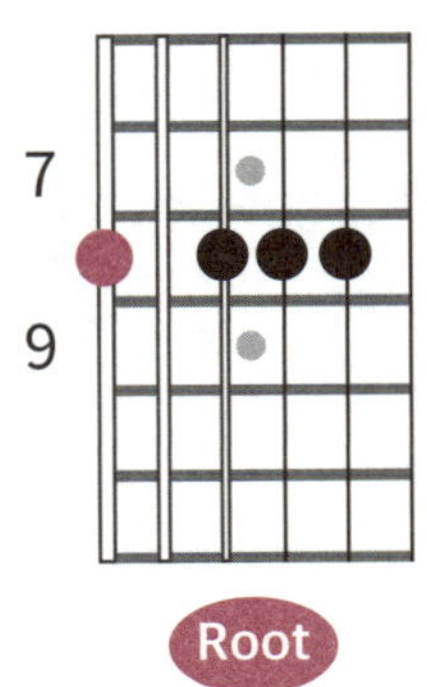

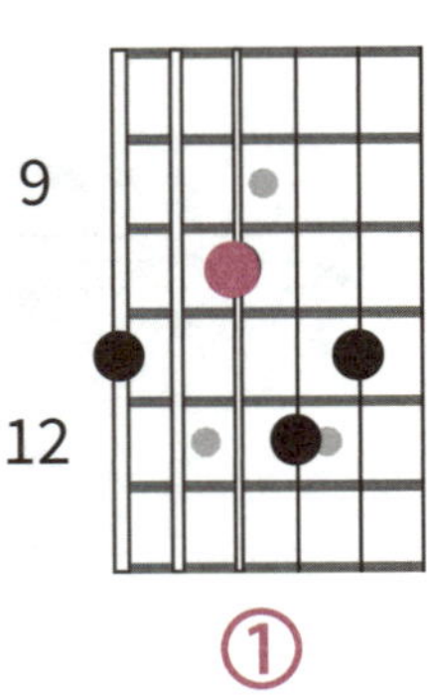

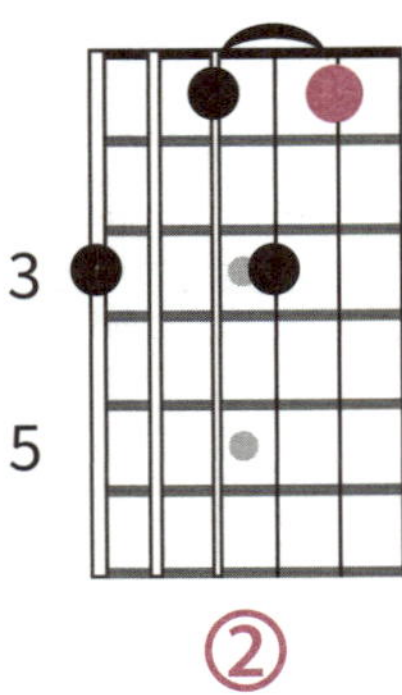

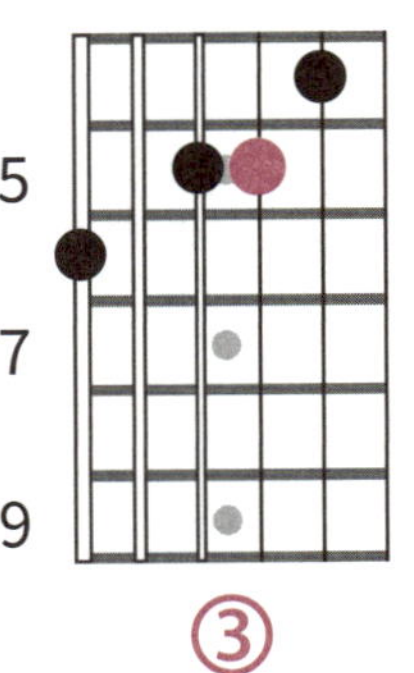

Root   ①   ②   ③

Top Position

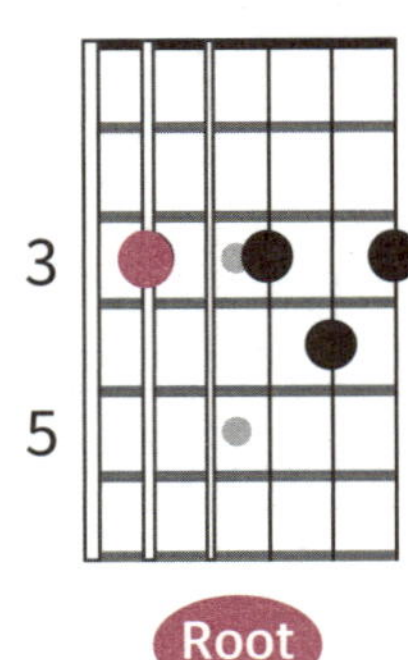

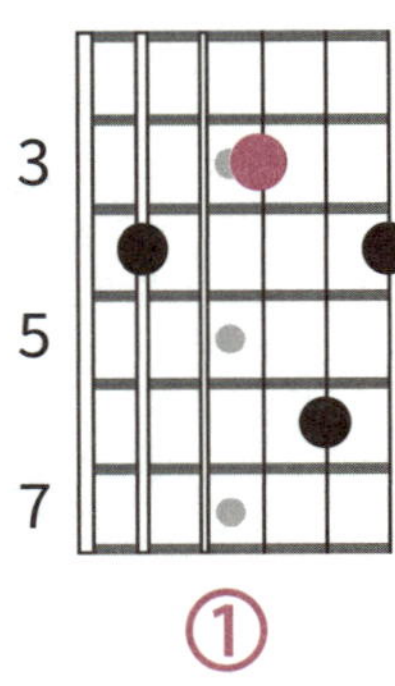

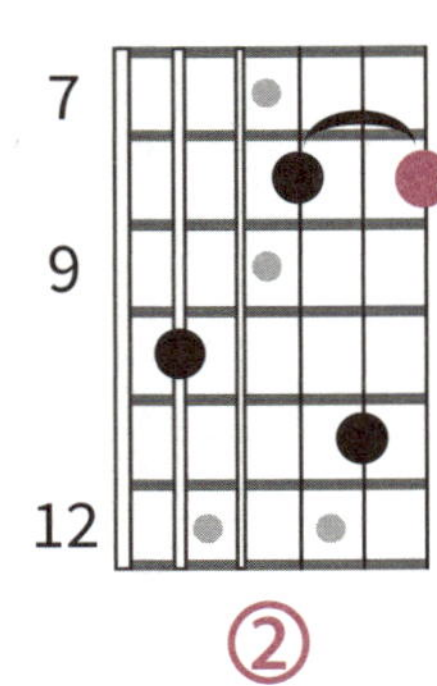

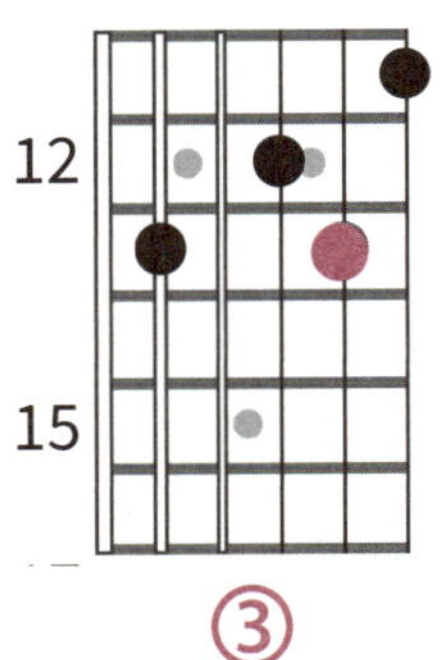

Root   ①   ②   ③

마이너 세븐스 코드 드롭 3 보이싱

Minor 7th Drop 3 Voicing

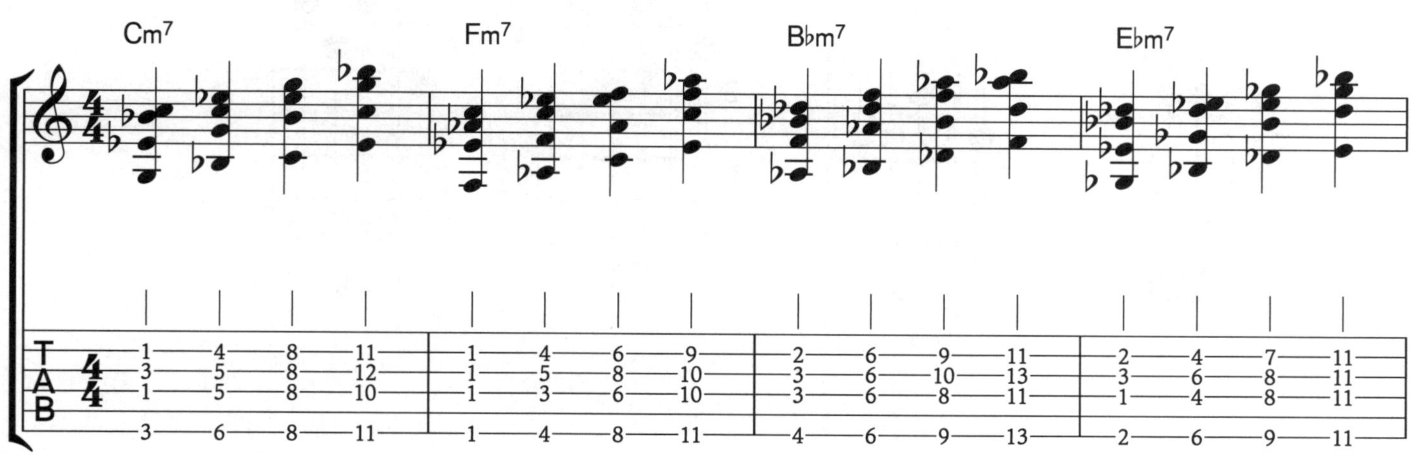

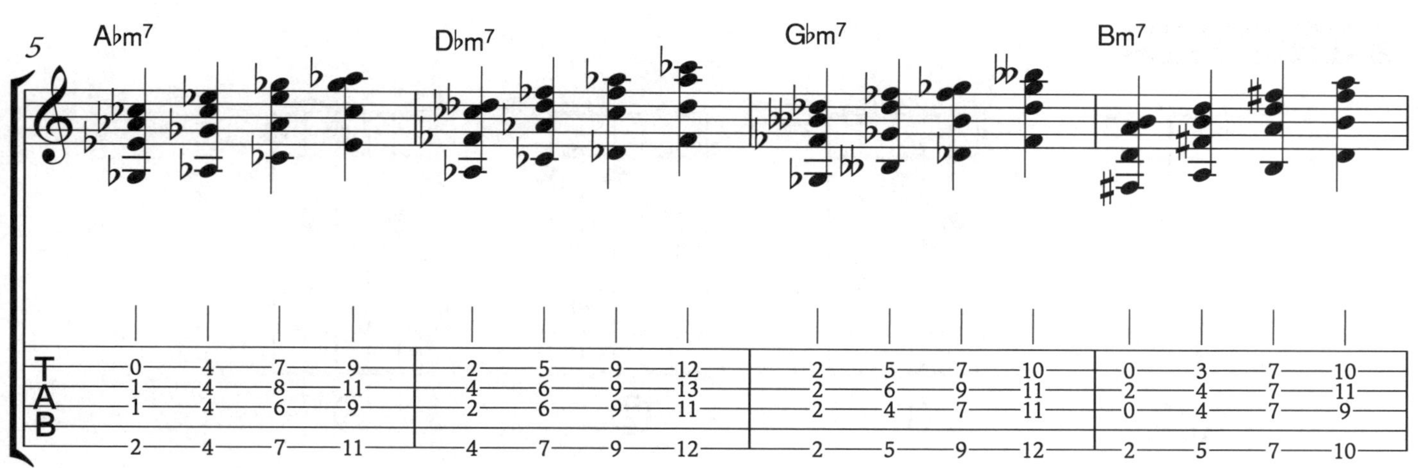

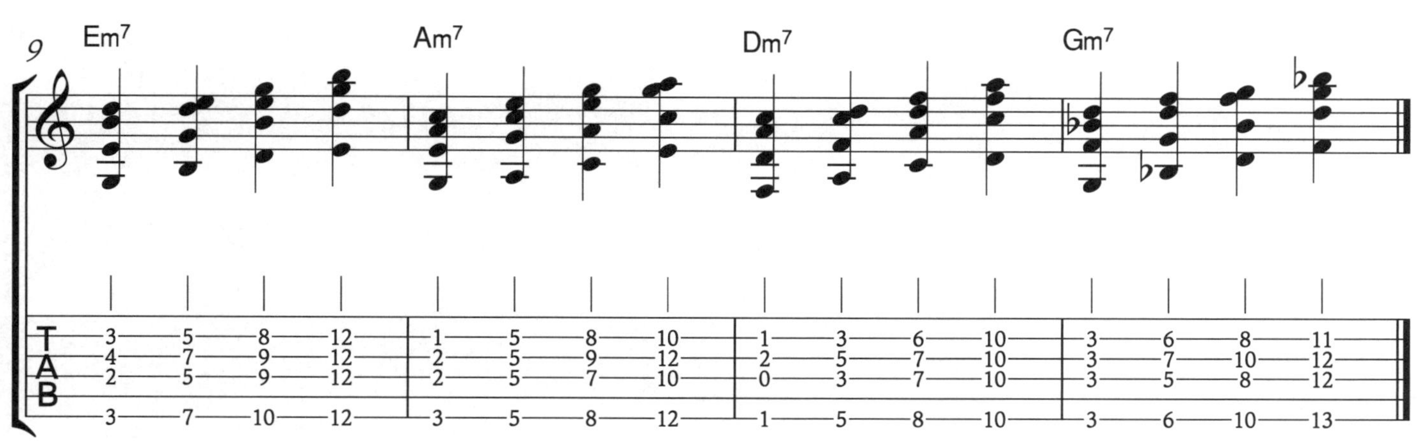

C 마이너 세븐스 ♭5 드롭 3 보이싱

Middle Position

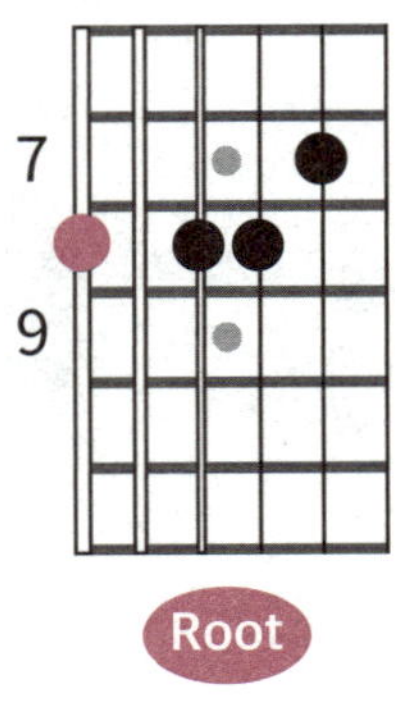

Root

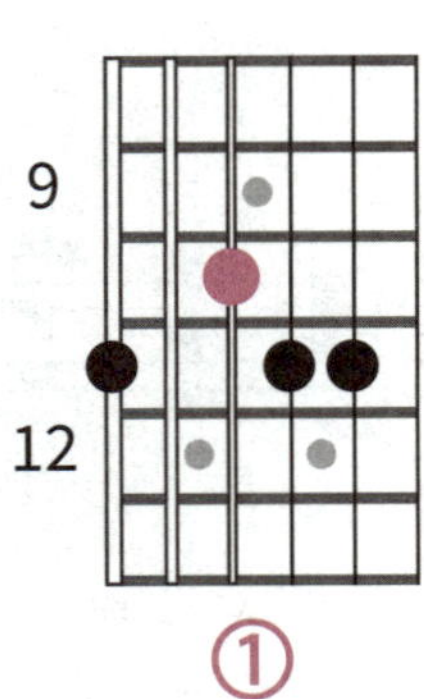

①

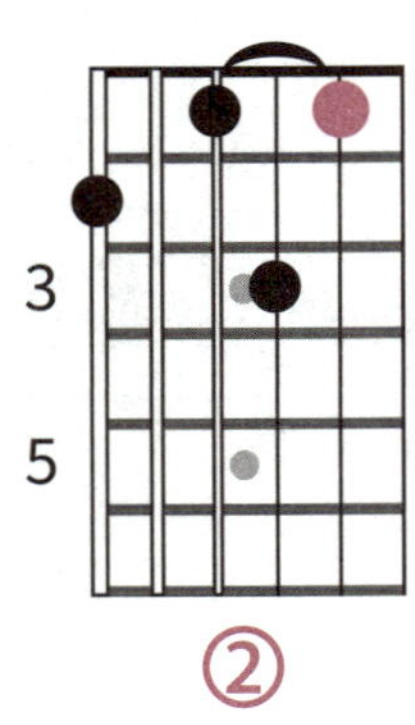

②

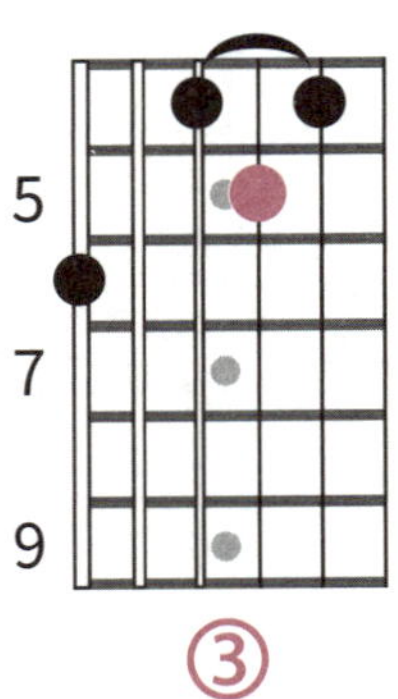

③

Top Position

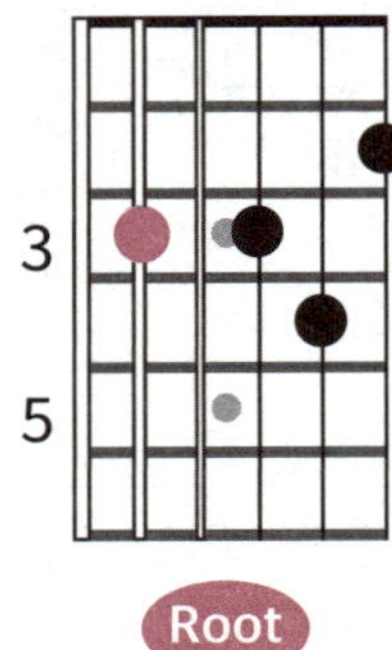

Root

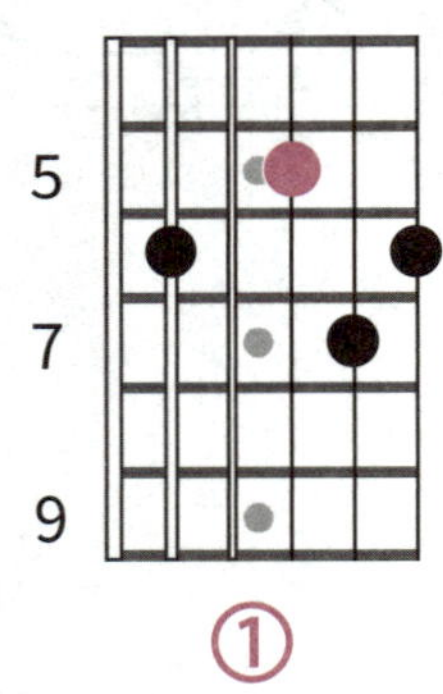

①

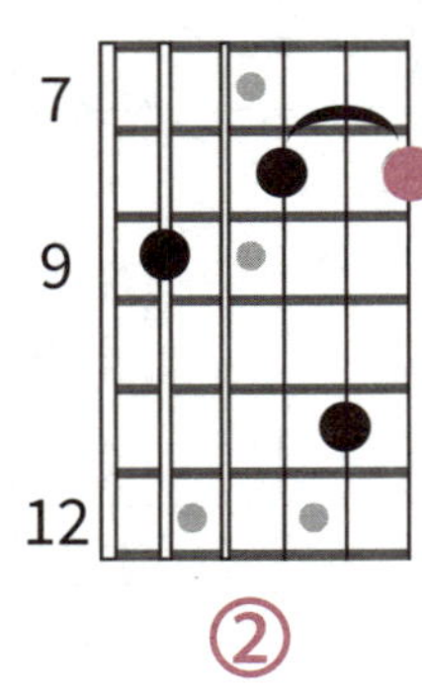

②

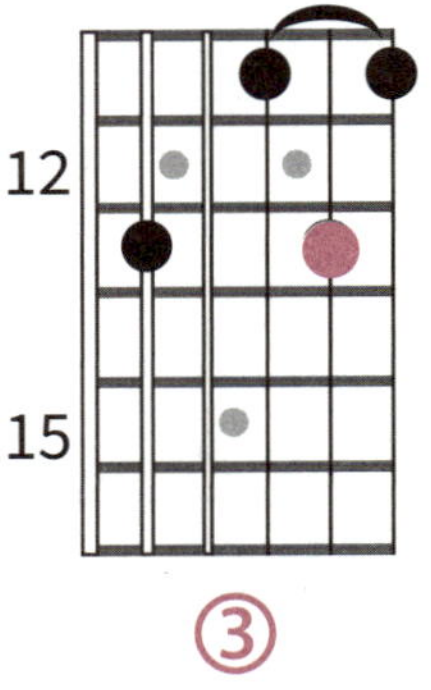

③

마이너 세븐스 ♭5 코드 드롭 3 보이싱

Minor 7th ♭5 Drop 3 Voicing

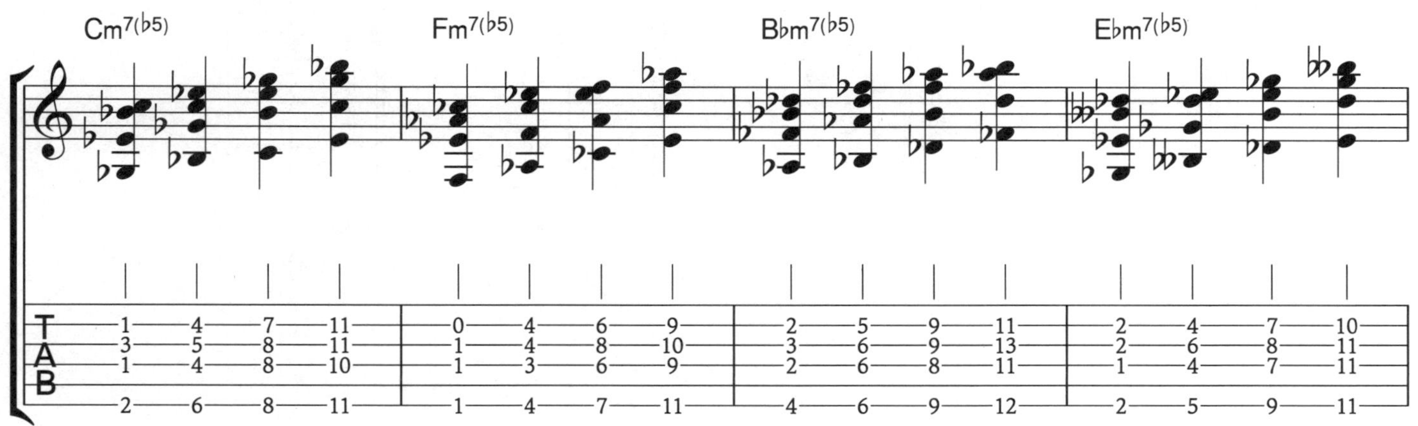

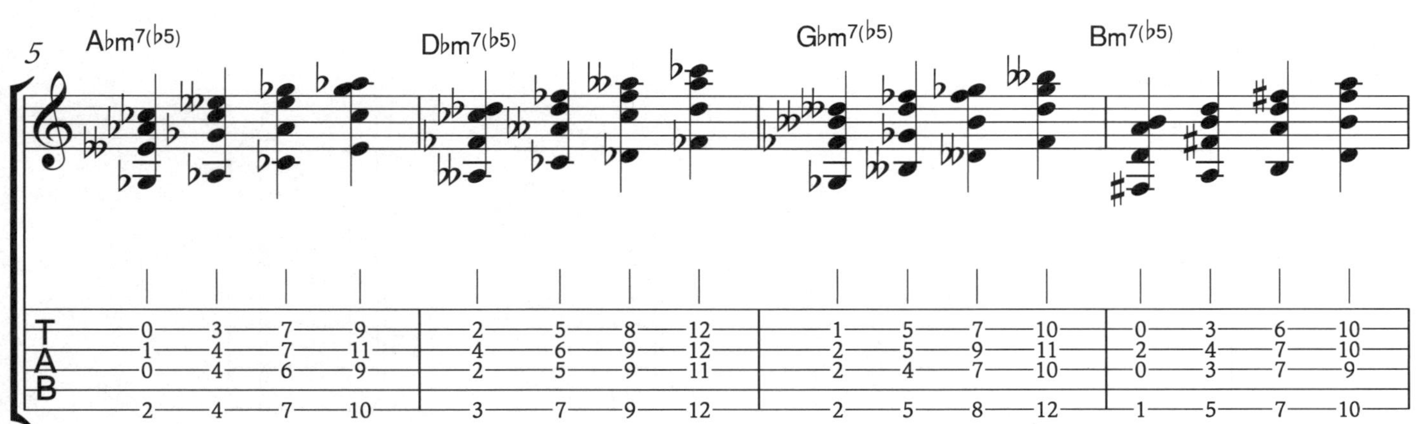

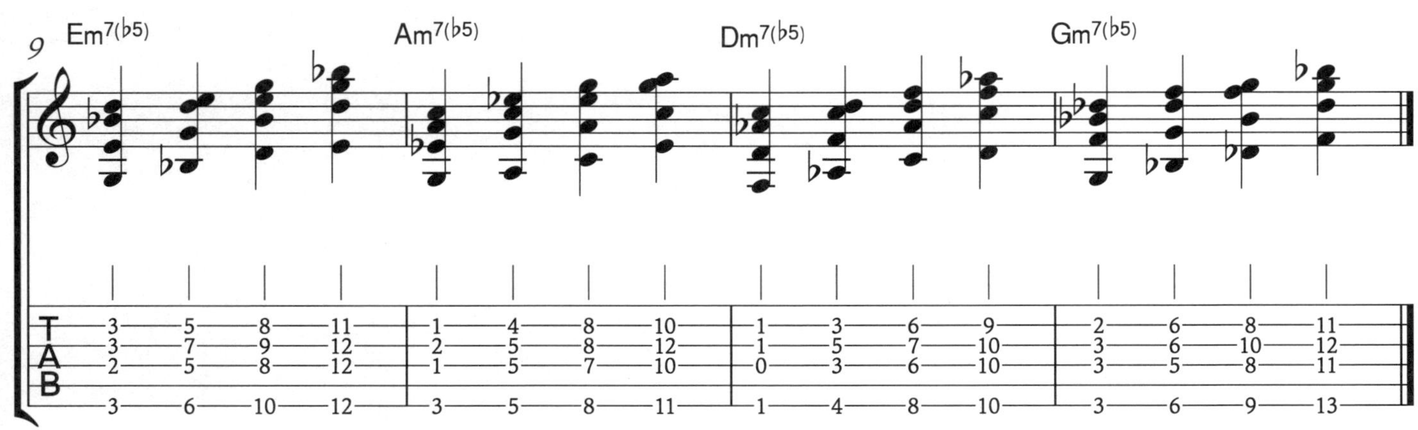

C 디미니시드 세븐스 코드 드롭 3 보이싱   Cdim7 Drop 3 Voicing

Middle Position

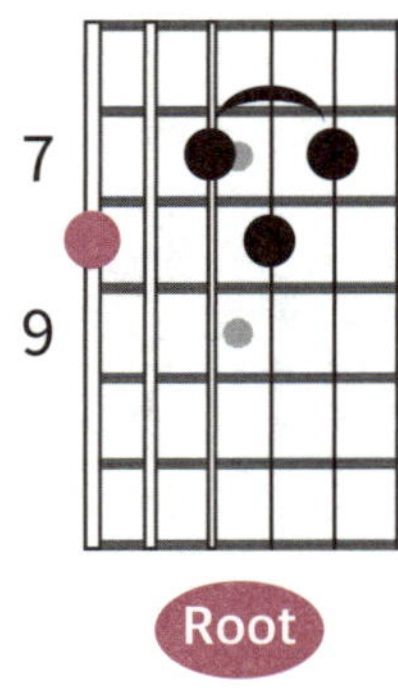

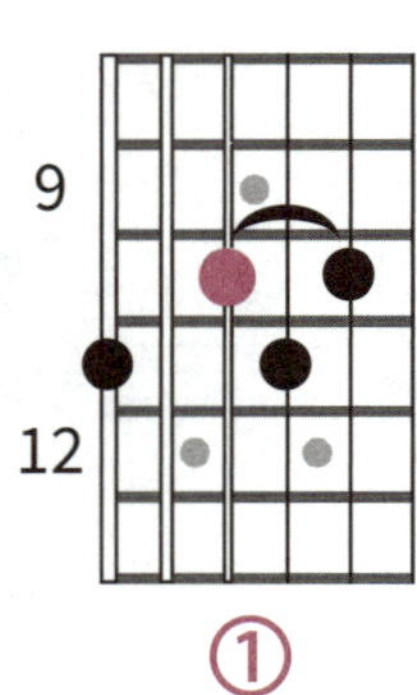

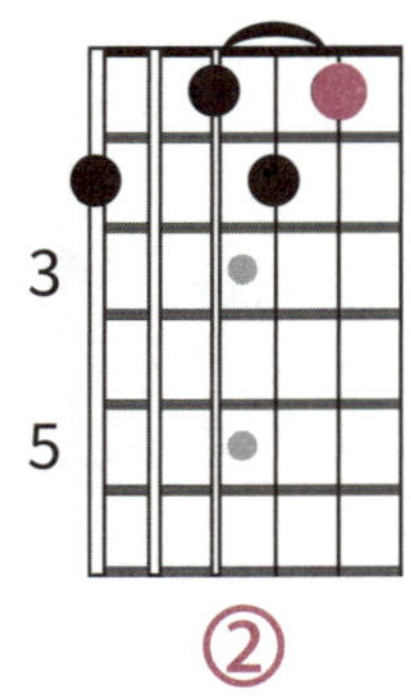

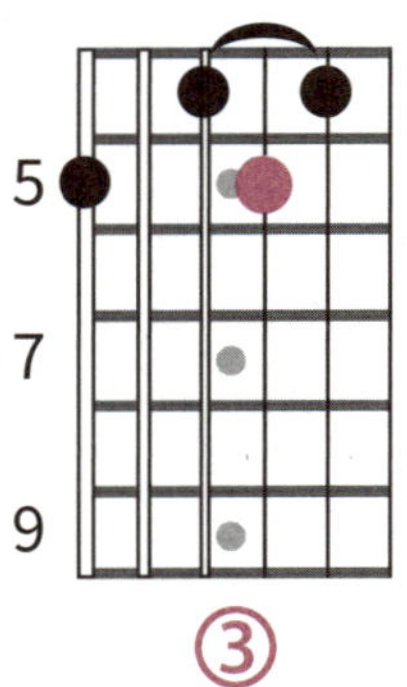

Top Position

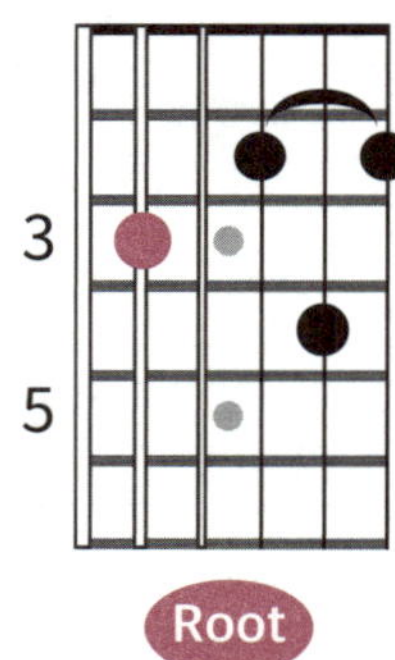

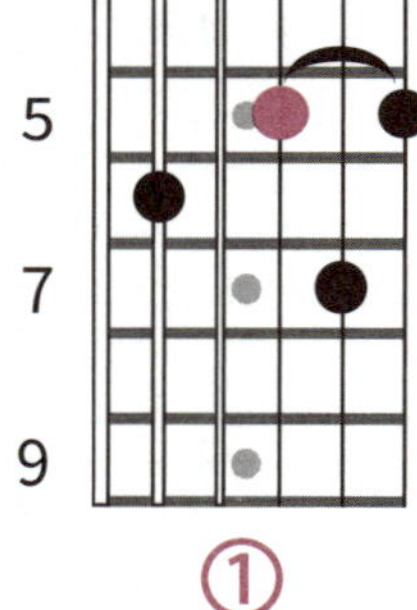

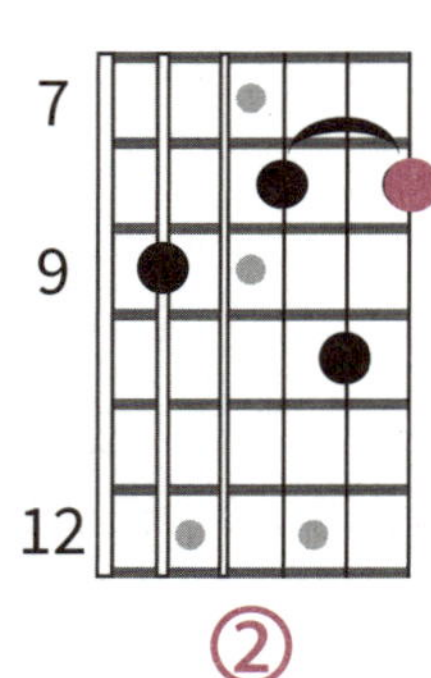

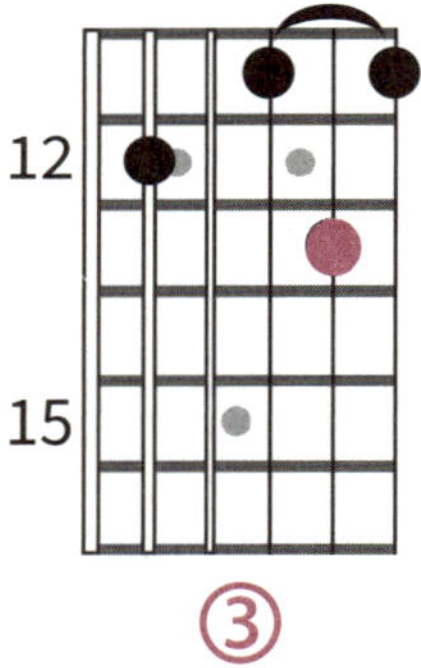

디미니시드 세븐스 코드 드롭 3 보이싱

Diminished 7th Drop 3 Voicing

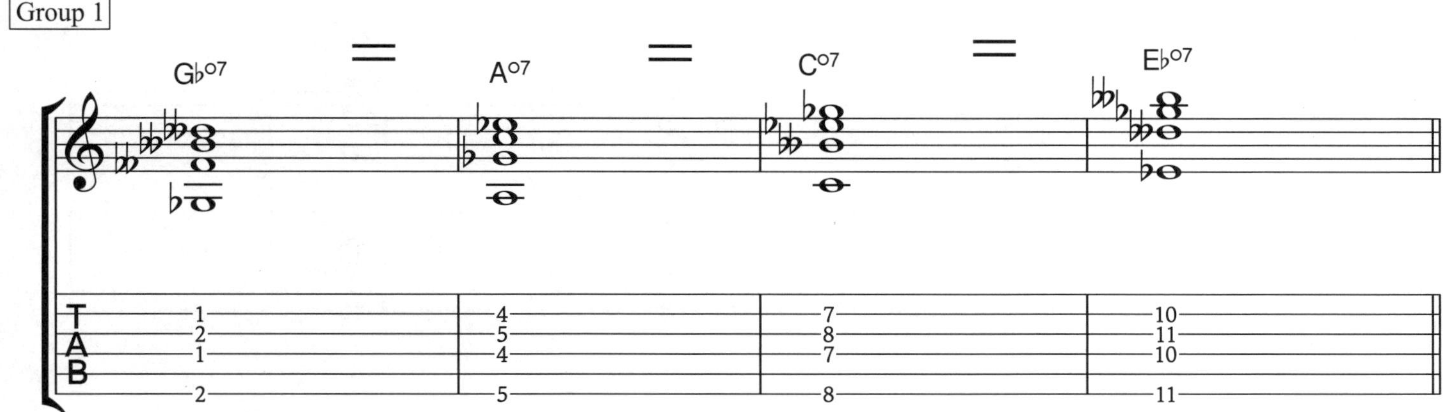

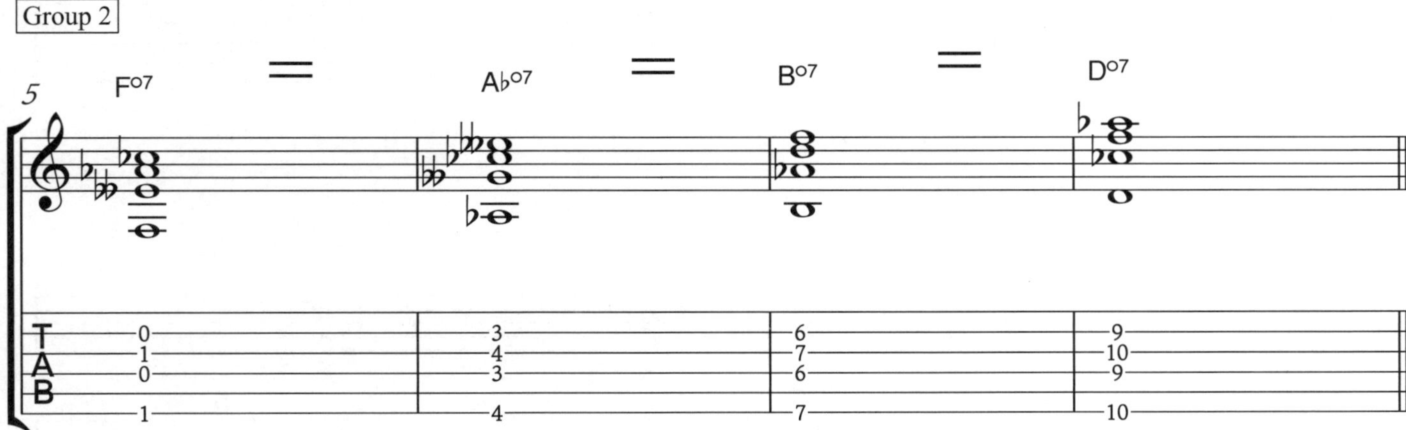

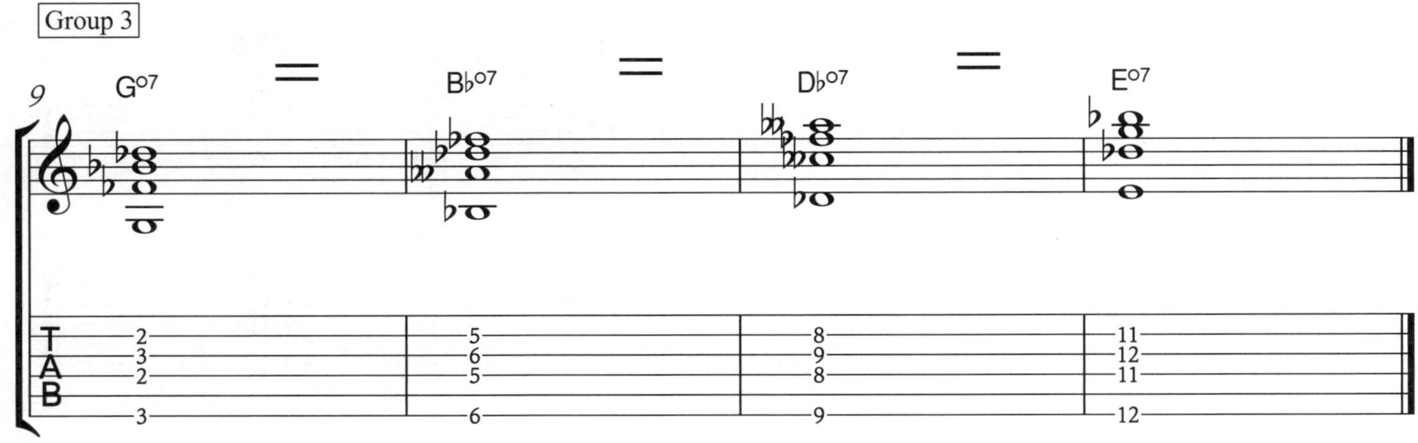

기본 드롭 3 보이싱 예제

Lady Bird

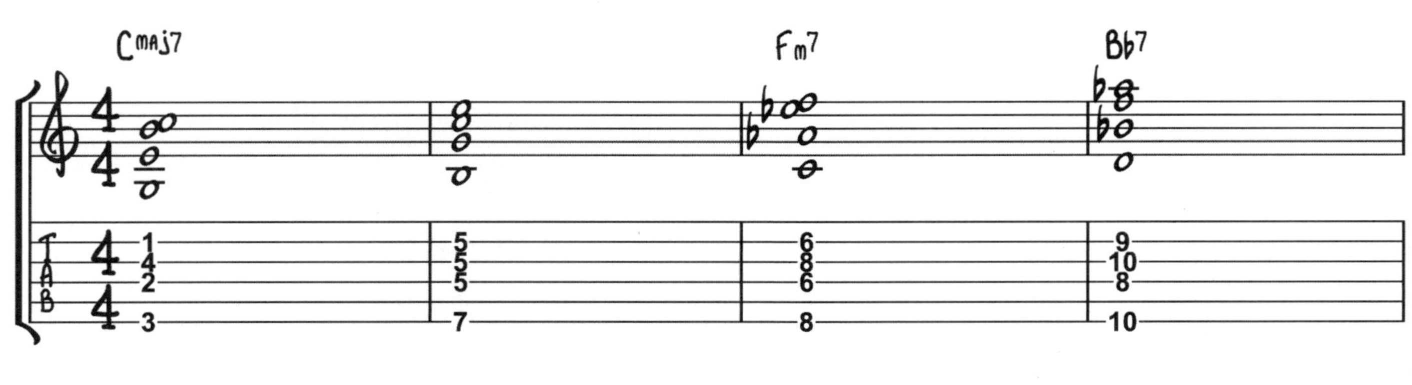

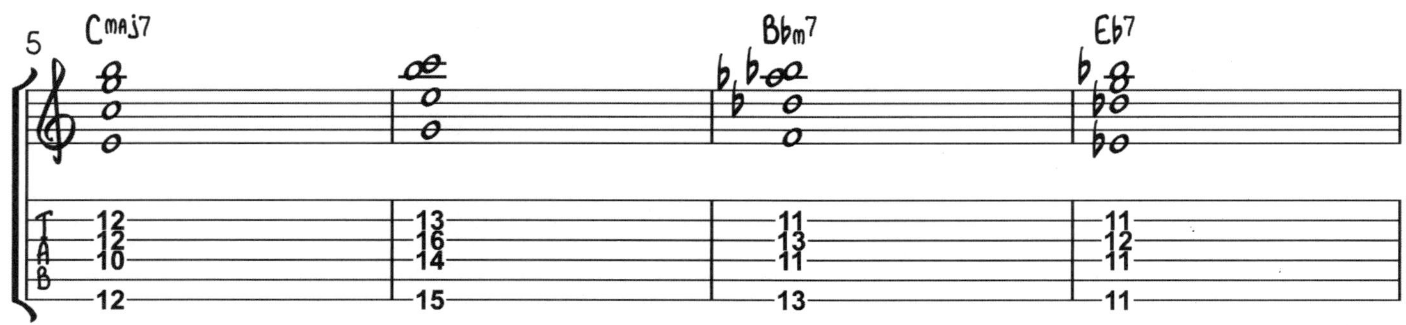

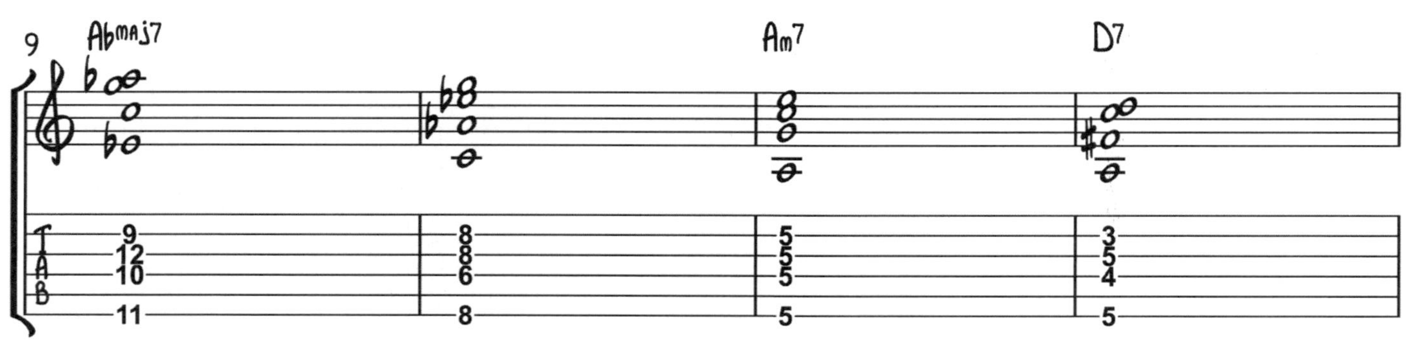

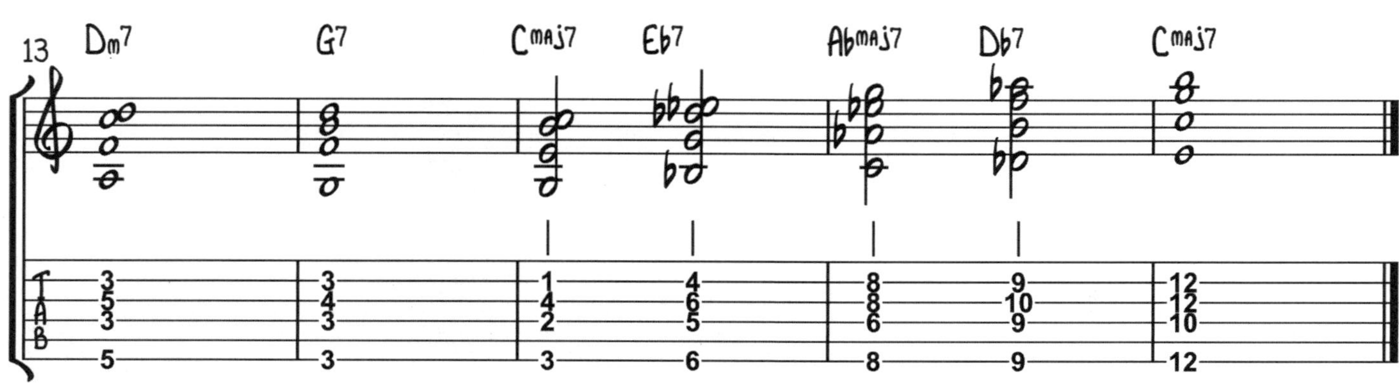

CM7

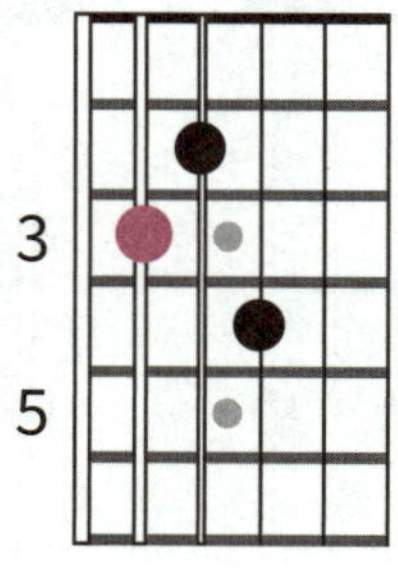 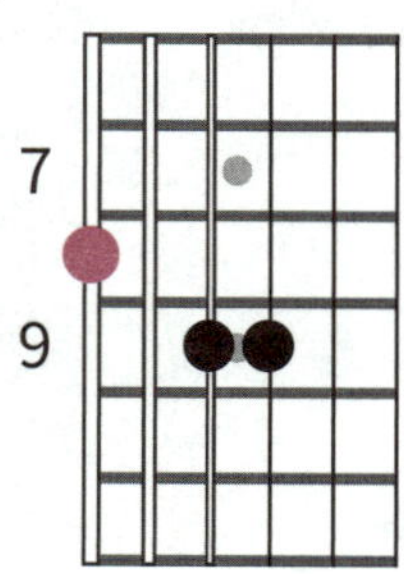 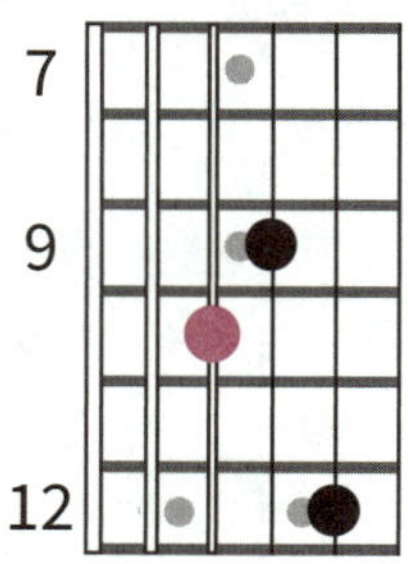 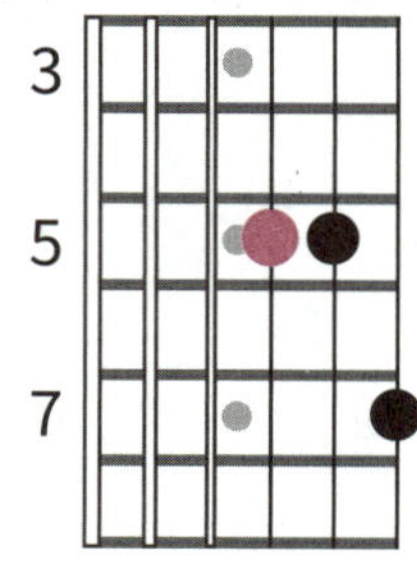

C7

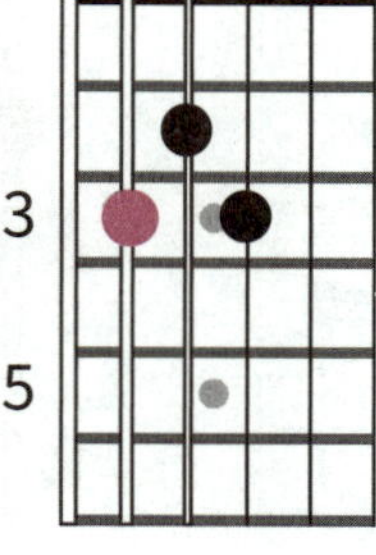 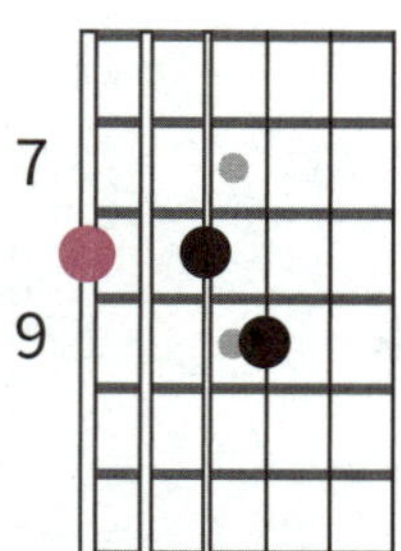 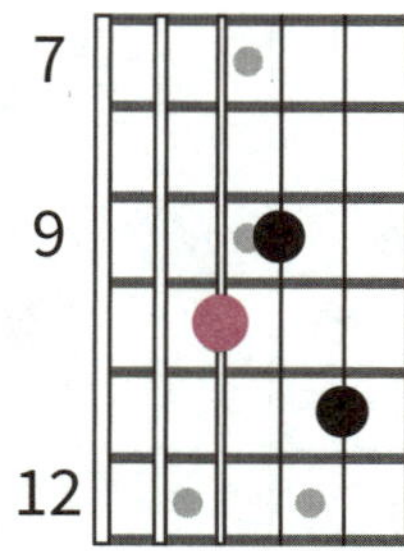 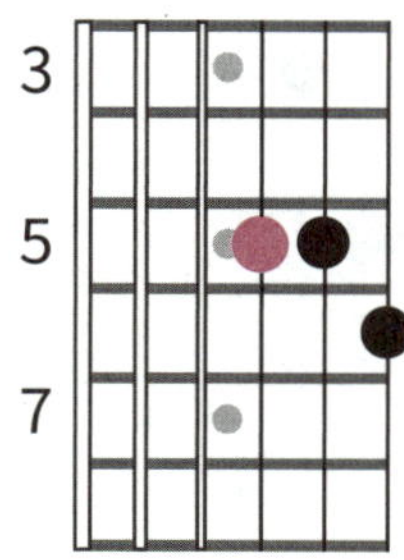

Cm7

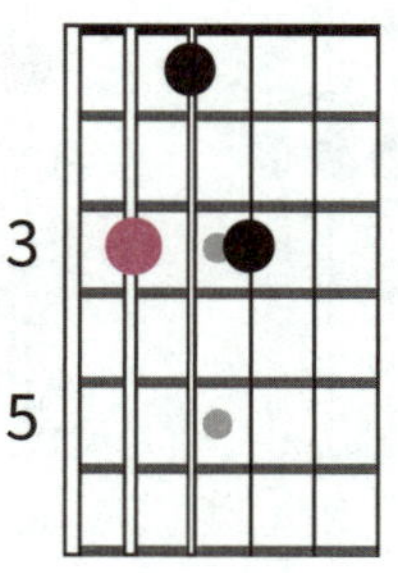 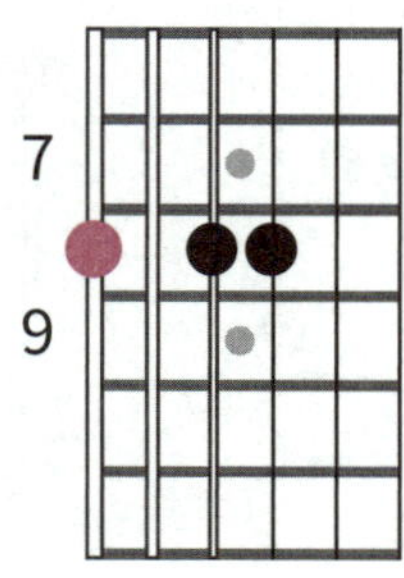 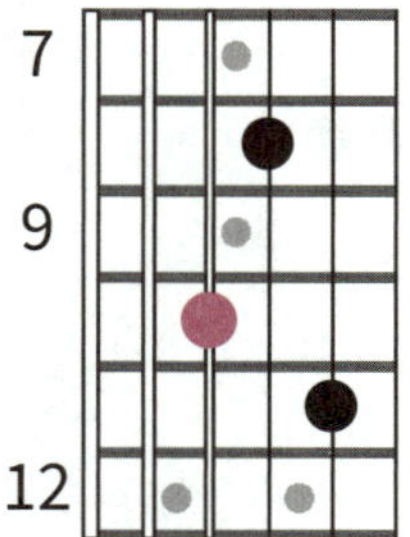 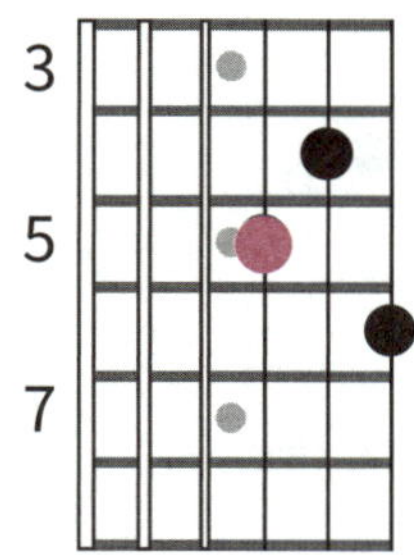

Cdim7

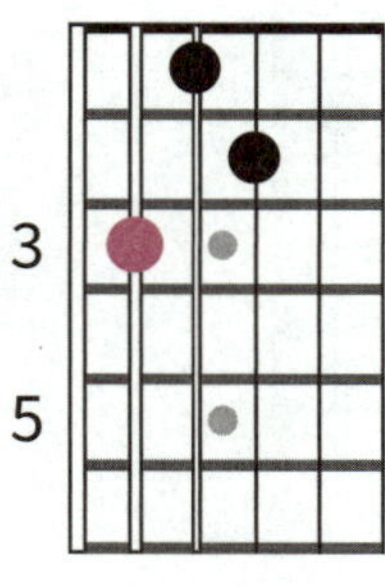 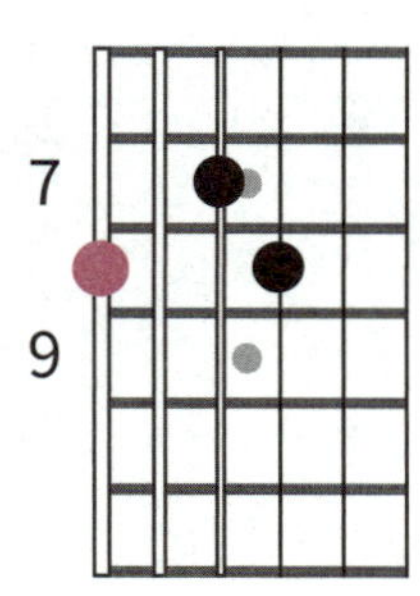 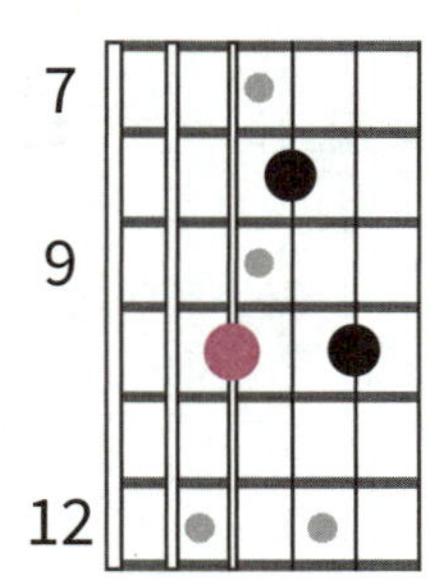 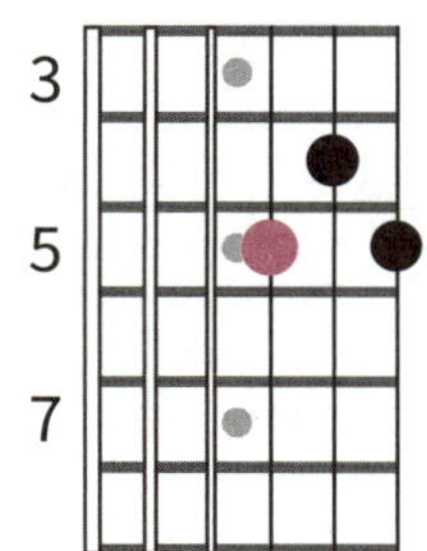

쉘 보이싱 응용편

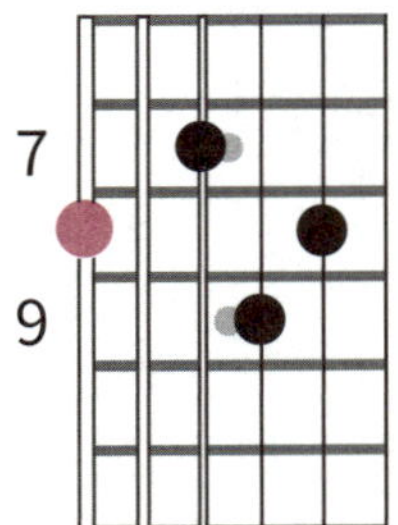

C6

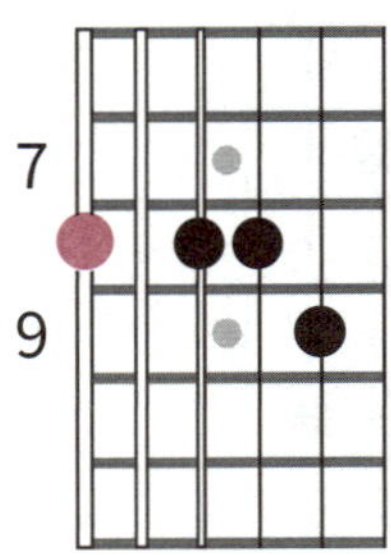

Cm7♯5

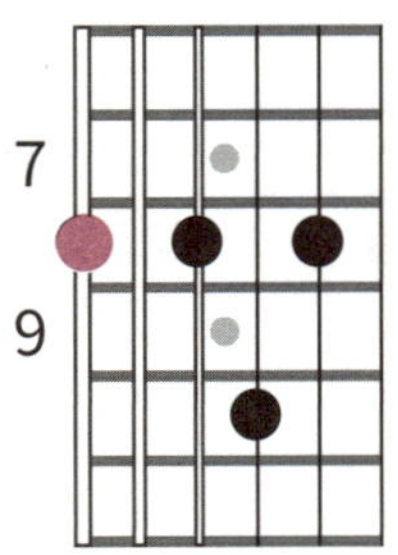

C7sus

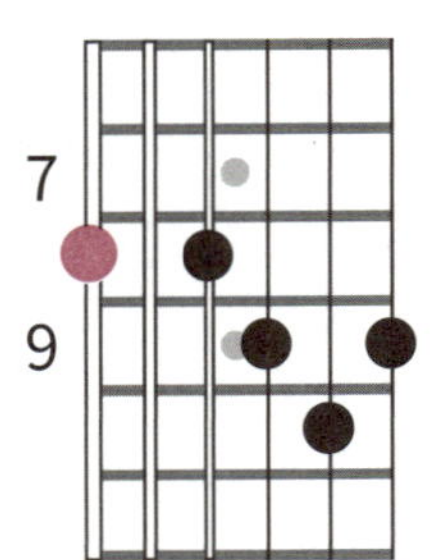

C13♭9

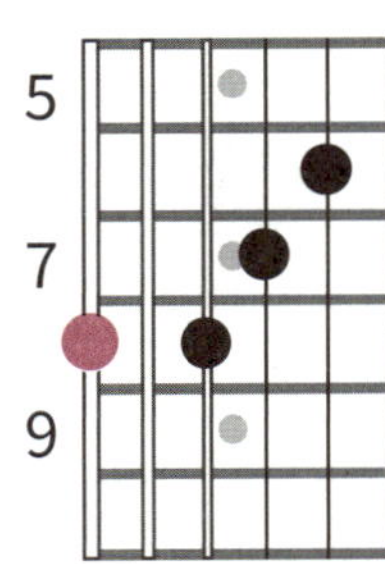

C9sus

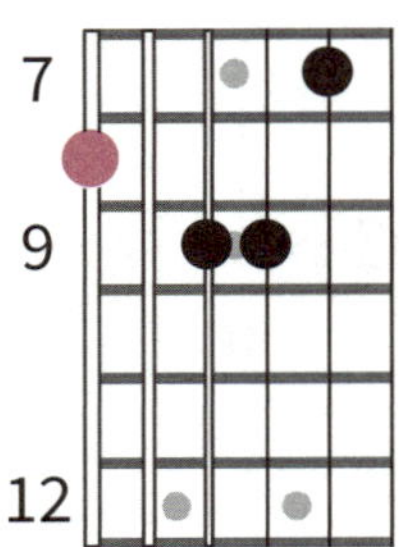

CM7♯11

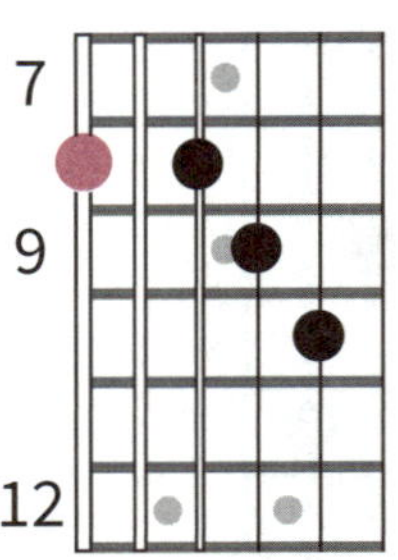

C13

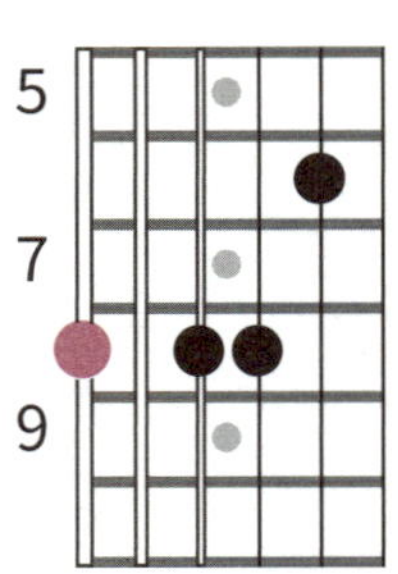

Cm11

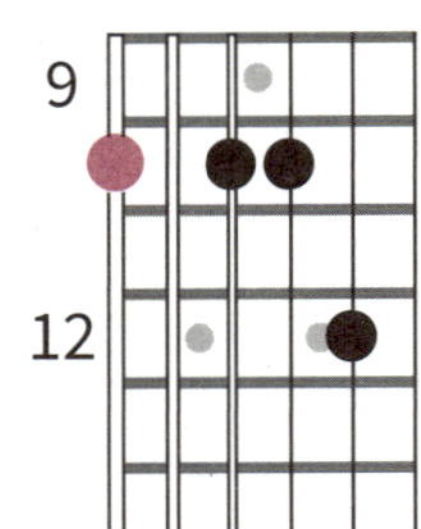

Cm13

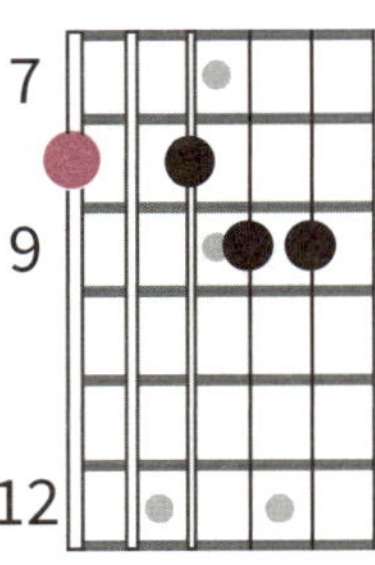

C7♯5

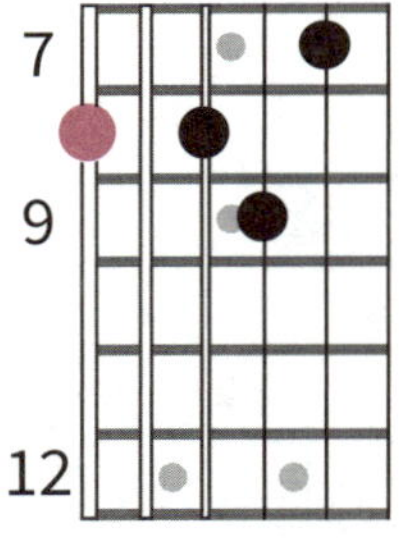

C7♯11

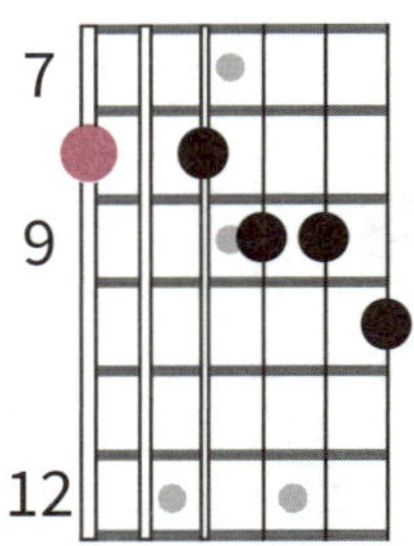

C9♭13

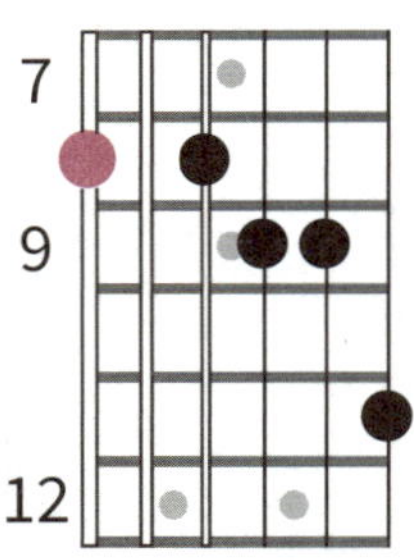

C7♯9♯5

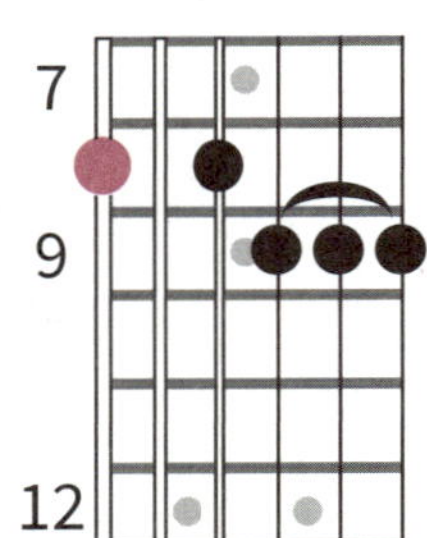

C7♭9♭13

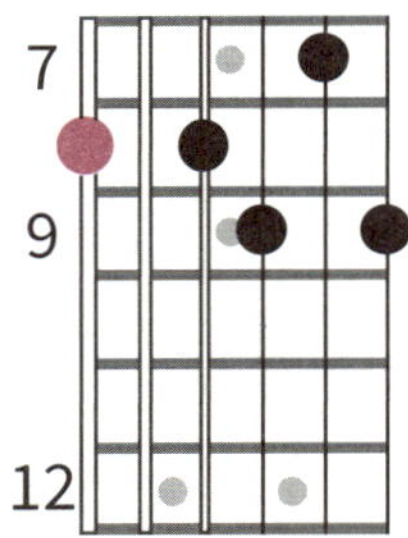

C7♭9♯11

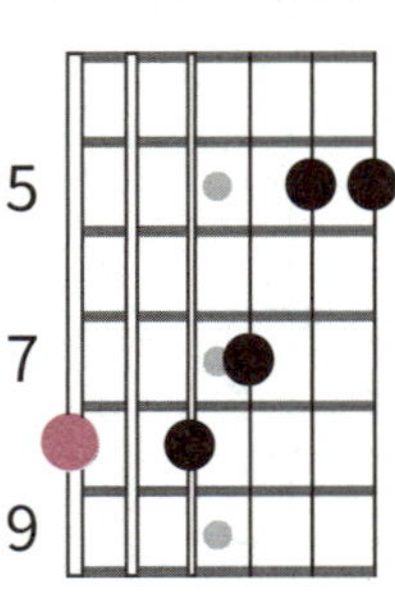

C13

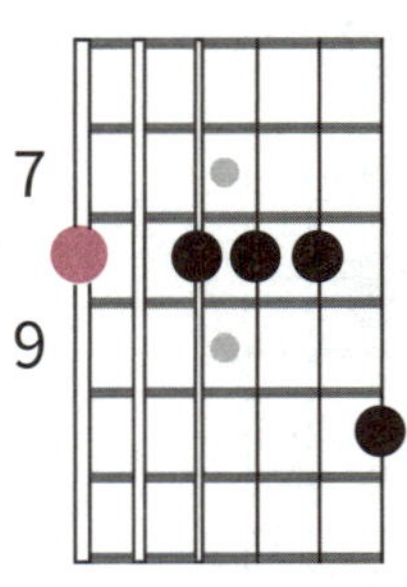

Cm9

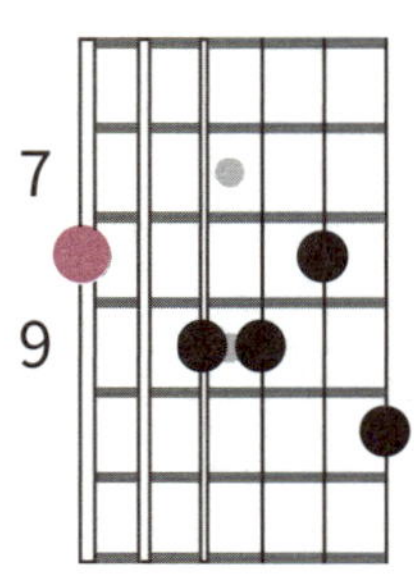

CM9

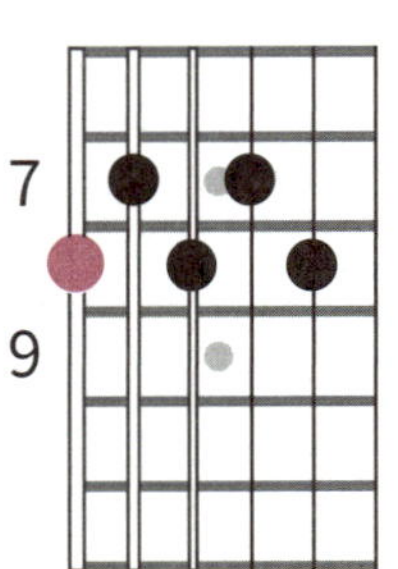

C9

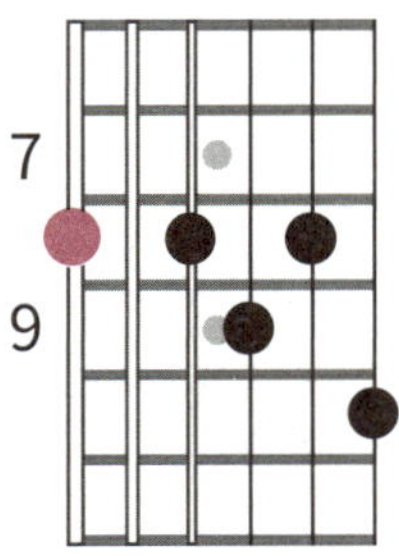

C9

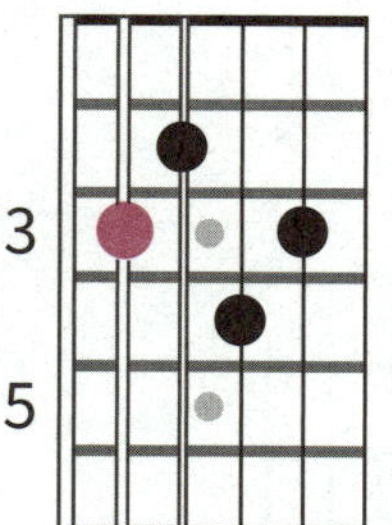

CM9

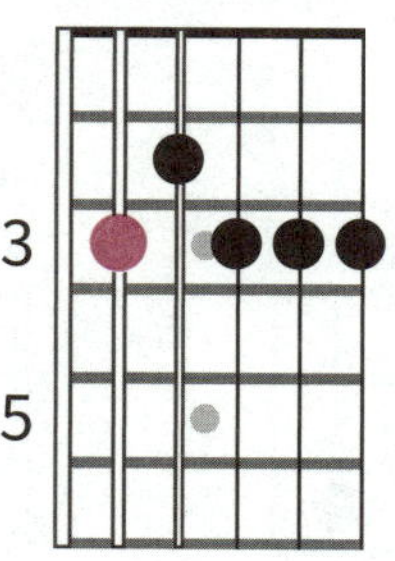

C9

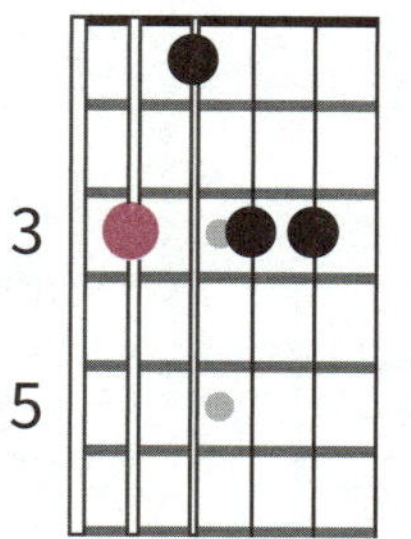

Cm9

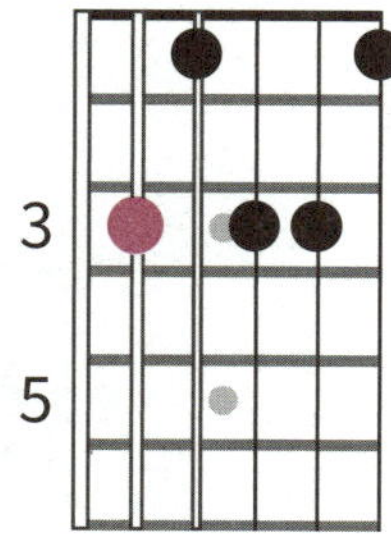

Cm11

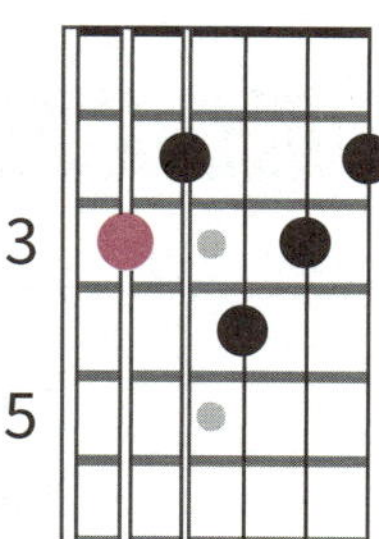

CM7♯11

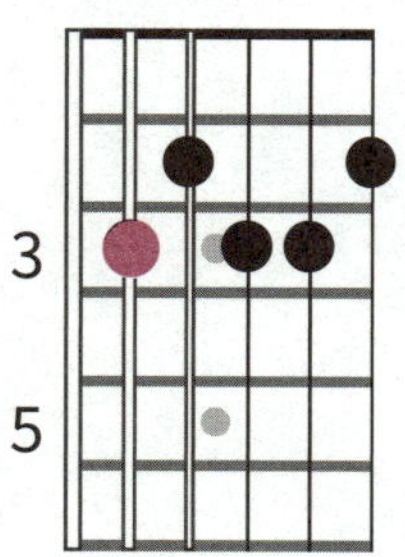

C9♯11

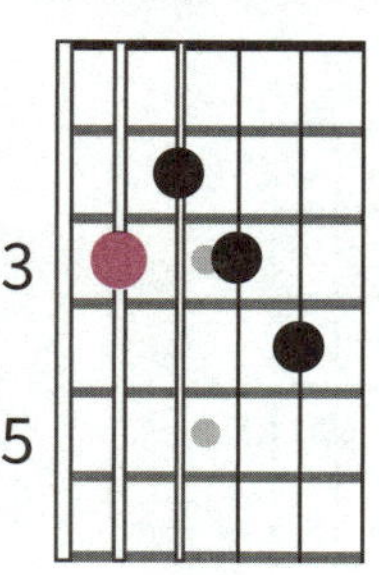

C7♯9

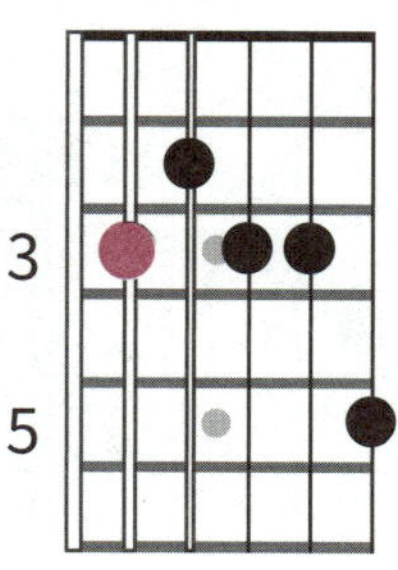

C13

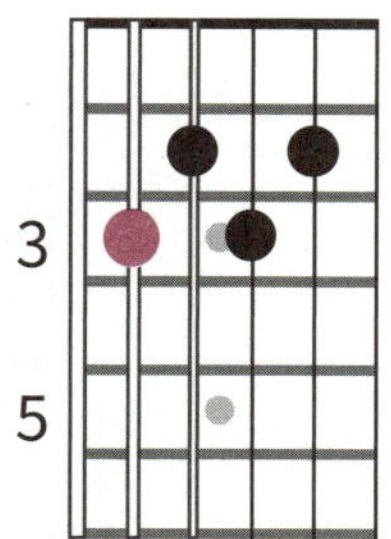

C7♭9

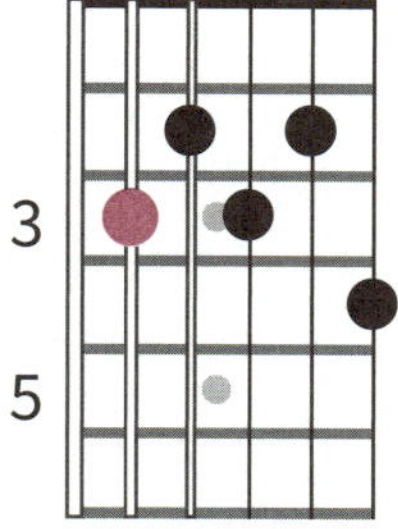

C7♭9♭13

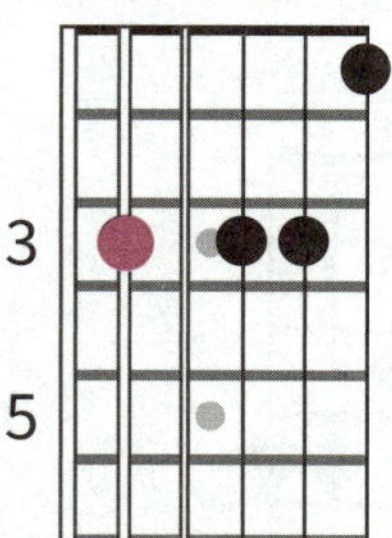

C9sus

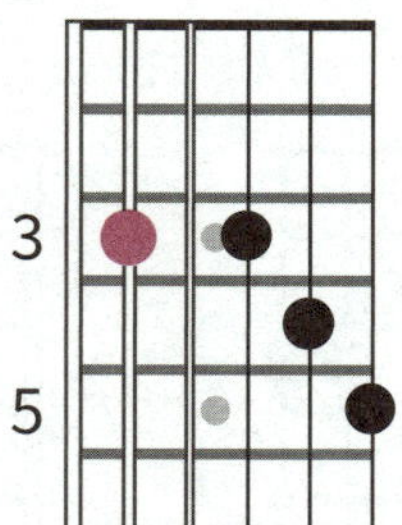

Cm13

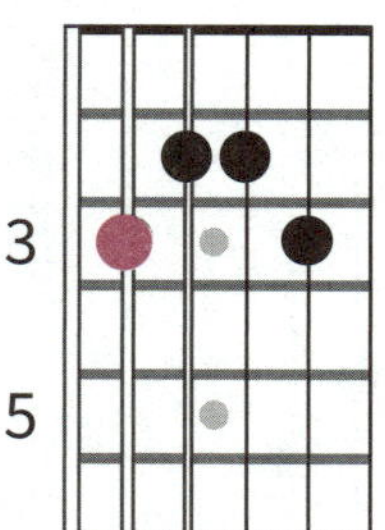

C6/9

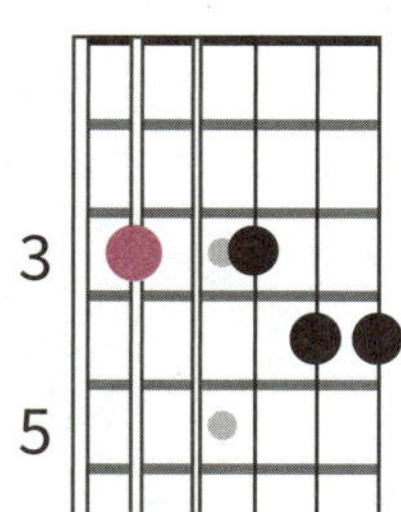

Cm7♯5

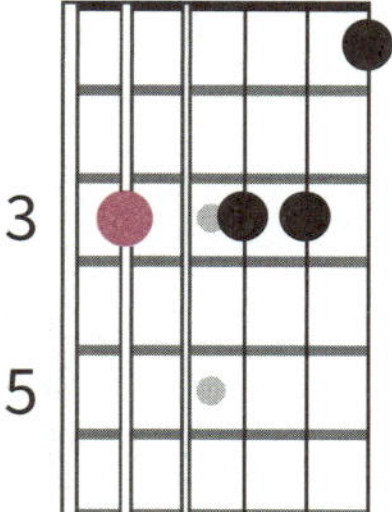

C9sus

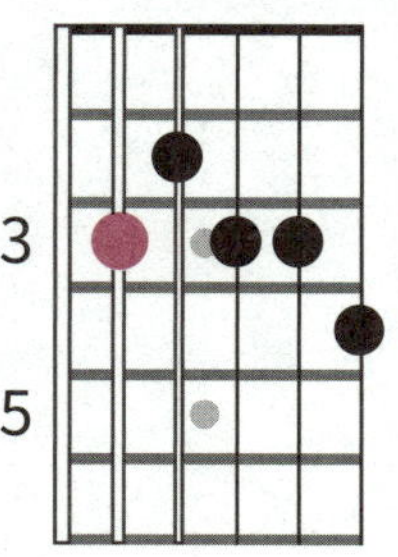

C9♯5

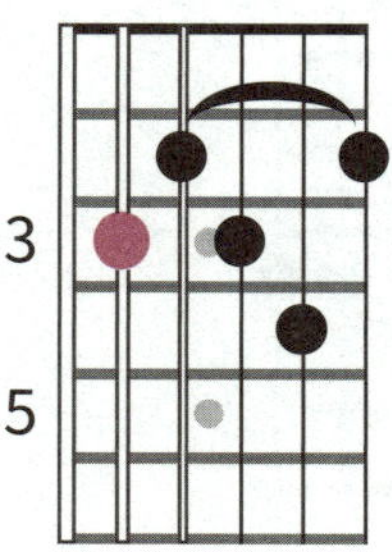

C7♯9♯11

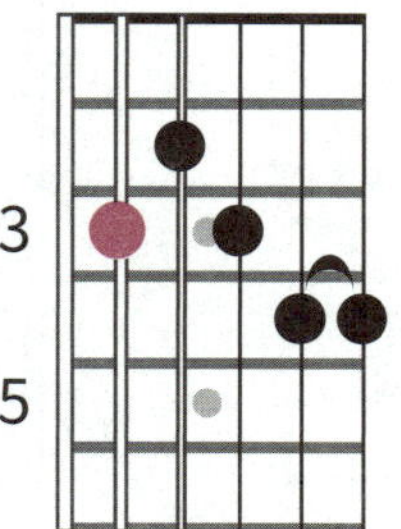

C7♯5♯9

4도 보이싱 – C 메이저 스케일　4th Voicing in C Major Scale

Middle Position

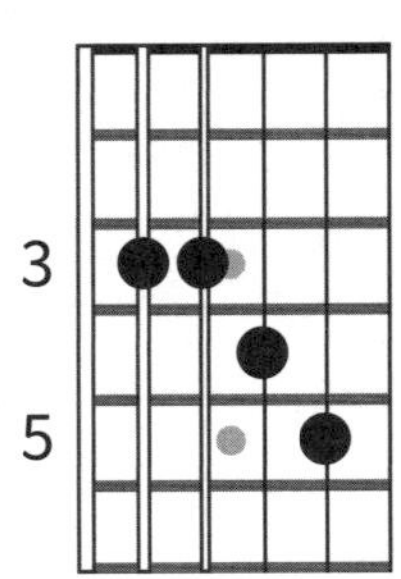
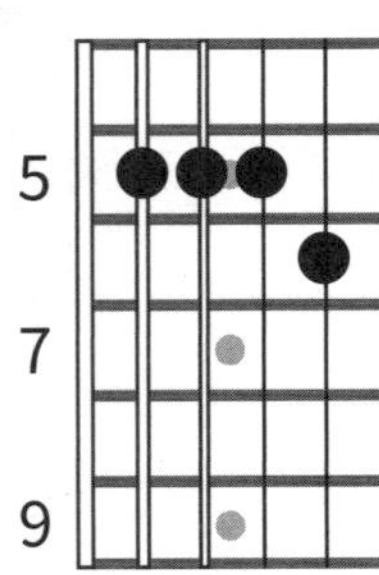
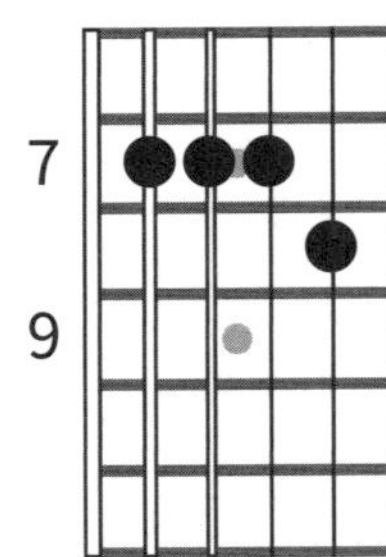
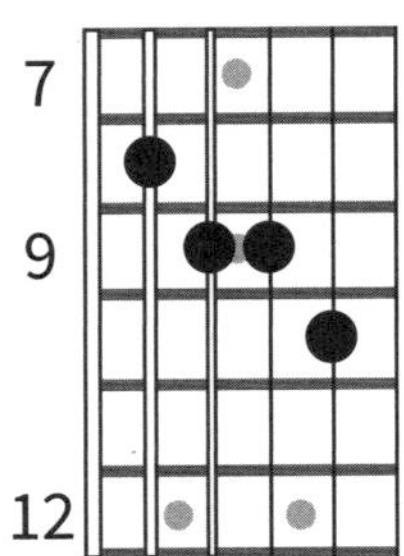

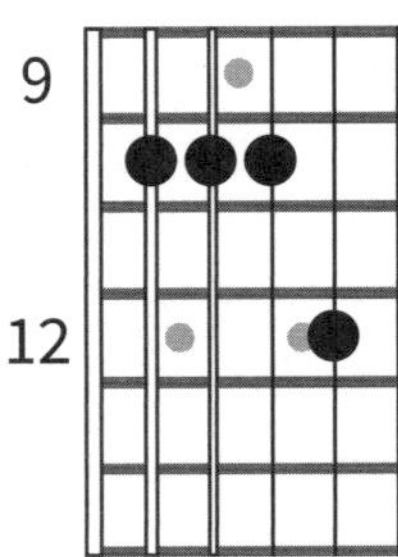
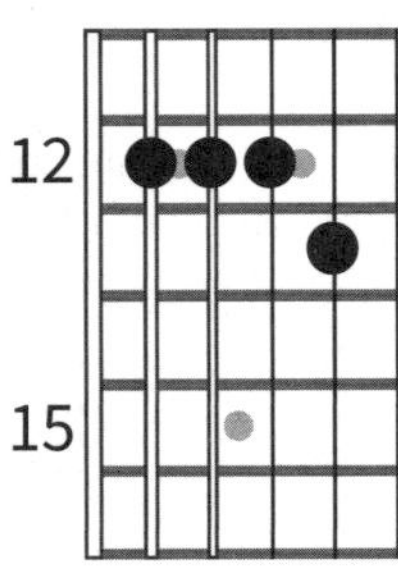
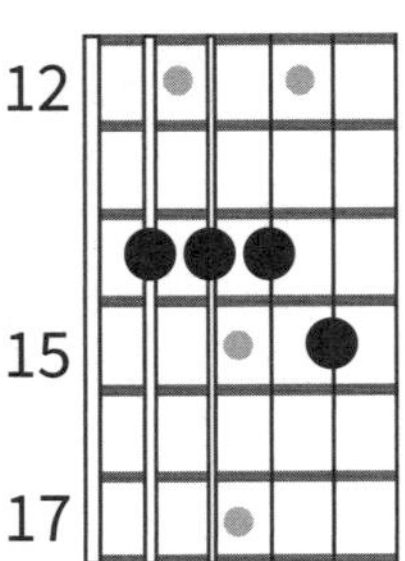

Top Position

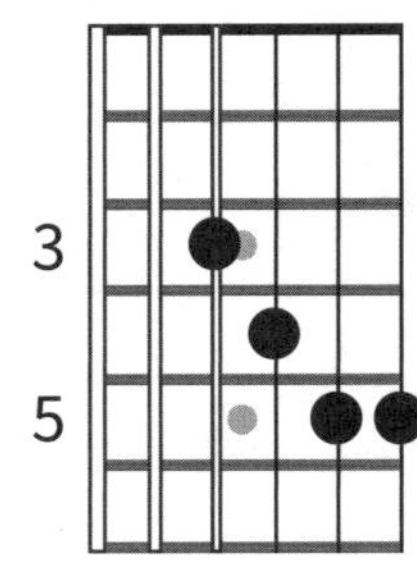
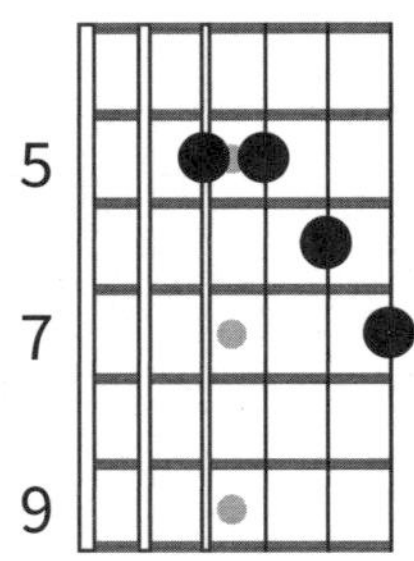
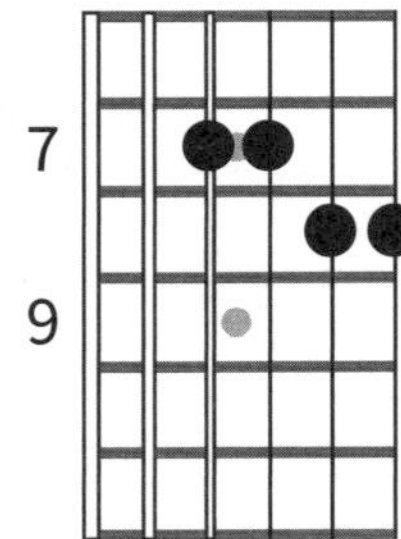
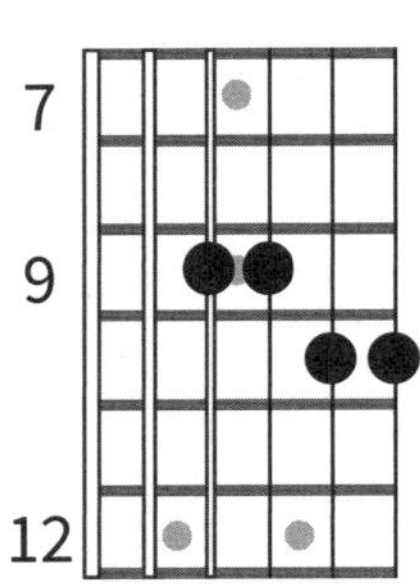

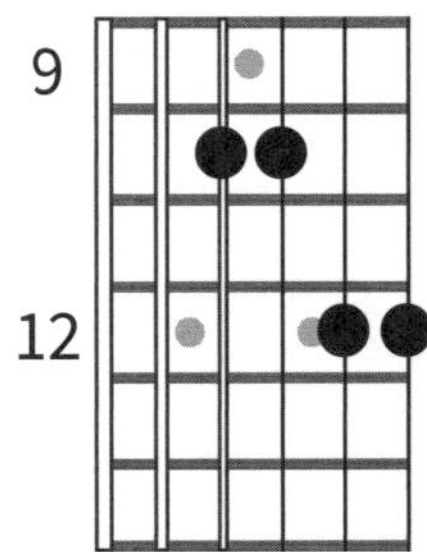
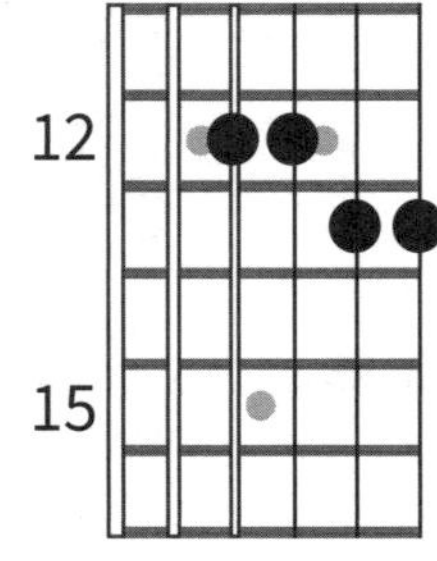
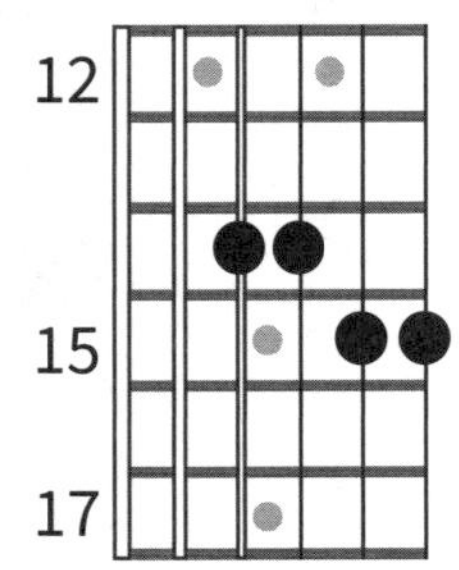

4도 보이싱 – C 하모닉 마이너 4th Voicing in C Harmonic Minor Scale

Middle Position

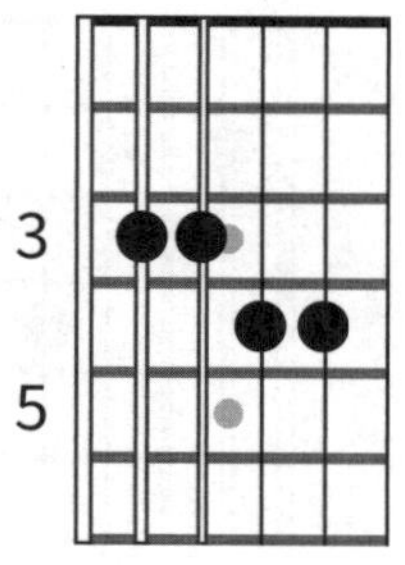
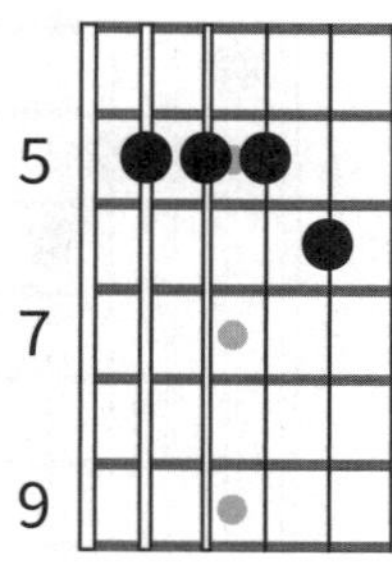
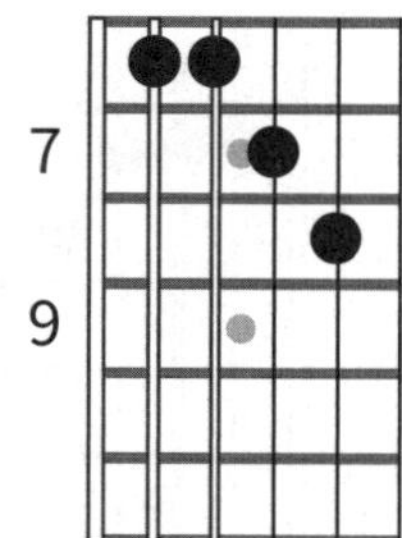
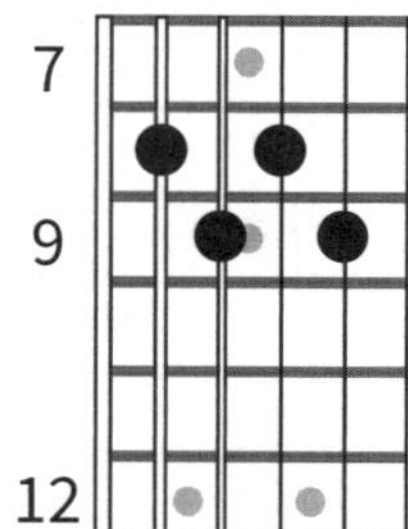

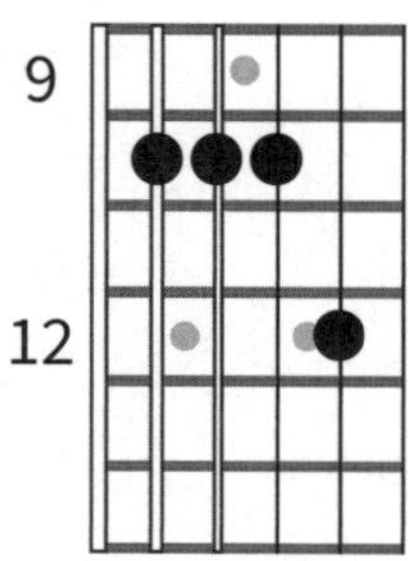
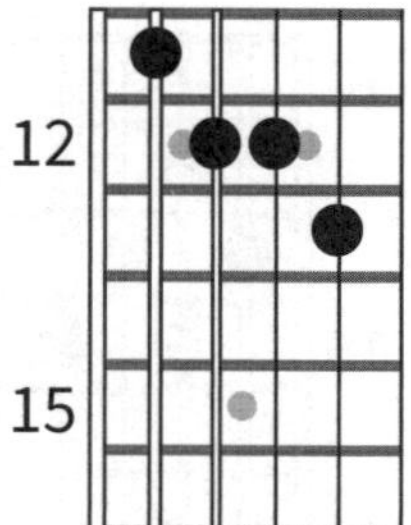

Top Position

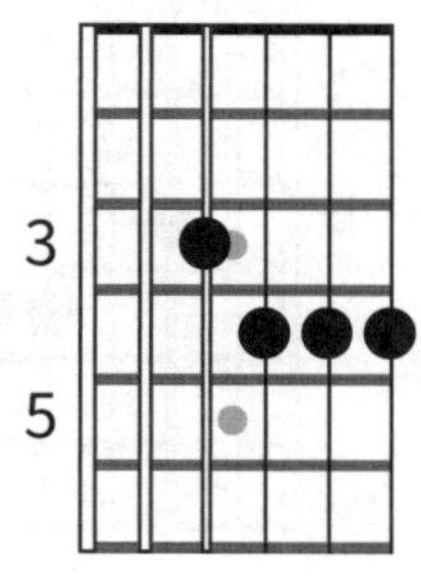
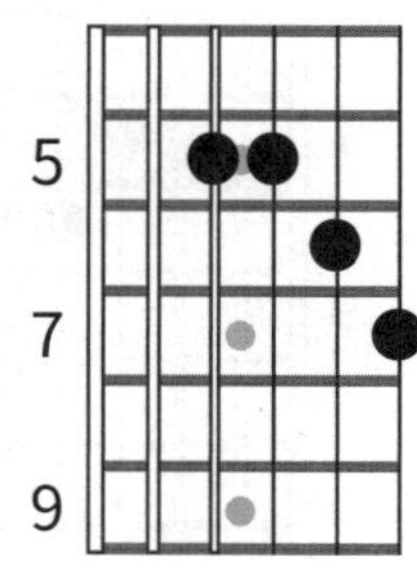
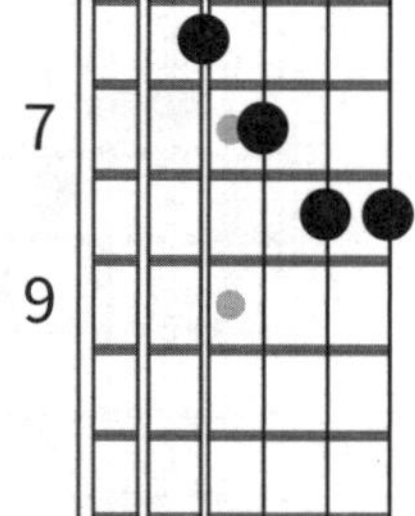
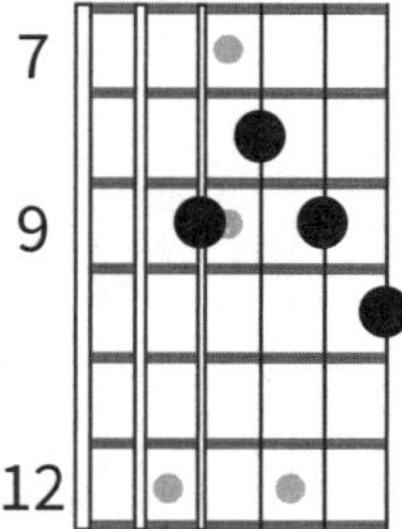

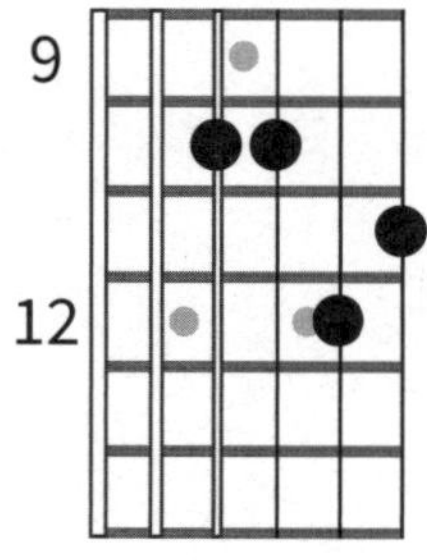
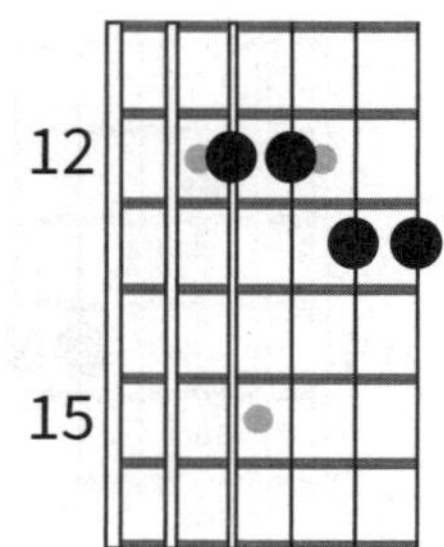

4도 보이싱 – C 멜로딕 마이너 4th Voicing in C Melodic Minor Scale

Middle Position

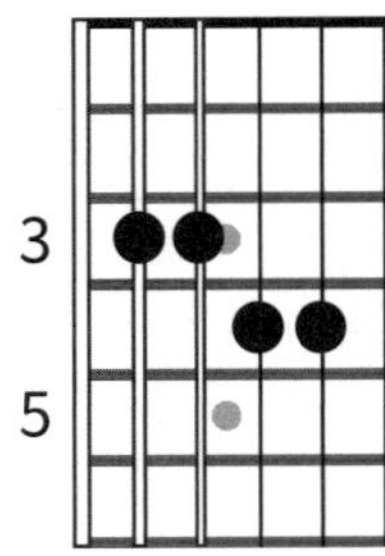 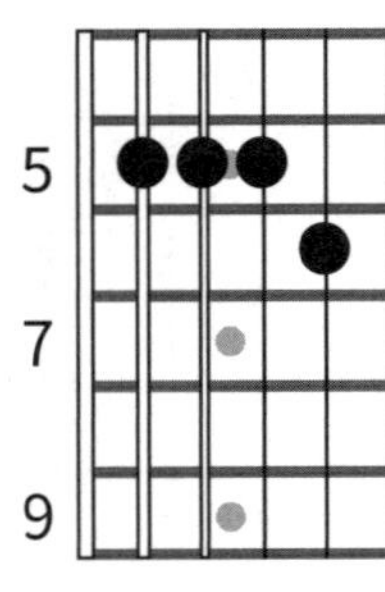 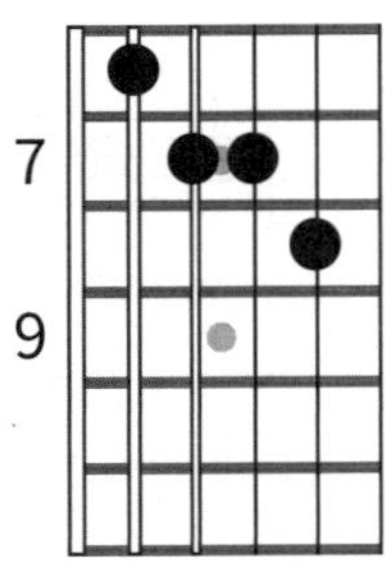 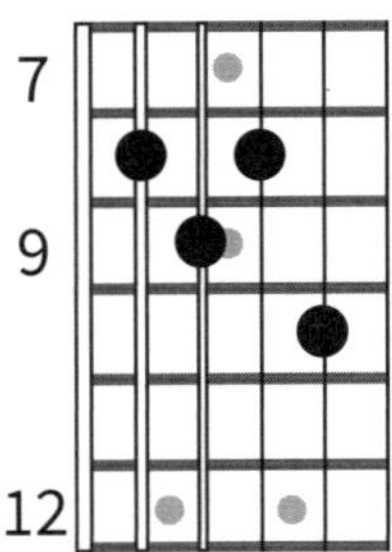

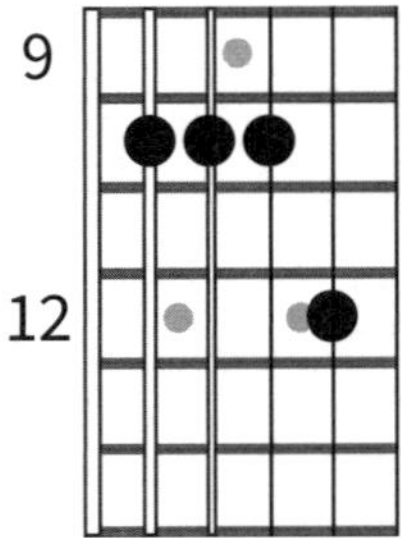 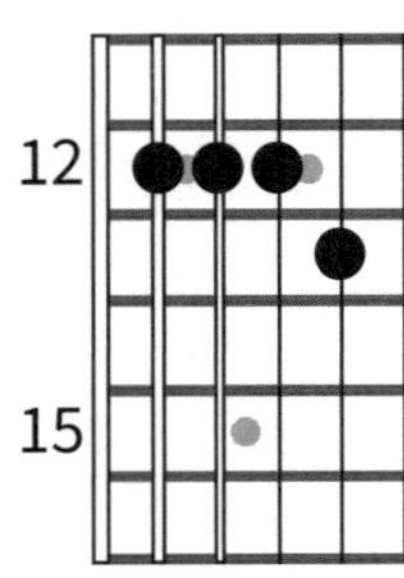 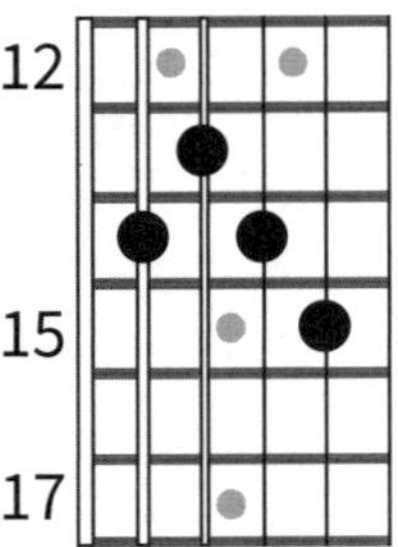

Top Position

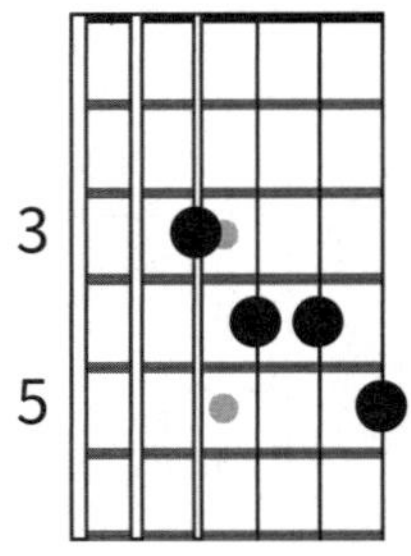 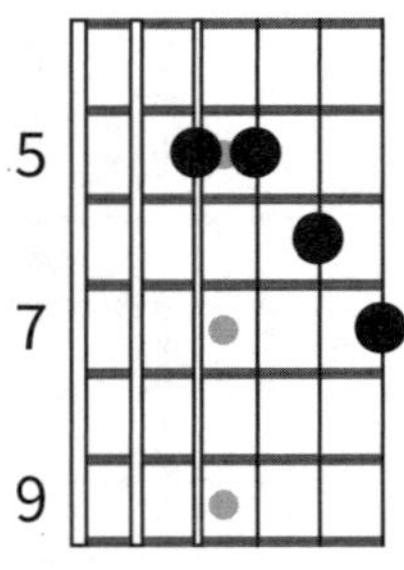 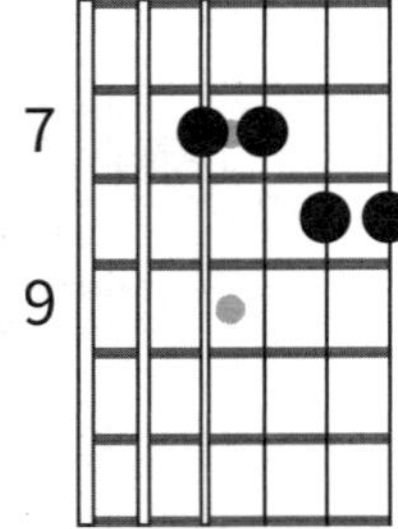 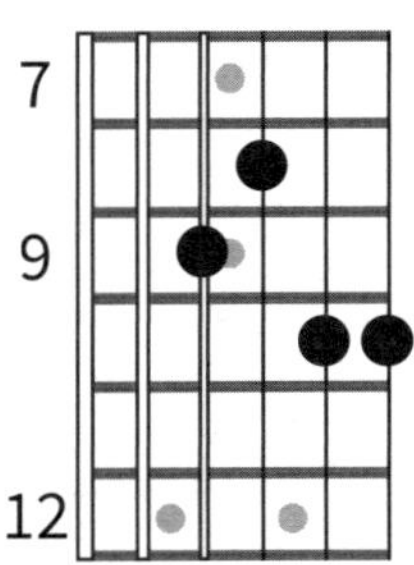

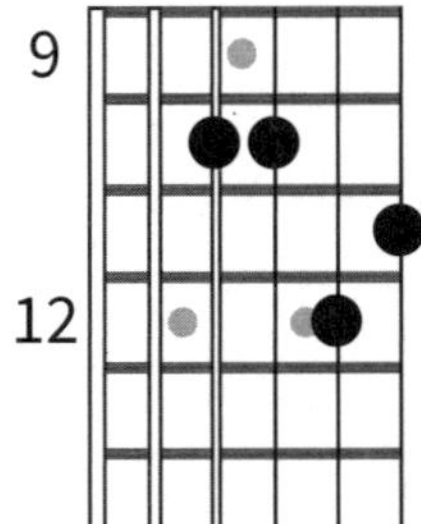 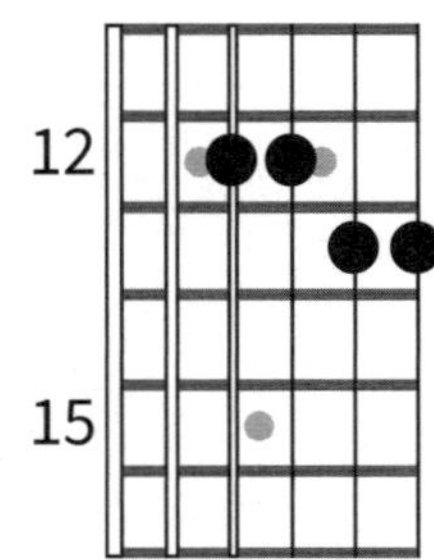 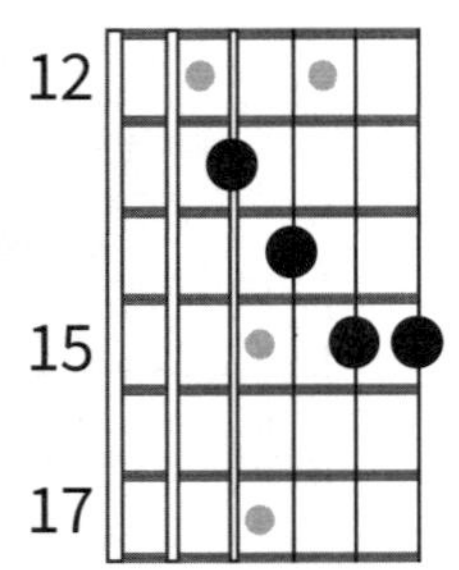

CmM7

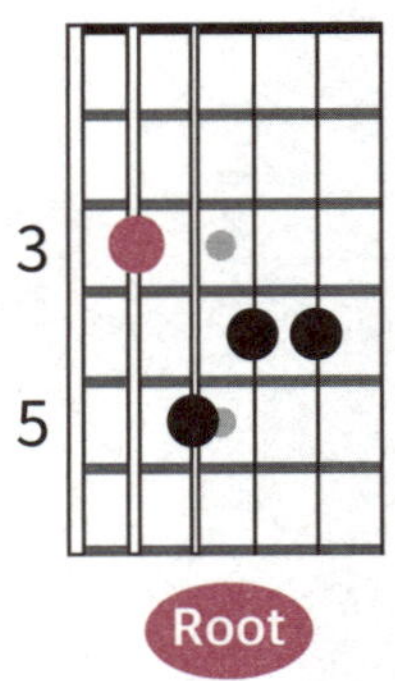

Root

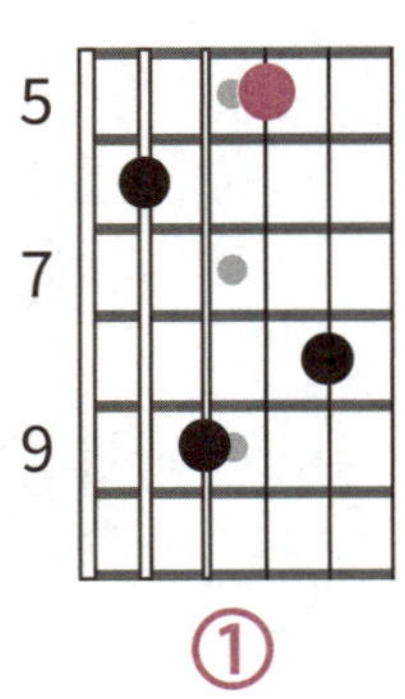

①

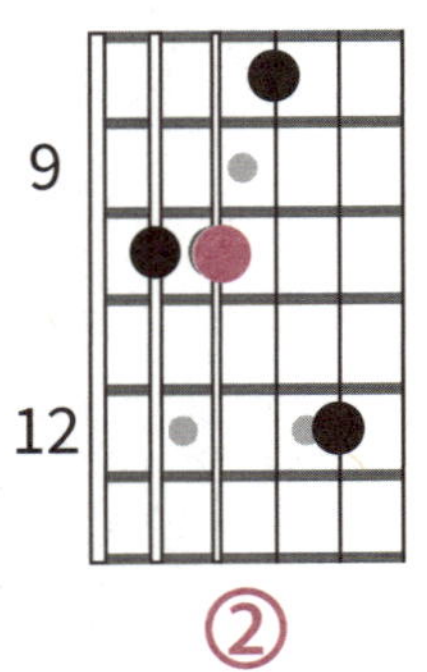

②

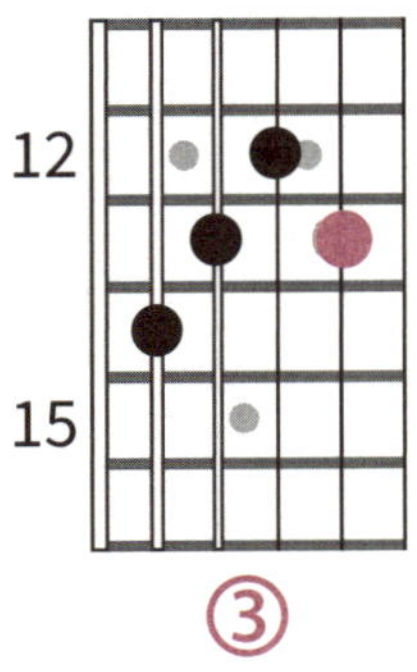

③

CM7♯5

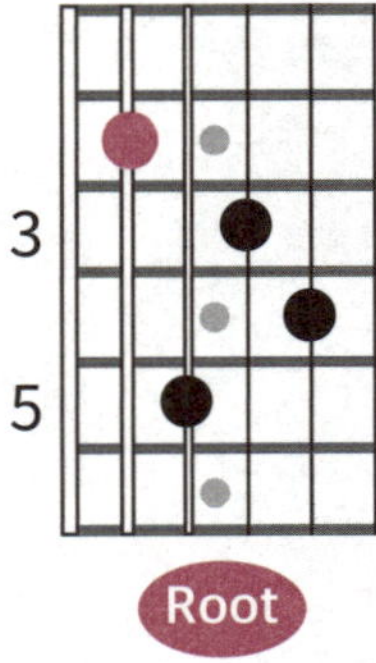

Root

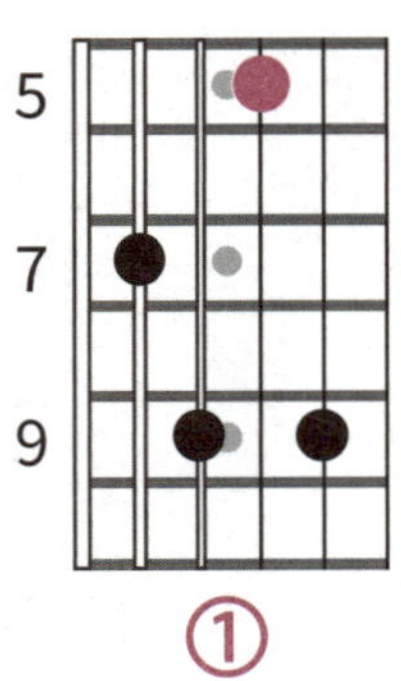

①

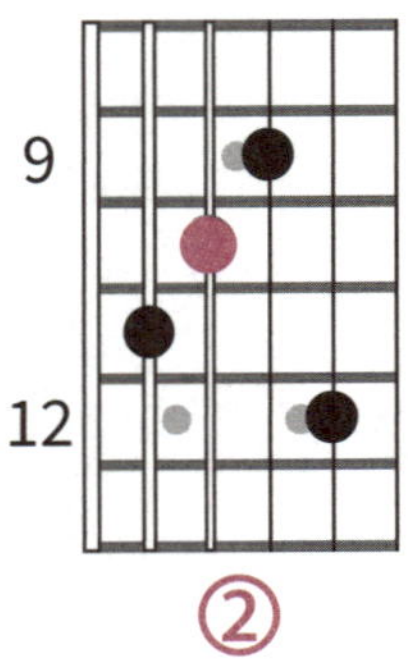

②

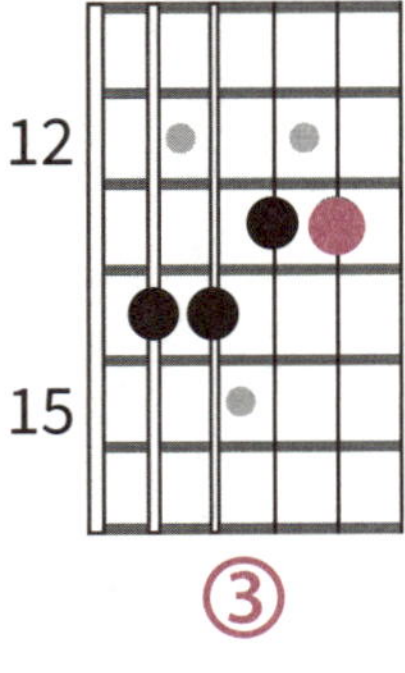

③

CM7♯11

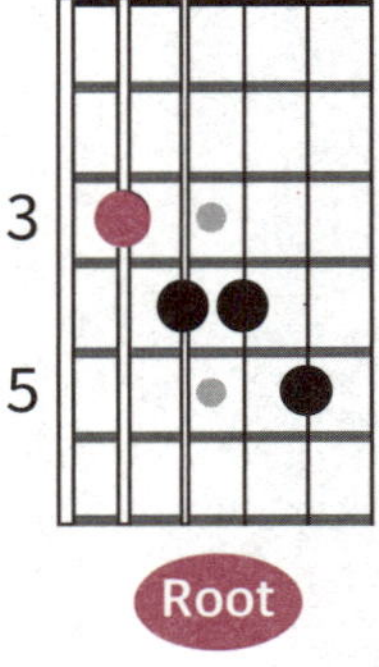

Root

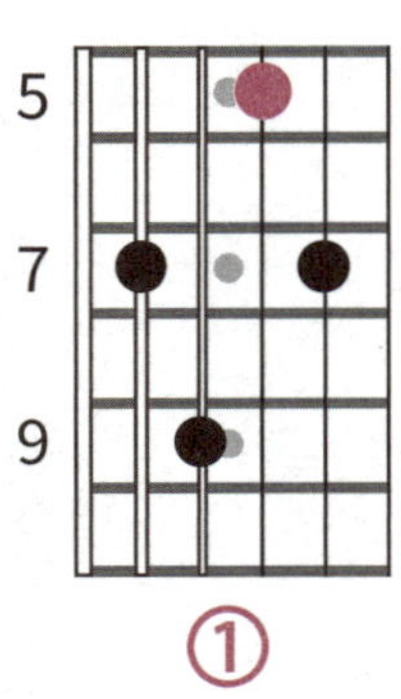

①

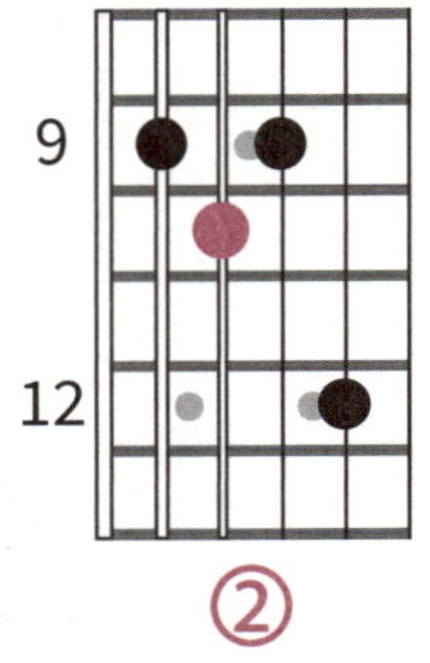

②

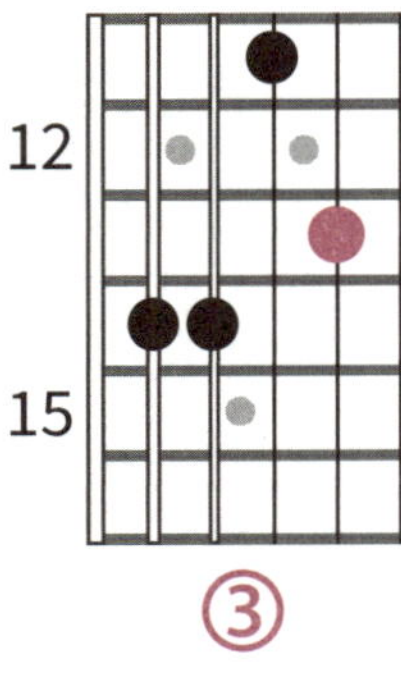

③

Cdim(M7)

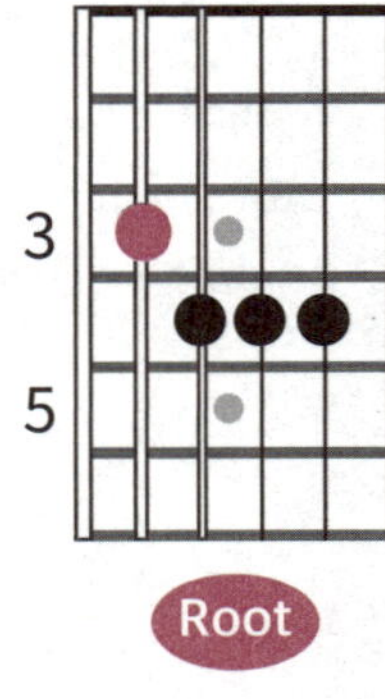

Root

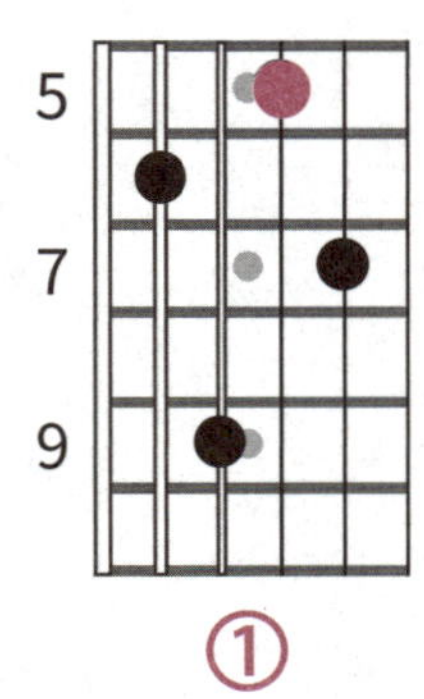

①

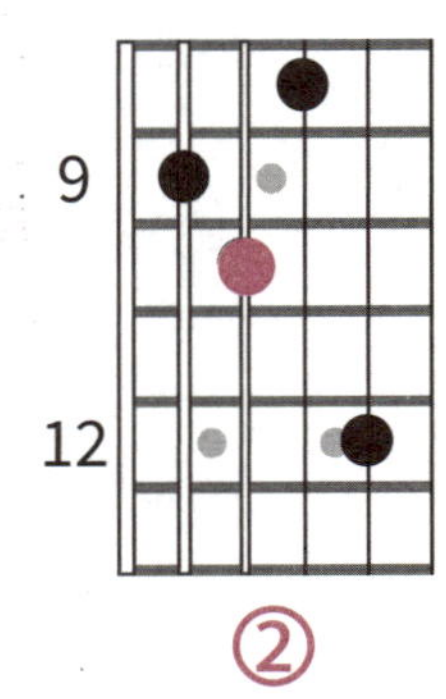

②

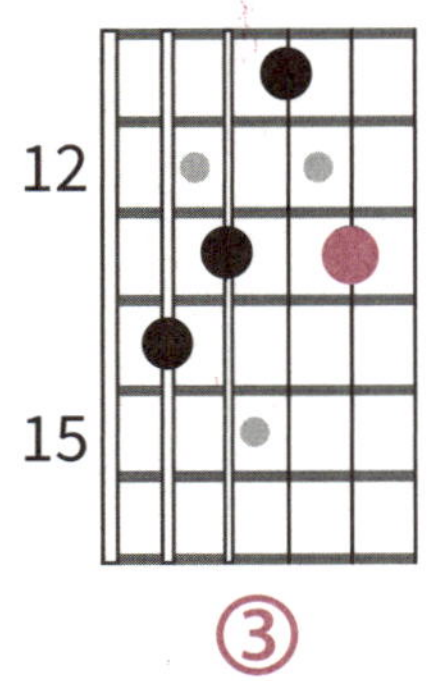

③

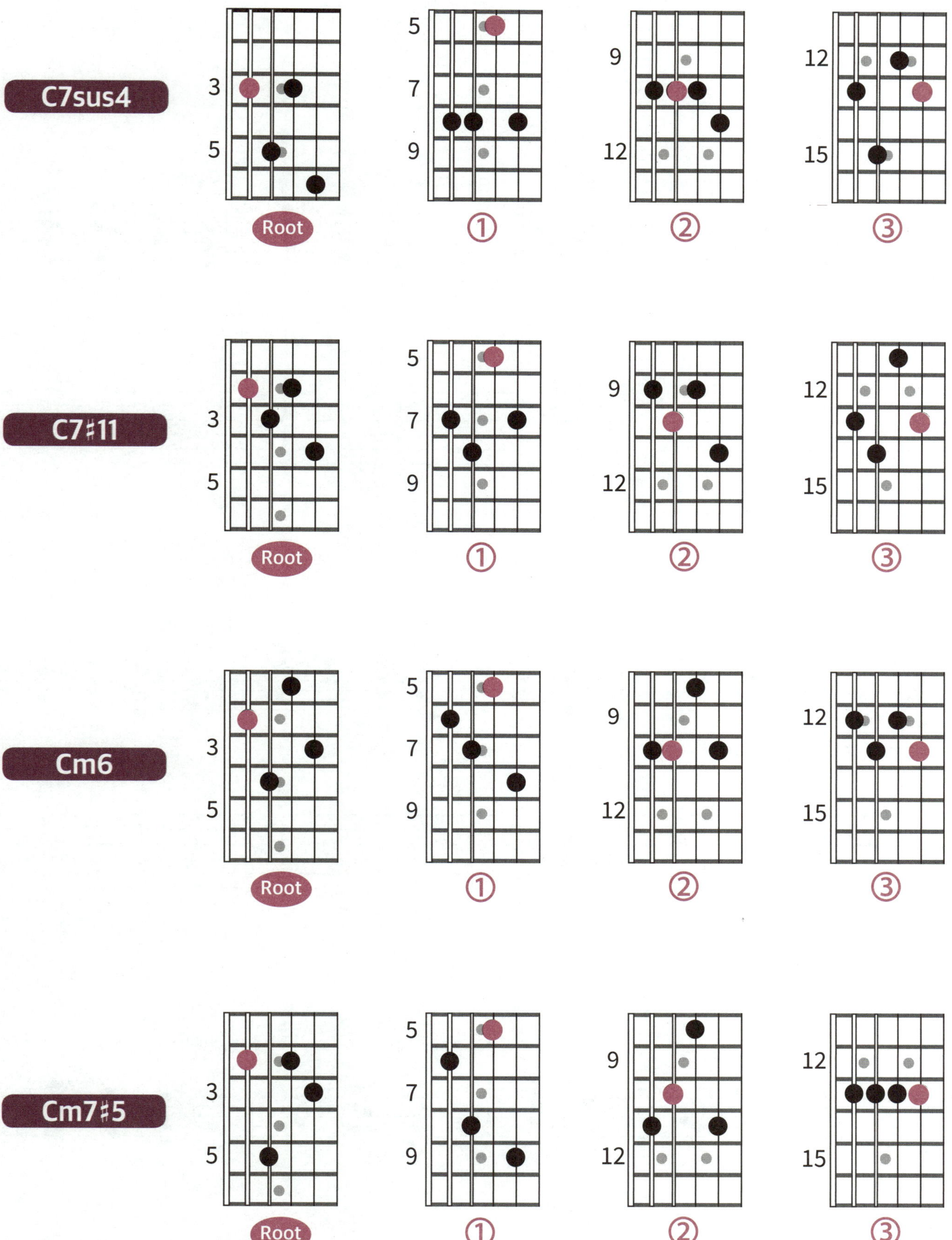

C7sus4
Root
①
②
③
C7♯11
Root
①
②
③
Cm6
Root
①
②
③
Cm7♯5
Root
①
②
③

마이너 메이저 세븐스 코드 드롭 2 보이싱

Minor(Major) 7th Drop 2 Voicing

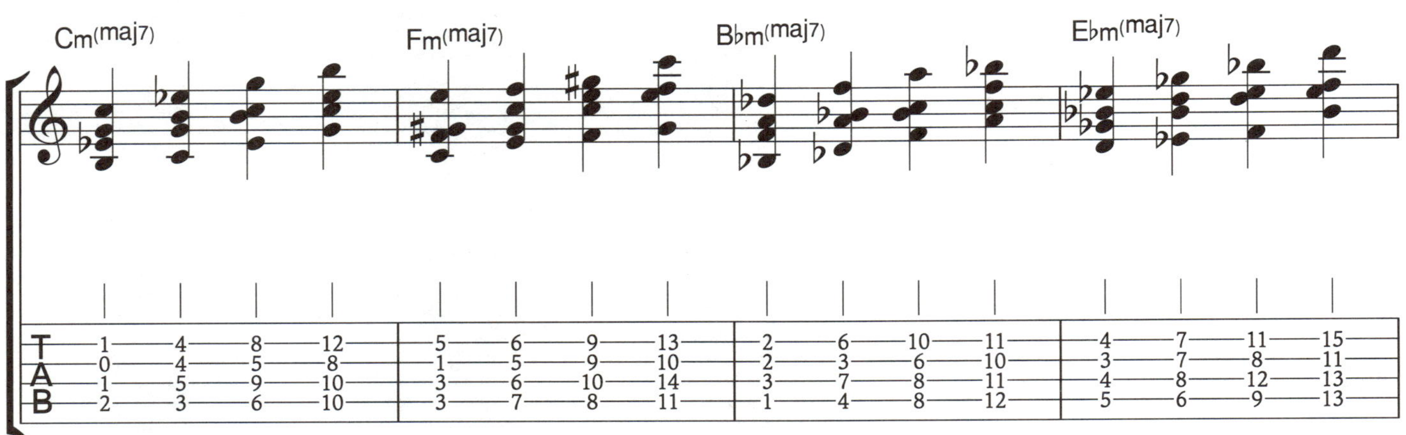

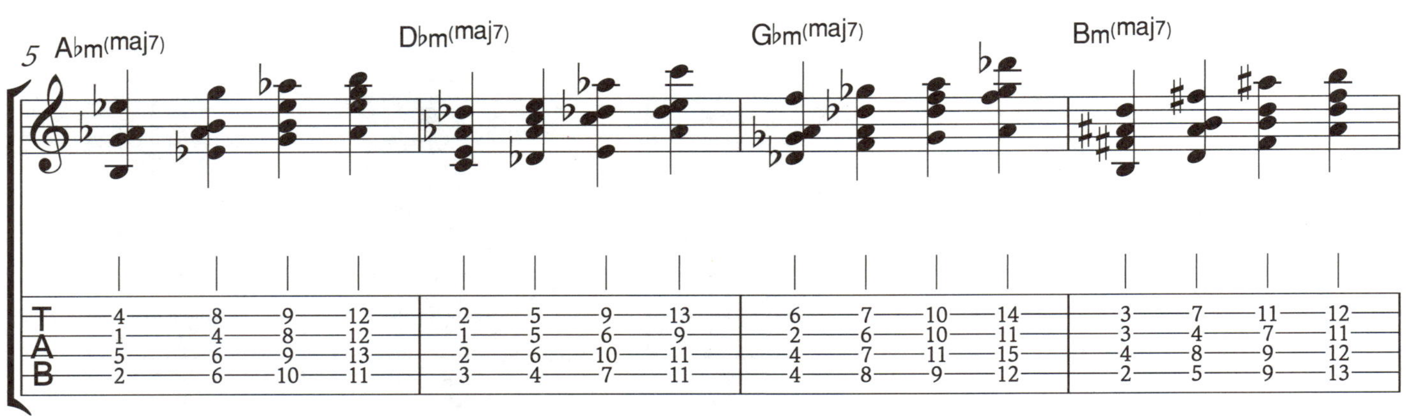

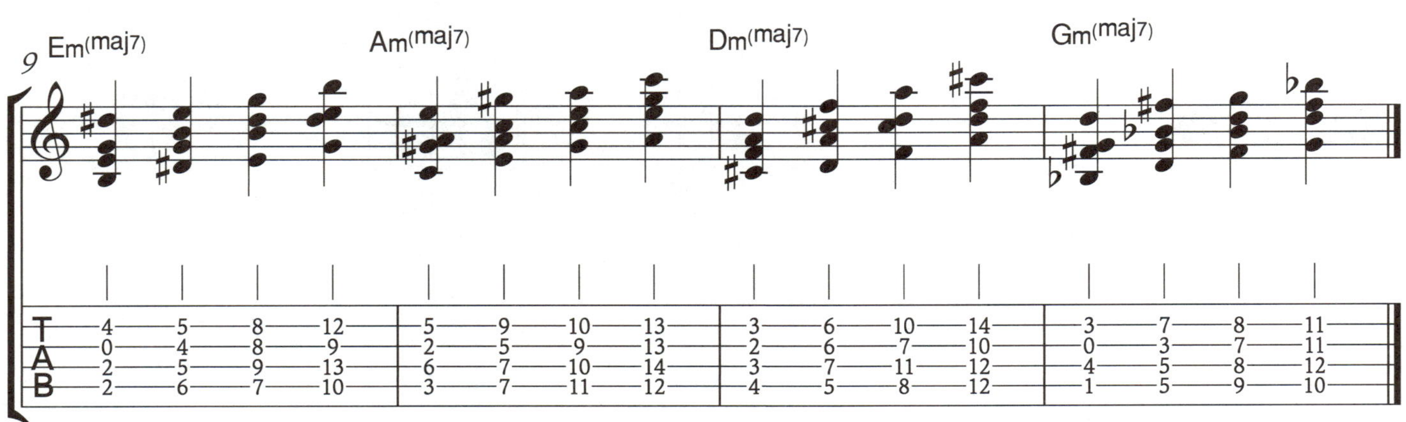

메이저 세븐스 #5 코드 드롭 2 보이싱

Major 7th #5 Drop 2 Voicing

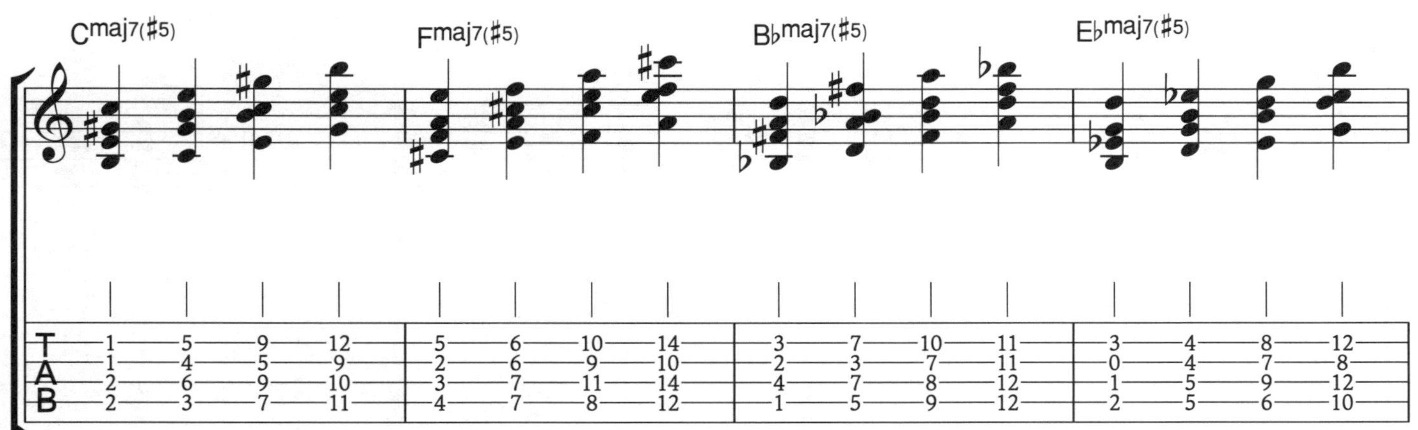

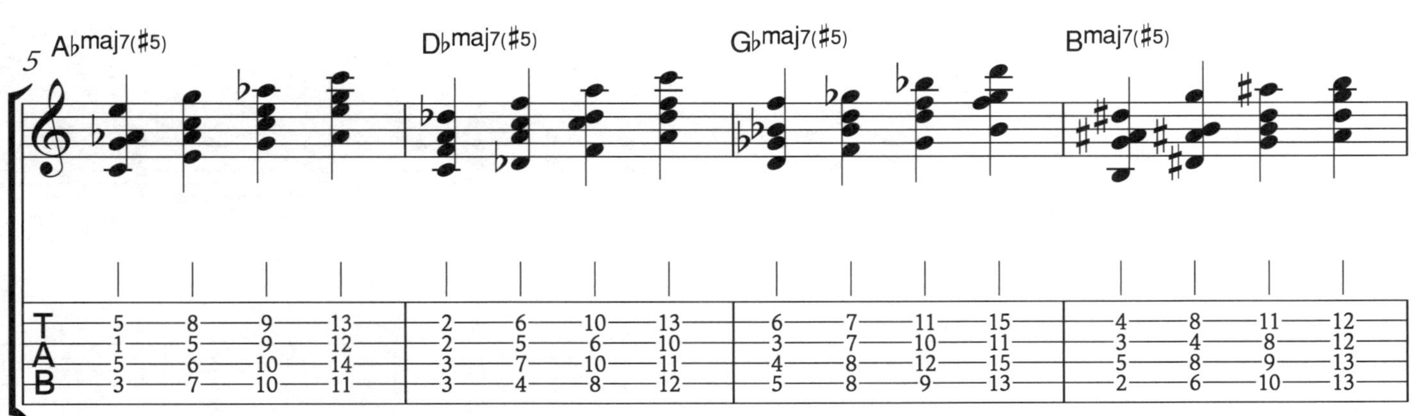

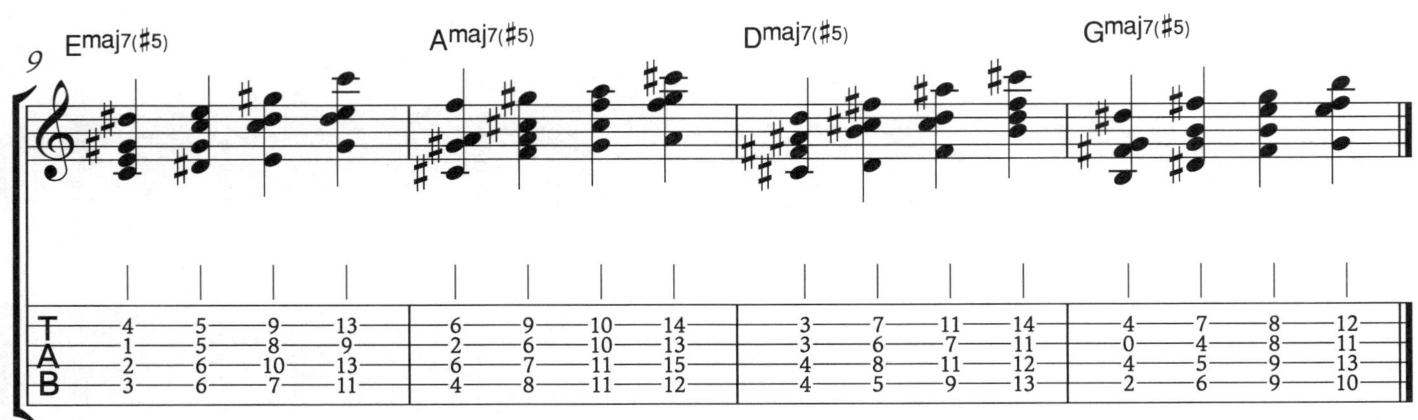

메이저 세븐스 #11 코드 드롭 2 보이싱

Major 7th #11 Drop 2 Voicing

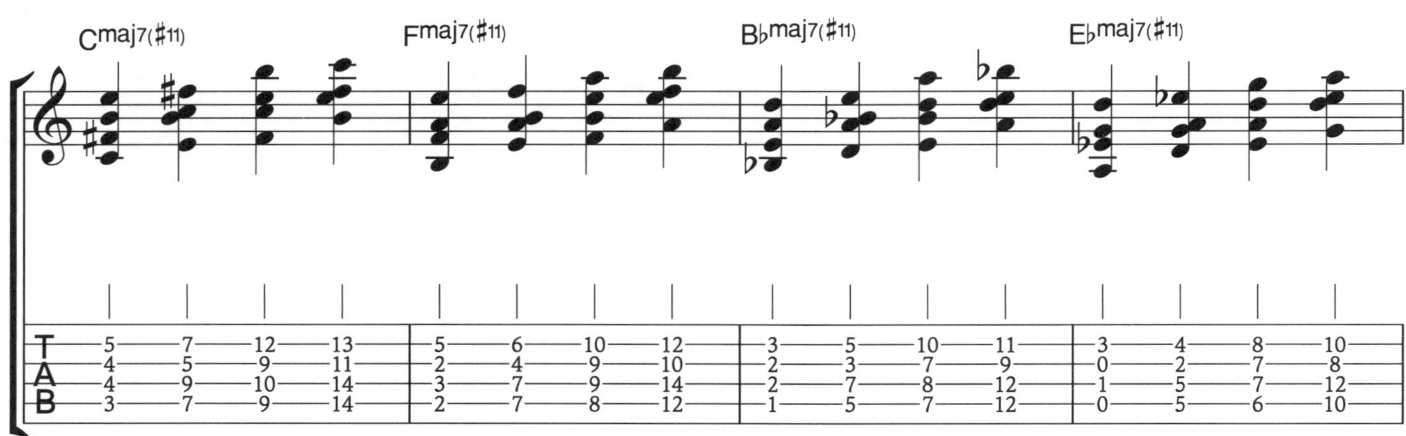

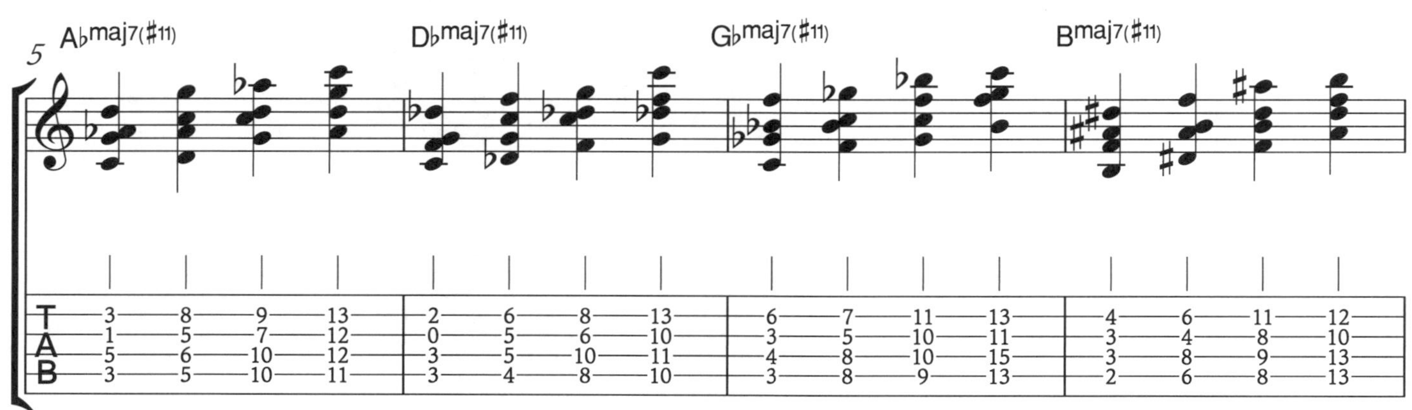

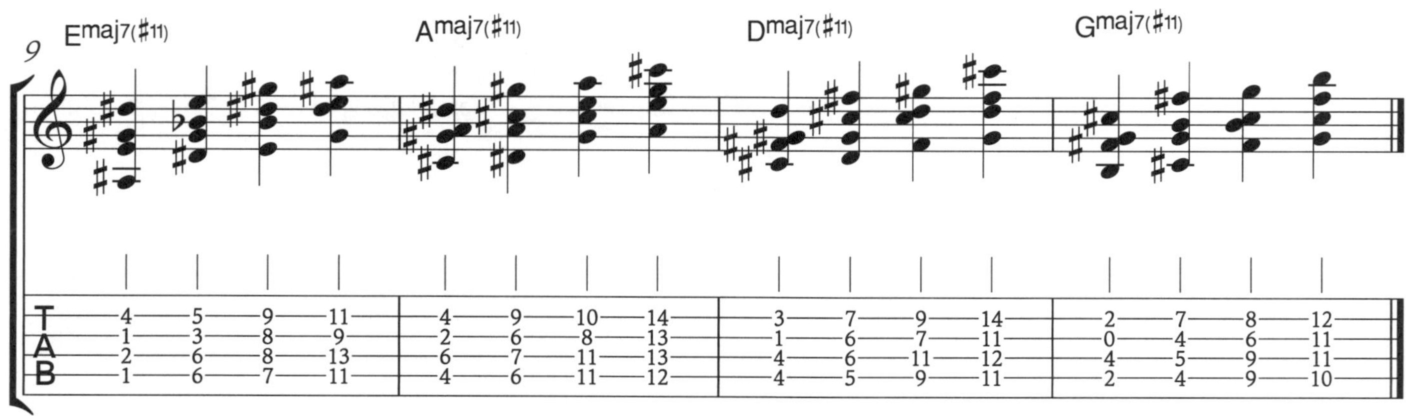

디미니시드 메이저 세븐스 코드 드롭 2 보이싱

Diminished(Major) 7th Drop 2 Voicing

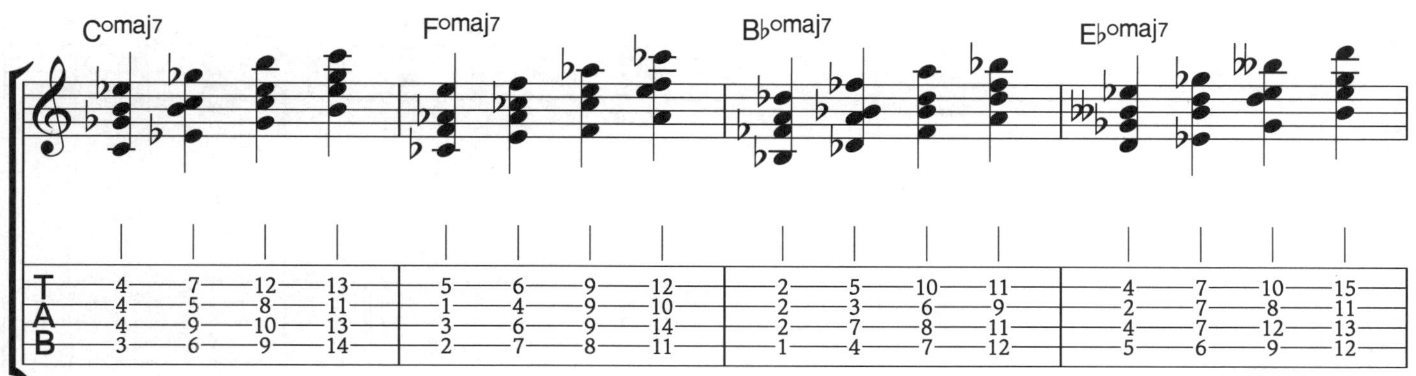

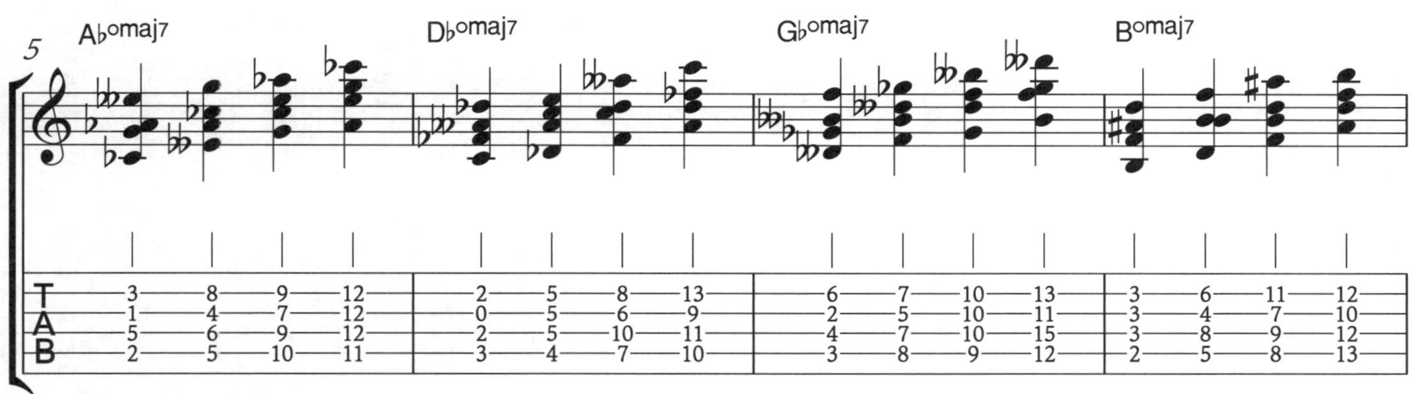

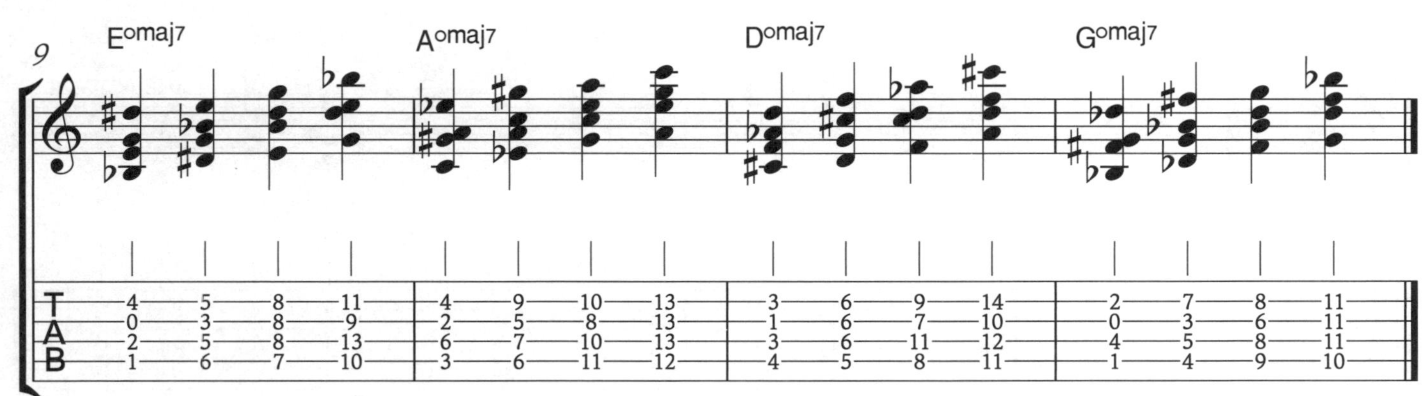

도미넌트 sus4 코드 드롭 2 보이싱

Dominant sus4 Drop 2 Voicing

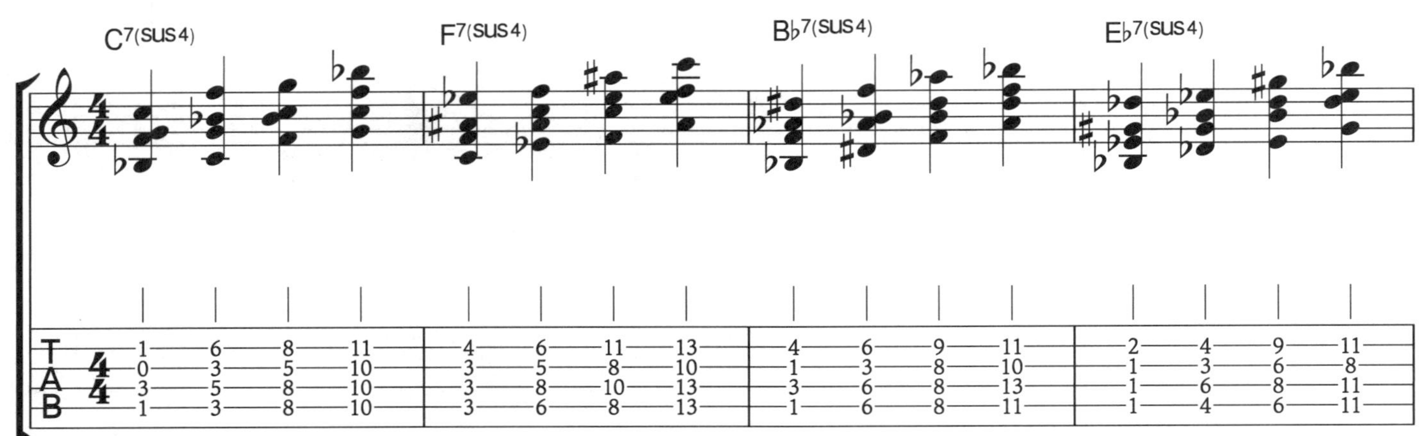

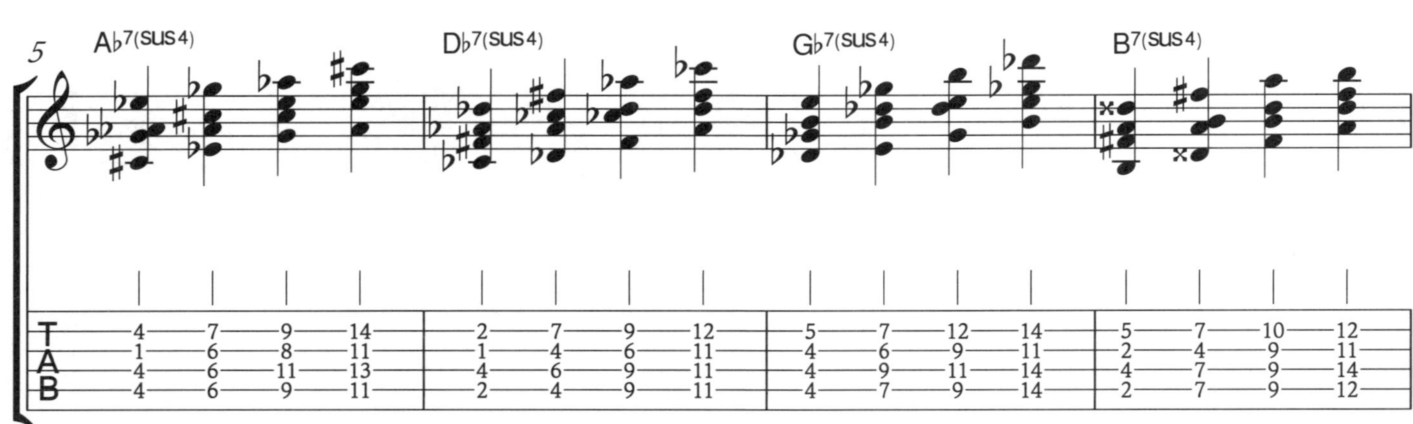

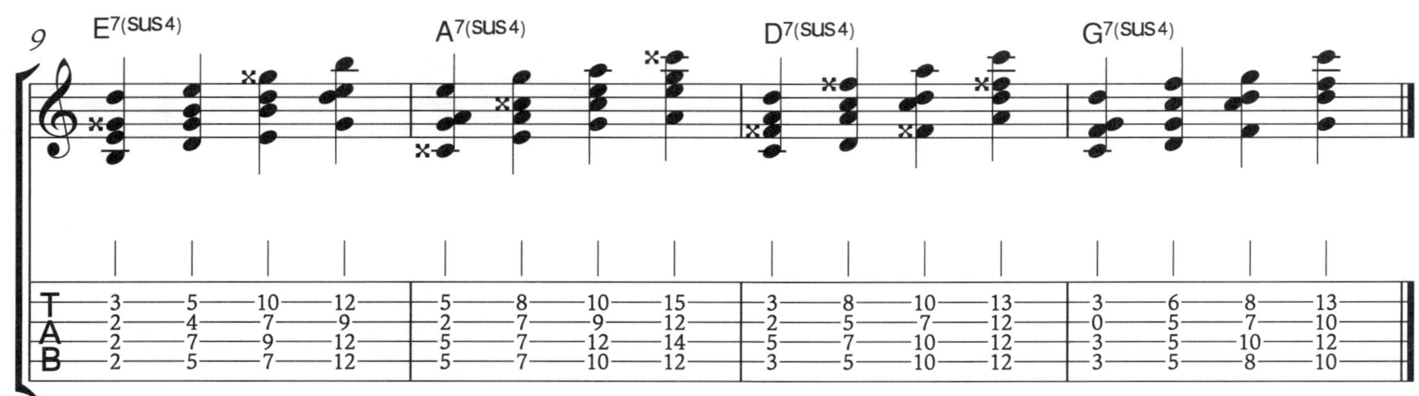

도미넌트 세븐스 #11 코드 드롭 2 보이싱

Dominant 7th #11 Drop 2 Voicing

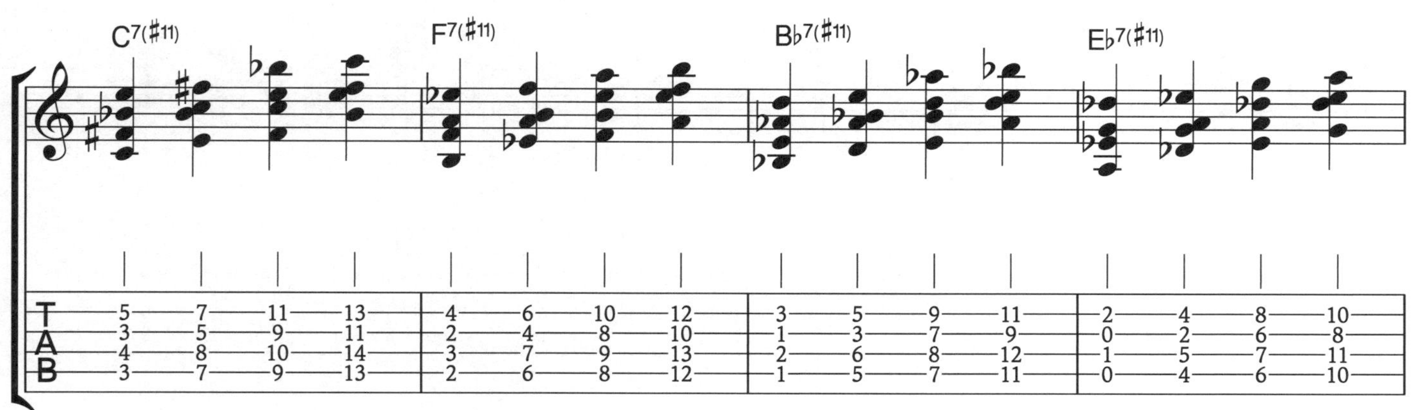

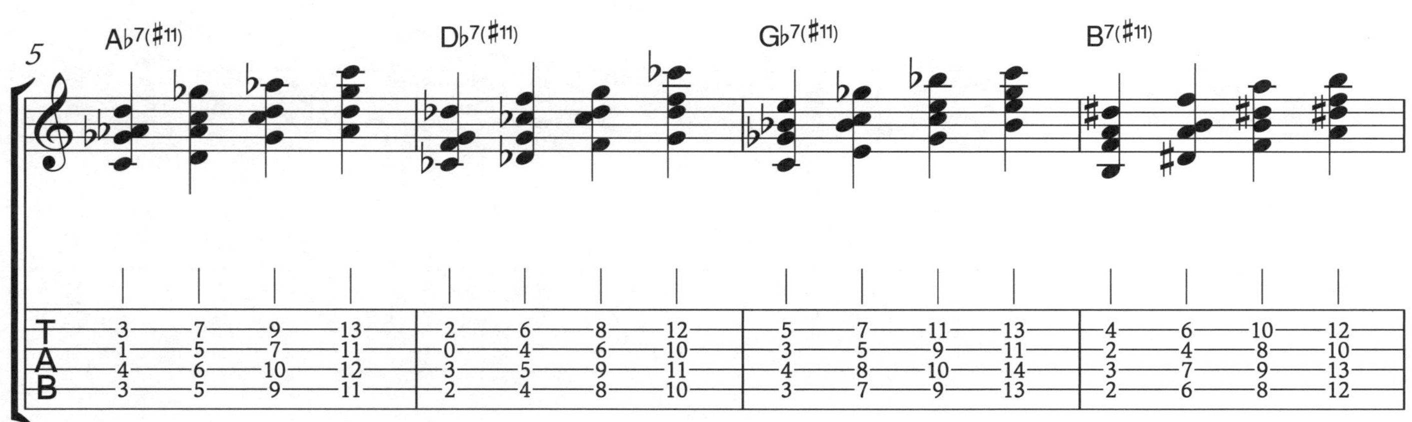

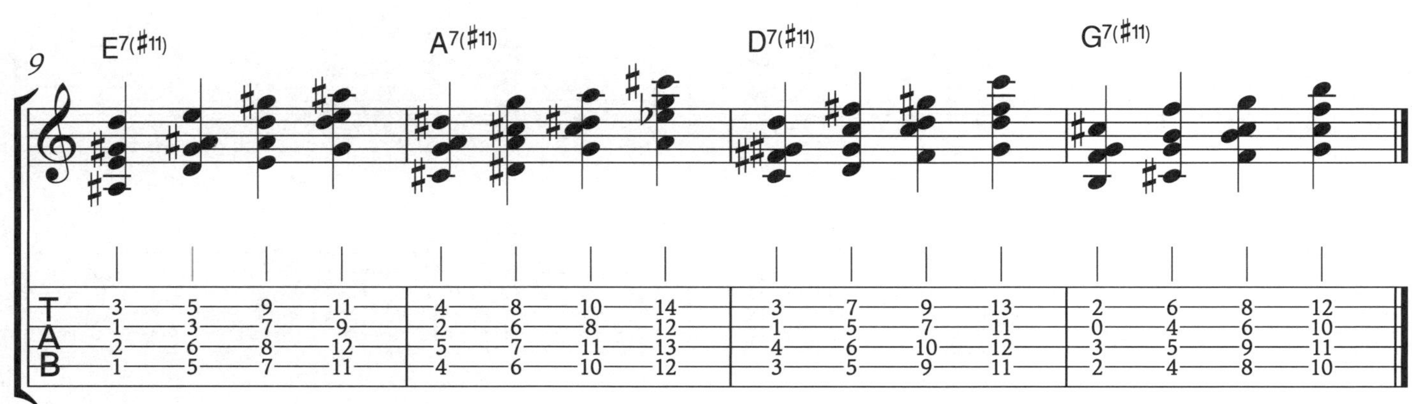

마이너 식스 코드 드롭 2 보이싱

Minor 6th Drop 2 Voicing

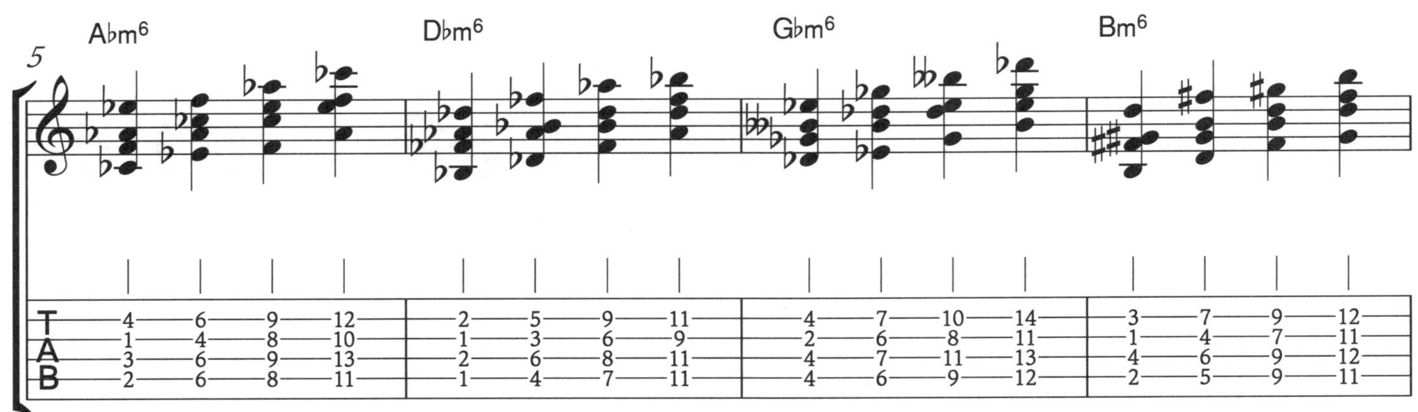

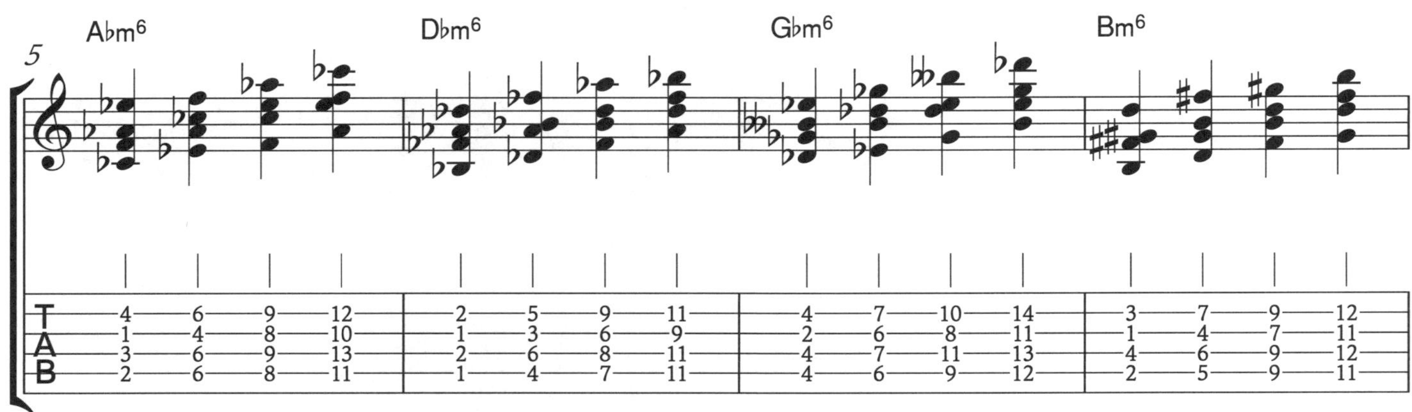

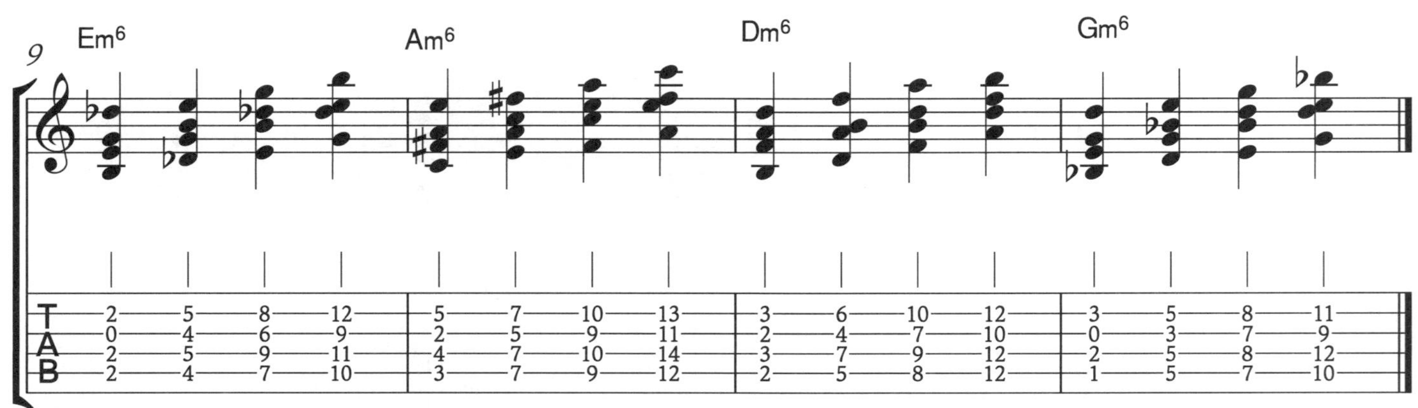

마이너 세븐스 #5 코드 드롭 2 보이싱

Minor 7th #5 Drop 2 Voicing

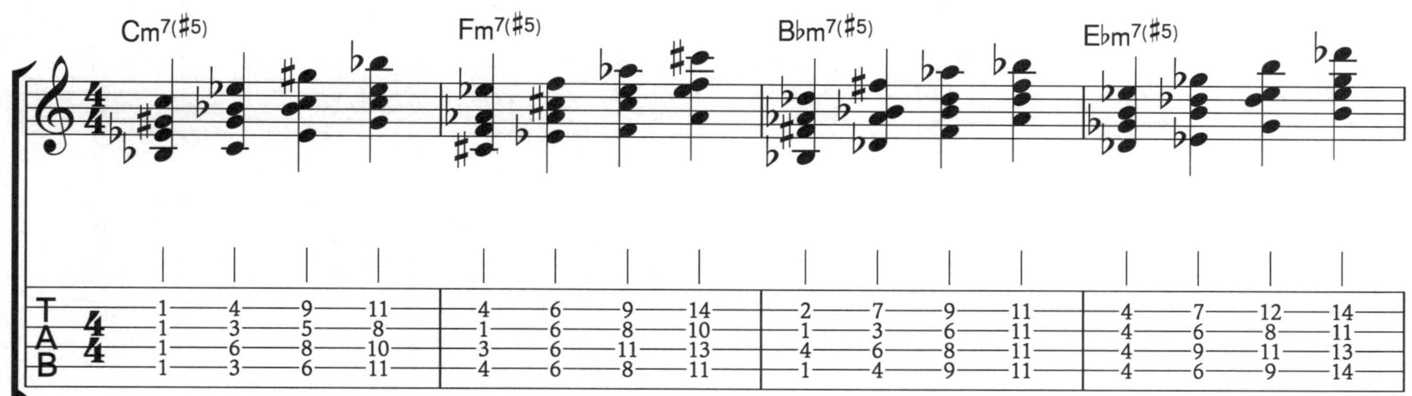

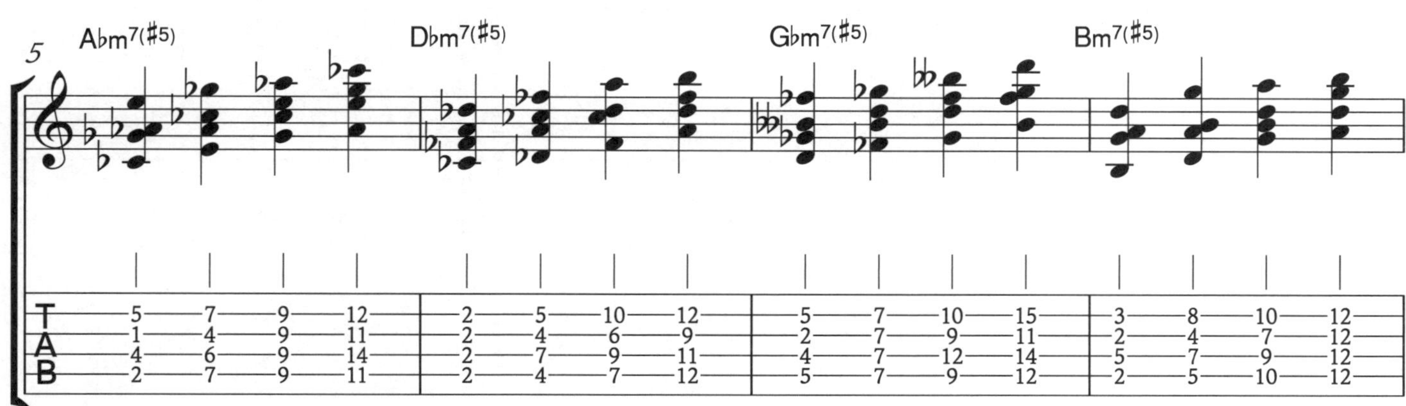

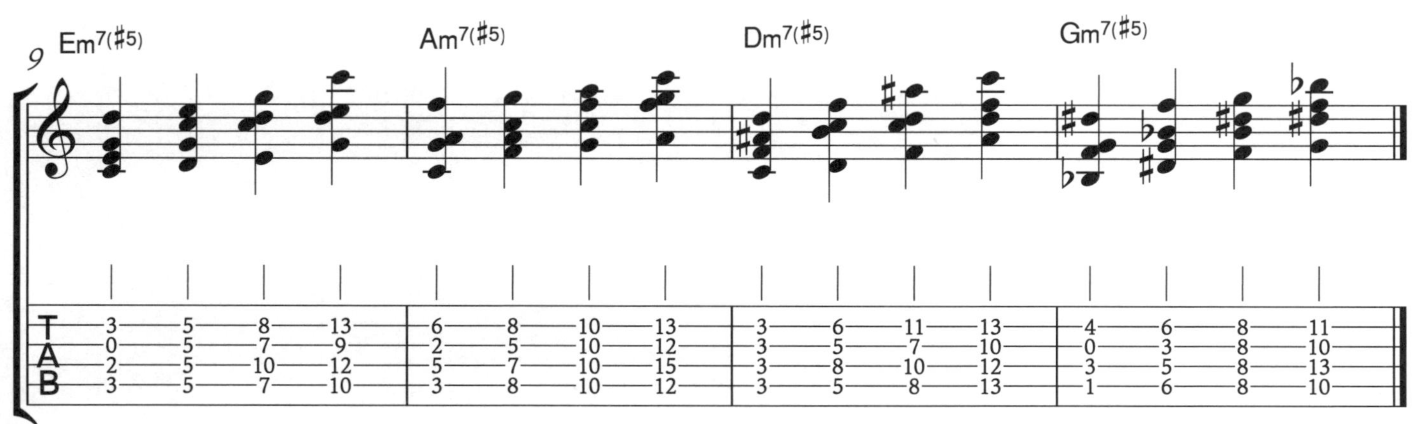

드롭 2 컴핑 예제

HERE'S THAT RAINY DAY

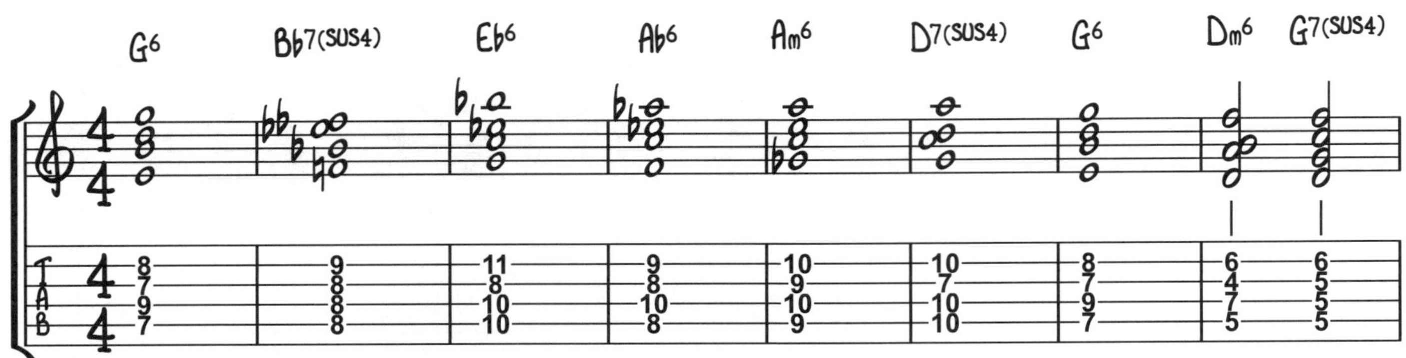

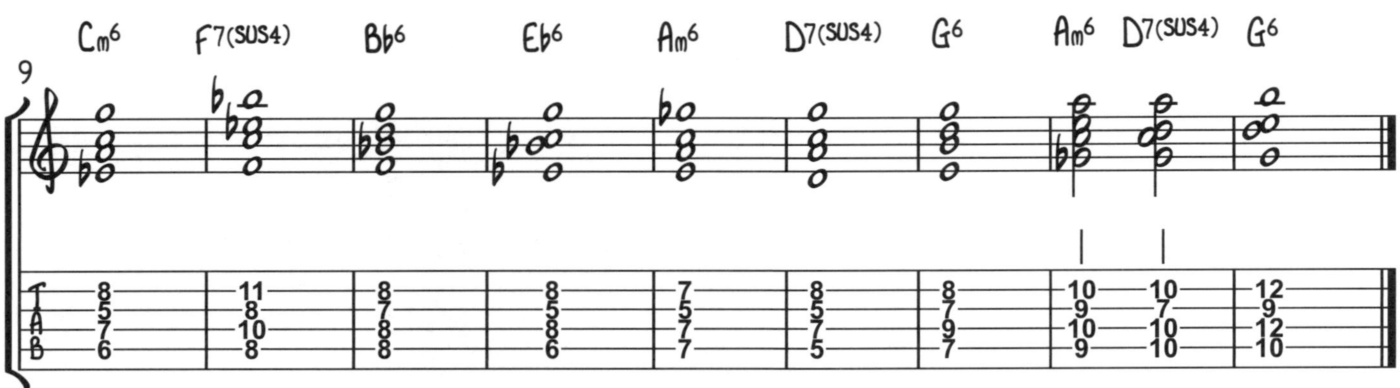

오픈 3화음 코드 – 낮은 포지션 (C) Open Triads Voicings - Bottom

C

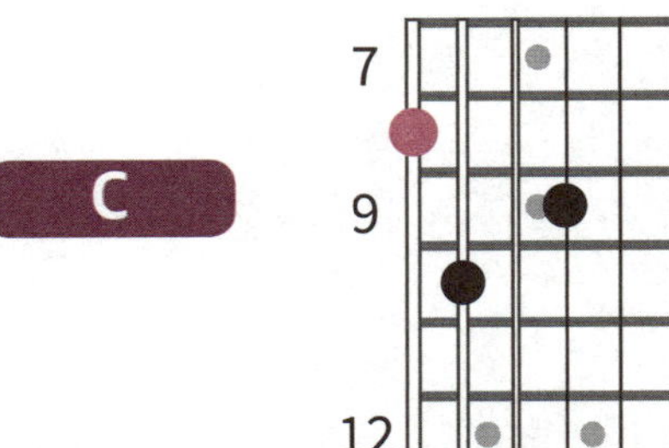

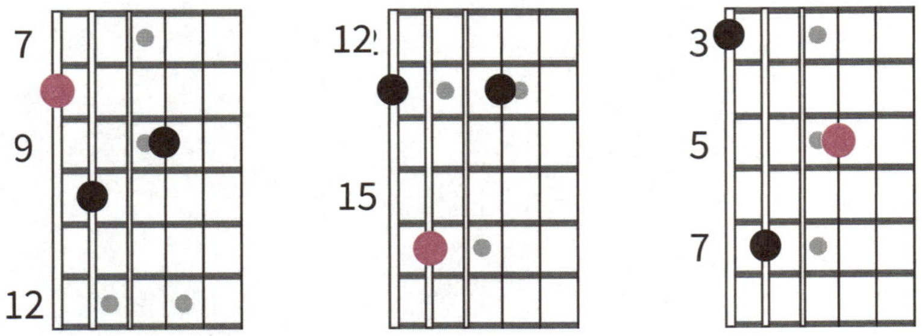

Cm

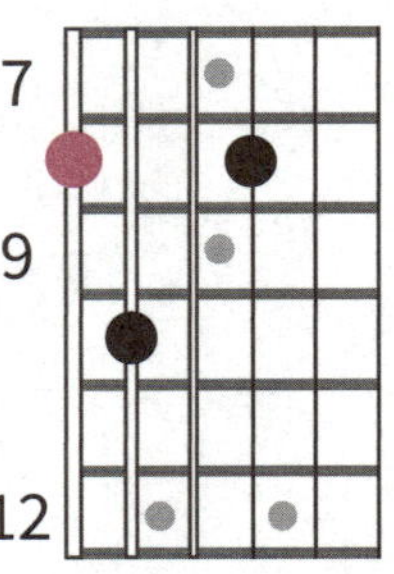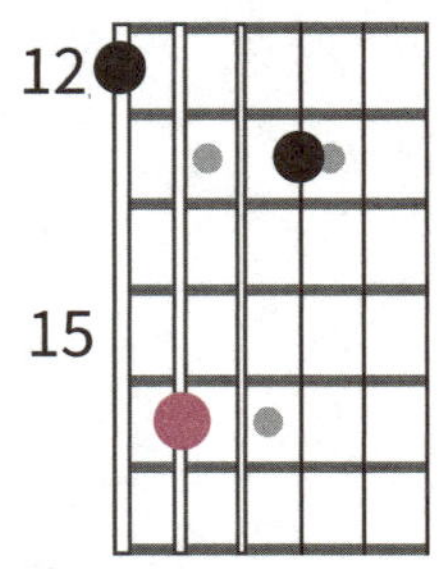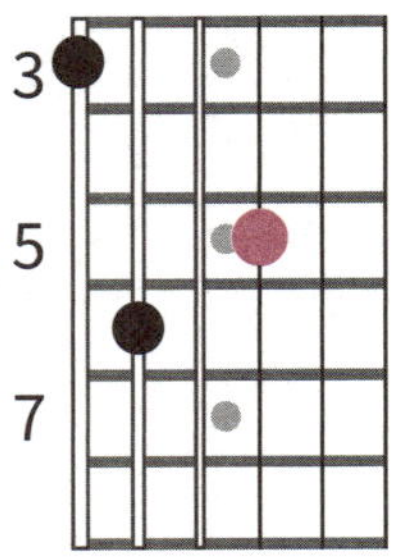

Caug

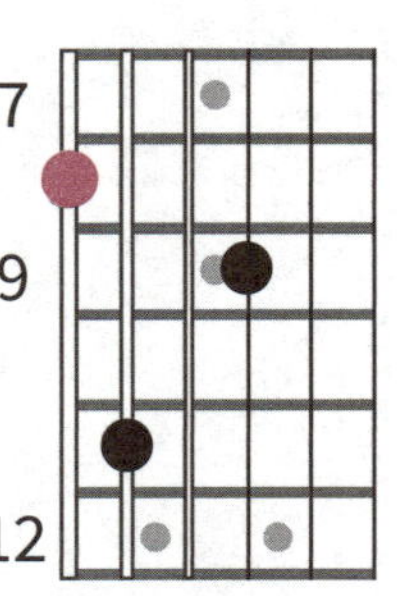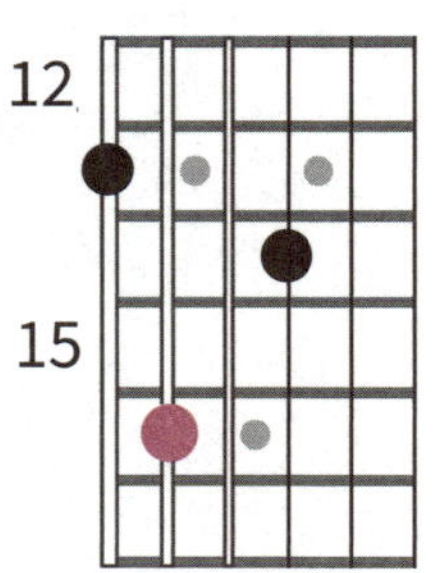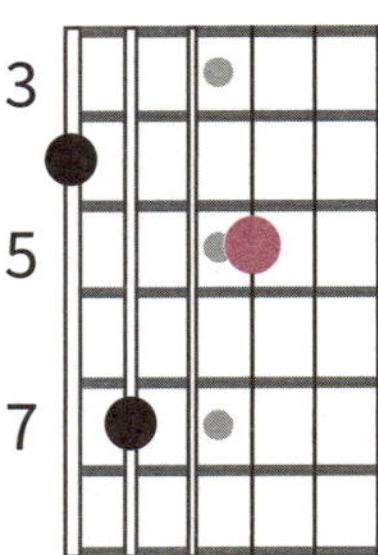

Cdim

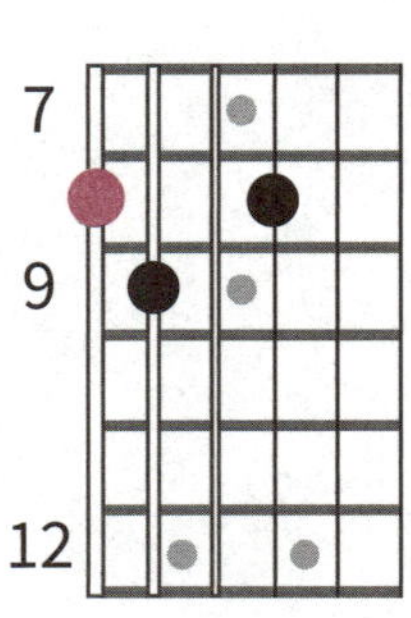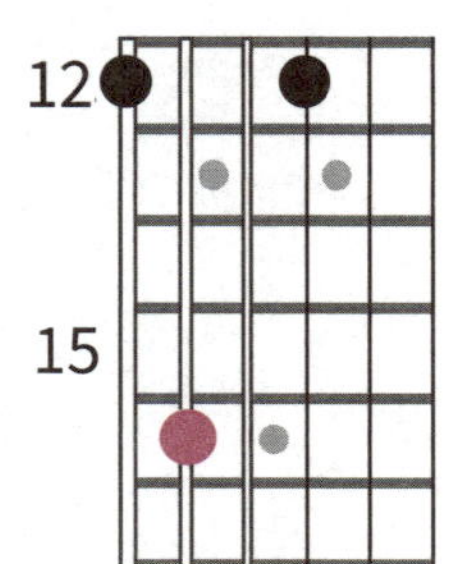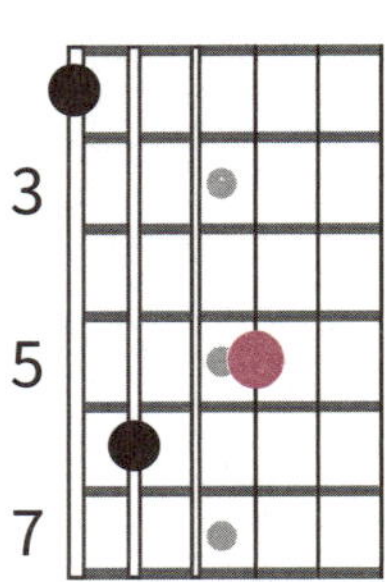

오픈 3화음 코드 – 낮은 포지션 (D) Open Triads Voicings - Bottom

D

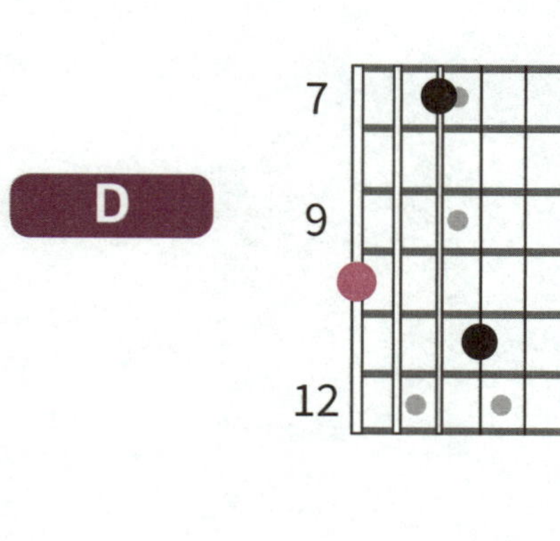
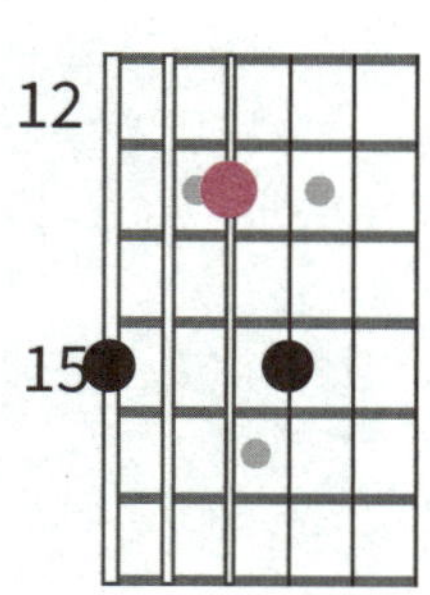
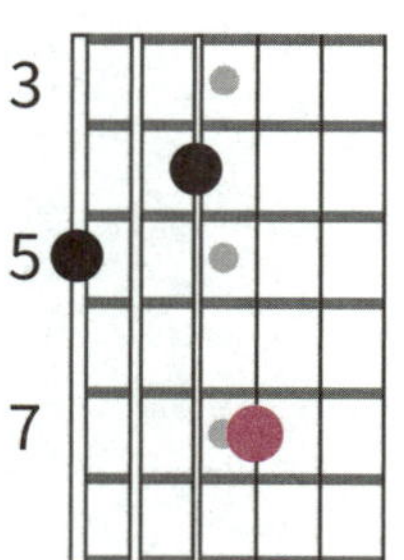

Dm

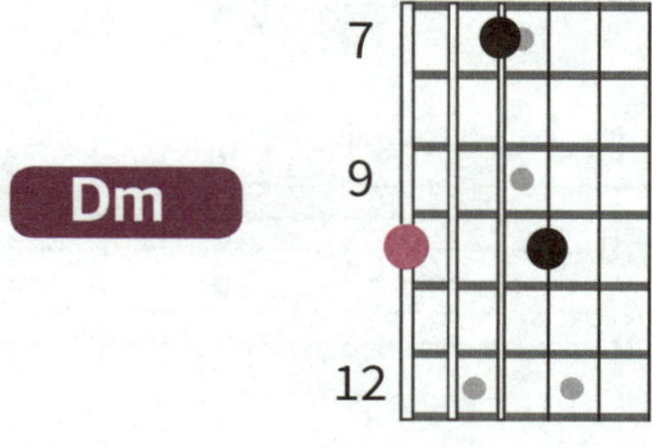
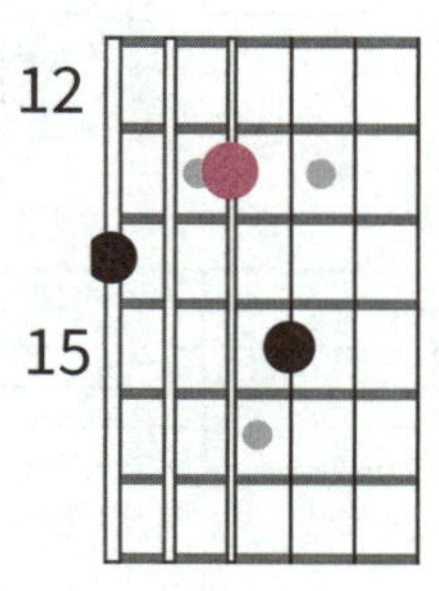
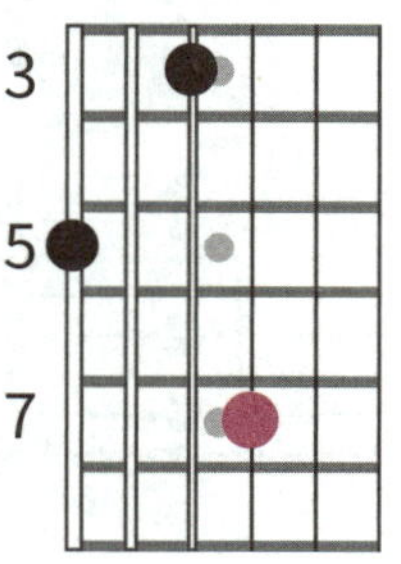

Daug

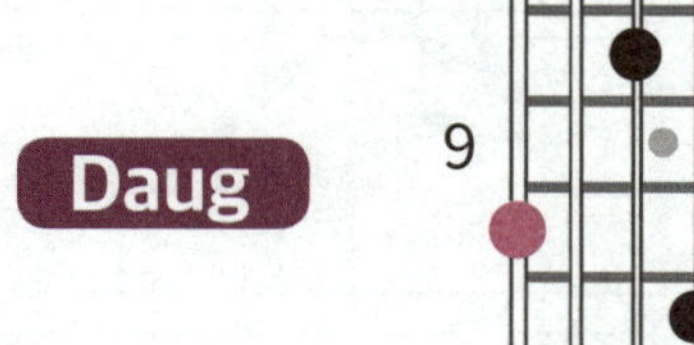
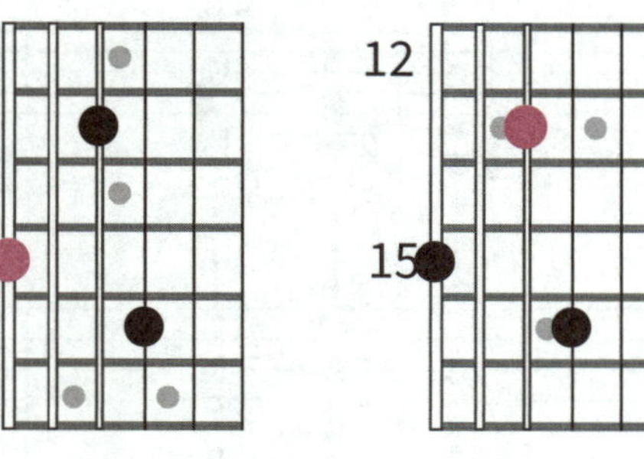
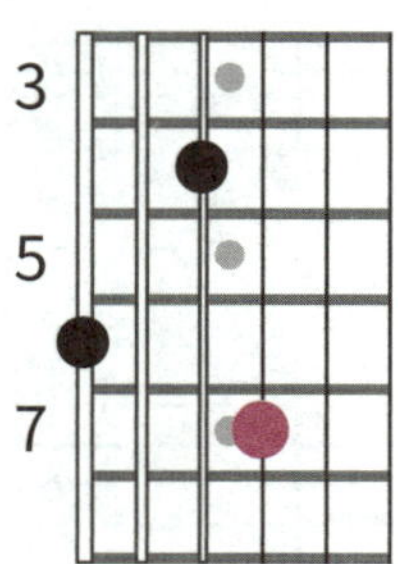

Ddim

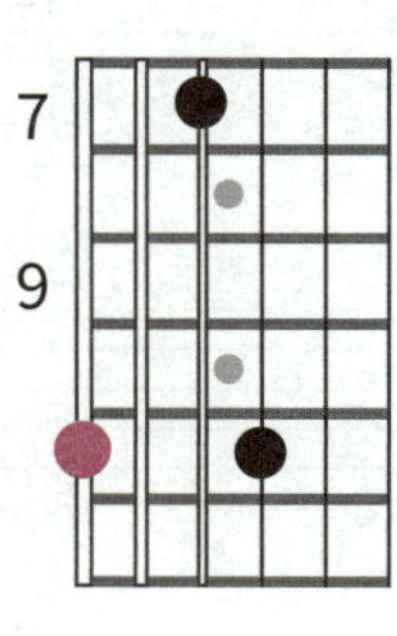
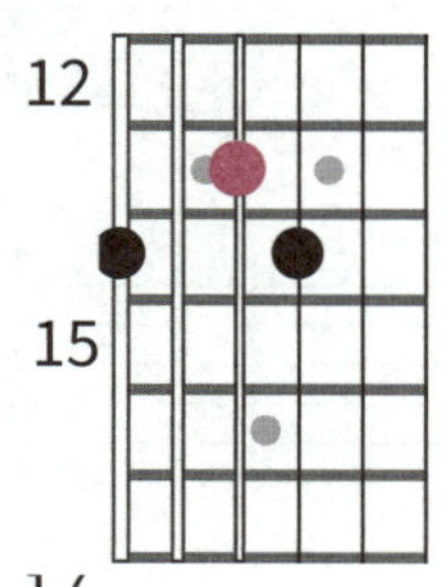
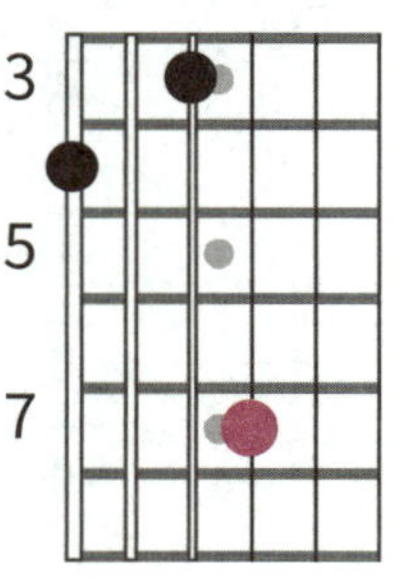

오픈 3화음 코드 – 메이저(낮은 포지션)

Open Triads Voicings – Major (Bottom)

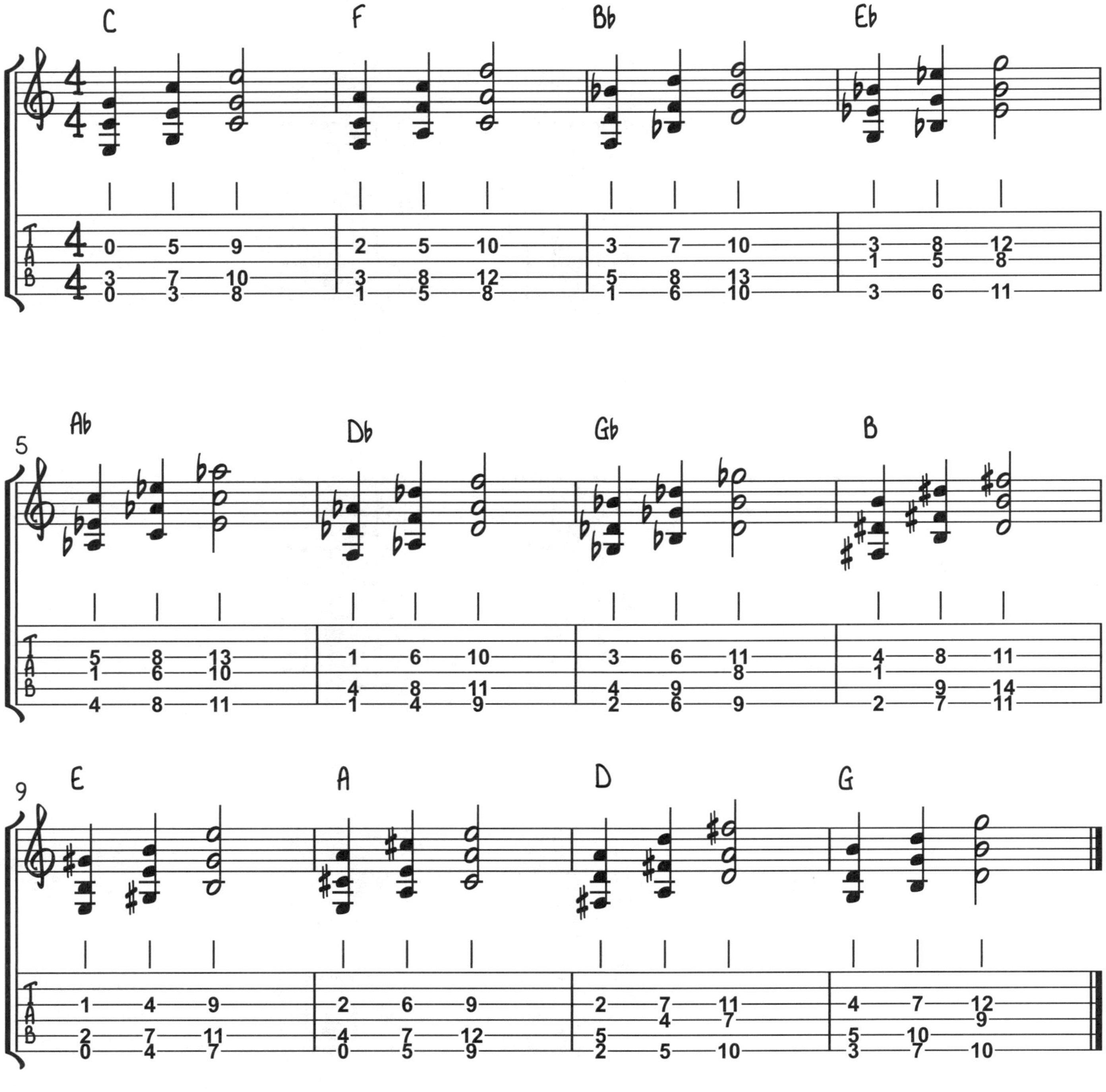

오픈 3화음 코드 - 어그먼티드(낮은 포지션)

Open Triads Voicings - Augmented (Bottom)

오픈 3화음 코드 – 마이너(낮은 포지션)

Open Triads Voicings – Minor (Bottom)

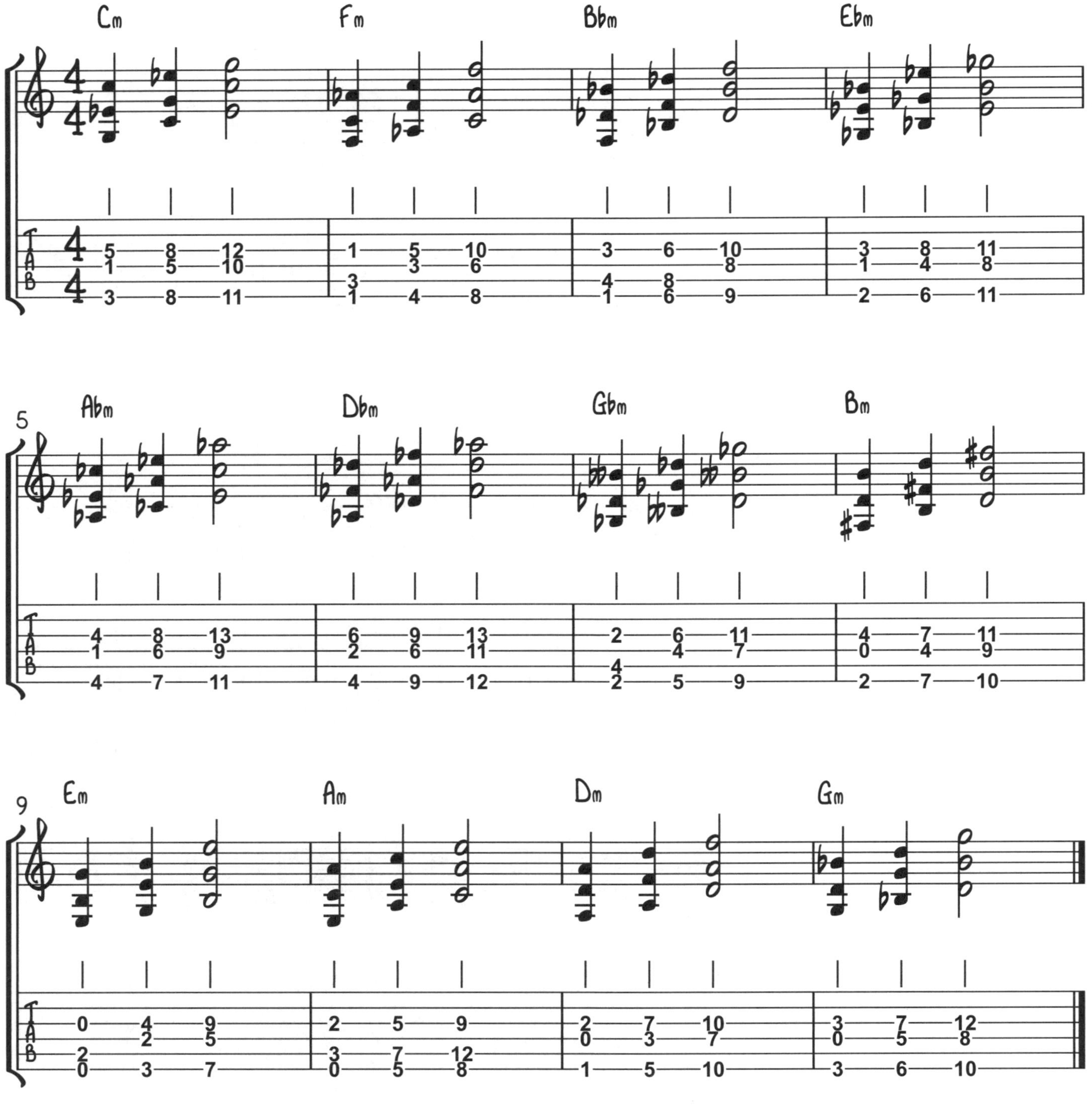

오픈 3화음 코드 - 디미니시드(낮은 포지션)

Open Triads Voicings - Diminished (Bottom)

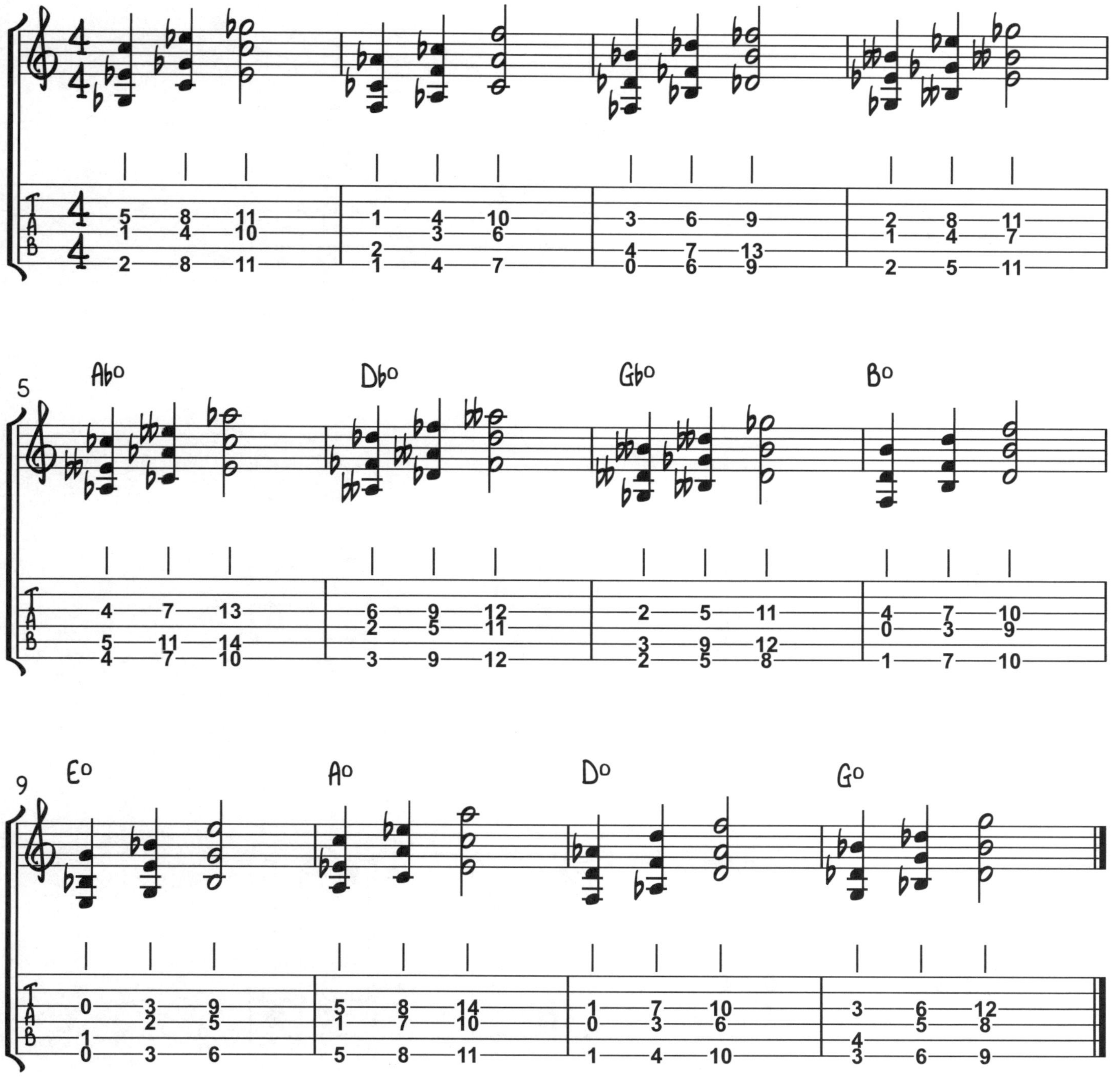

 오픈 3화음 코드 – 중간 포지션 (C) Open Triads Voicings - Middle

C
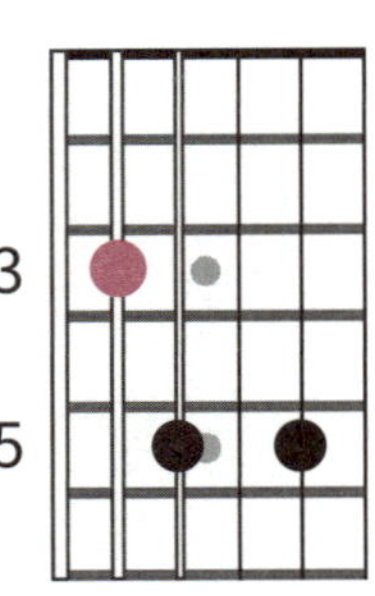 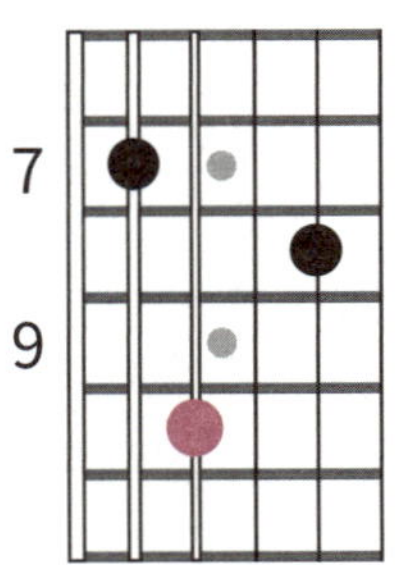 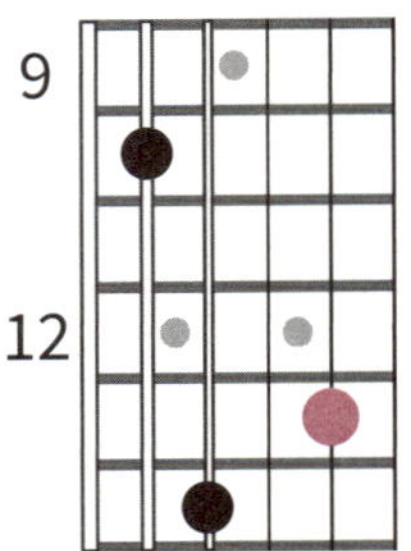

Cm
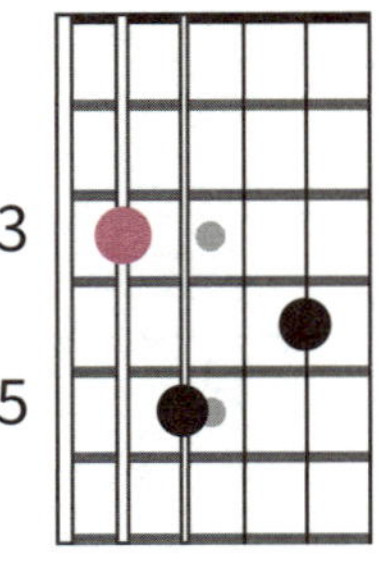 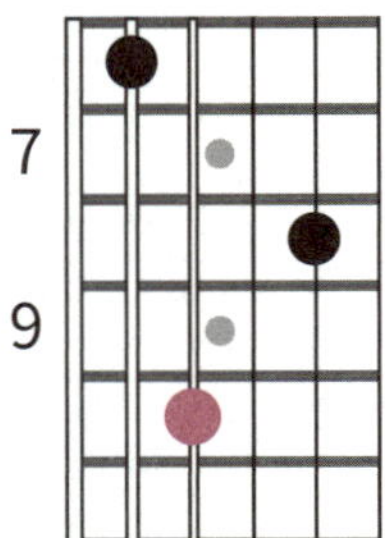 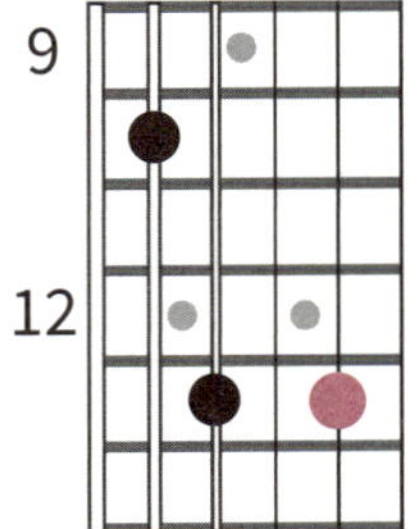

Caug
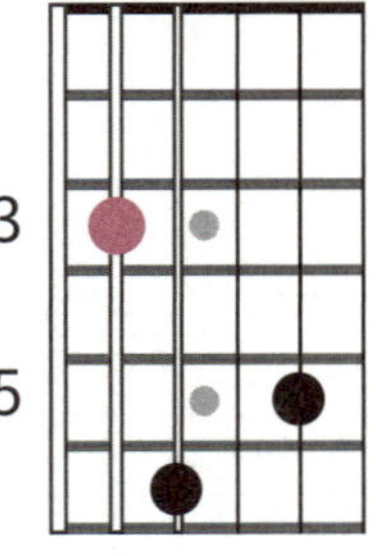 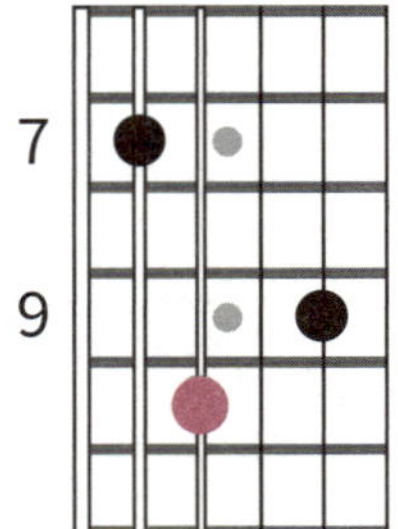 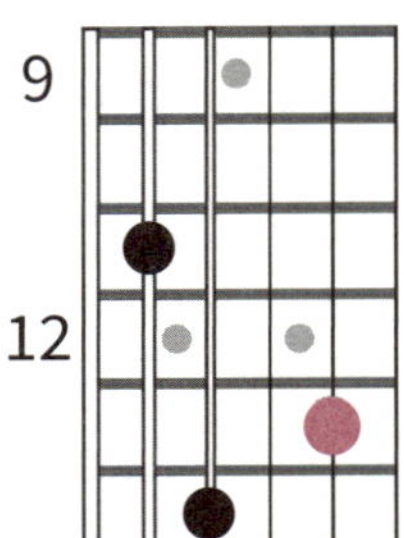

Cdim
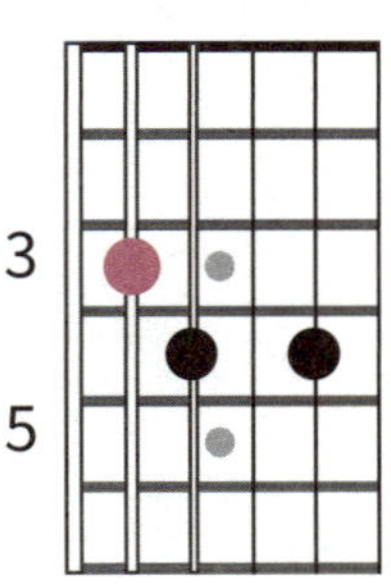 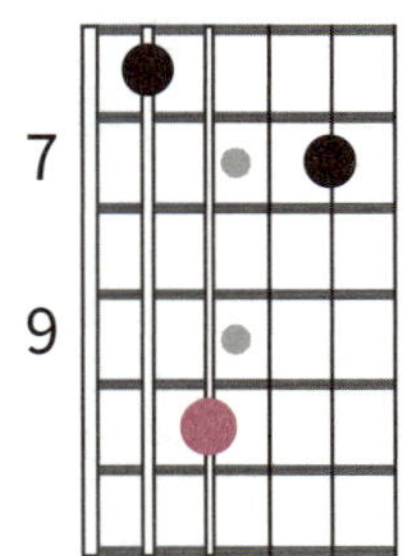 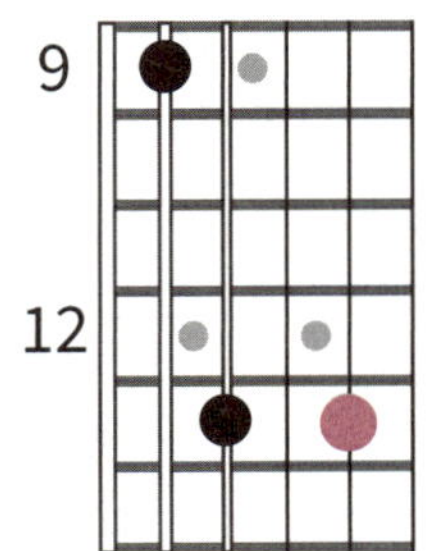

오픈 3화음 코드 – 중간 포지션 (D) Open Triads Voicings - Middle

D

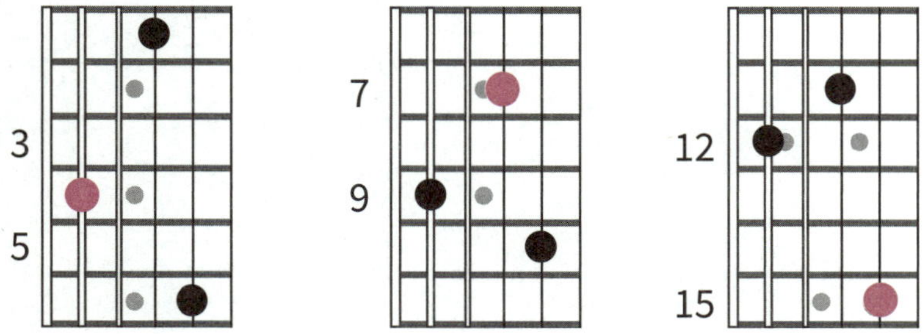

Dm

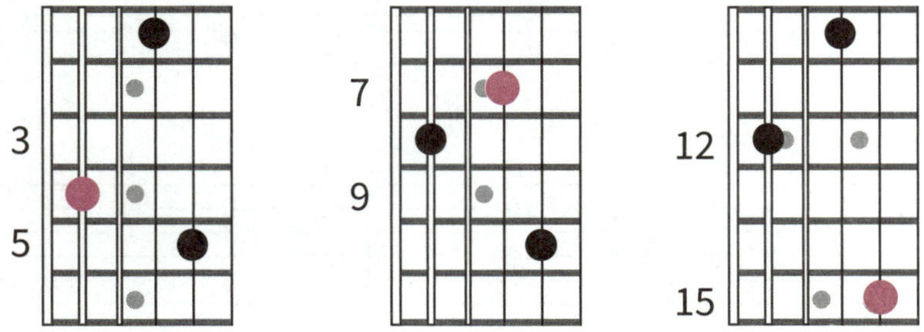

Daug

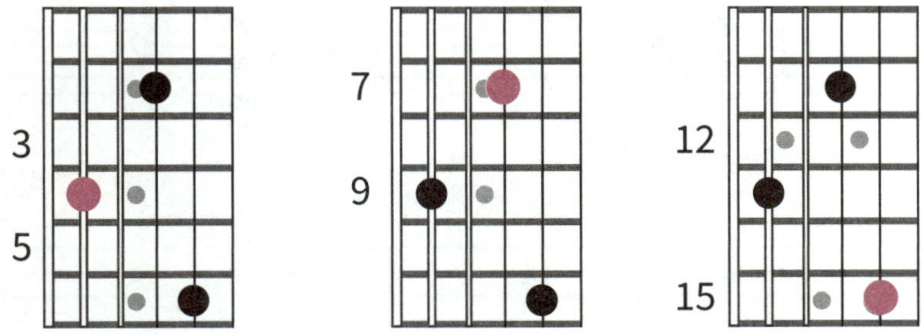

Ddim

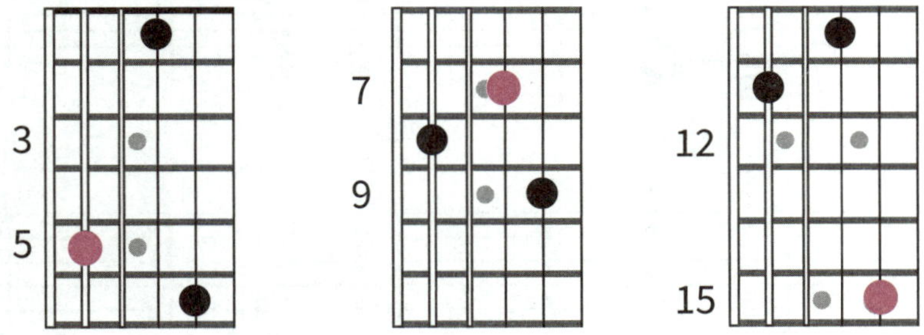

오픈 3화음 코드 - 메이저 (중간 포지션)

Open Triads Voicings - Major (Middle)

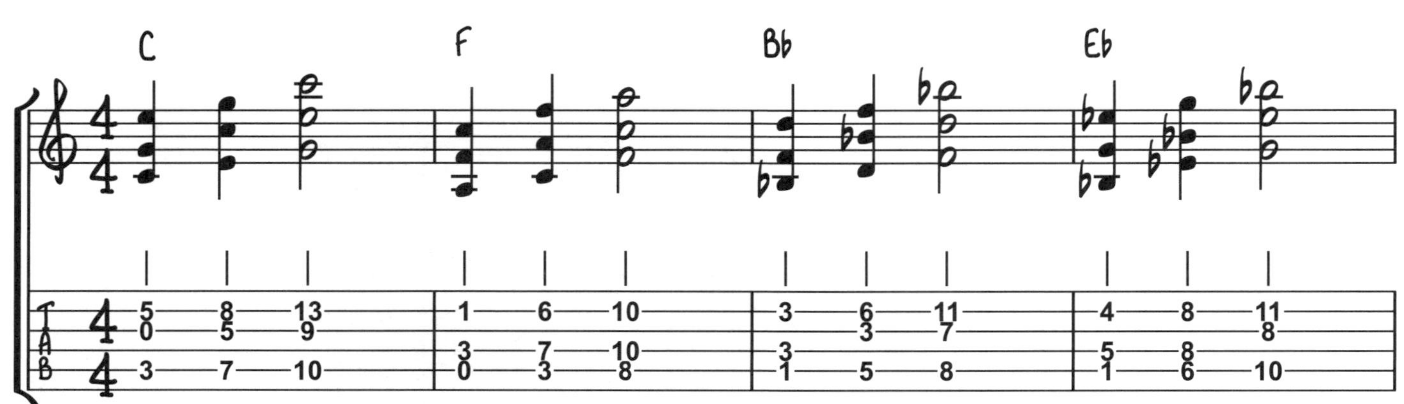

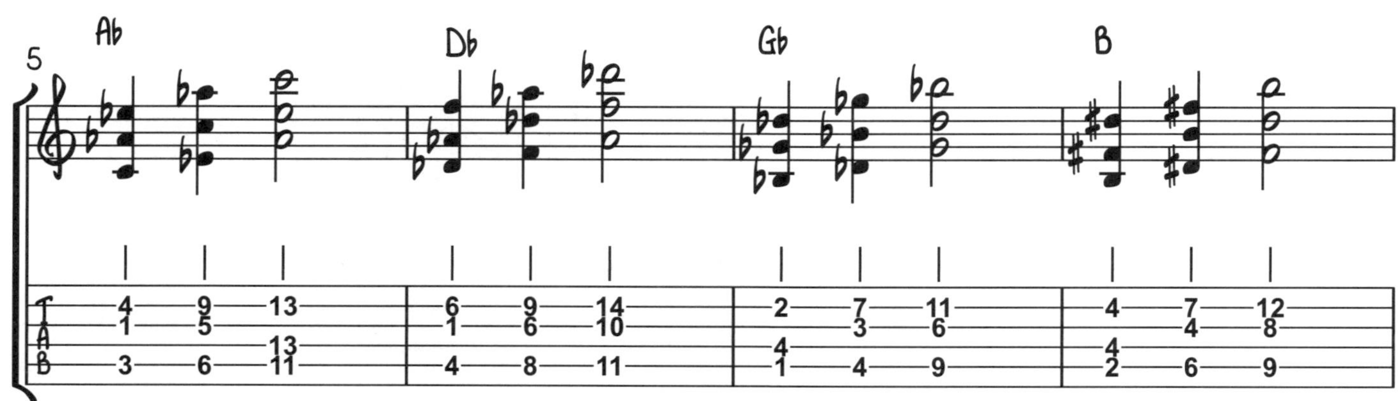

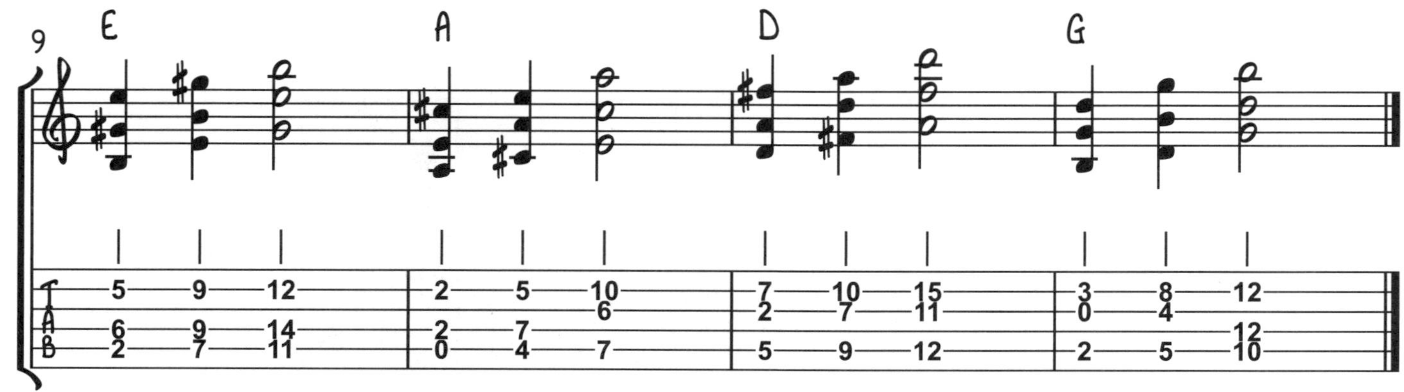

오픈 3화음 코드 – 어그먼티드(중간 포지션)

Open Triads Voicings – Augmented (Middle)

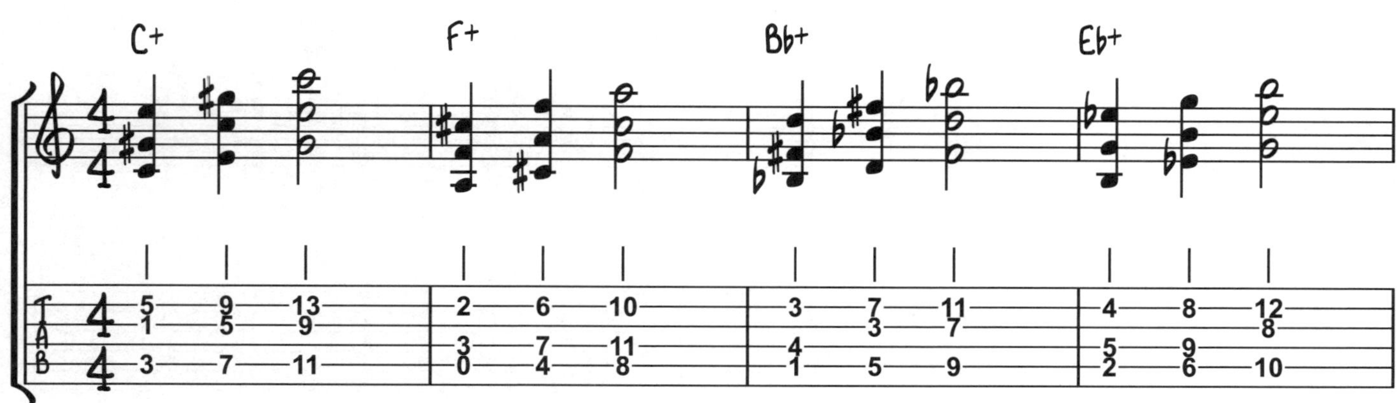

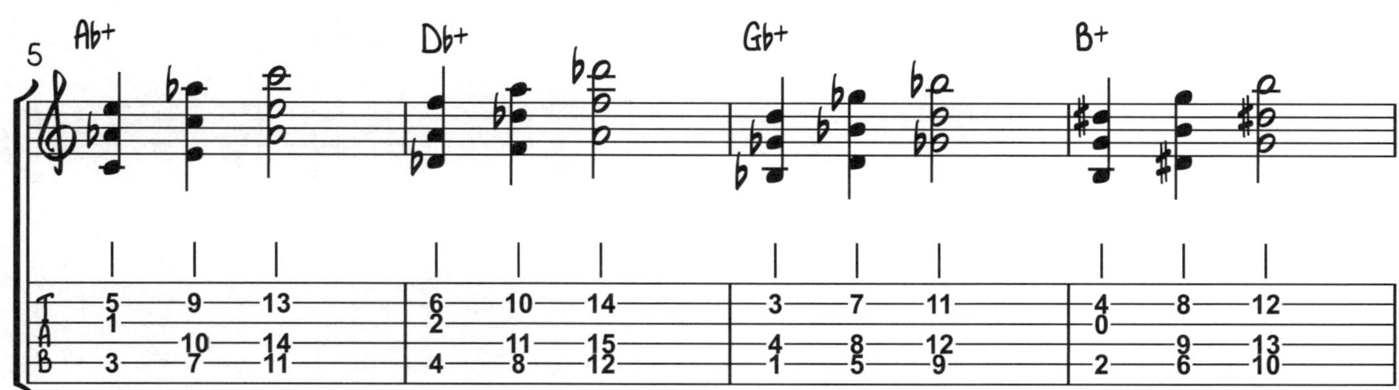

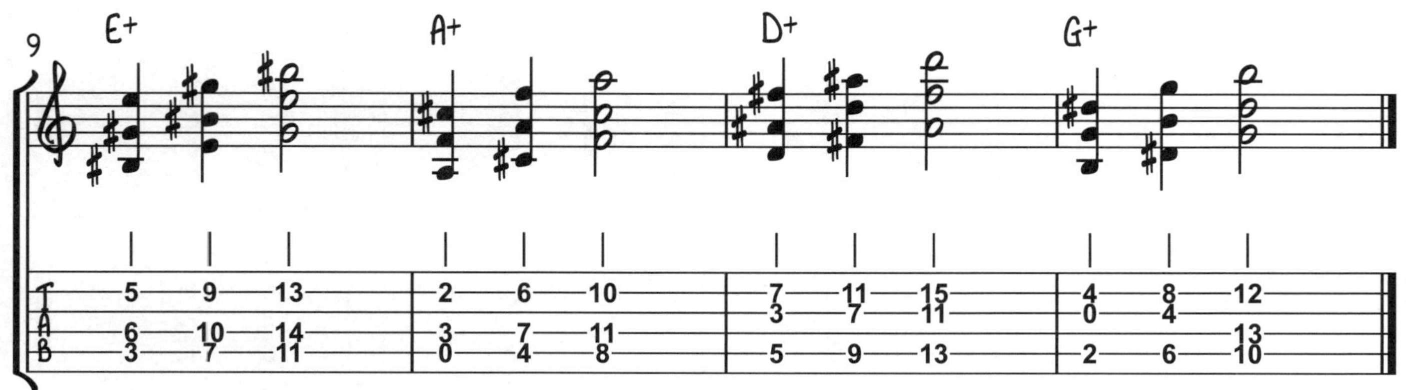

오픈 3화음 코드 – 마이너(중간 포지션)

Open Triads Voicings – Minor (Middle)

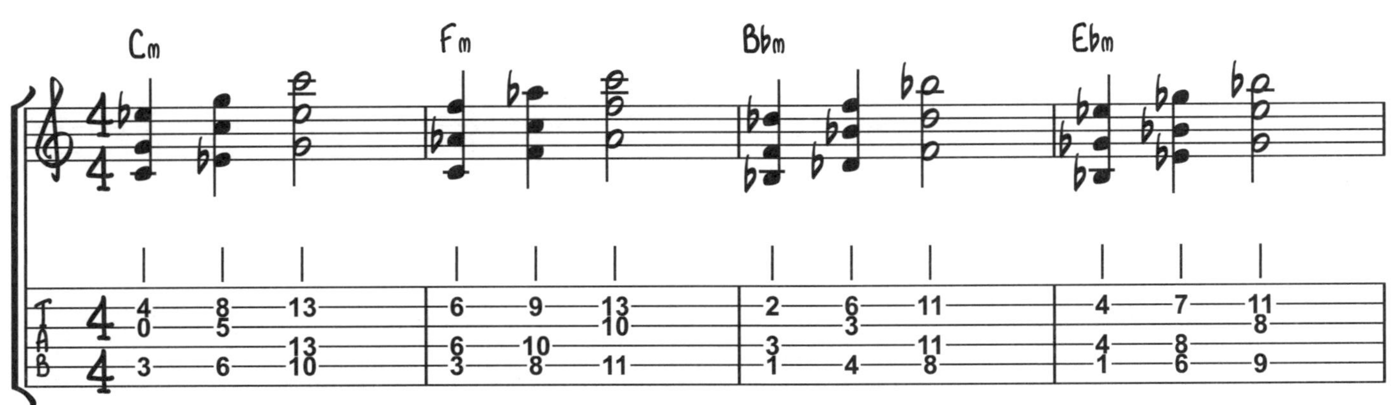

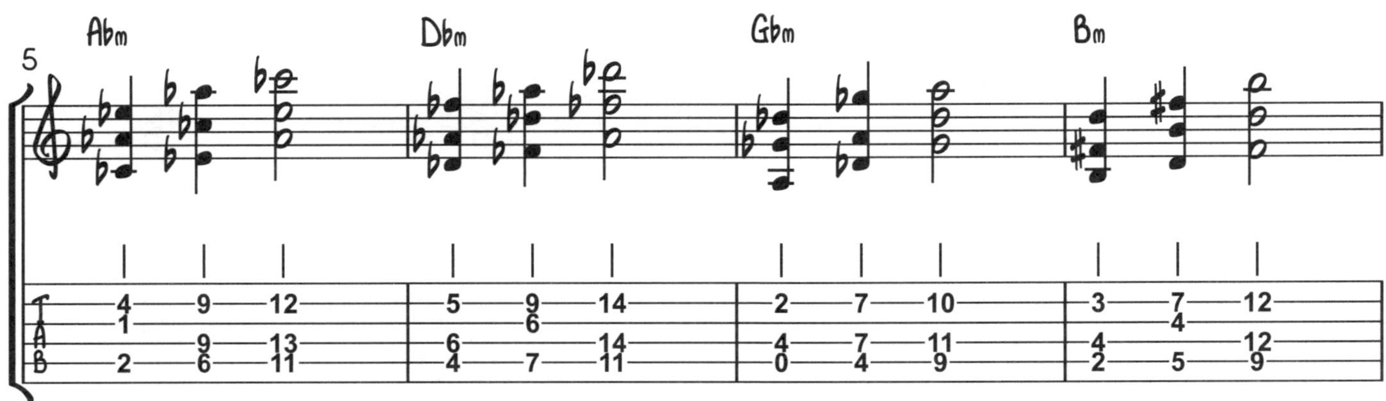

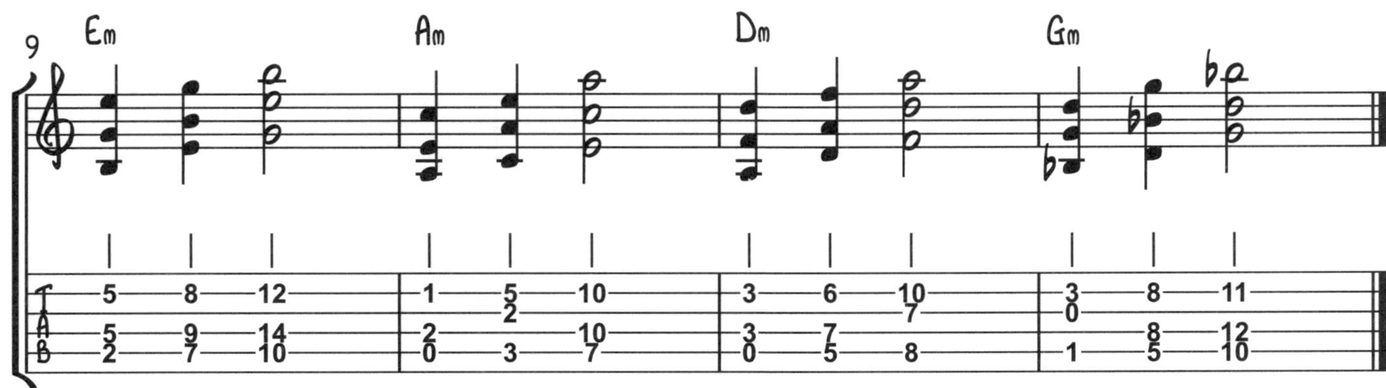

오픈 3화음 코드 – 디미니시드(중간 포지션)

Open Triads Voicings – Diminished (Middle)

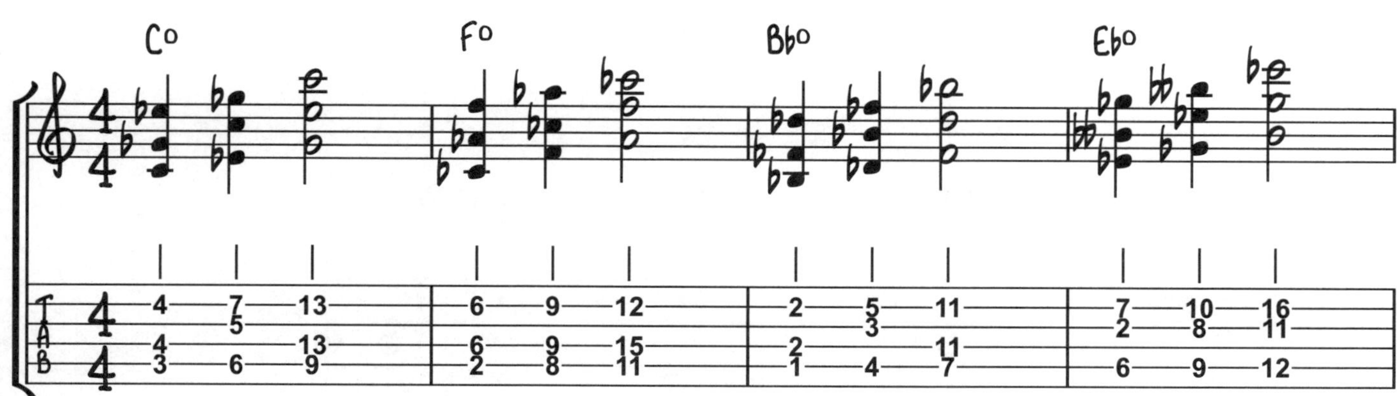

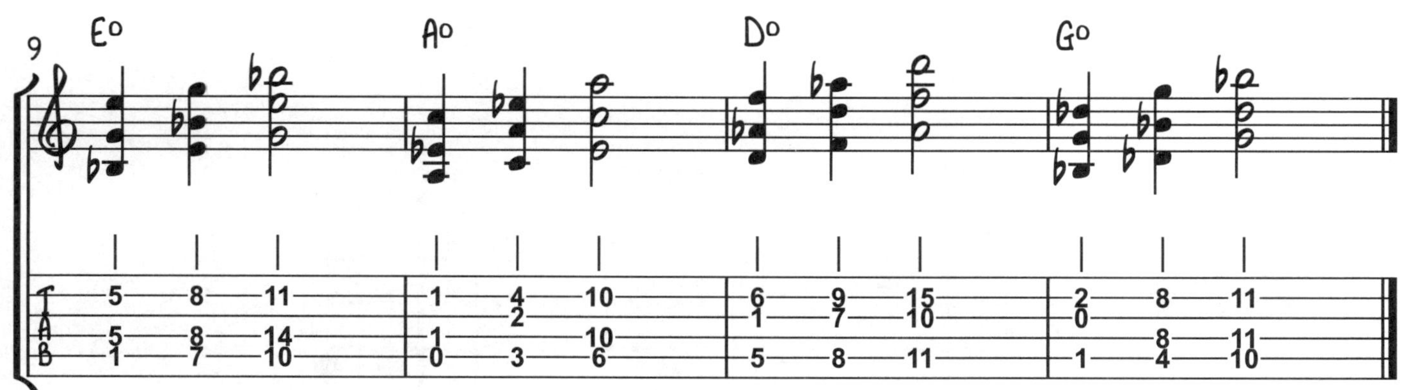

오픈 3화음 코드 – 높은 포지션 (C) Open Triads Voicings - Top

C

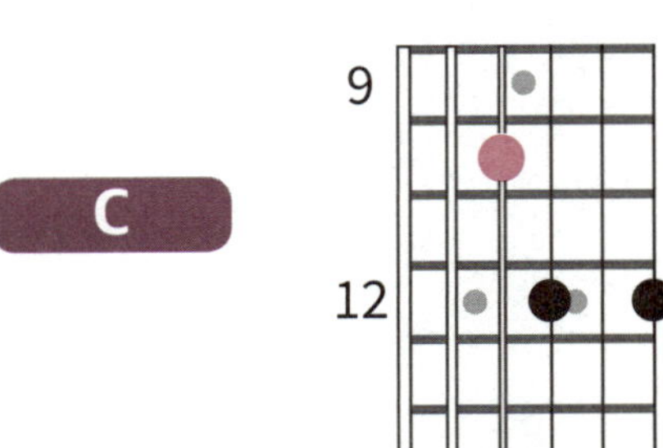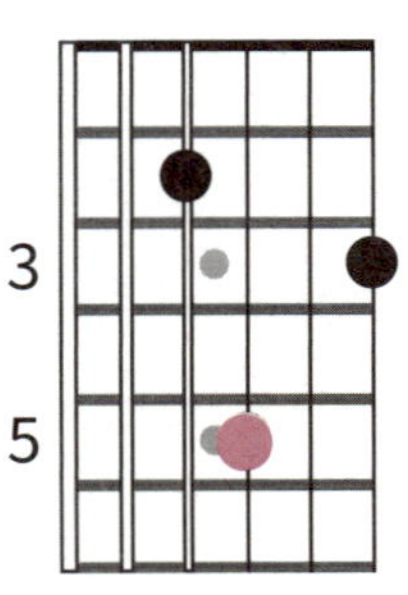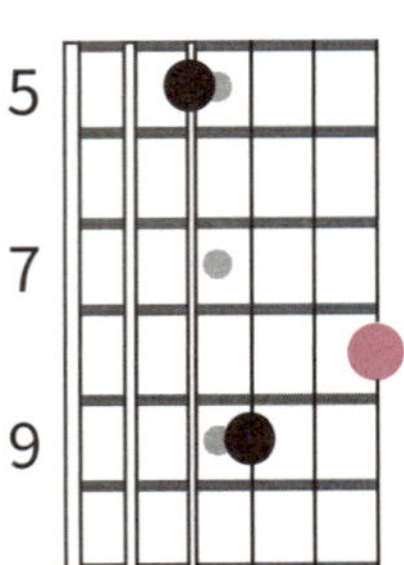

Cm

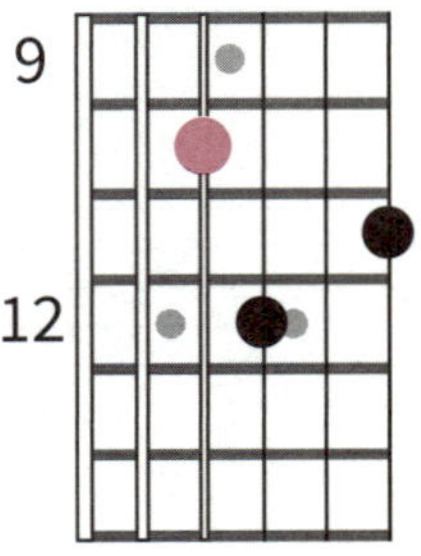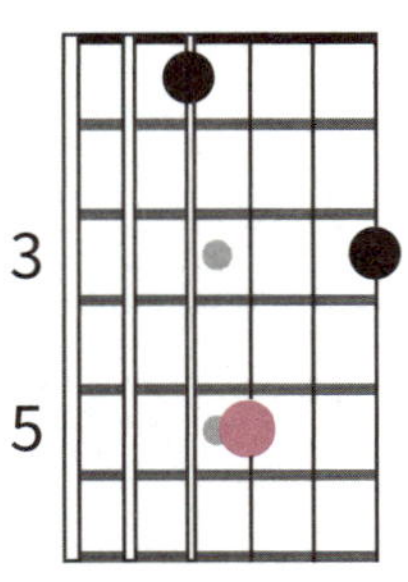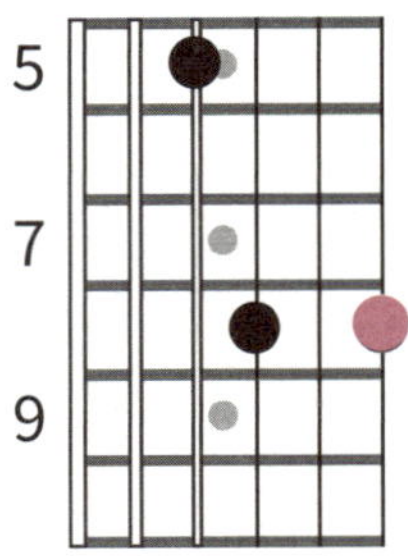

Caug

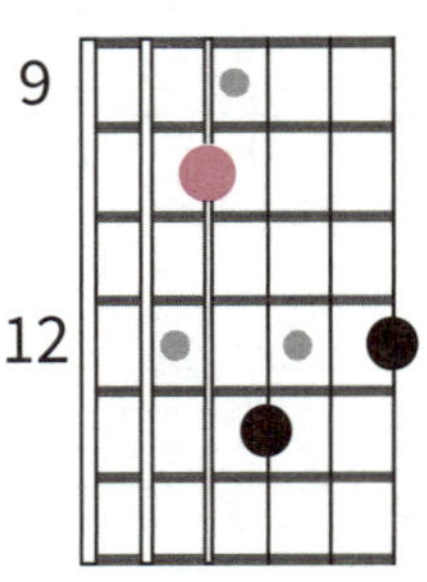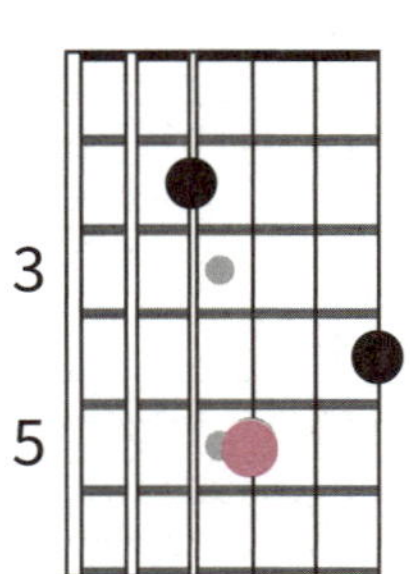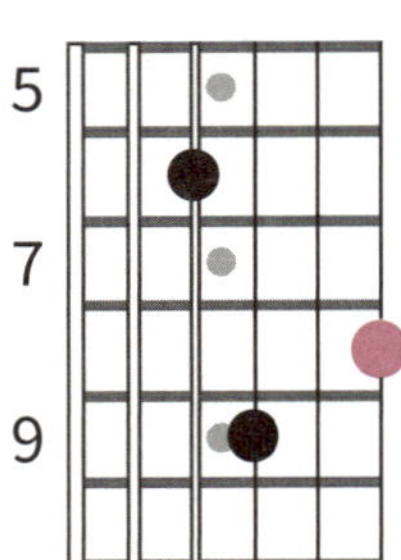

Cdim

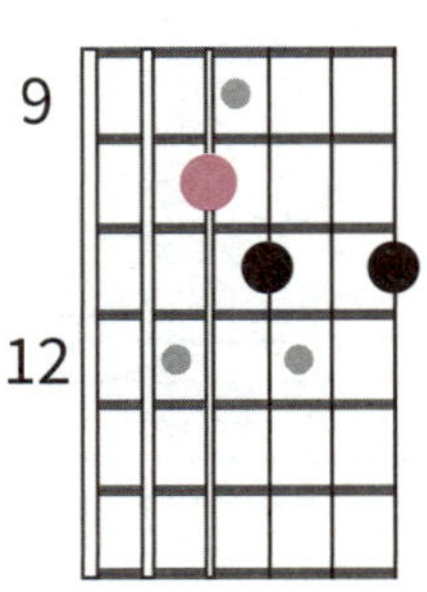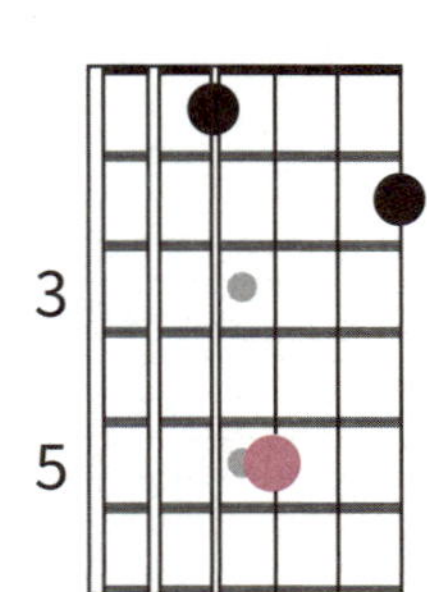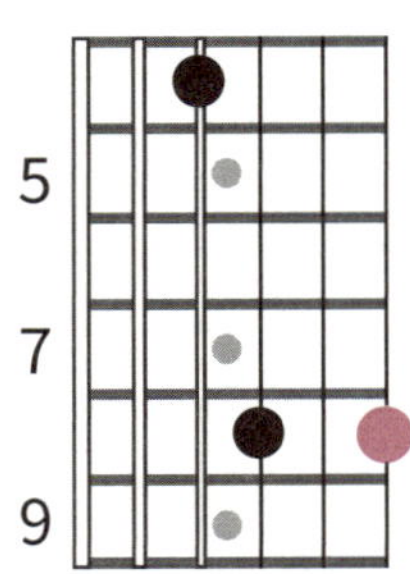

오픈 3화음 코드 – 높은 포지션 (D) Open Triads Voicings - Top

D

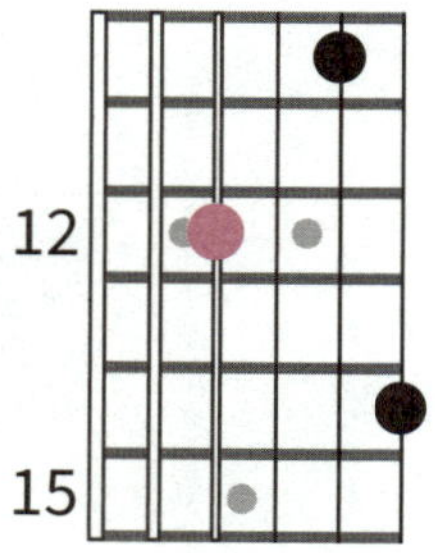

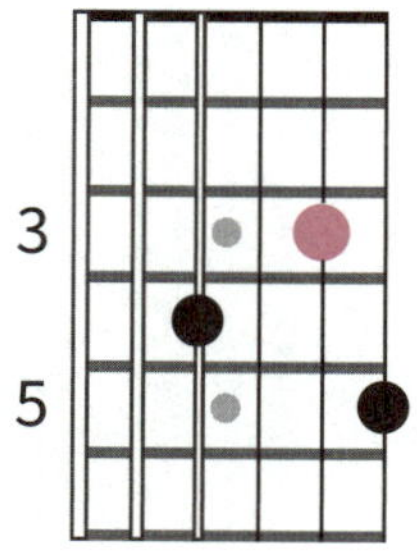

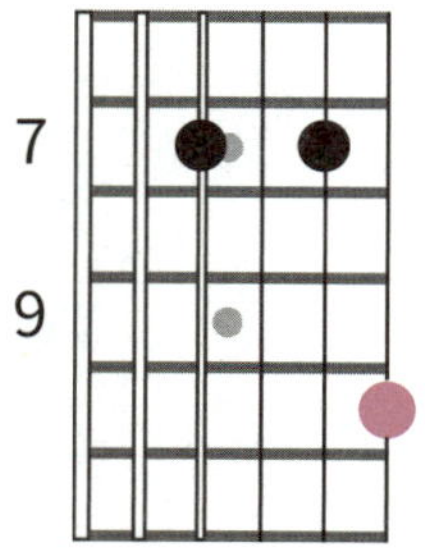

Dm

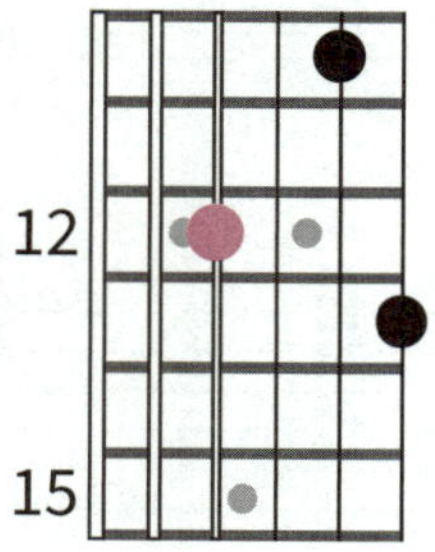

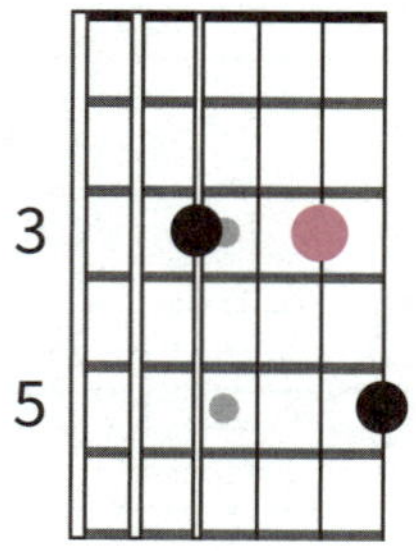

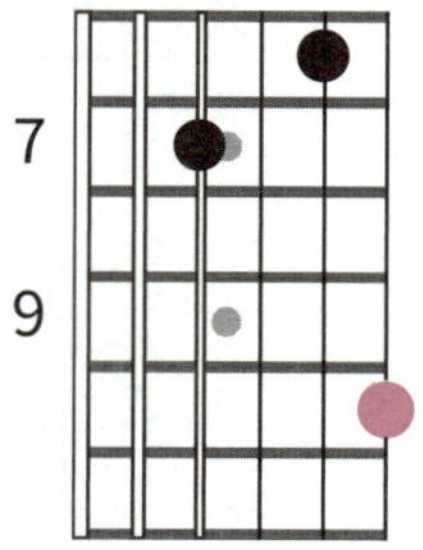

Daug

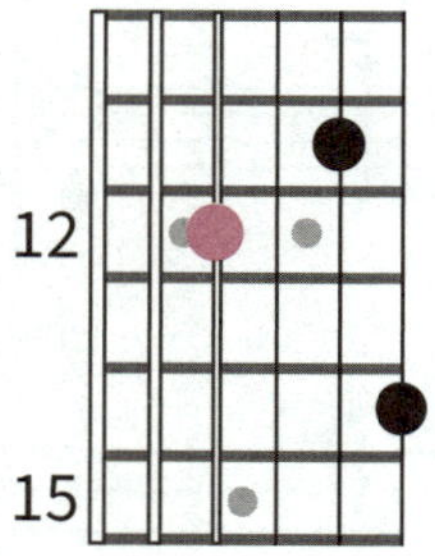

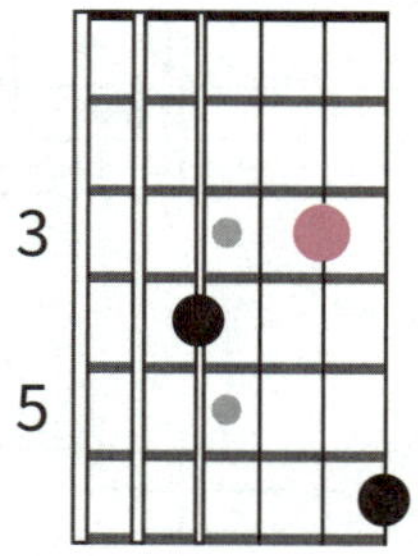

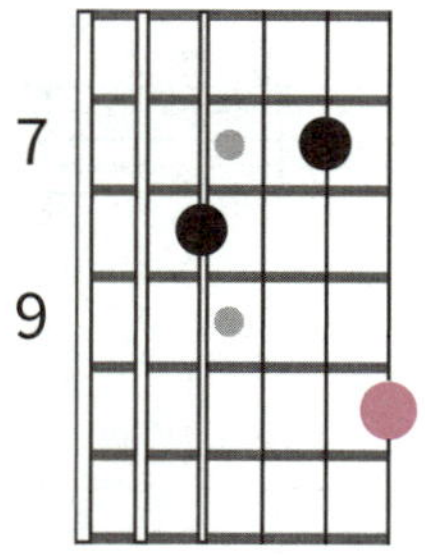

Ddim

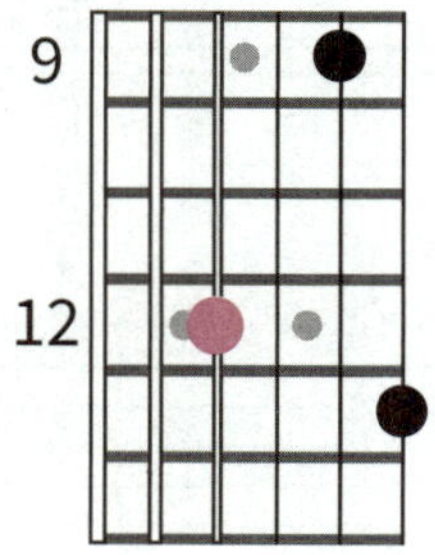

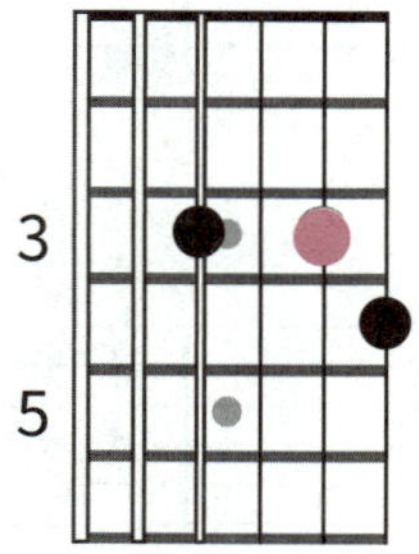

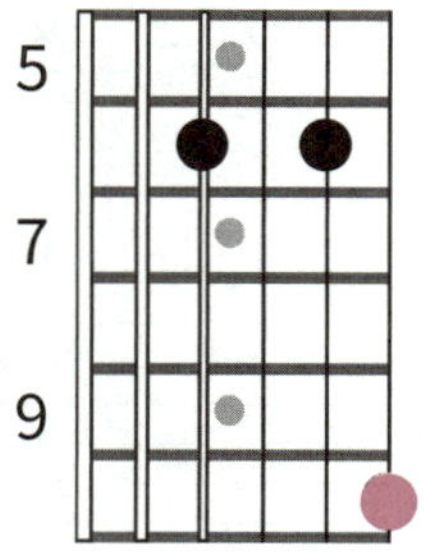

오픈 3화음 코드 – 메이저(높은 포지션)

Open Triads Voicings – Major (Top)

오픈 3화음 코드 - 어그먼티드(높은 포지션)

Open Triads Voicings - Augmented (Top)

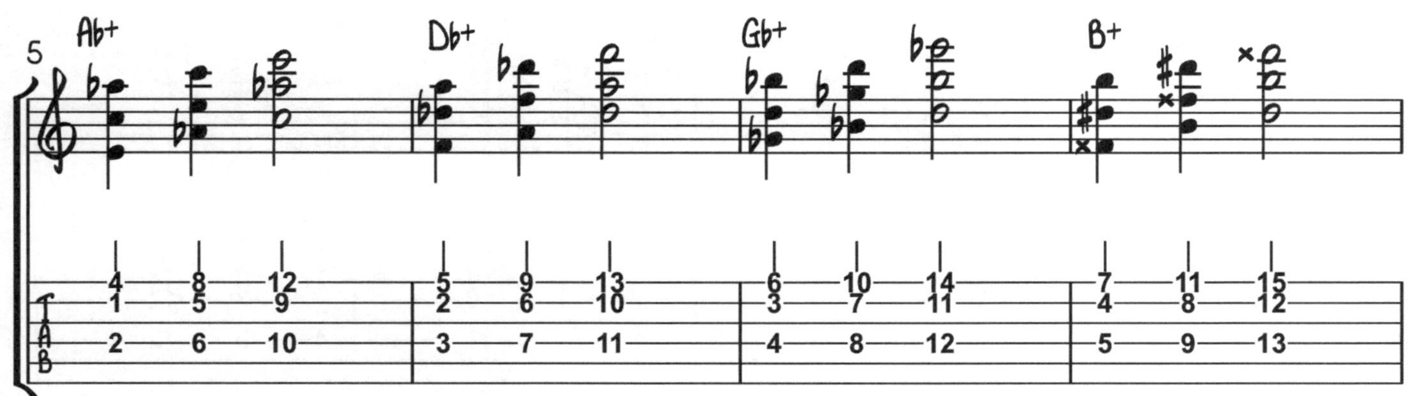

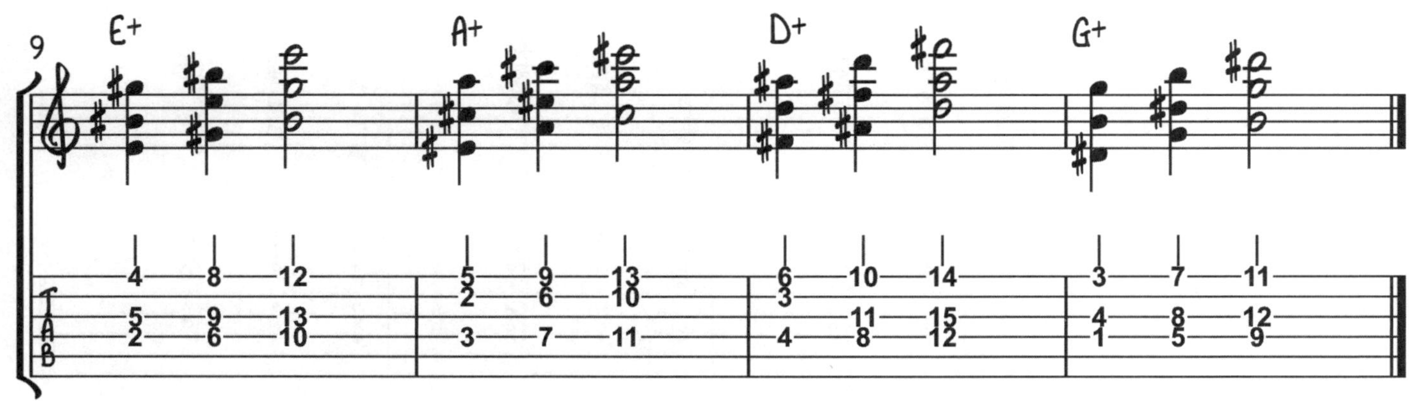

오픈 3화음 코드 - 마이너(높은 포지션)

Open Triads Voicings - Minor (Top)

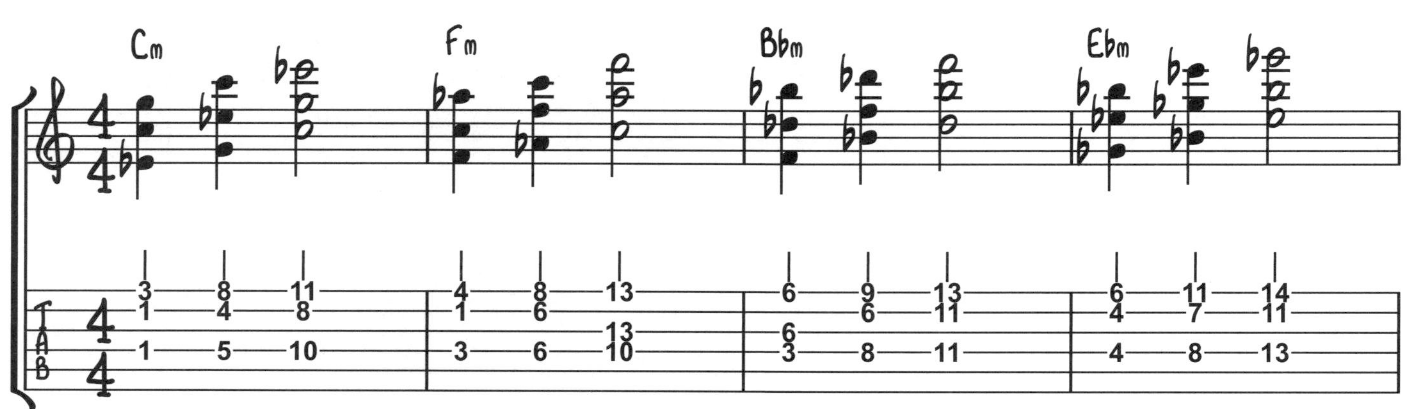

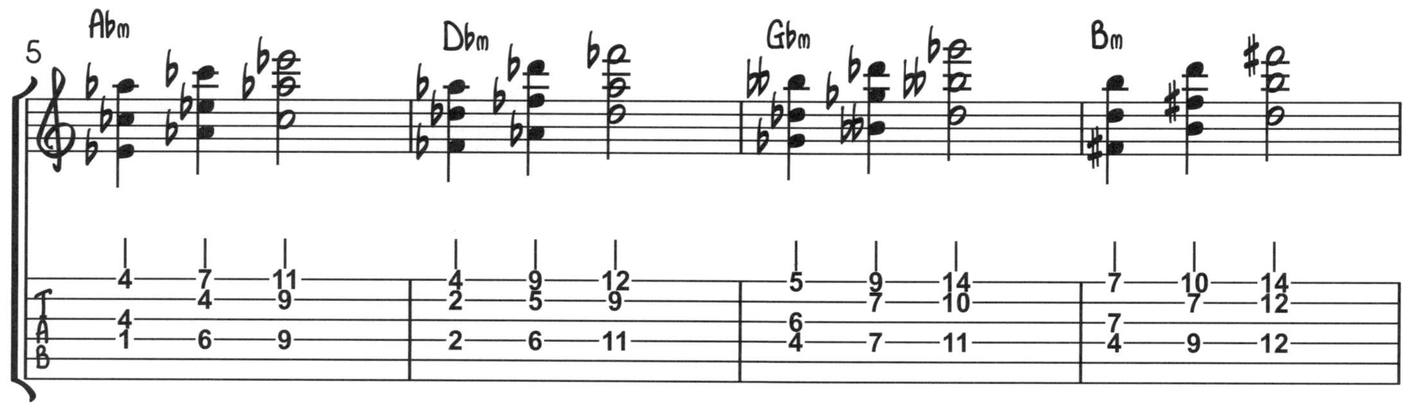

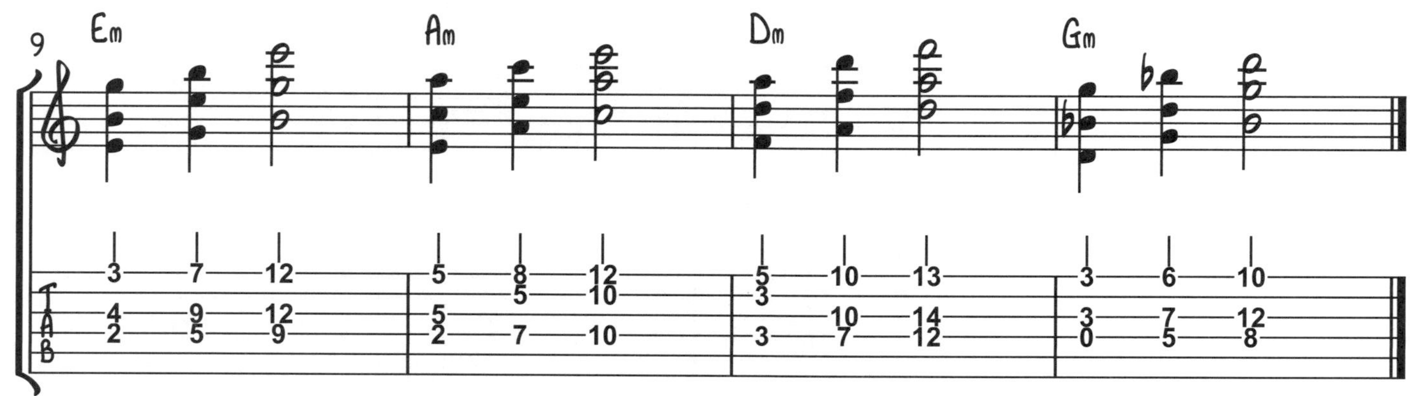

오픈 3화음 코드 – 디미니시드(높은 포지션)

Open Triads Voicings – Diminished (Top)

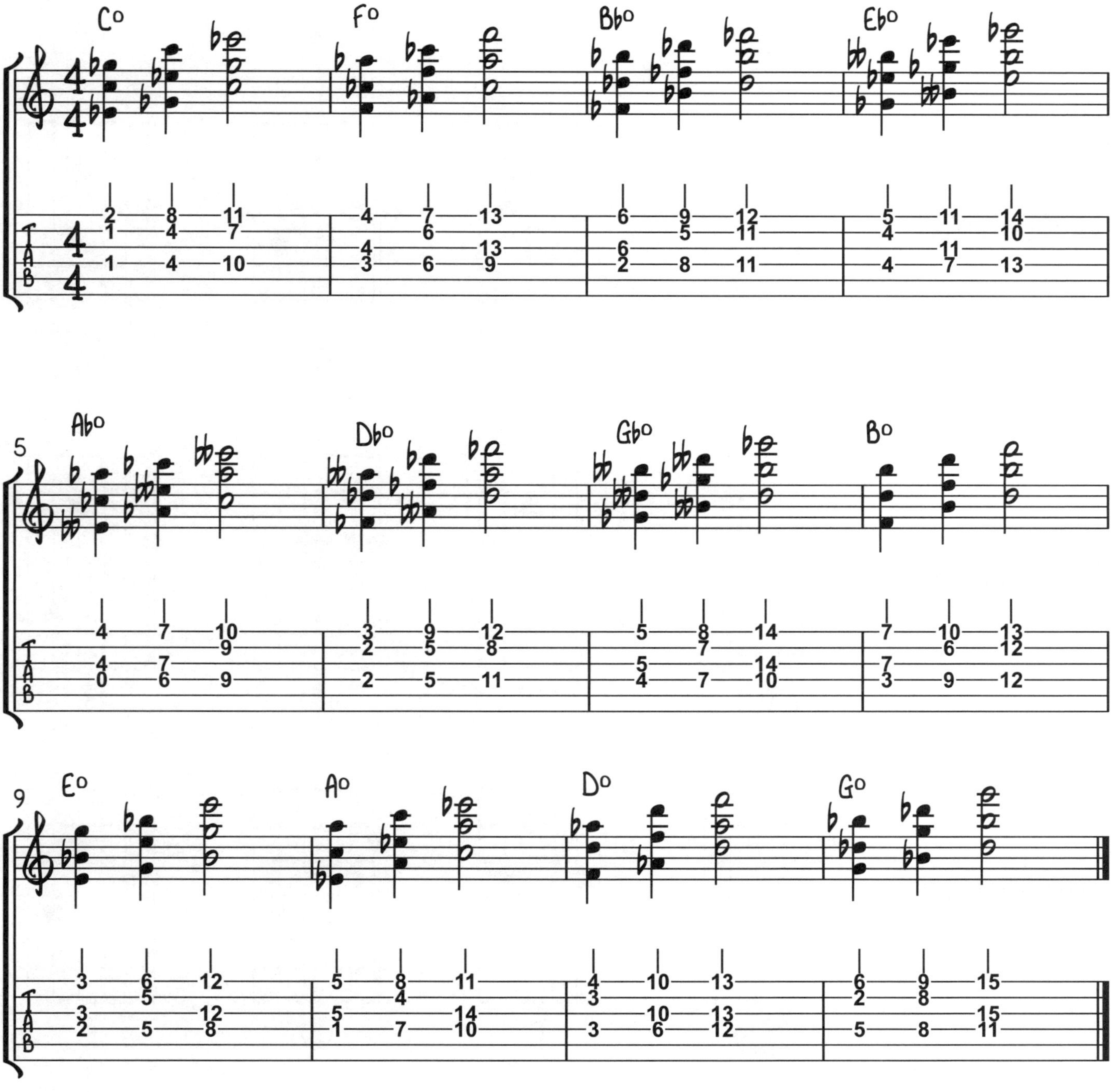

드롭 2&4 – 중간 포지션

Drop 2&4 Voicings -Middle

CM7

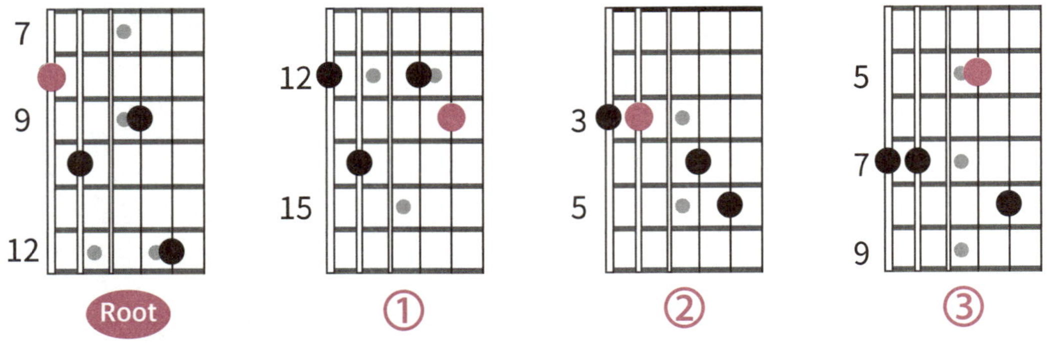

Cm7

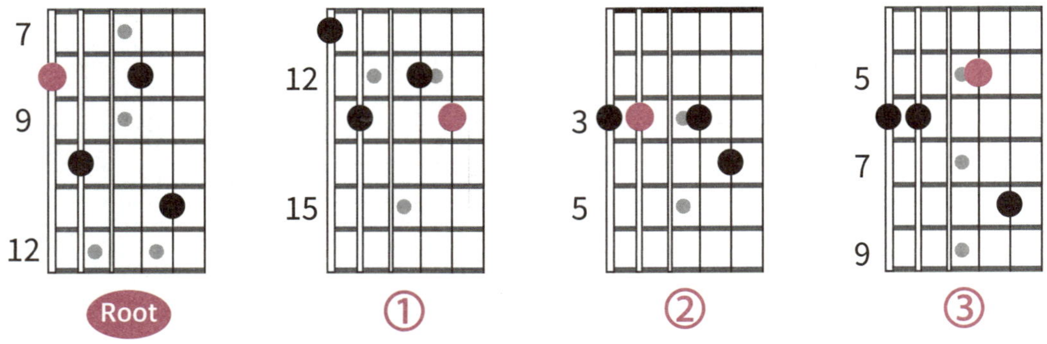

C7

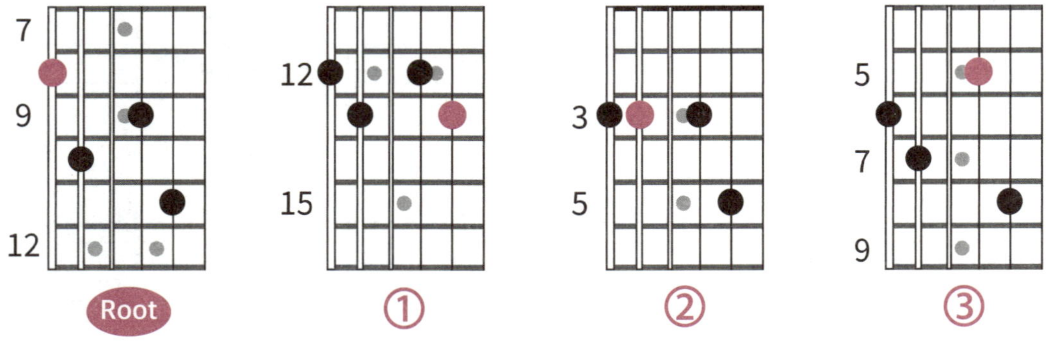

Cm7♭5

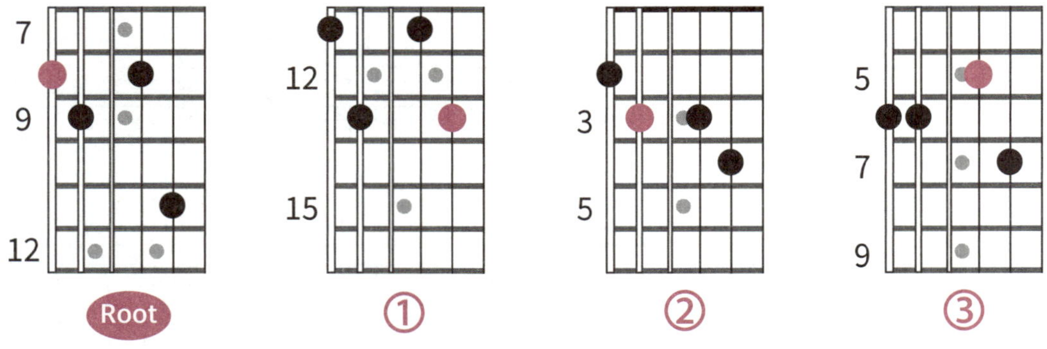

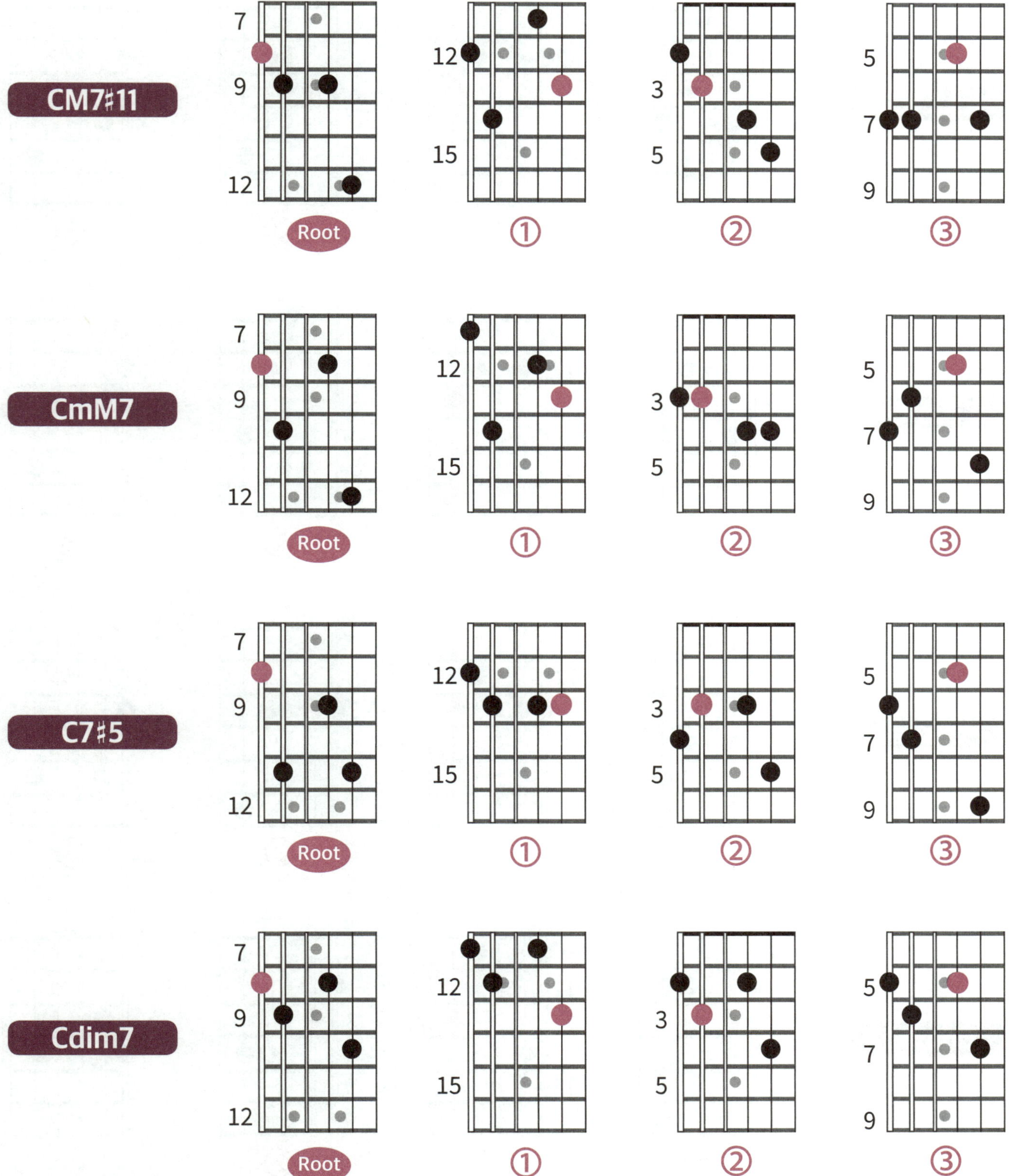

CM7♯11
Root
①
②
③
CmM7
Root
①
②
③
C7♯5
Root
①
②
③
Cdim7
Root
①
②
③

C6

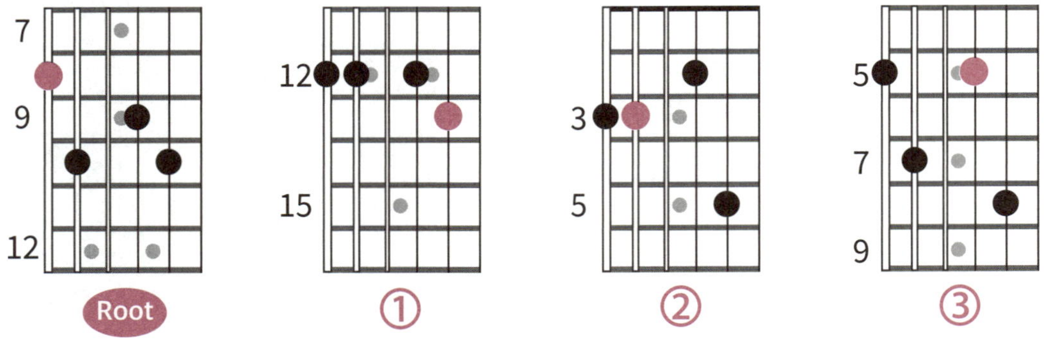

Root   ①   ②   ③

Cm6

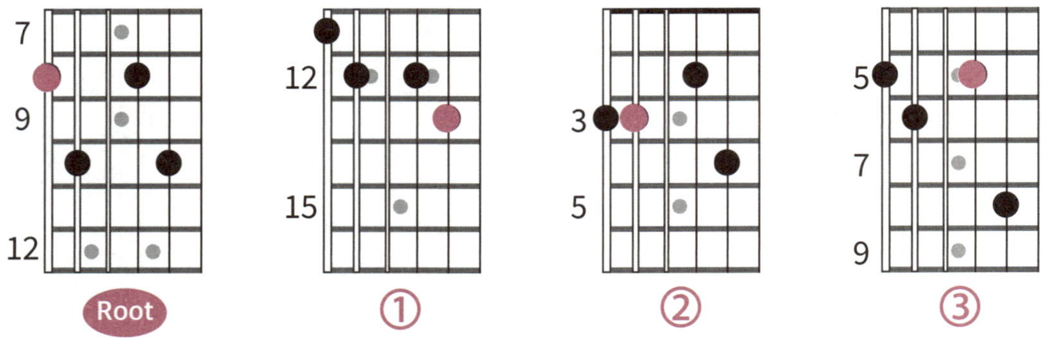

Root   ①   ②   ③

C7sus4

Root   ①   ②   ③

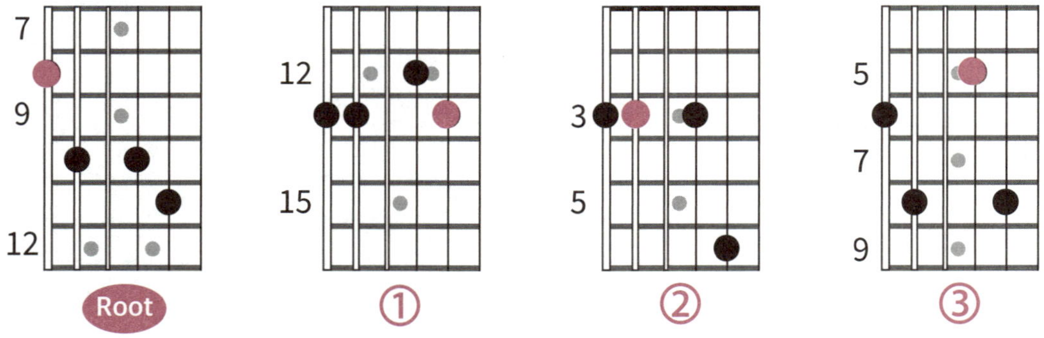

CdimM7

Root   ①   ②   ③

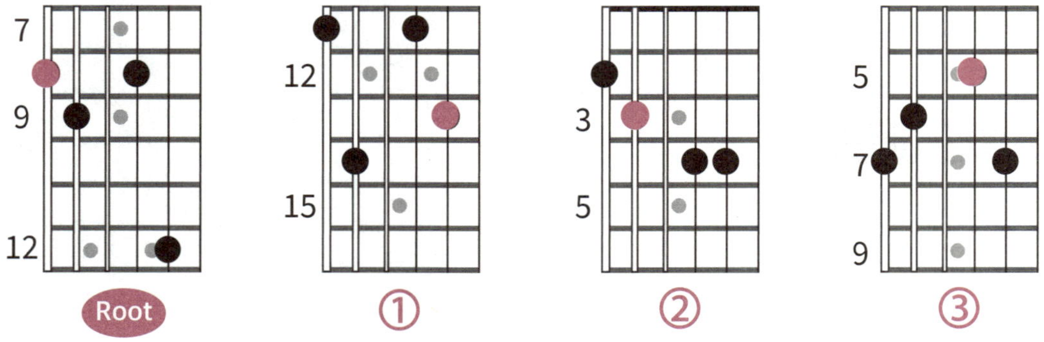

드롭 2&4 메이저 세븐스(중간 포지션)

Drop 2&4 Voicings – Major 7th (Middle)

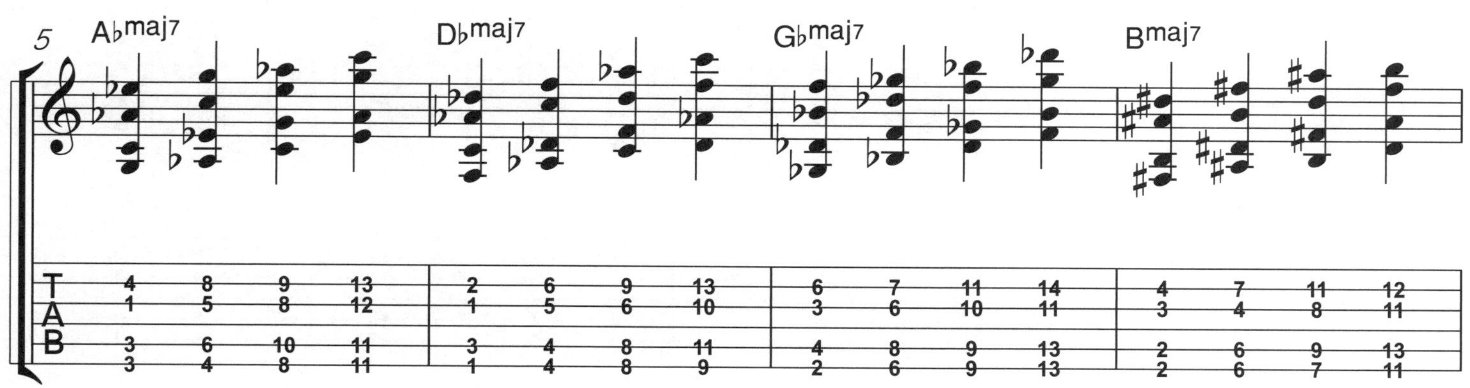

드롭 2&4 도미넌트 세븐스(중간 포지션)

Drop 2&4 Voicings - Dominant 7th(Middle)

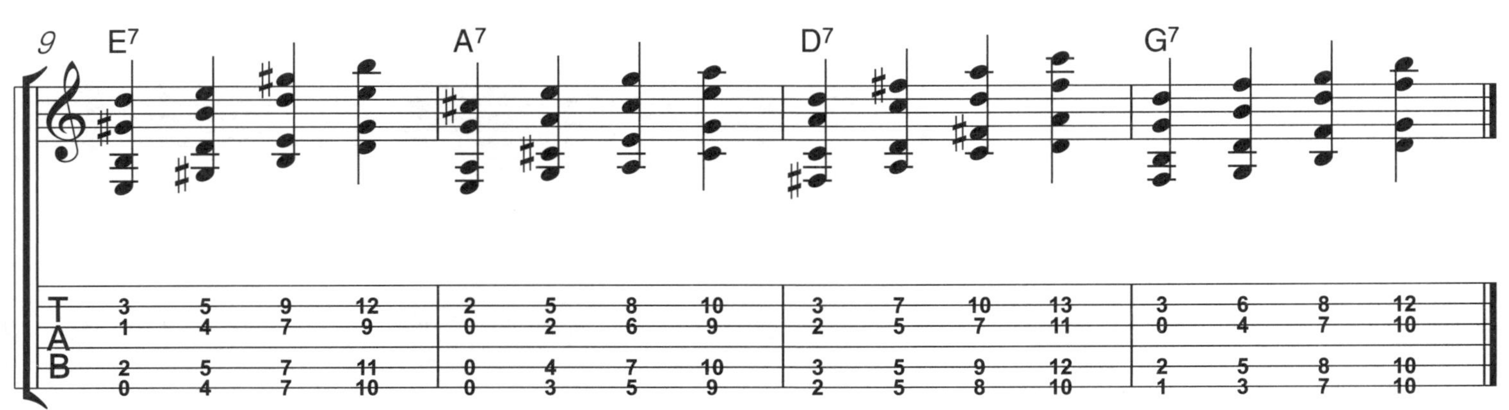

드롭 2&4 마이너 세븐스(중간 포지션)

Drop 2&4 Voicings – Minor 7th (Middle)

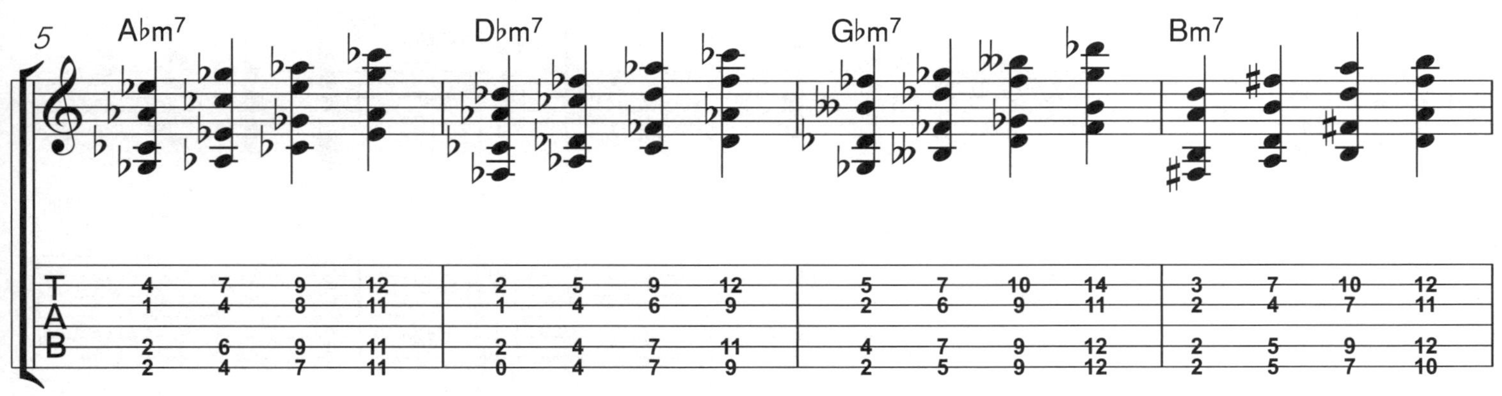

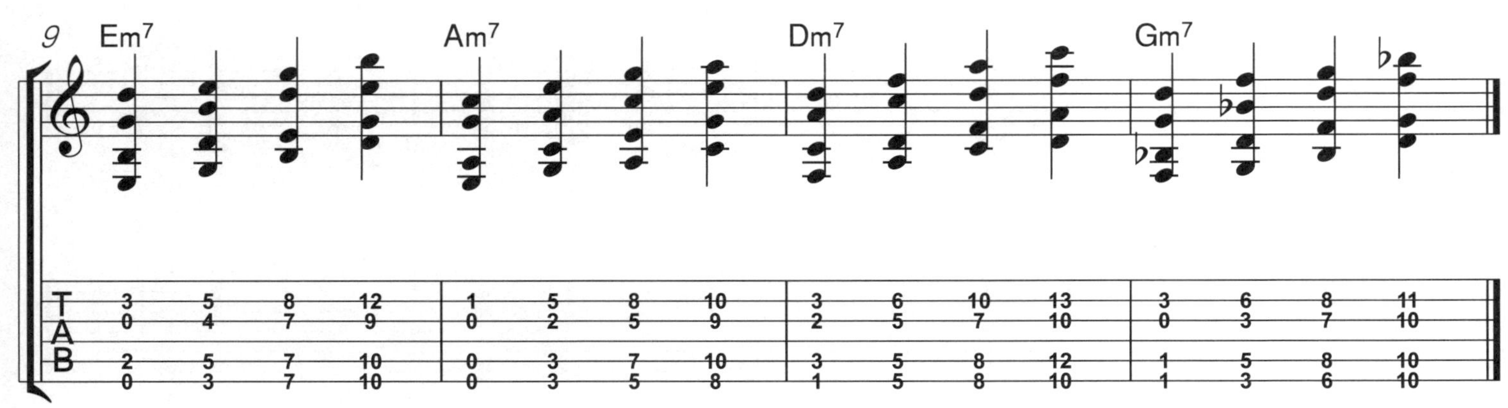

드롭 2&4 마이너 세븐스 ♭5 (중간 포지션)

Drop 2&4 Voicings – Minor 7th ♭5 (Middle)

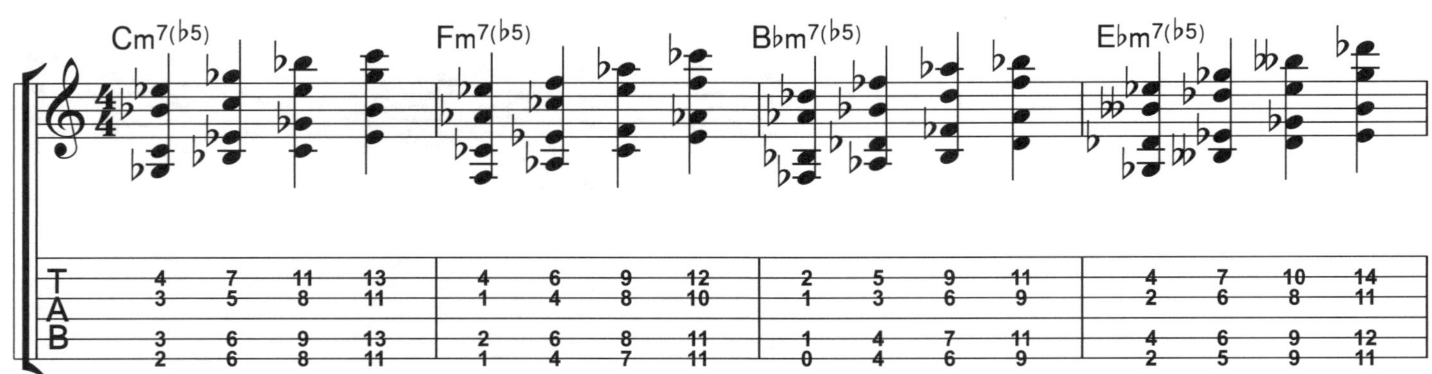

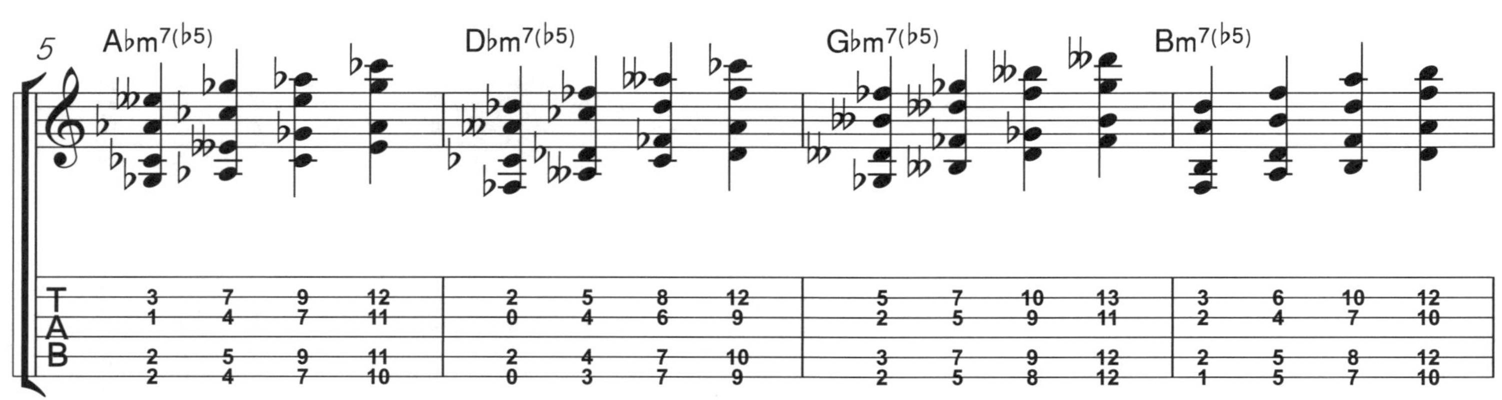

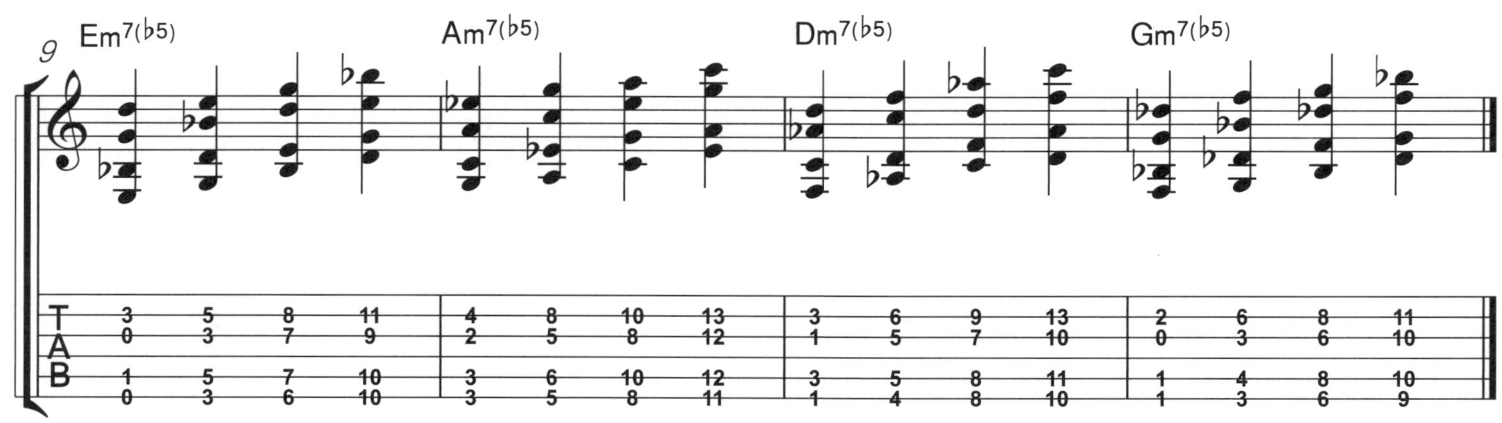

드롭 2&4 - 높은 포지션

CM7

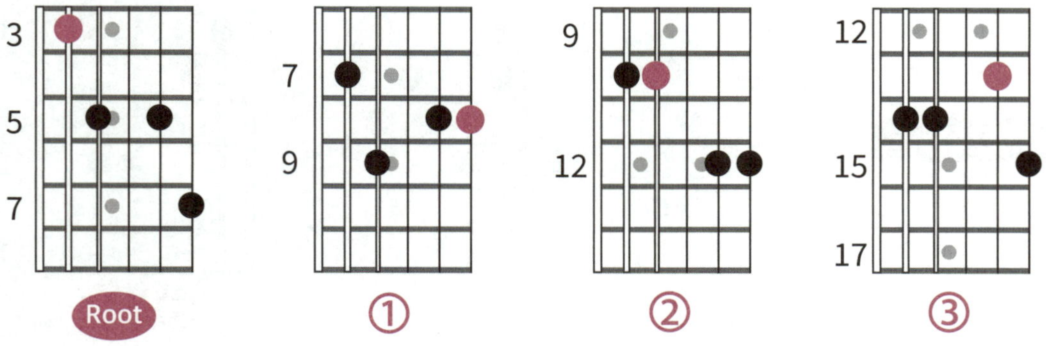

Root · ① · ② · ③

Cm7

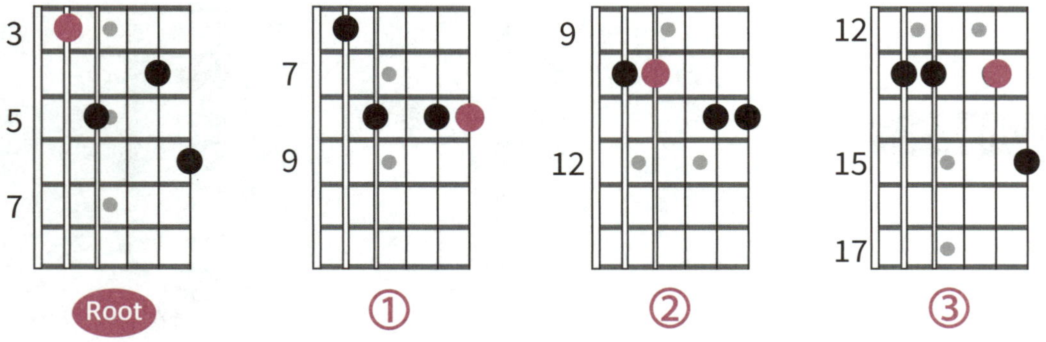

Root · ① · ② · ③

C7

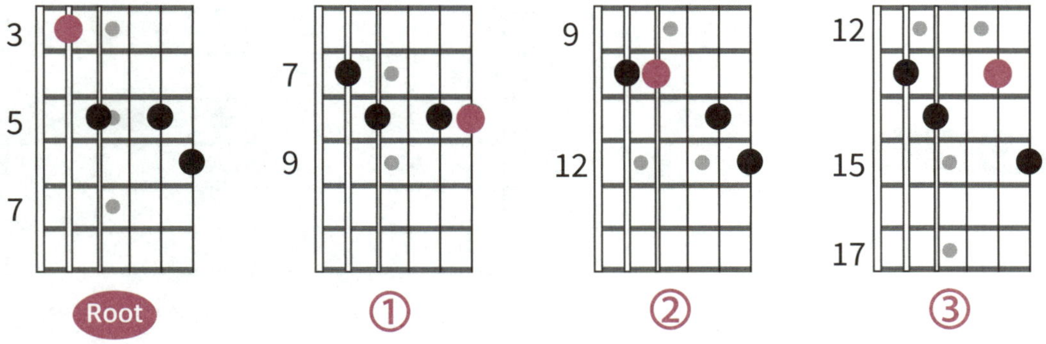

Root · ① · ② · ③

Cm7♭5

Root · ① · ② · ③

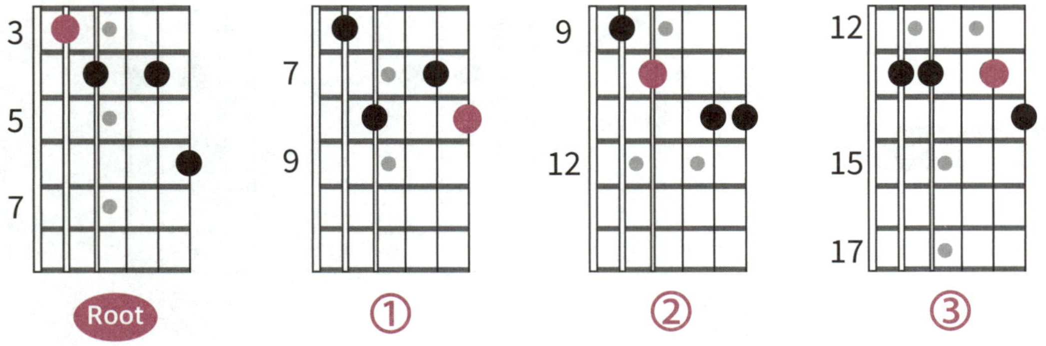

CM7♯11

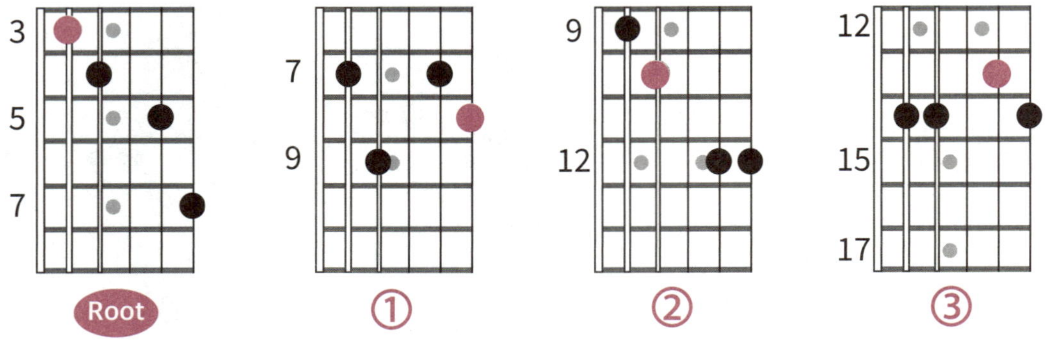

Root ① ② ③

CmM7

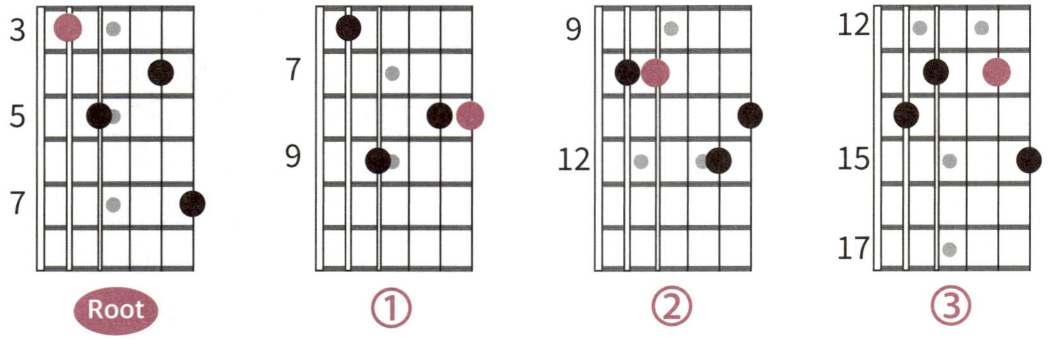

Root ① ② ③

C7♯5

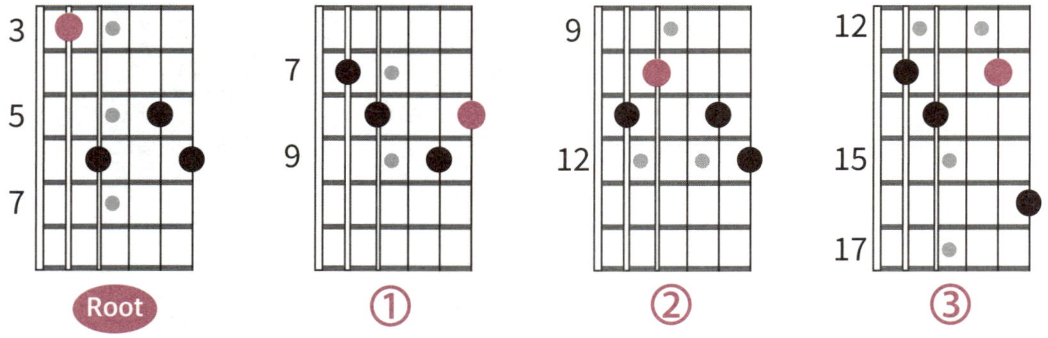

Root ① ② ③

Cdim7

Root ① ② ③

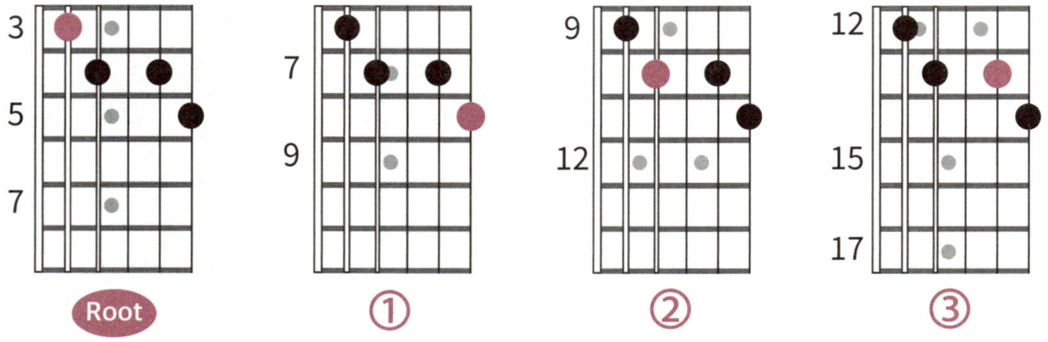

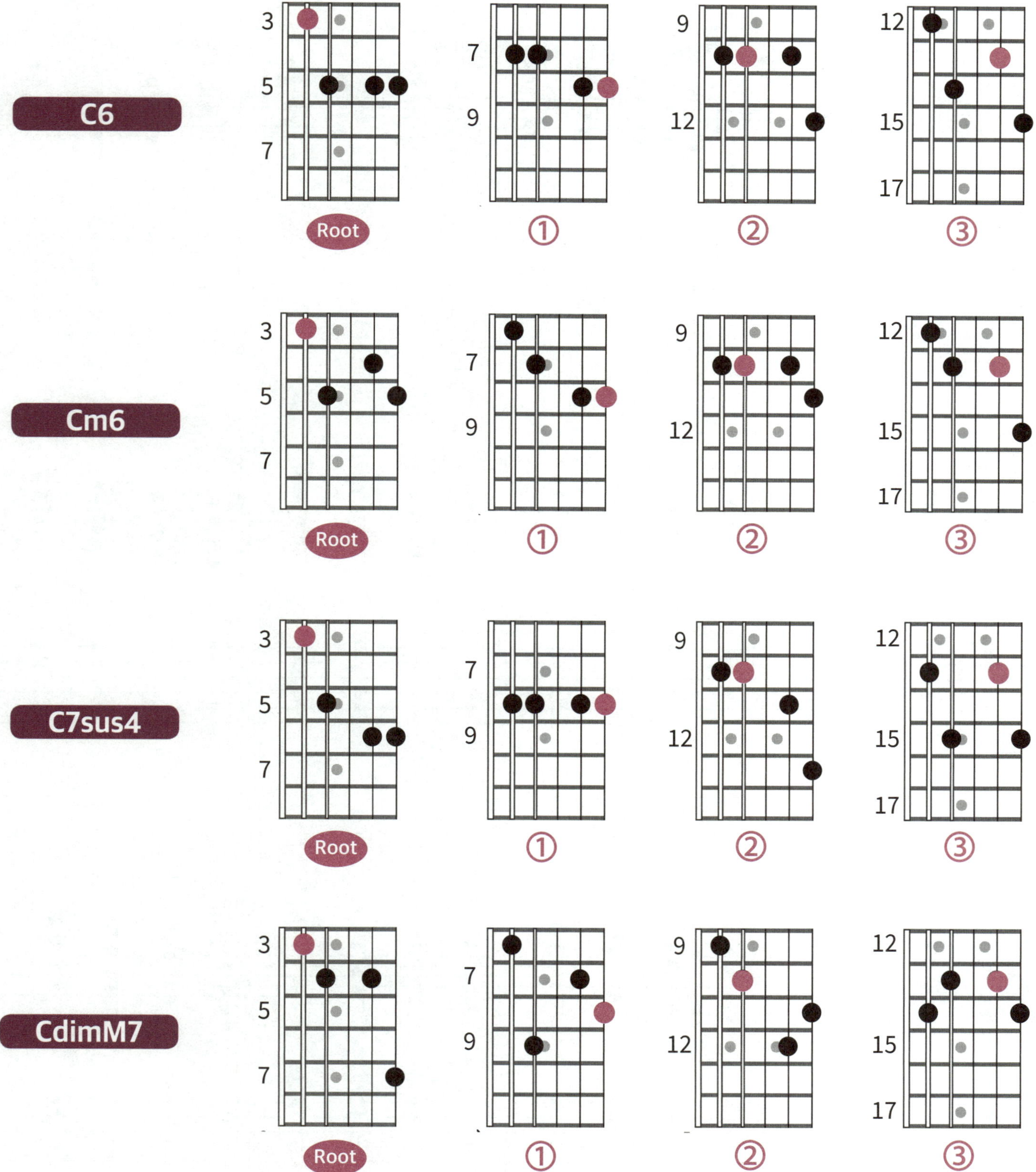

C6

Root ① ② ③

Cm6

Root ① ② ③

C7sus4

Root ① ② ③

CdimM7

Root ① ② ③

드롭 2&4 – 메이저 세븐스(높은 포지션)

Drop 2&4 Voicings - Major 7th

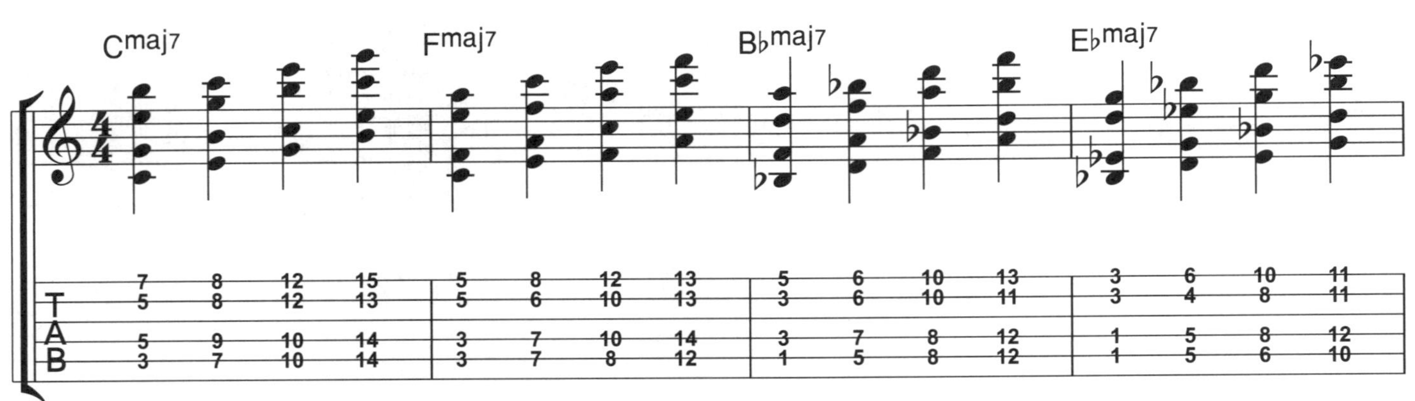

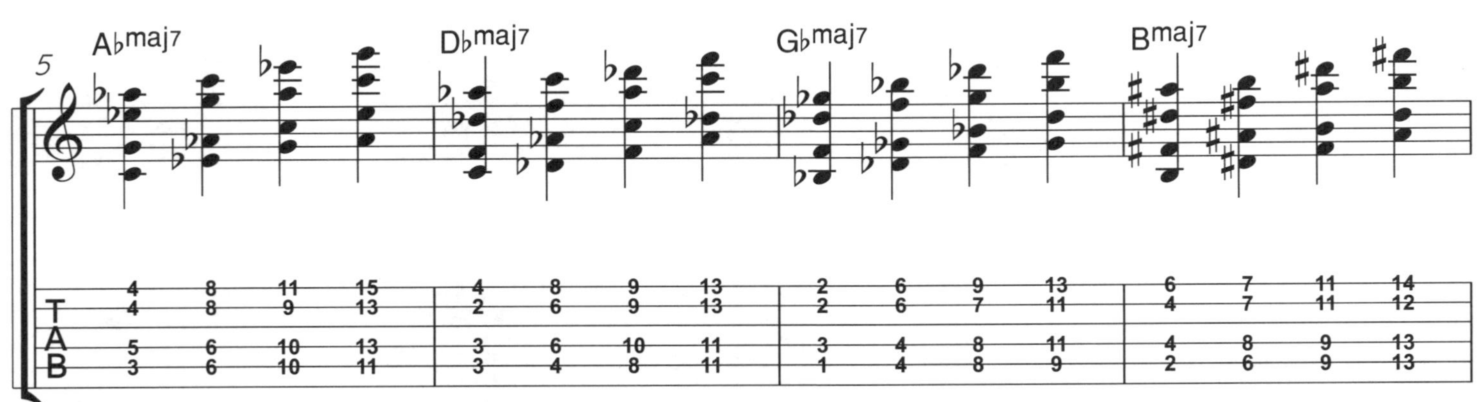

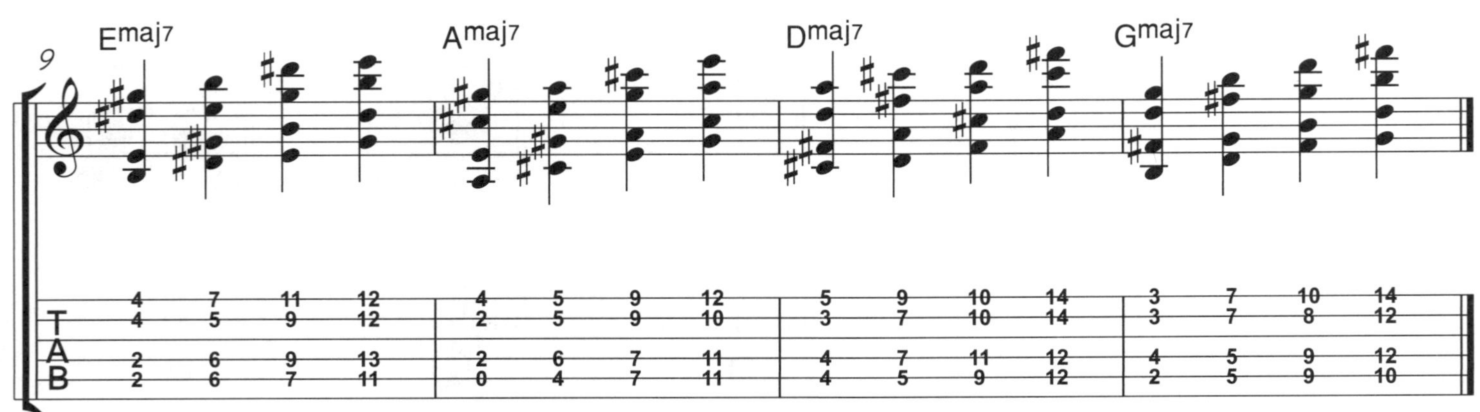

드롭 2&4 – 도미넌트 세븐스(높은 포지션)

Drop 2&4 Voicings – Dominant 7th (Top)

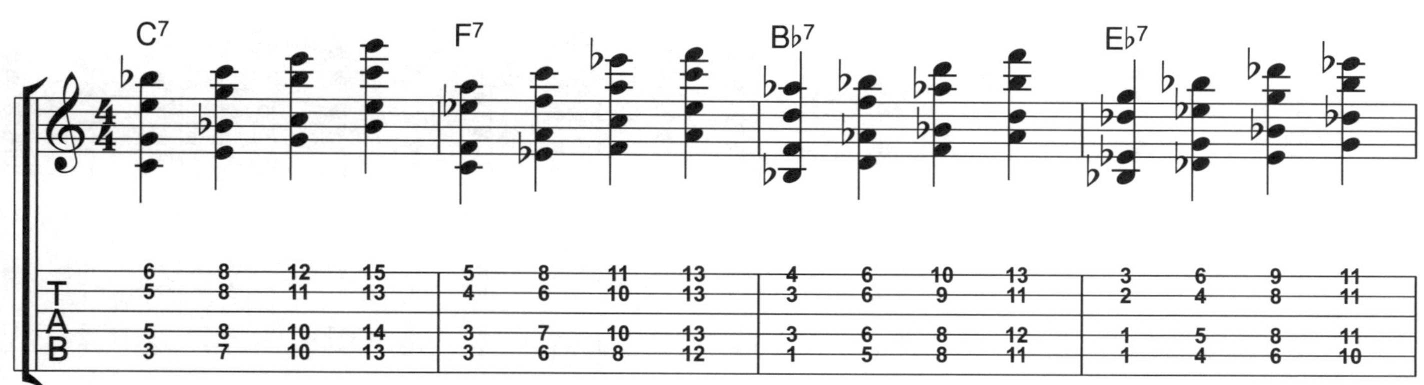

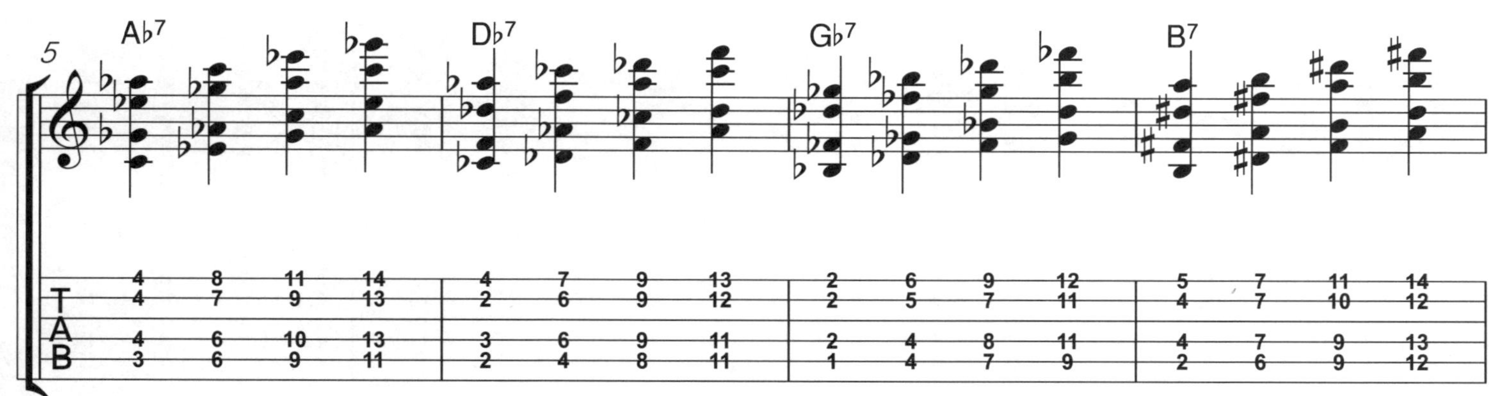

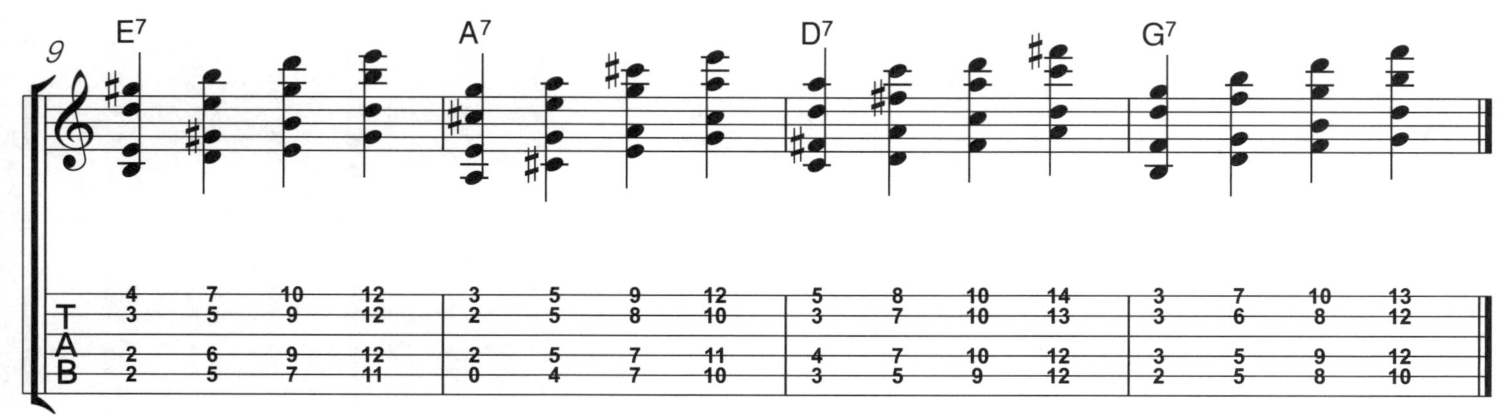

드롭 2&4 – 마이너 세븐스(높은 포지션)

Drop 2&4 Voicings – Minor 7th (Top)

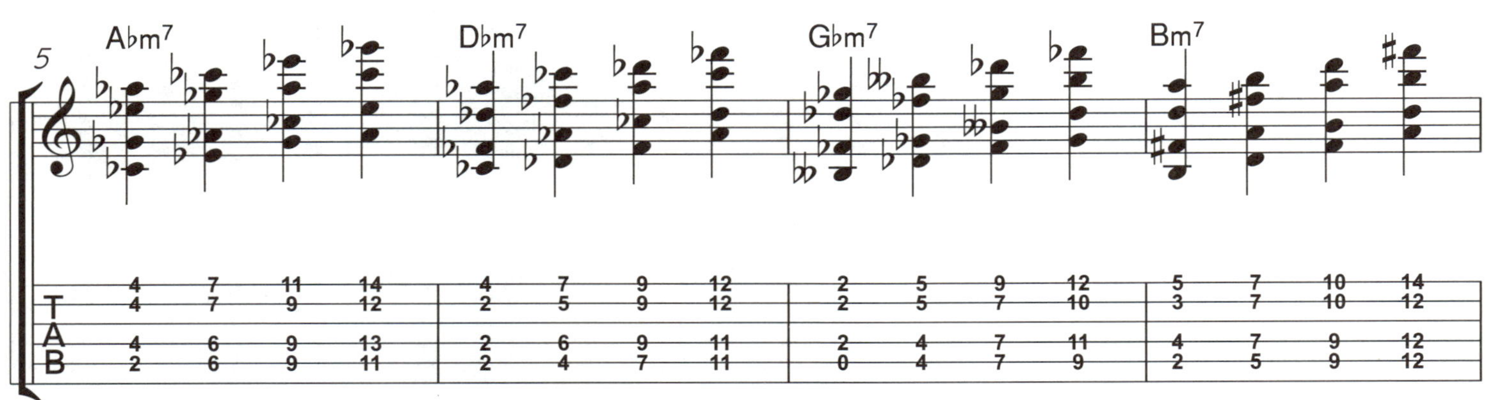

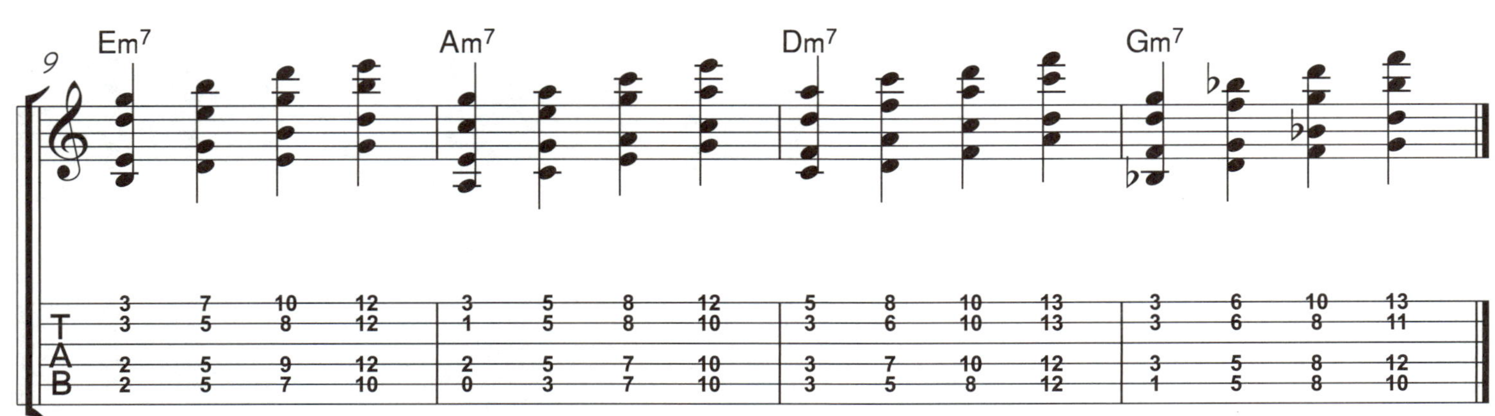

드롭 2&4 - 마이너 세븐스 ♭5 (높은 포지션)

Drop 2&4 Voicings - Minor 7th ♭5 (Top)

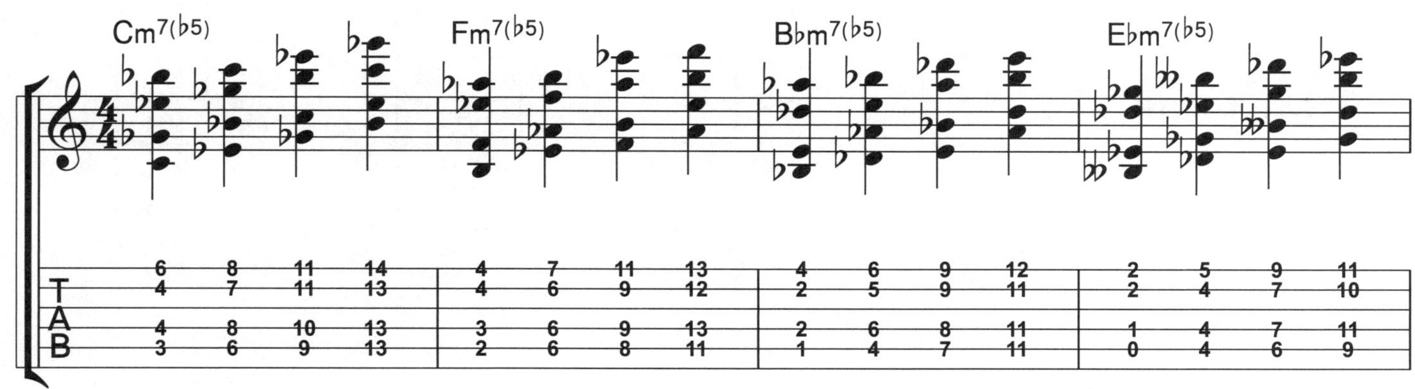

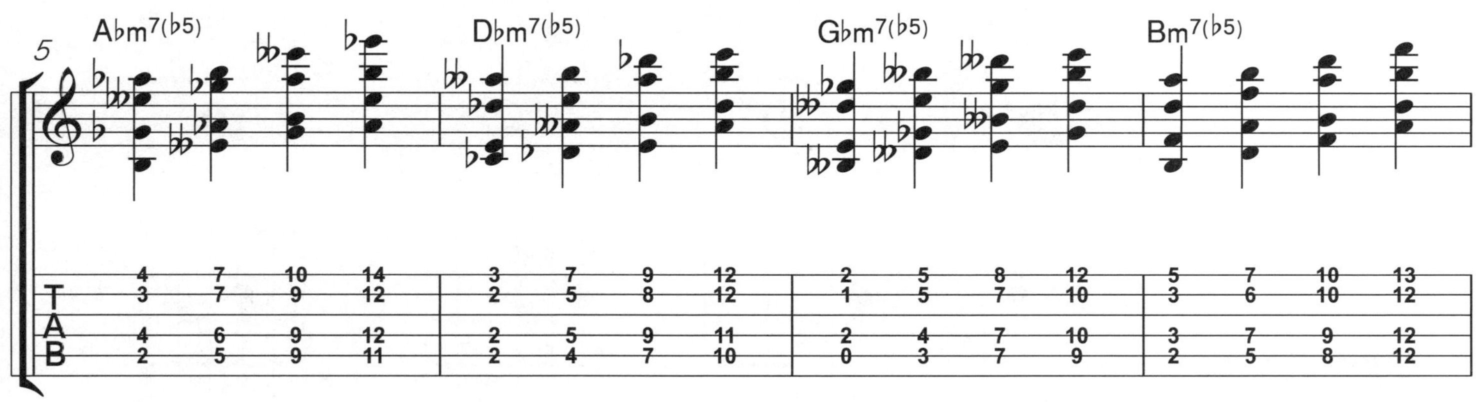

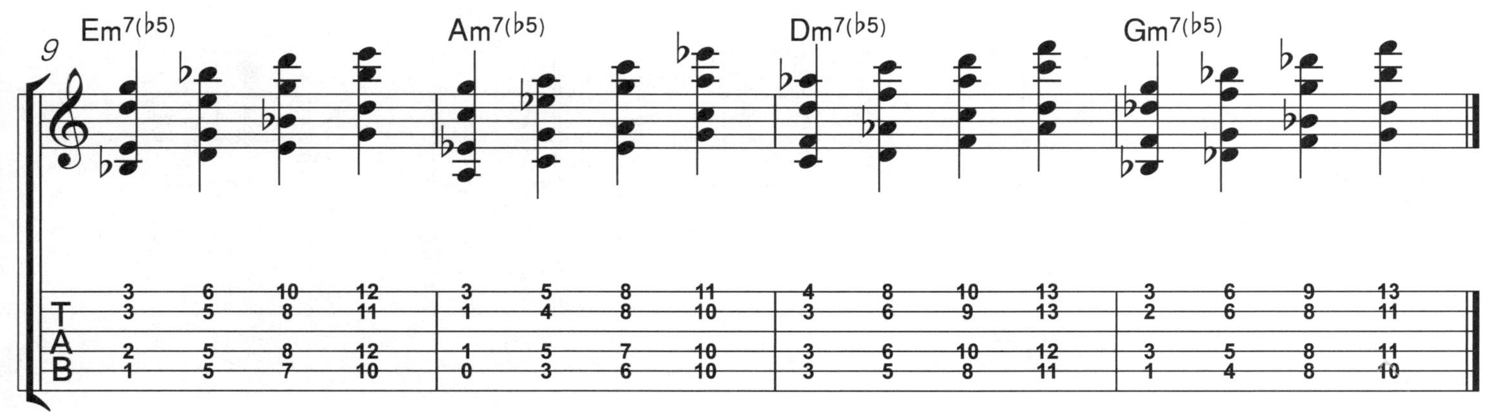

드롭 3(더블 드롭 2)

Drop 3 (Double Drop 2) Voicings

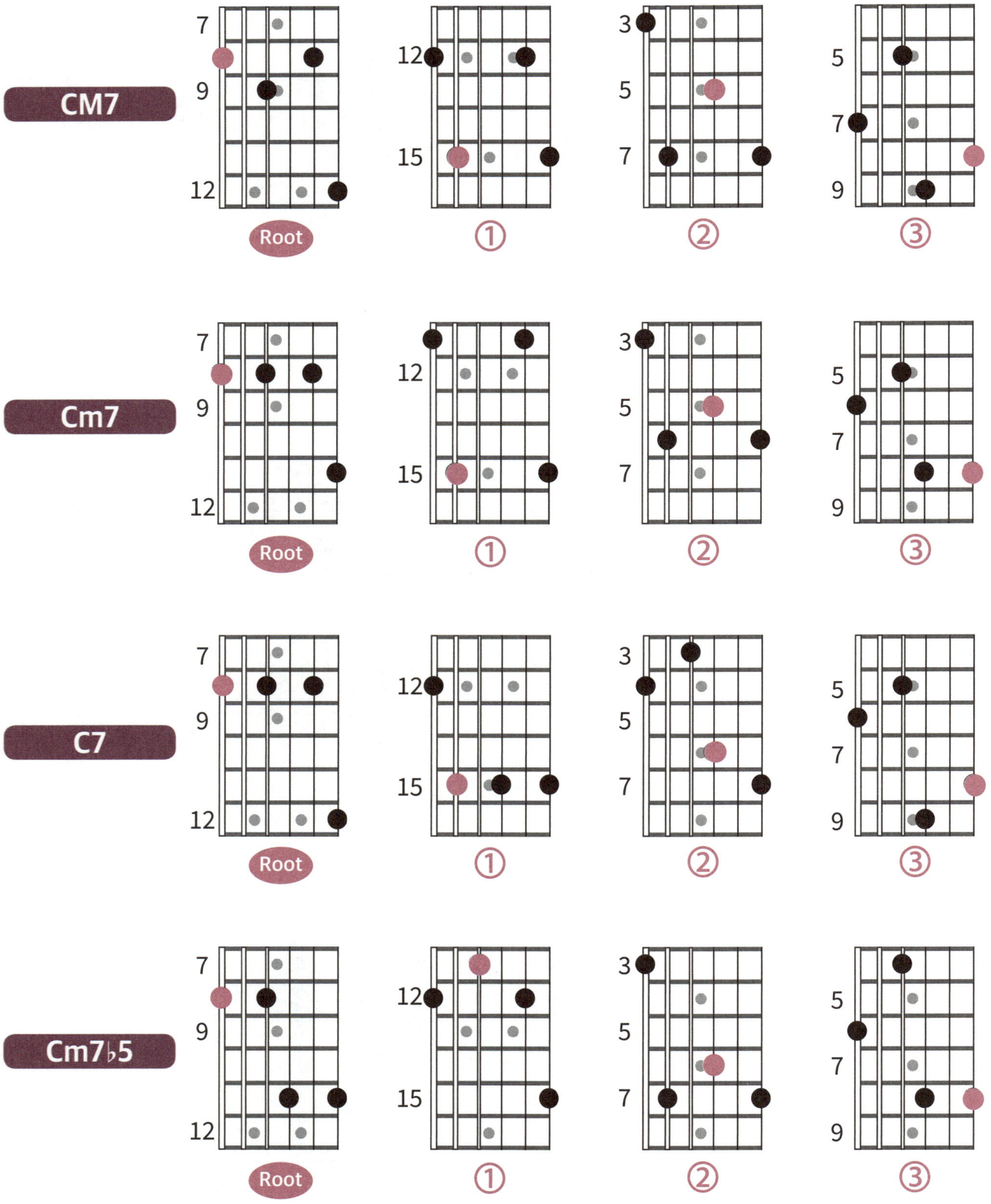

CM7

| Root | ① | ② | ③ |

Cm7

| Root | ① | ② | ③ |

C7

| Root | ① | ② | ③ |

Cm7♭5

| Root | ① | ② | ③ |

드롭 3(더블 드롭 2) – 메이저 세븐스

Drop 3 (Double Drop 2) Voicings – Major 7th

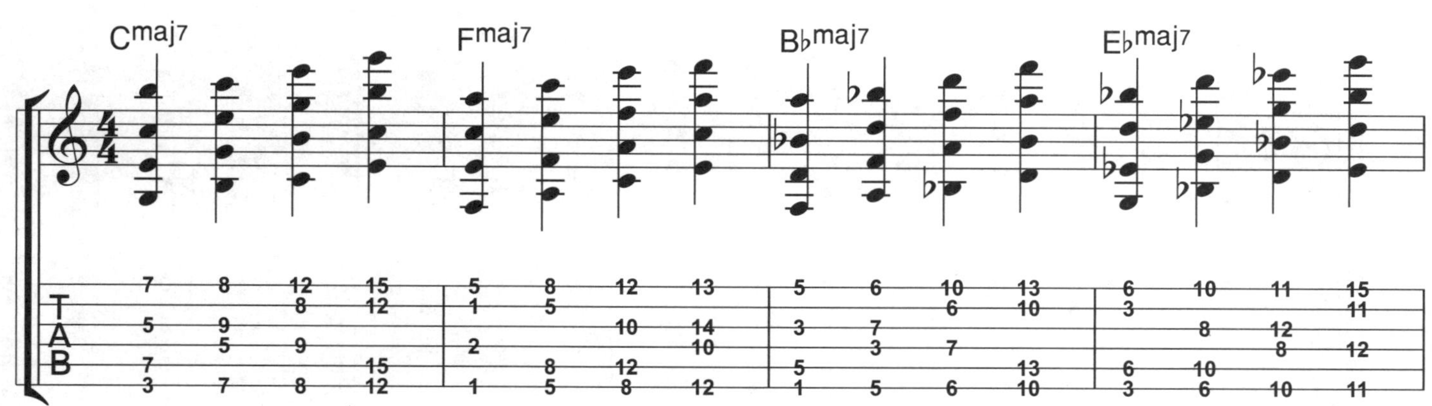

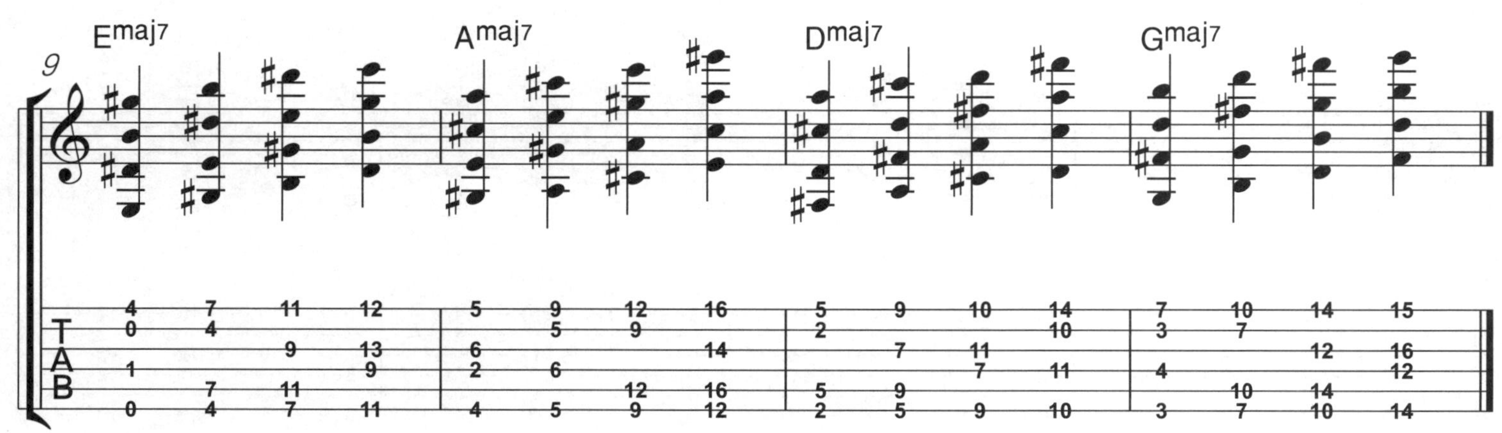

드롭 3(더블 드롭 2) - 도미넌트 세븐스

Drop 3 (Double Drop 2) Voicings - Dominant 7th

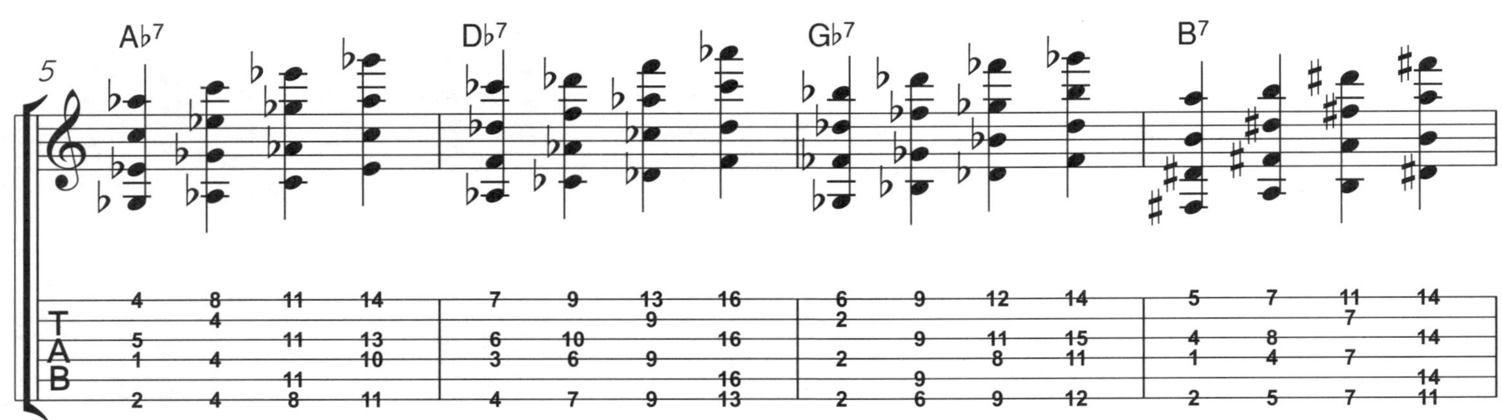

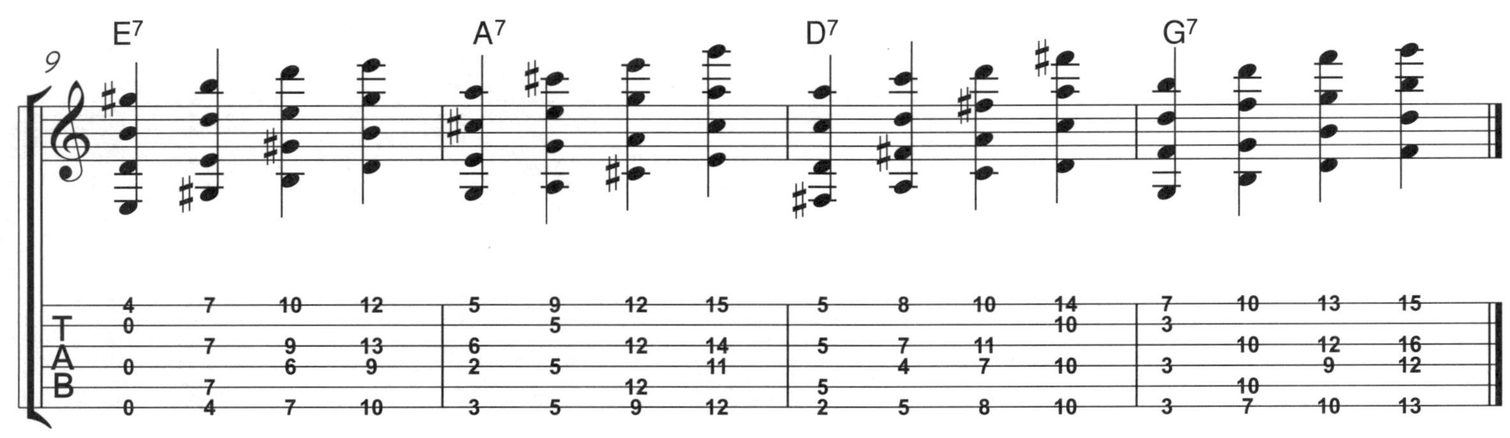

드롭 3(더블 드롭 2) – 마이너 세븐스

Drop 3 (Double Drop 2) Voicings - Dominant 7th

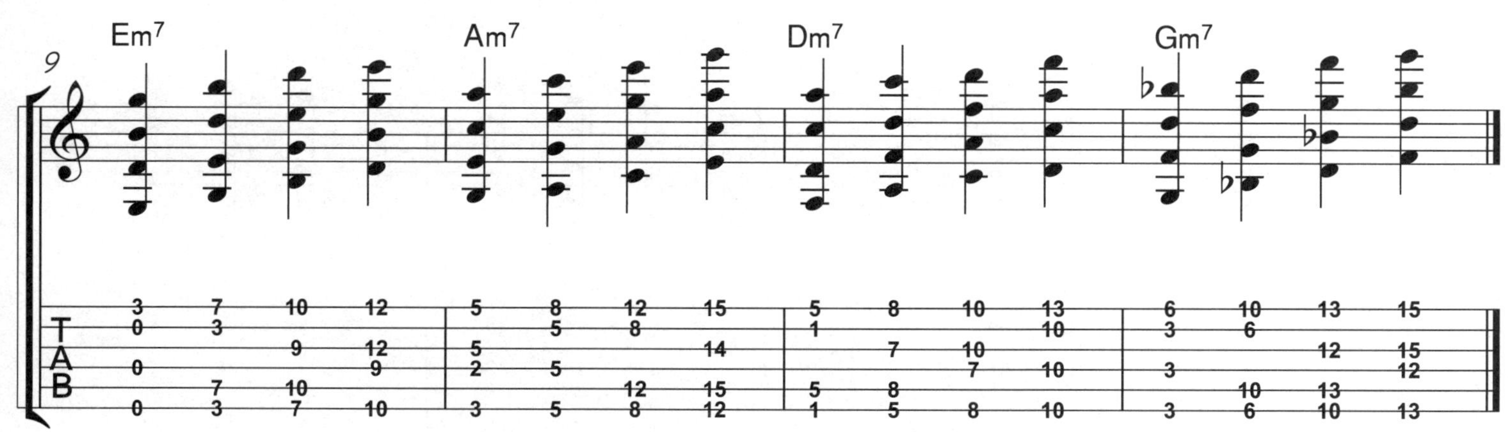

드롭 3(더블 드롭 2) – 마이너 세븐스 ♭5

Drop 3 (Double Drop 2) Voicings – Minor 7th ♭5

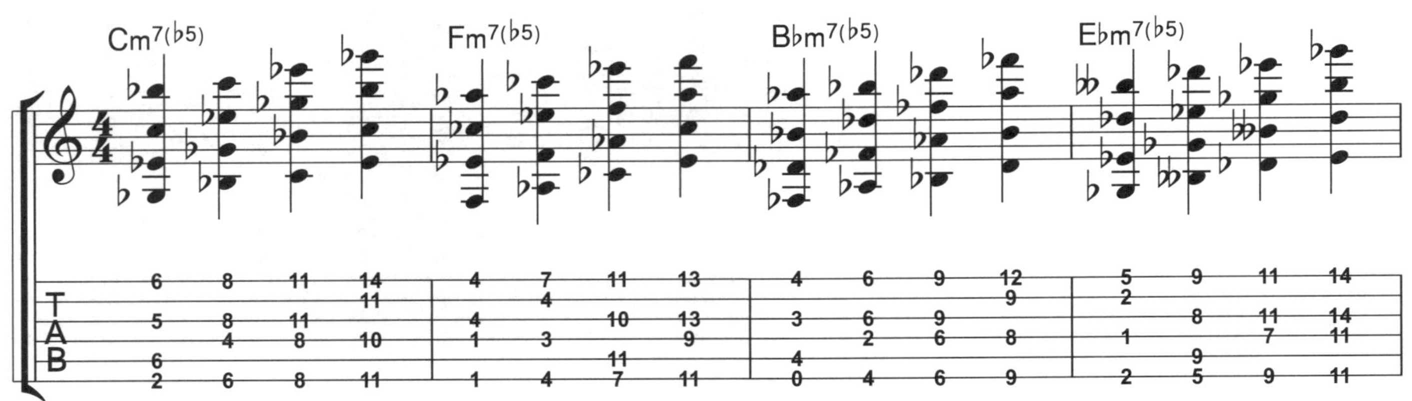

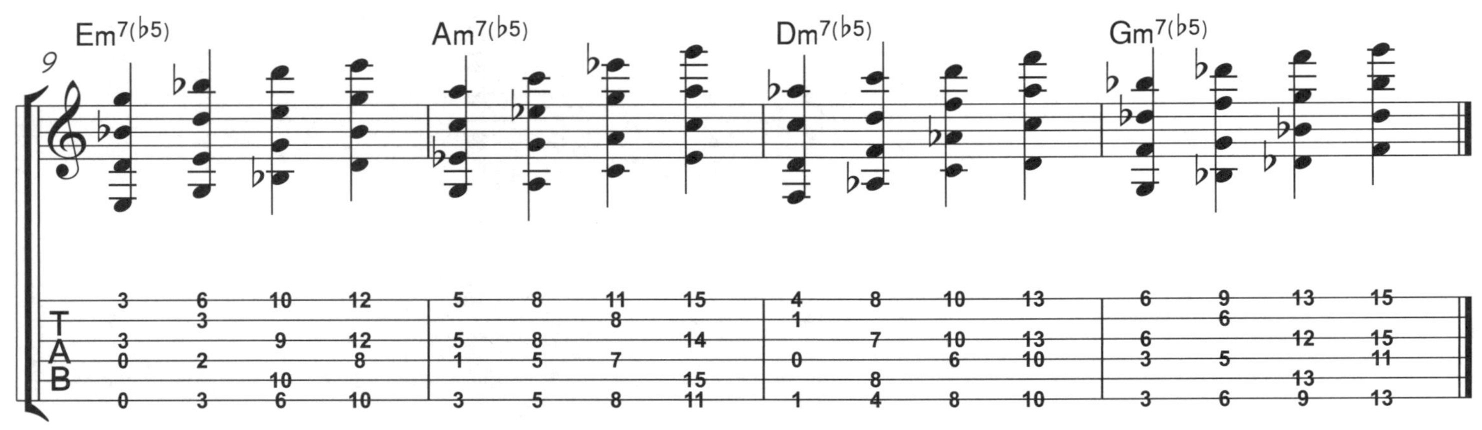

서스펜디드 코드 보이싱   Suspended Voicing in C Major Scale

Middle Position

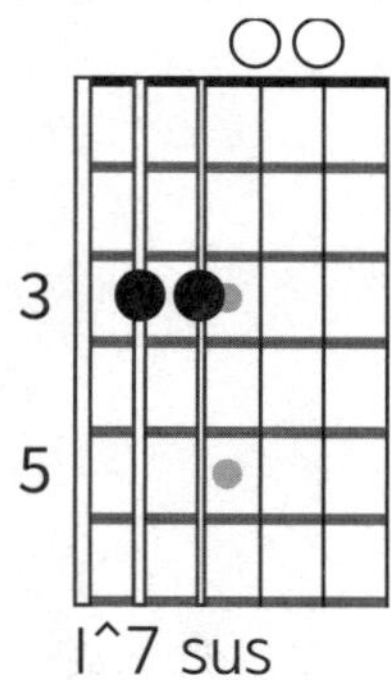

I^7 sus

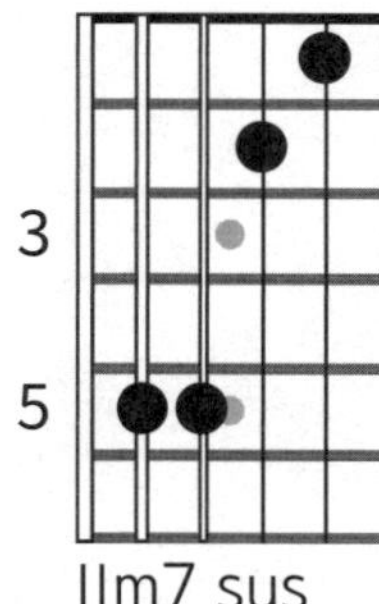

IIm7 sus

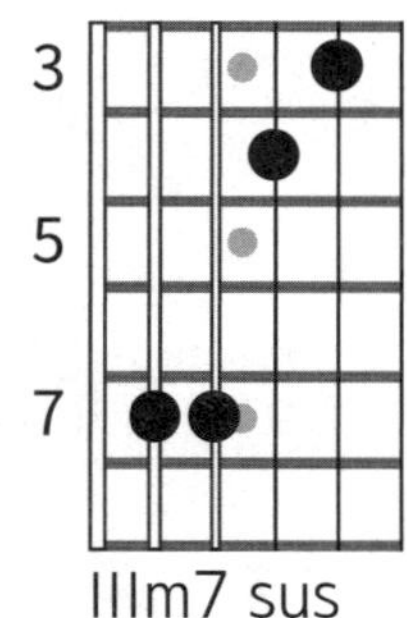

IIIm7 sus

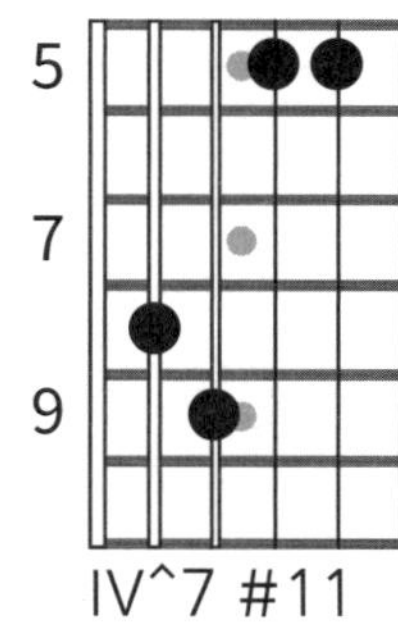

IV^7 #11

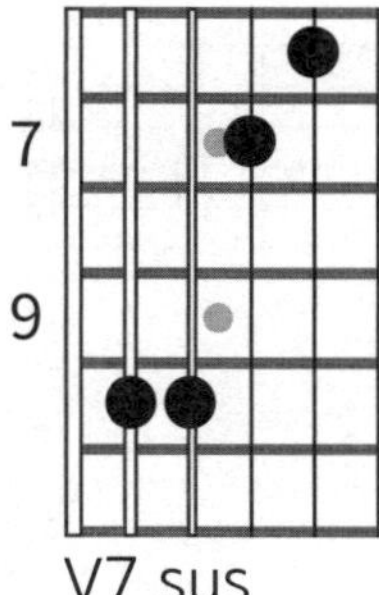

V7 sus

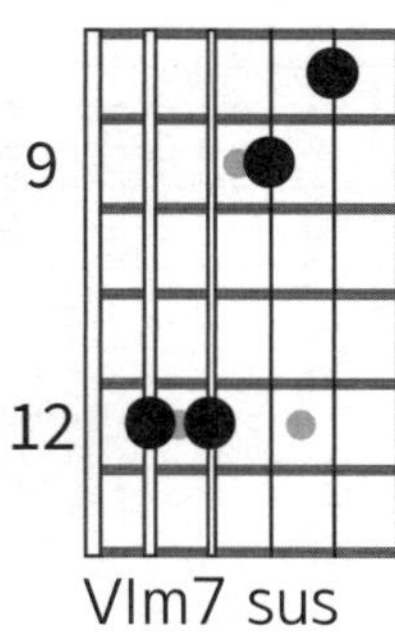

VIm7 sus

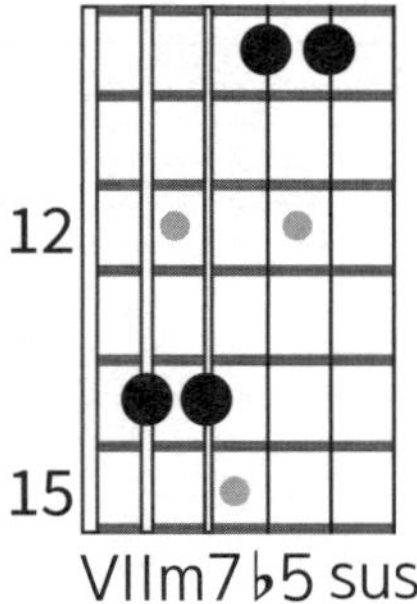

VIIm7♭5 sus

Top Position

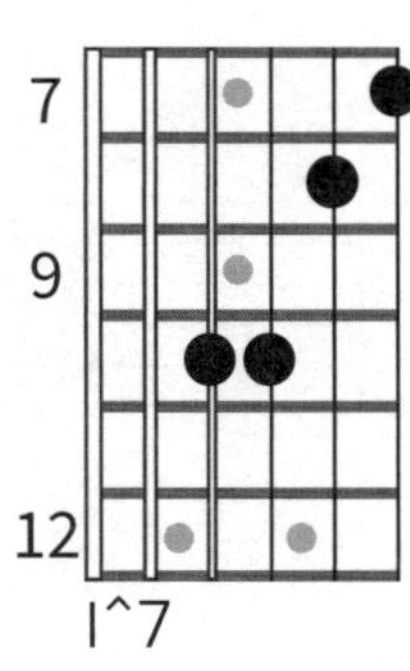

I^7

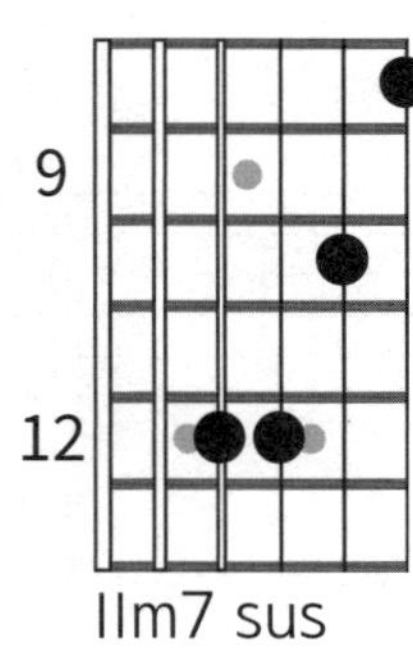

IIm7 sus

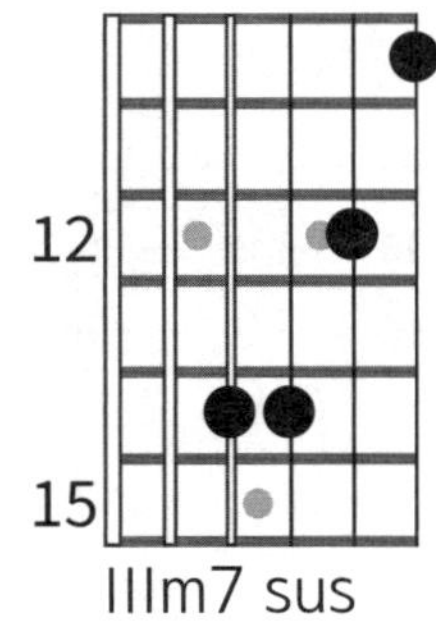

IIIm7 sus

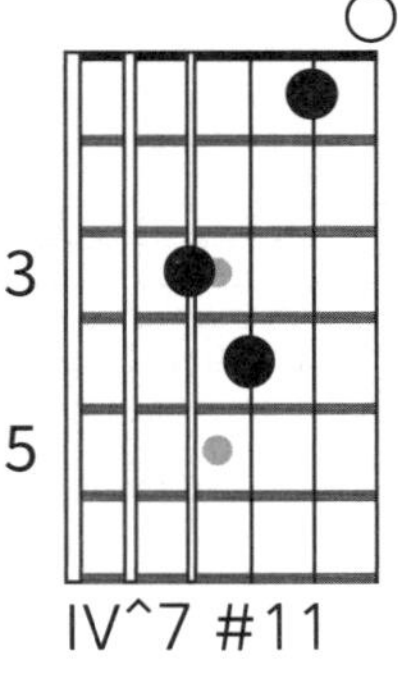

IV^7 #11

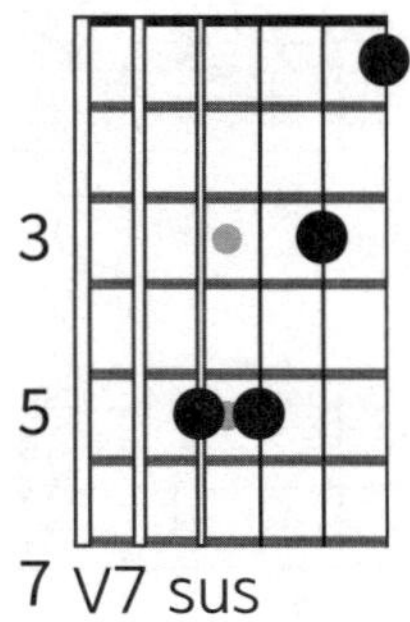

7 V7 sus

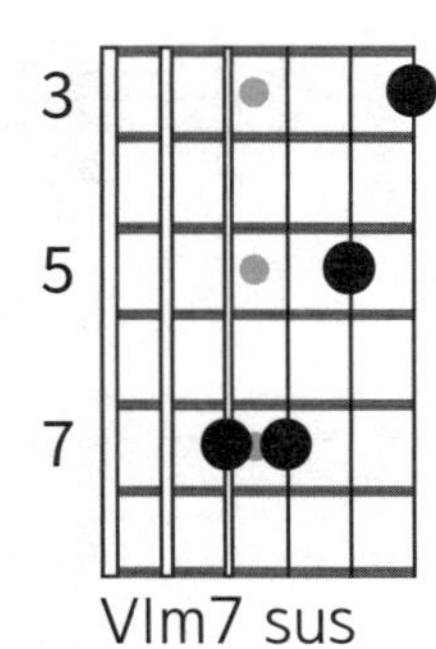

VIm7 sus

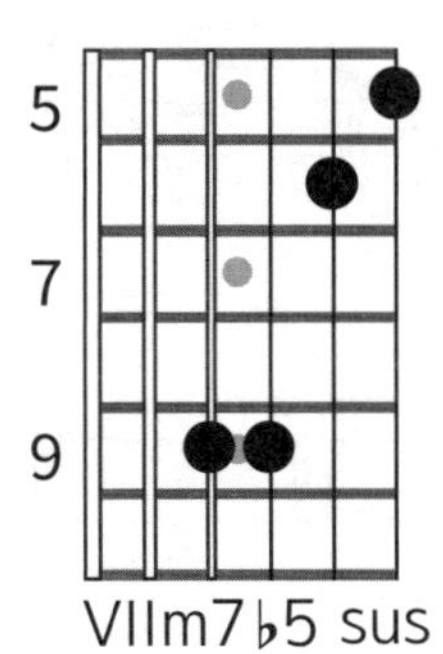

VIIm7♭5 sus

서스펜디드 보이싱 – 중간 포지션 1

Suspended Voicing (Middle)

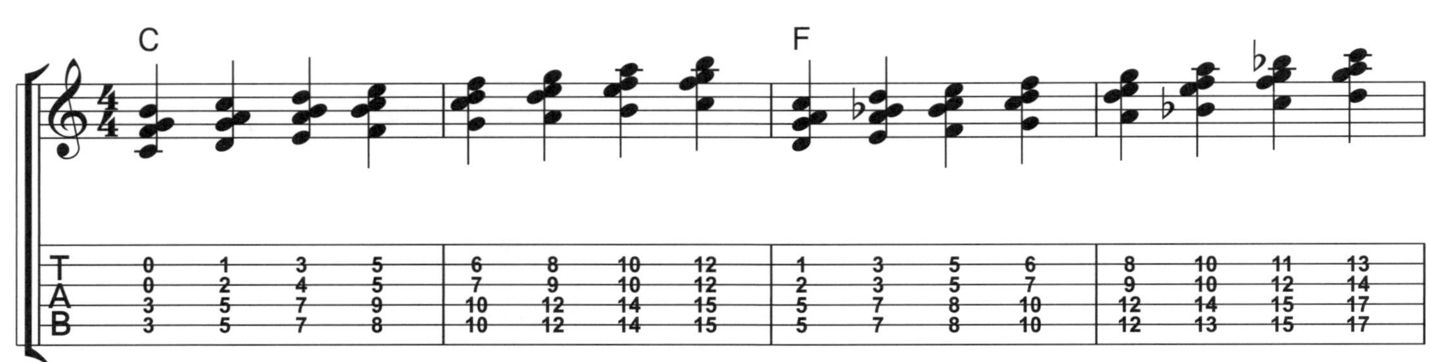

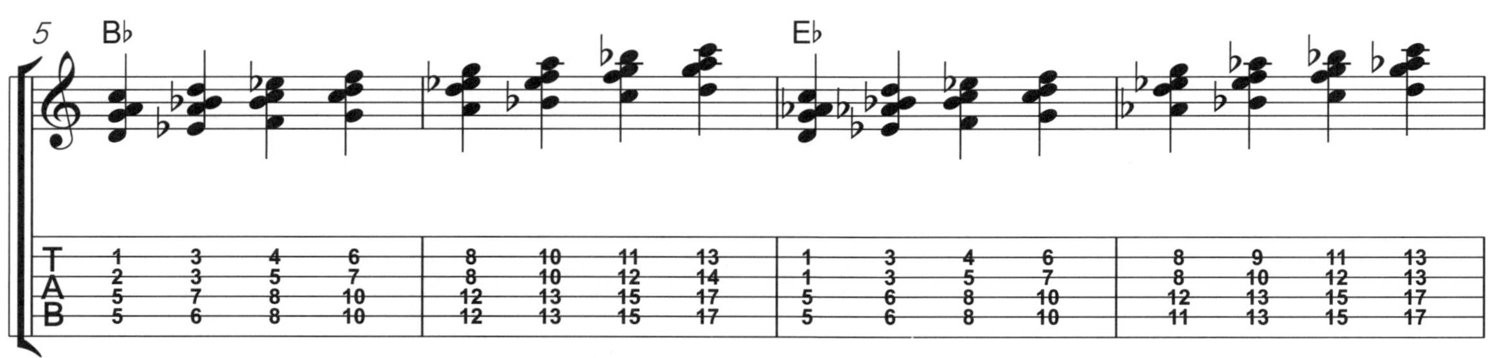

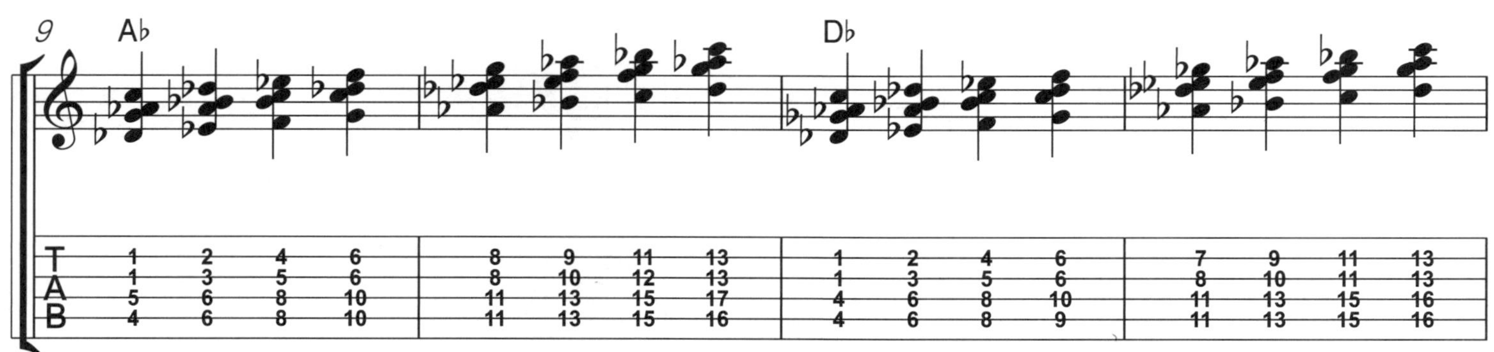

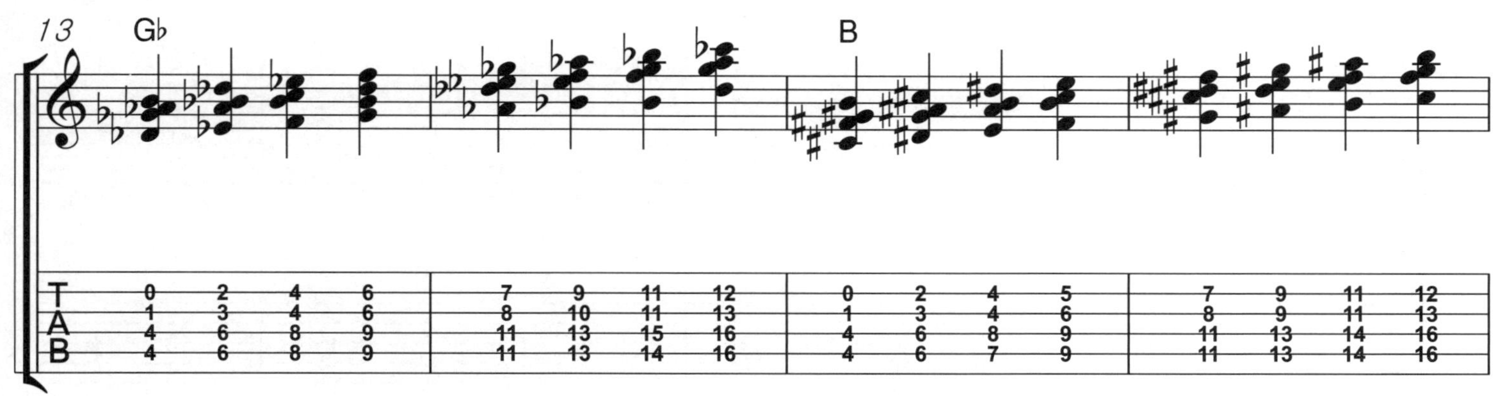

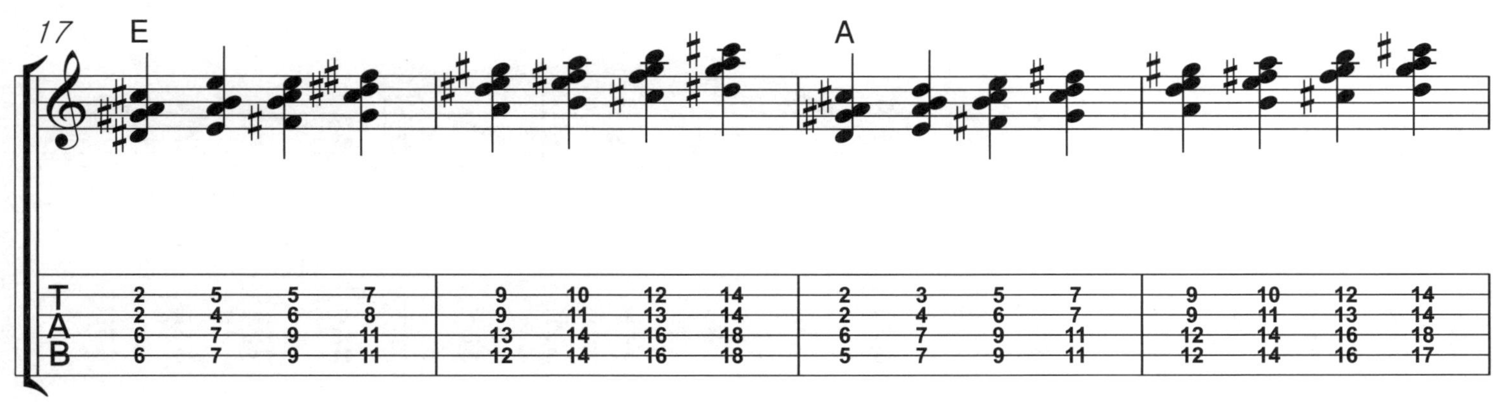

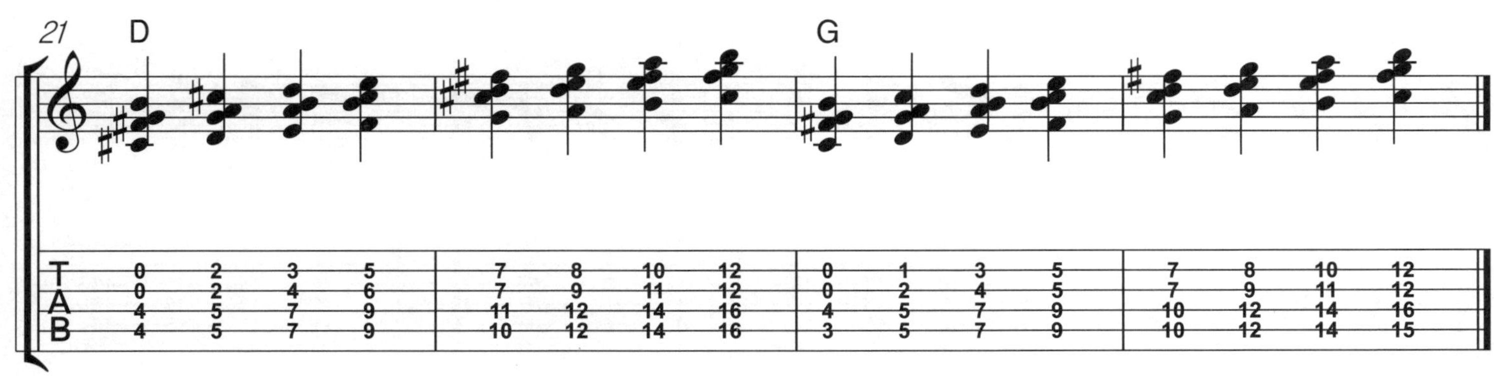

서스펜디드 보이싱 – 중간 포지션 2

Suspended Voicing (Middle)

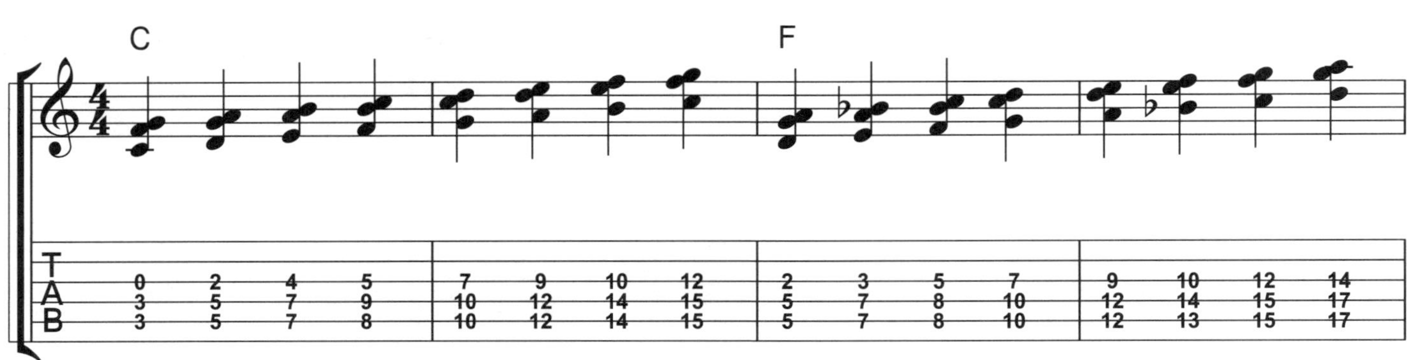

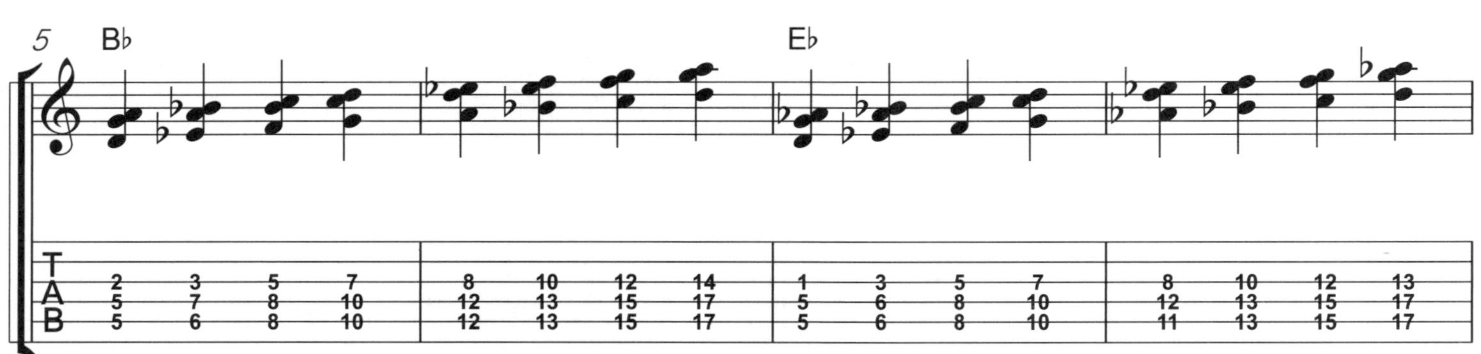

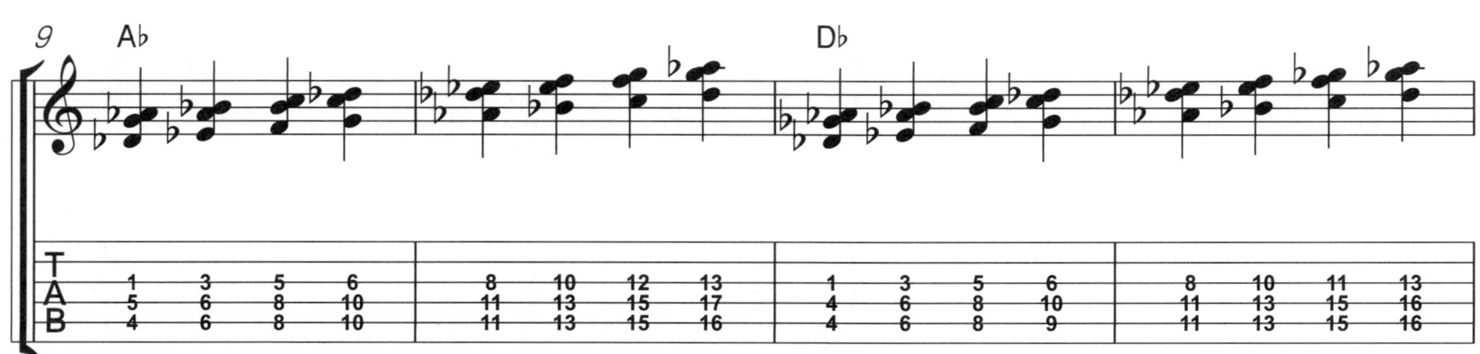

NO COPY

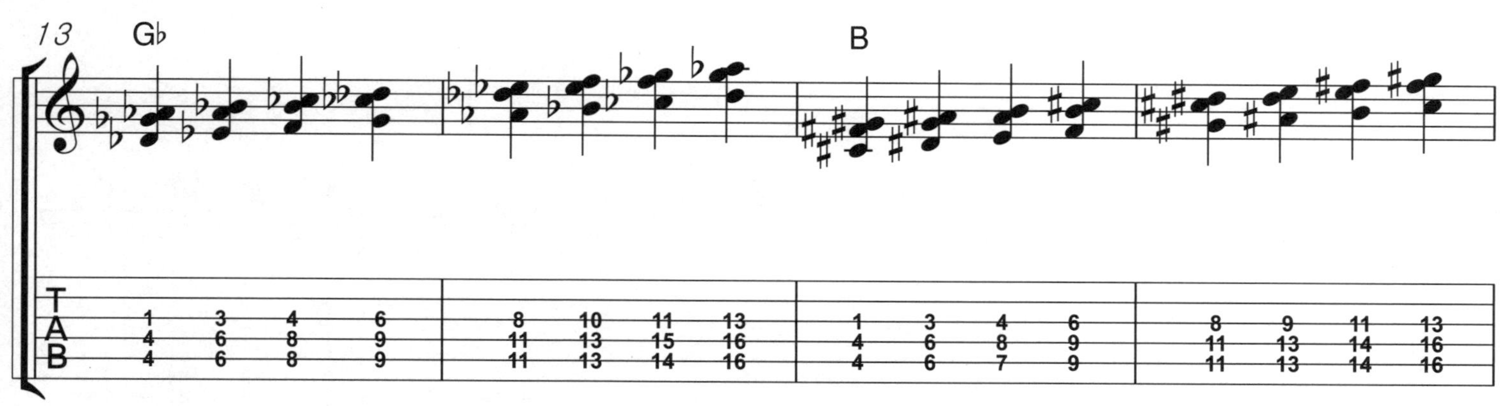

13
Gb
B

17
E
A

21
D
G

서스펜디드 보이싱 – 중간 포지션 3

Suspended Voicing (Middle)

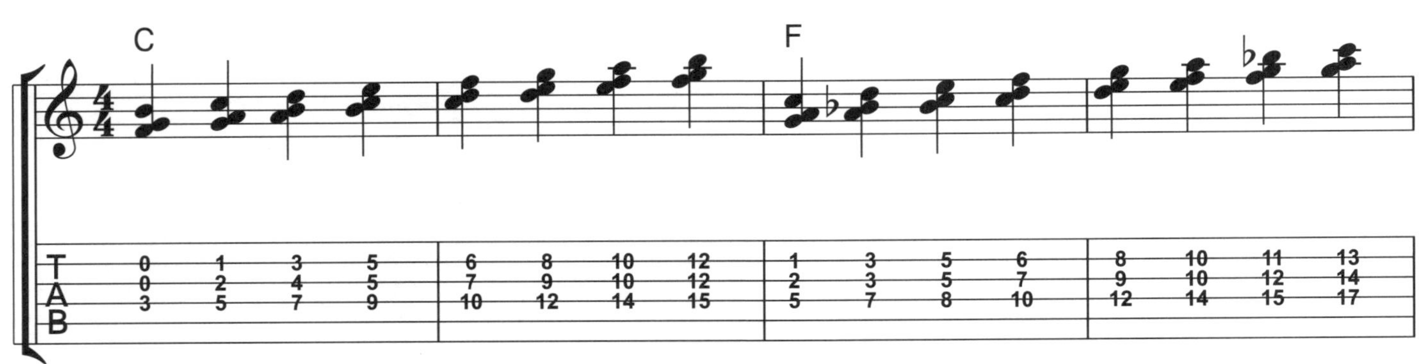

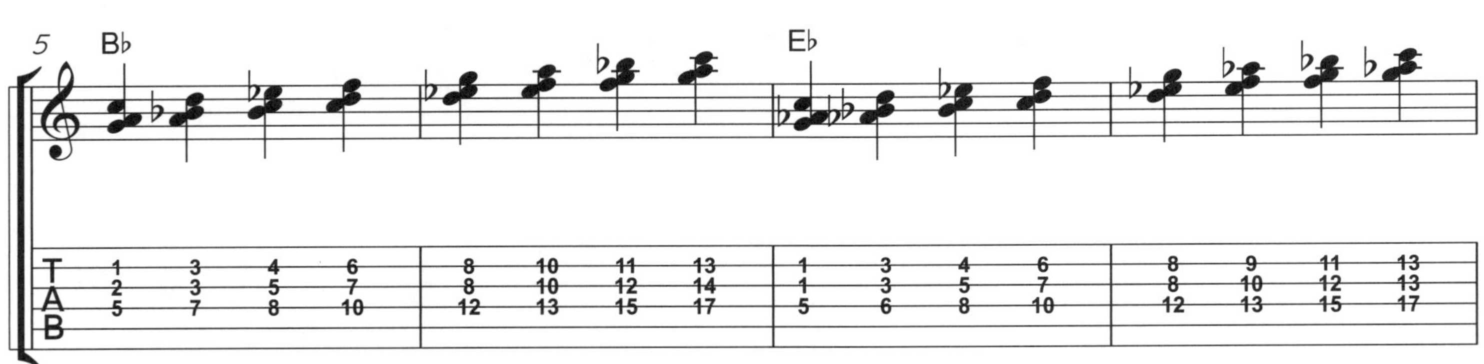

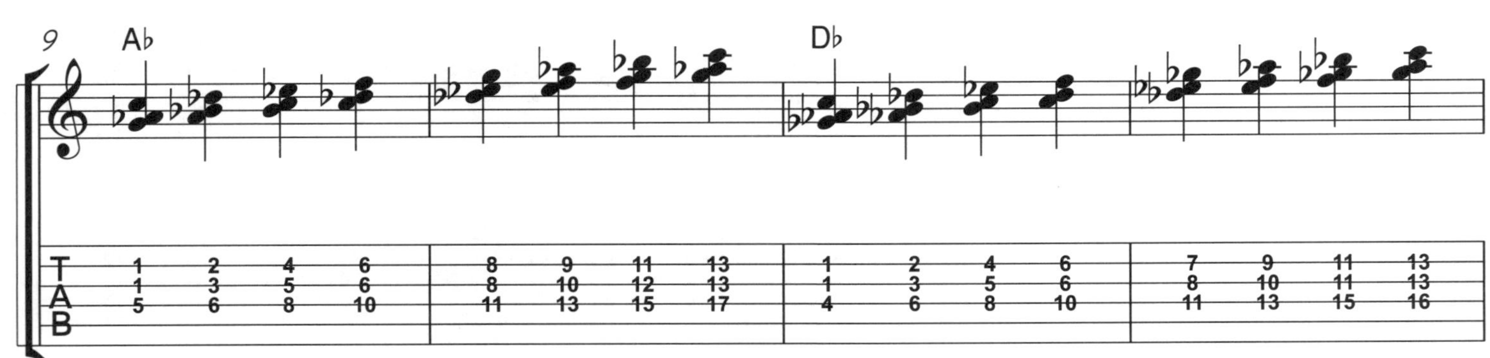

NO COPY

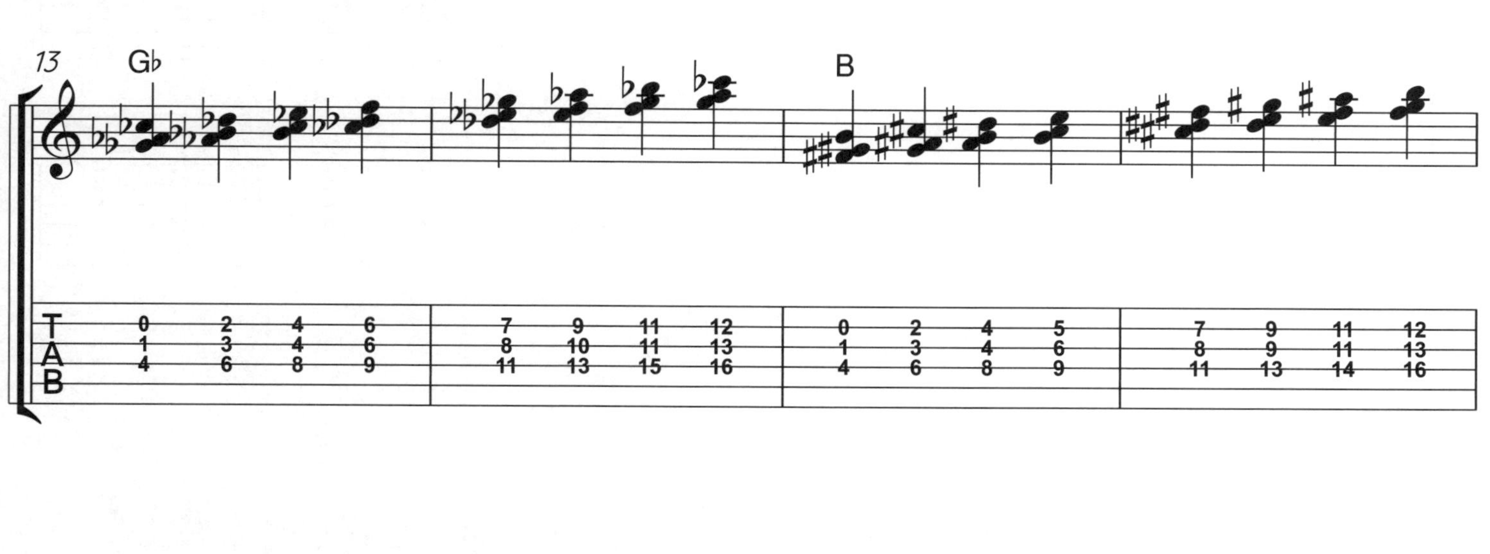

13
Gb
B
T
A
B
0   2   4   6   7   9   11   12   0   2   4   5   7   9   11   12
1   3   4   6   8   10   11   13   1   3   4   6   8   9   11   13
4   6   8   9   11   13   15   16   4   6   8   9   11   13   14   16

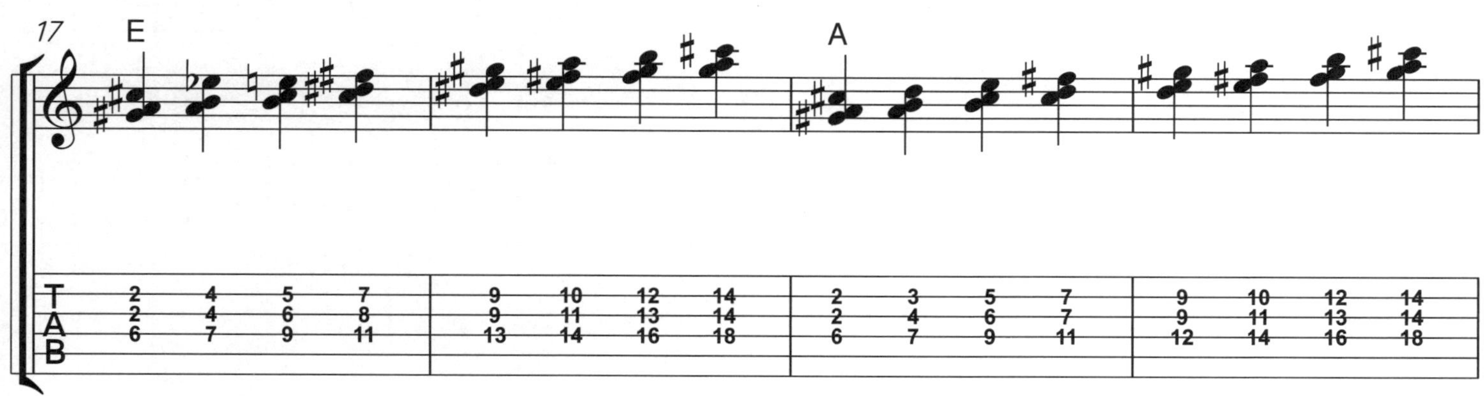

17
E
A
T
A
B
2   4   5   7   9   10   12   14   2   3   5   7   9   10   12   14
2   4   6   8   9   11   13   14   2   4   6   7   9   11   13   14
6   7   9   11   13   14   16   18   6   7   9   11   12   14   16   18

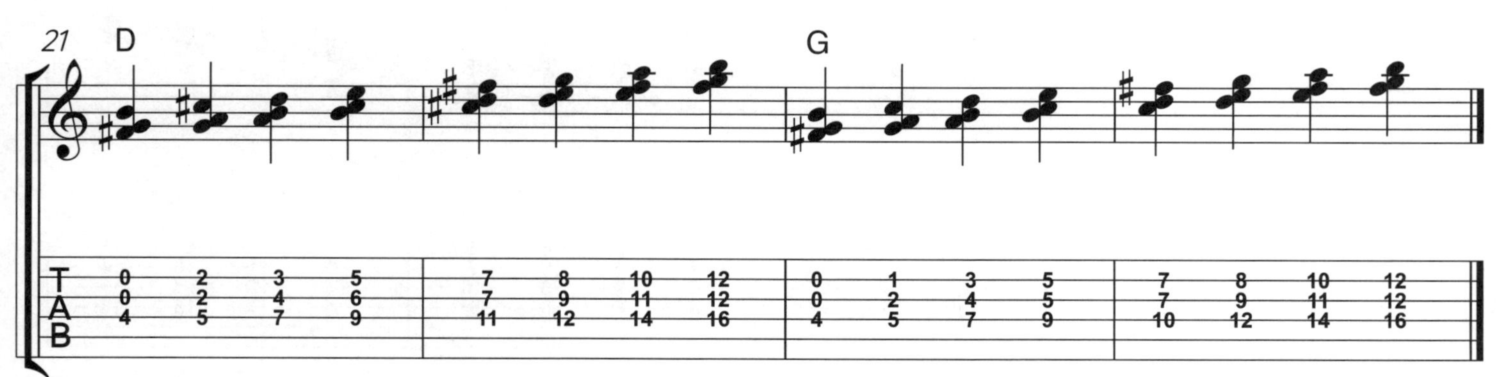

21
D
G
T
A
B
0   2   3   5   7   8   10   12   0   1   3   5   7   8   10   12
0   2   4   6   7   9   11   12   0   2   4   5   7   9   11   12
4   5   7   9   11   12   14   16   4   5   7   9   10   12   14   16

서스펜디드 보이싱 - 높은 포지션 1

Suspended Voicing (Top)

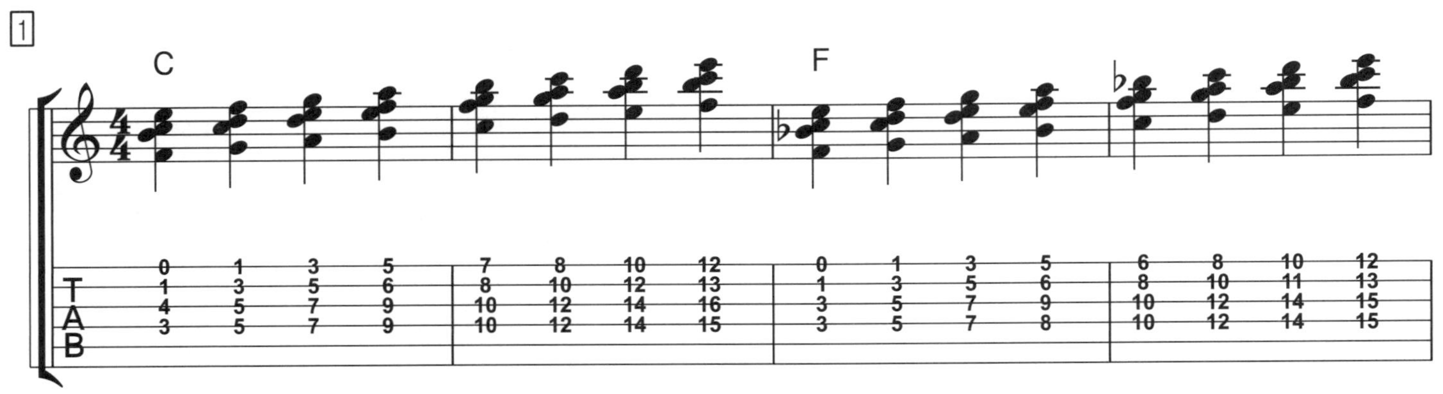

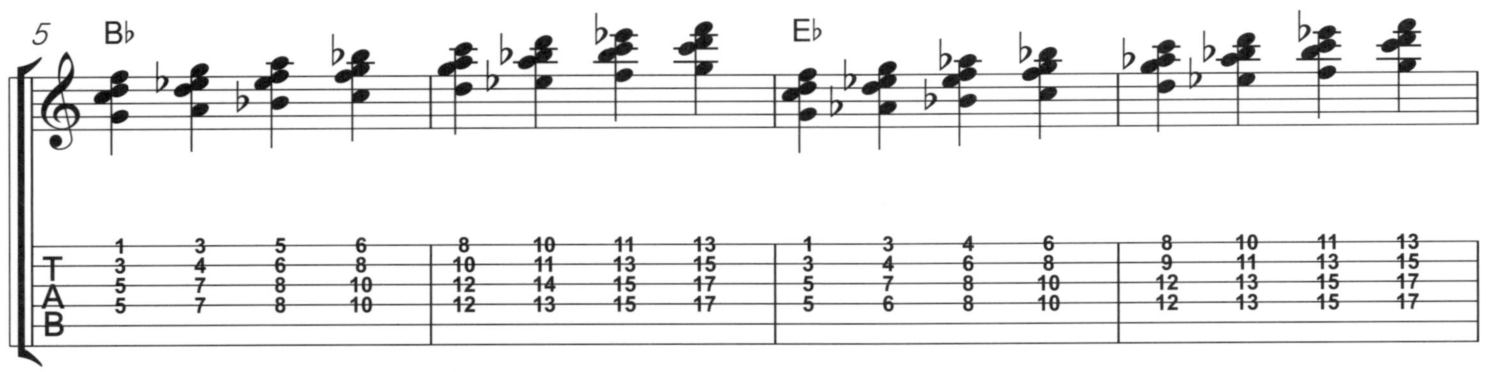

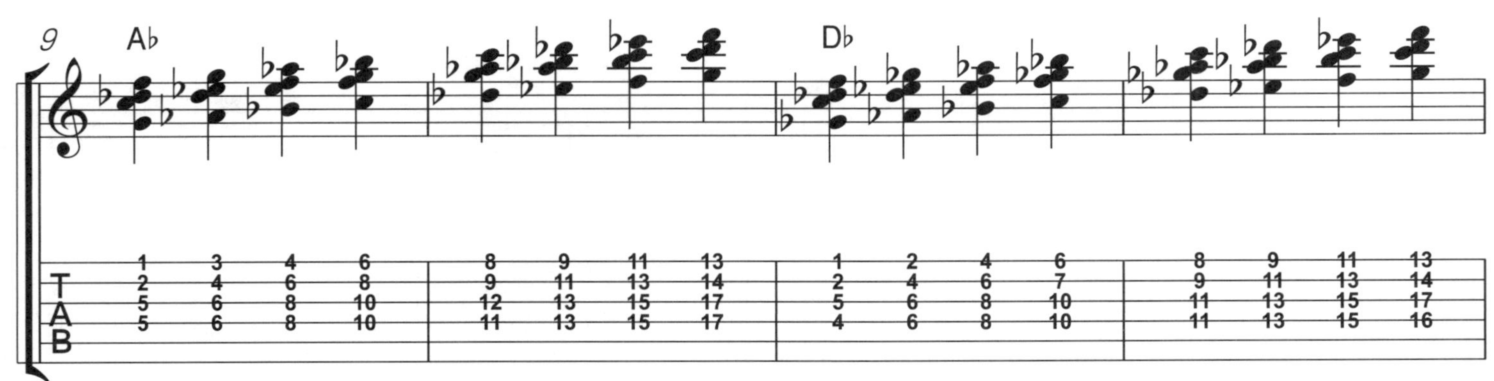

NO COPY

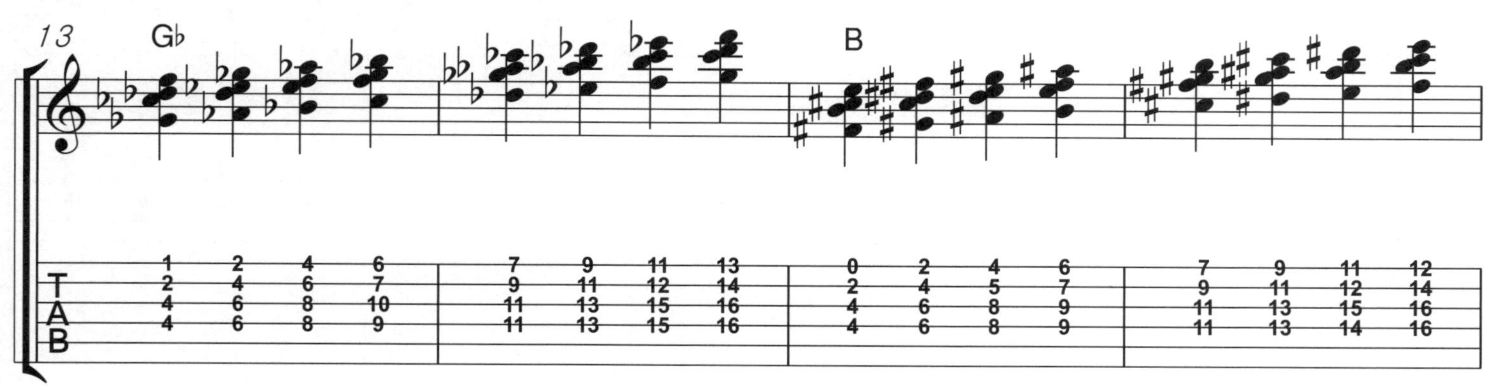

13
Gb
B

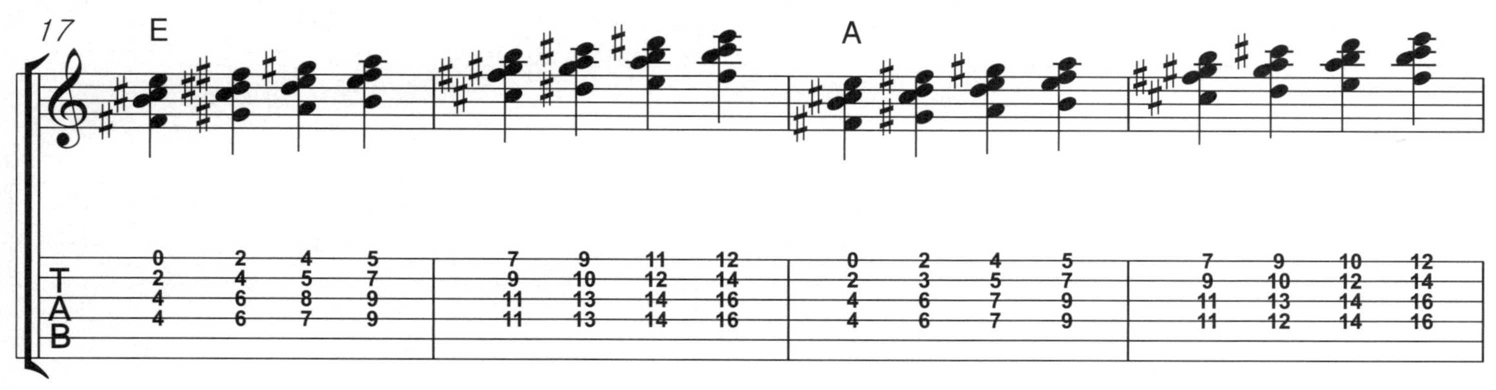

17
E
A

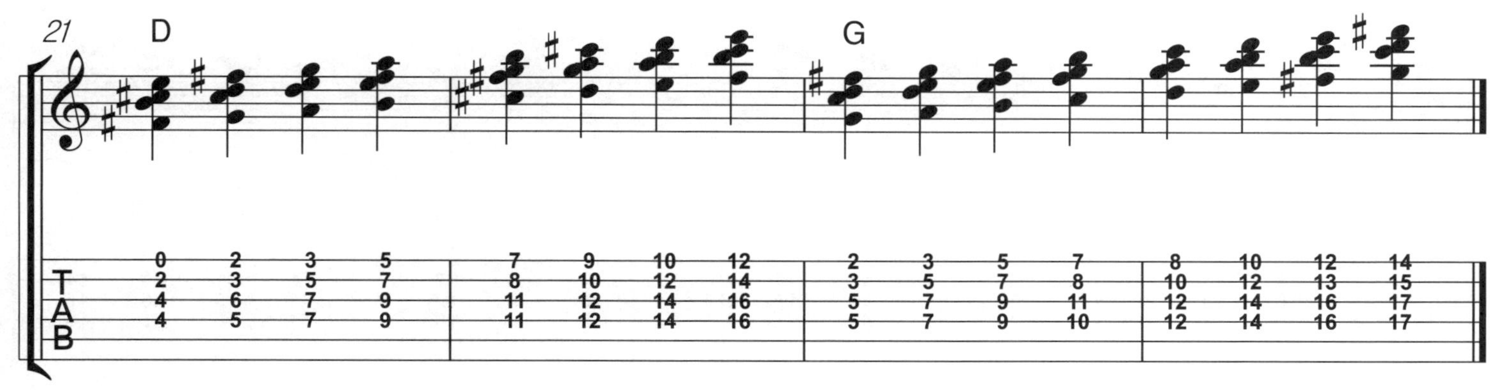

21
D
G

서스펜디드 보이싱 – 높은 포지션 2

Suspended Voicing (Top)

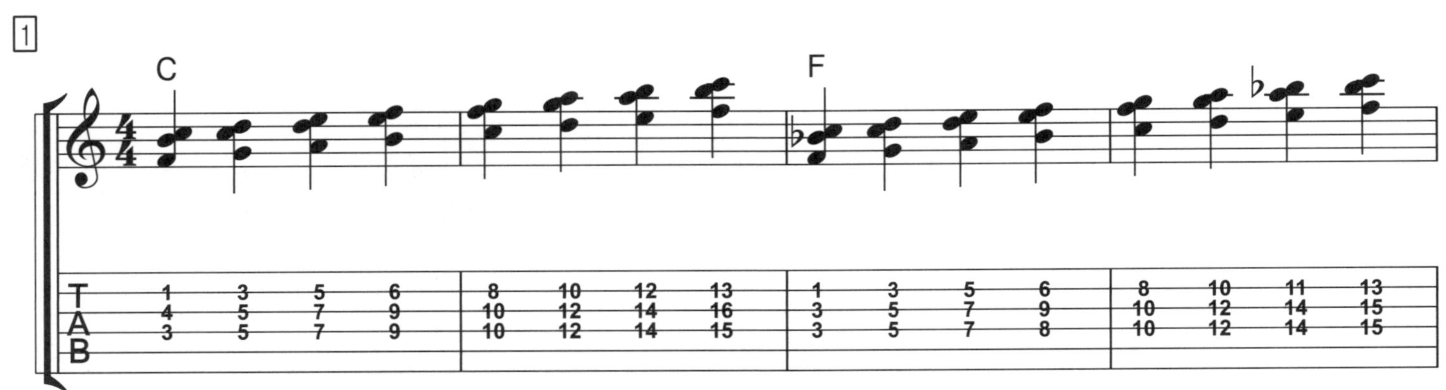

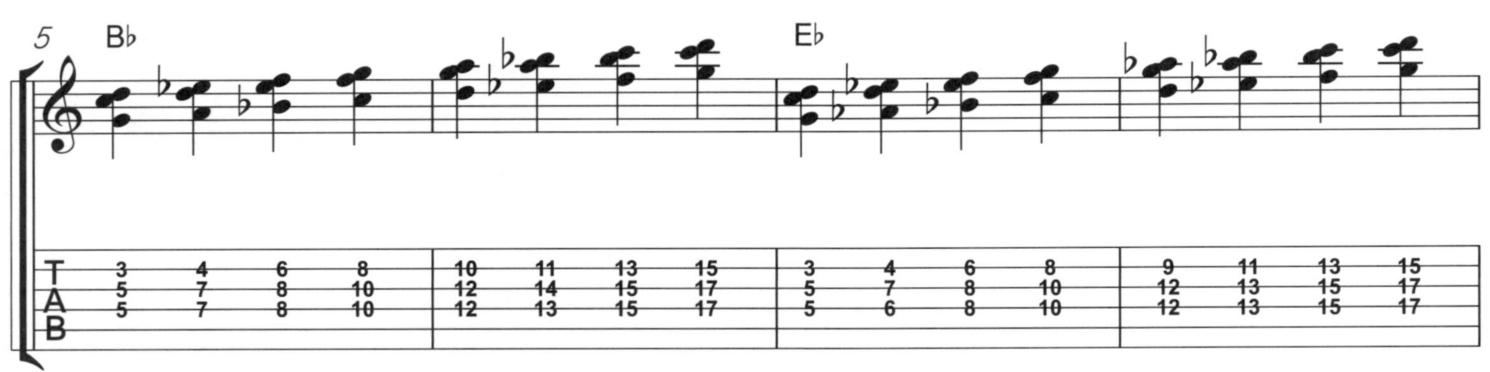

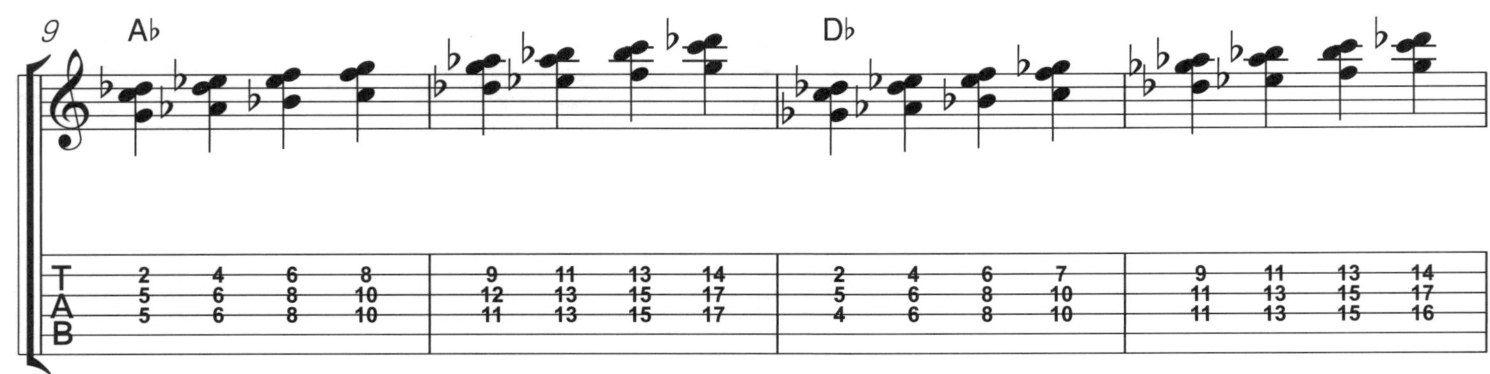

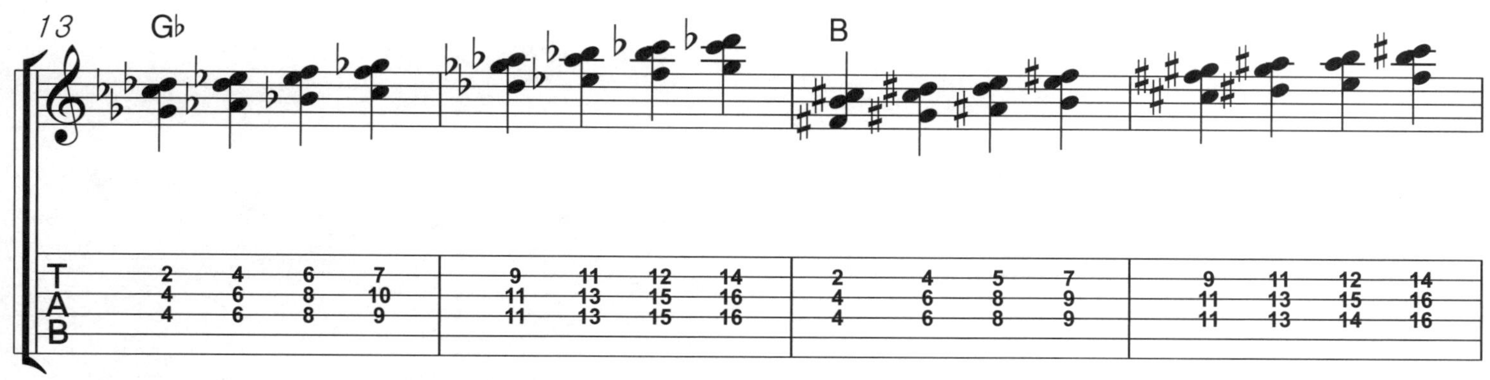

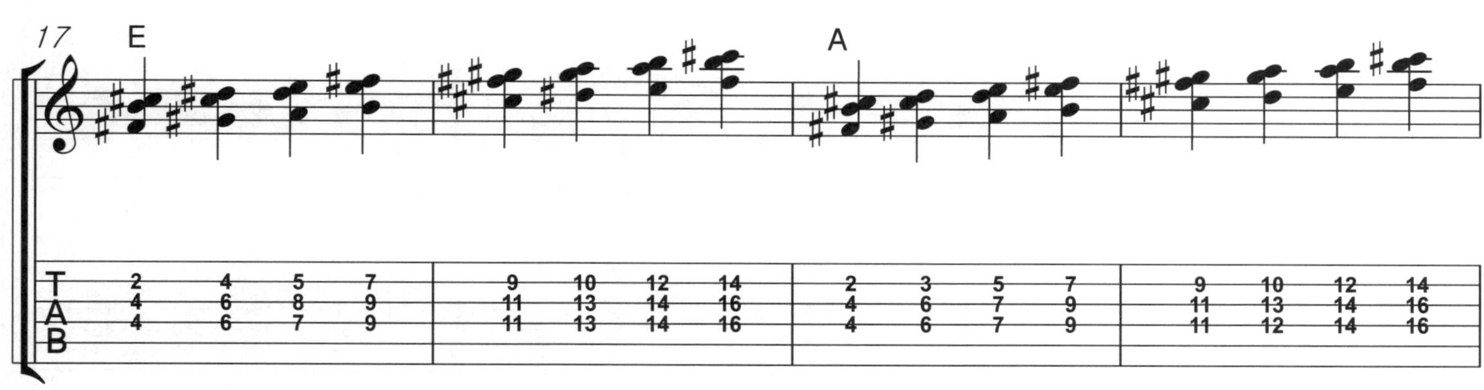

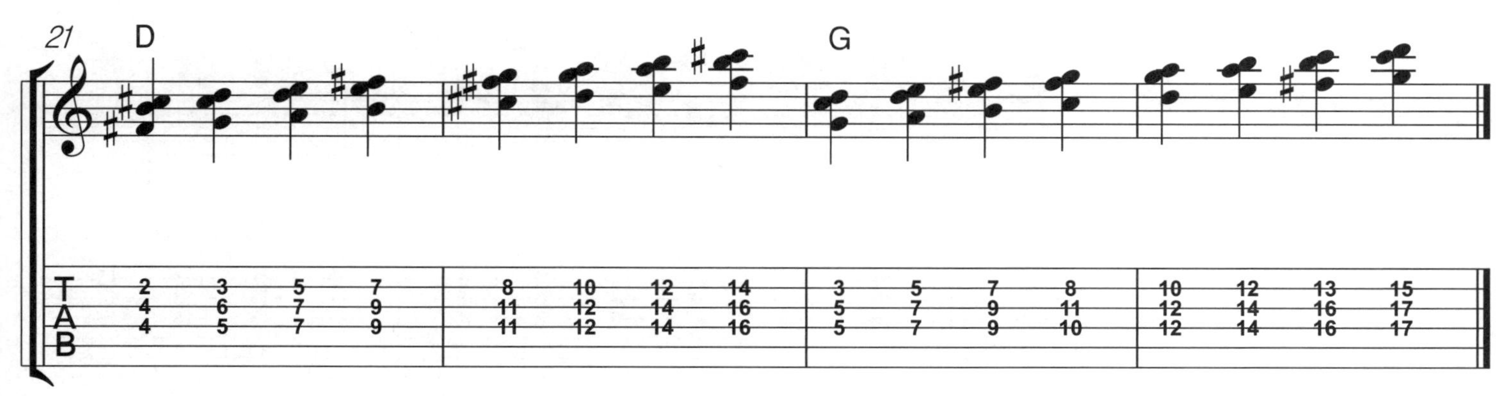

서스펜디드 보이싱 – 높은 포지션 3

Suspended Voicing (Top)

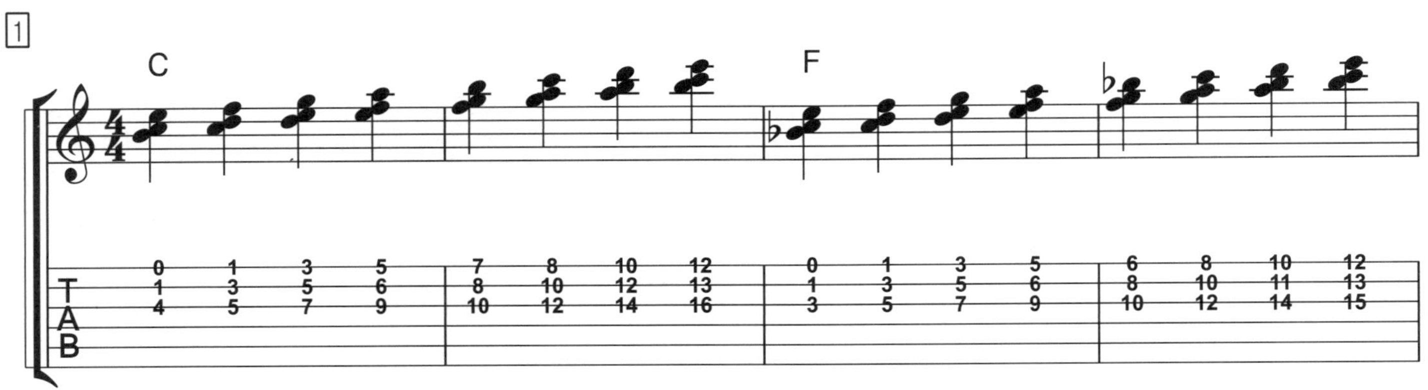

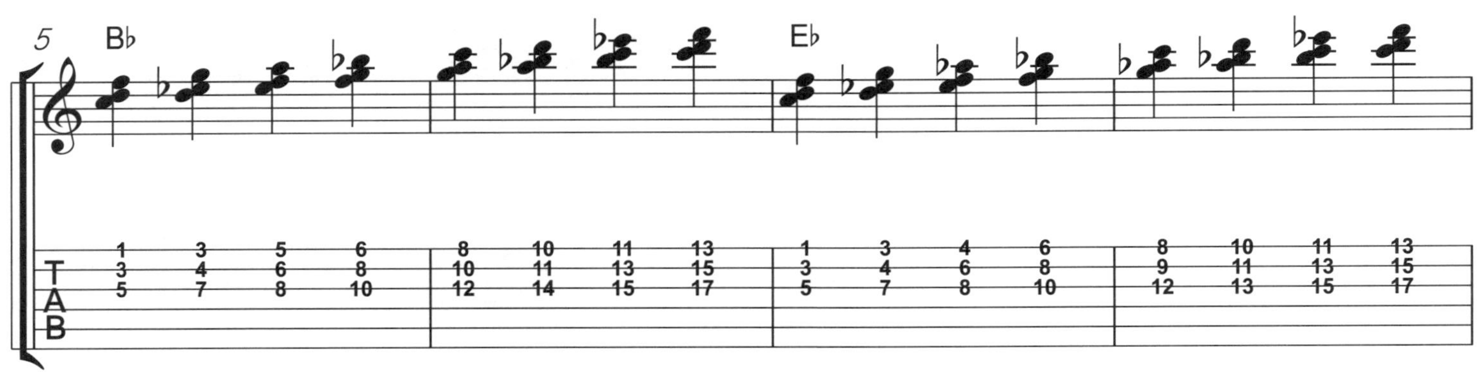

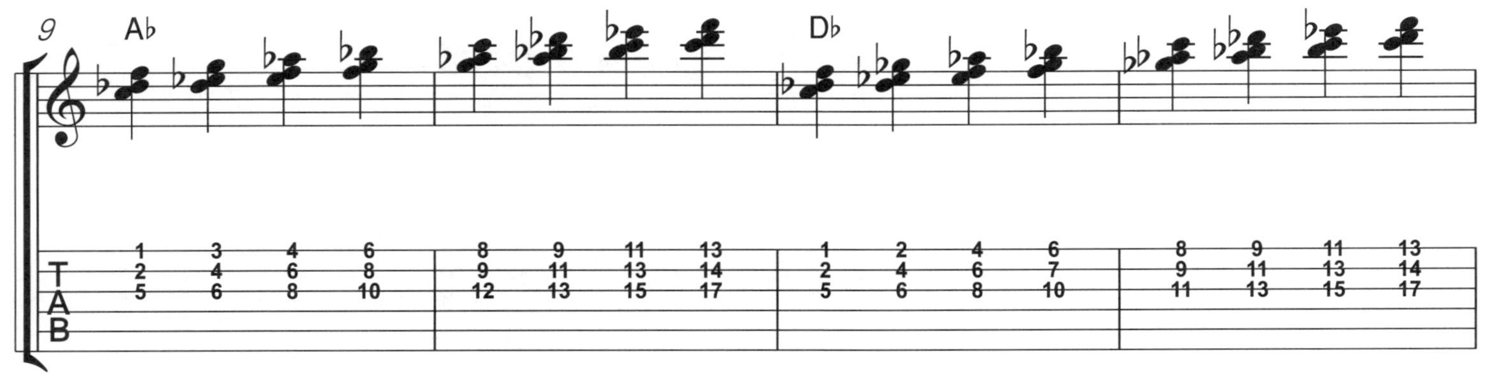

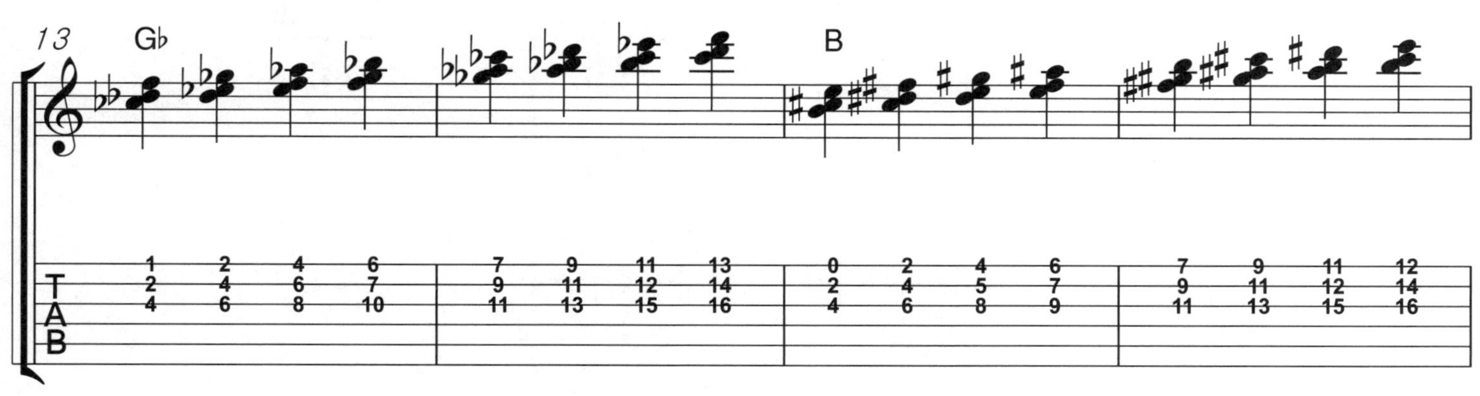
13
G♭
B

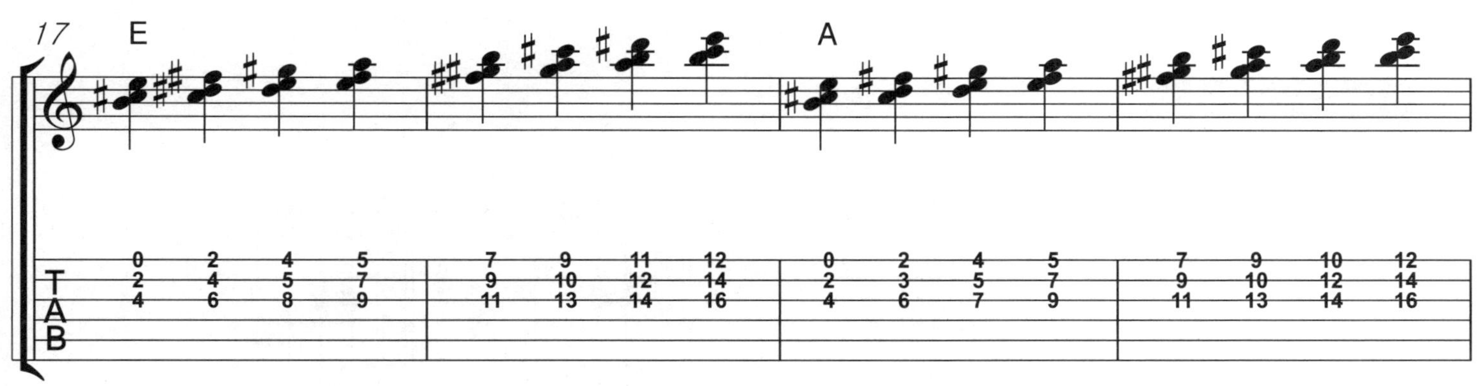
17
E
A

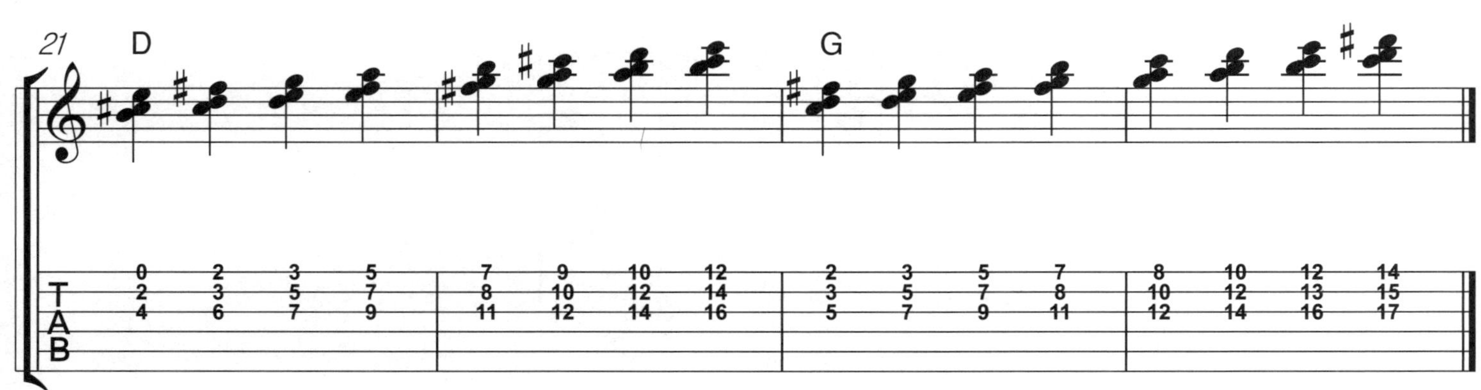
21
D
G

4도+6도 인터벌 보이싱 (C 메이저 스케일) 4th + 6th Interval Voicing in C Major Scale

Middle Position

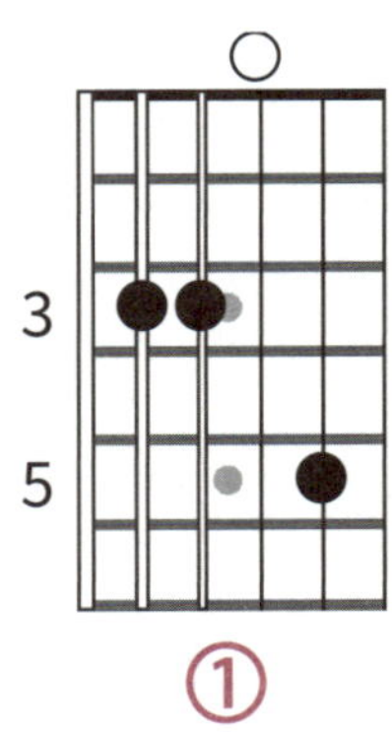 ①

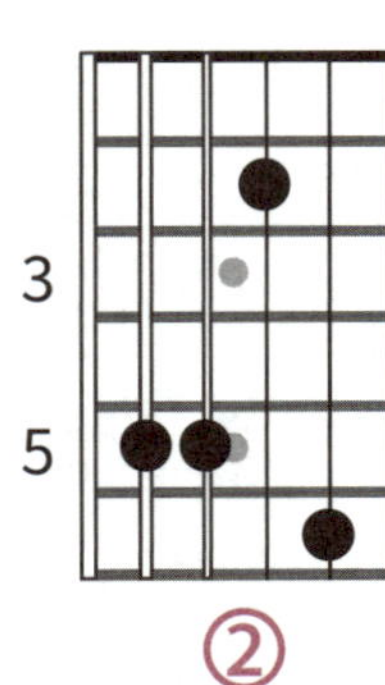 ②

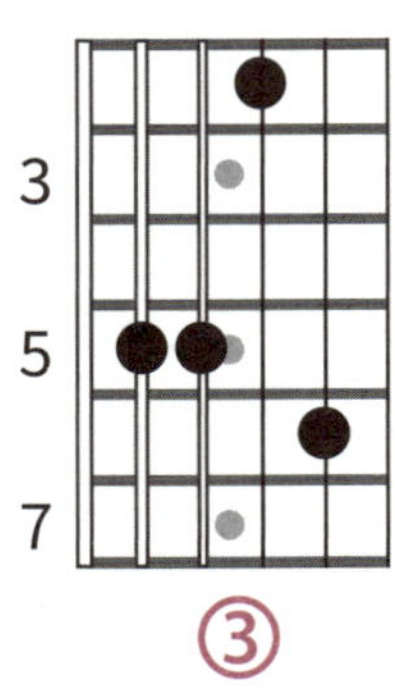 ③

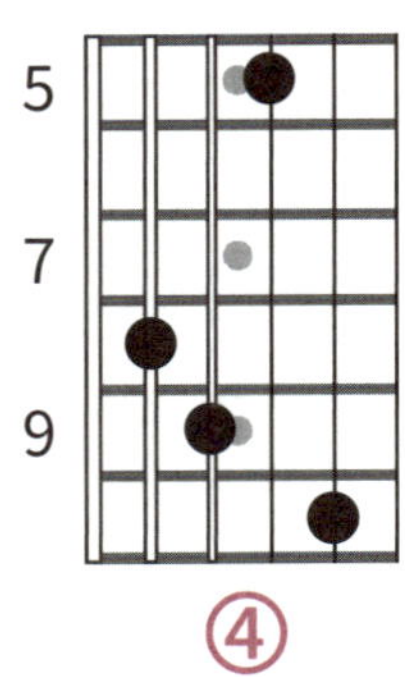 ④

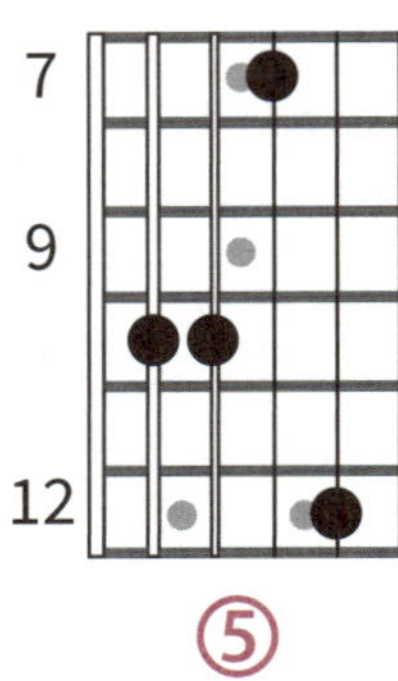 ⑤

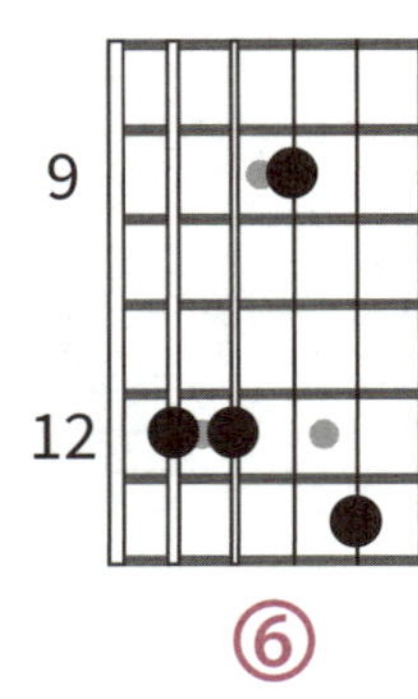 ⑥

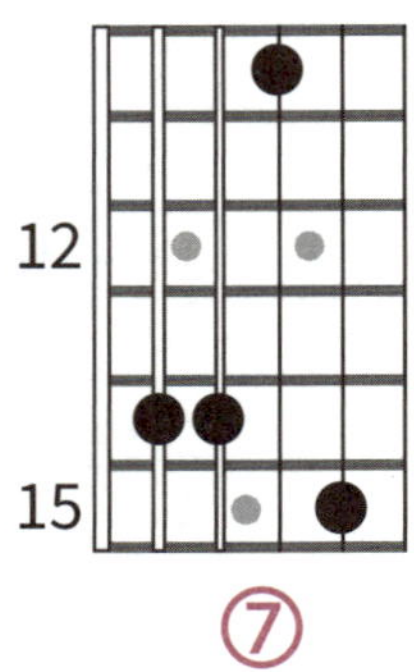 ⑦

Top Position

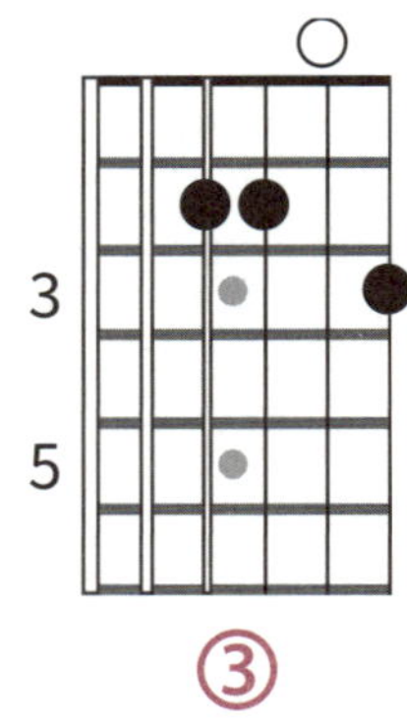 ③

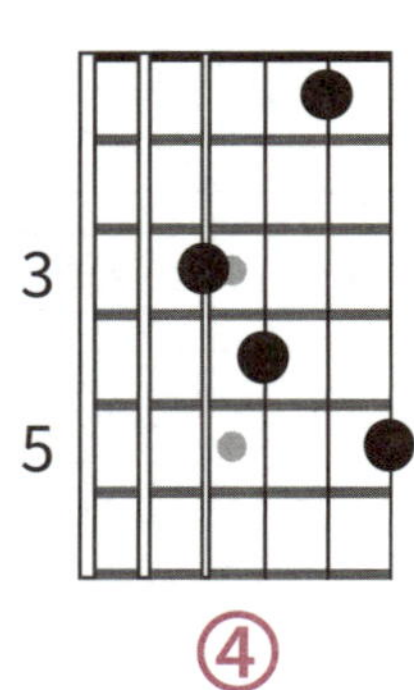 ④

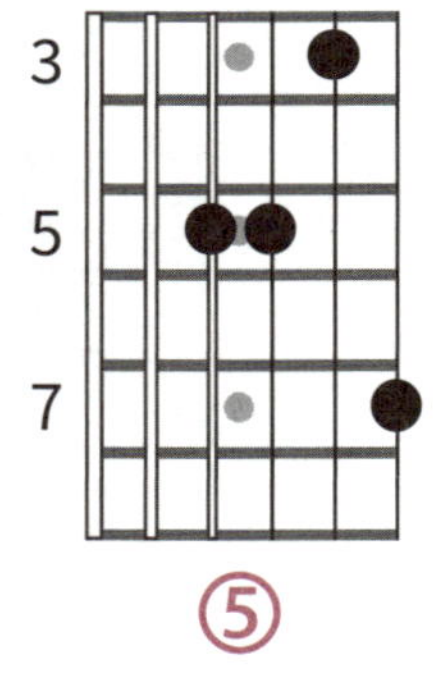 ⑤

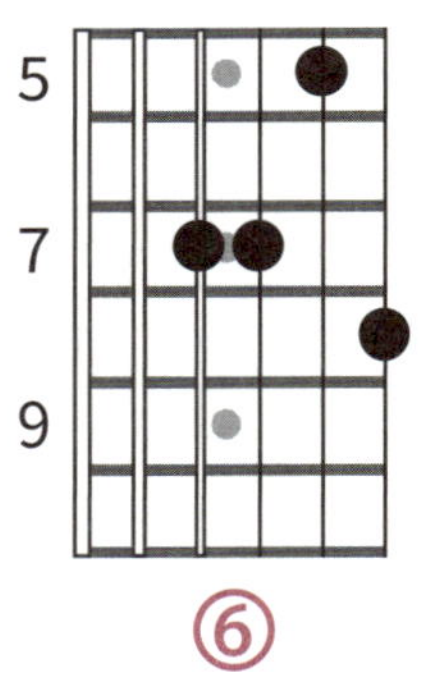 ⑥

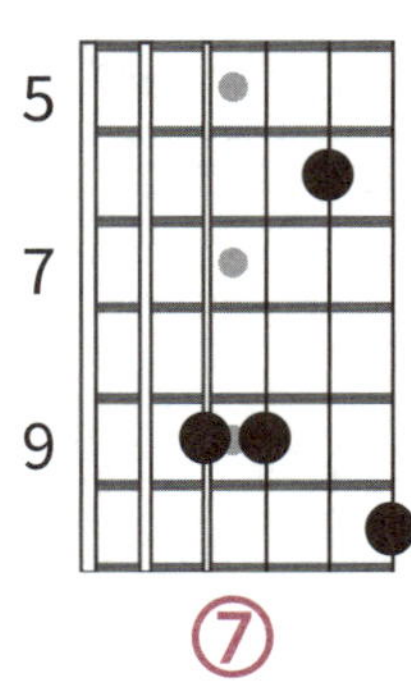 ⑦

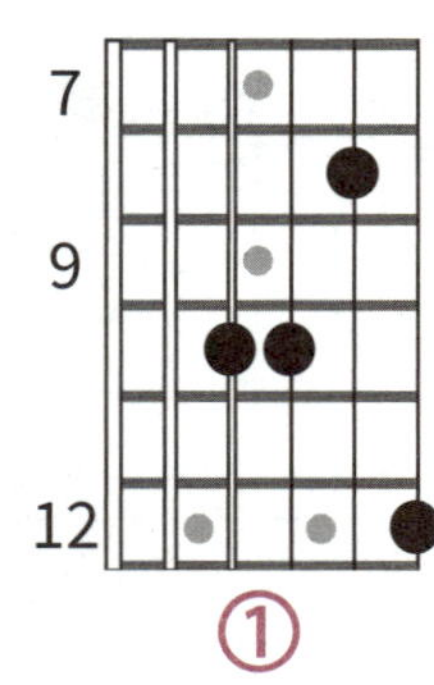 ①

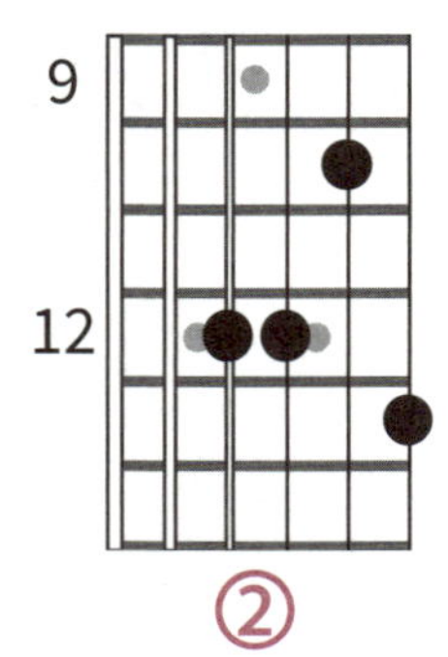 ②

4도+6도 인터벌 보이싱(C 하모닉 마이너) 4th + 6th Interval Voicing in C Harmonic Minor

Middle Position

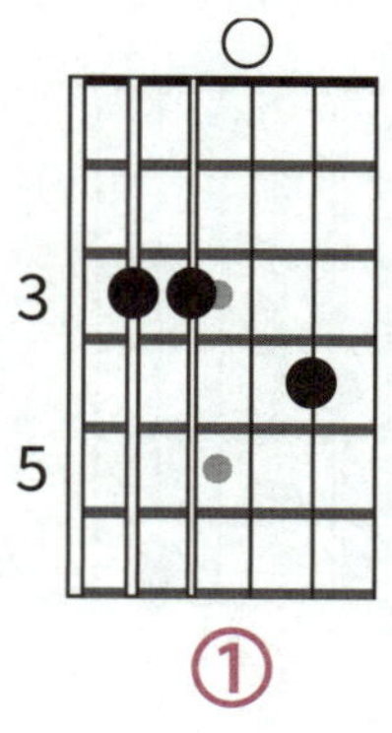

①

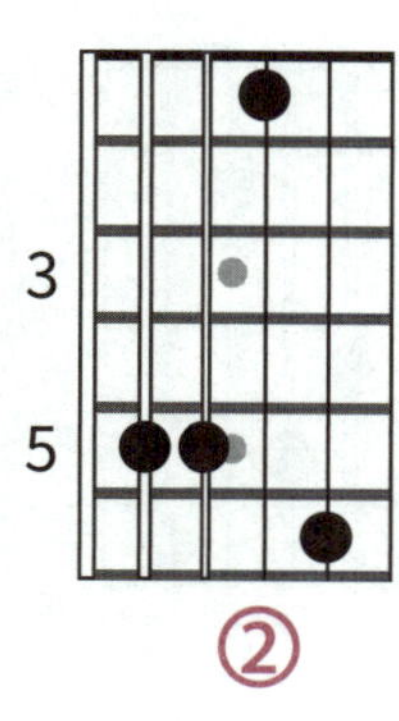

②

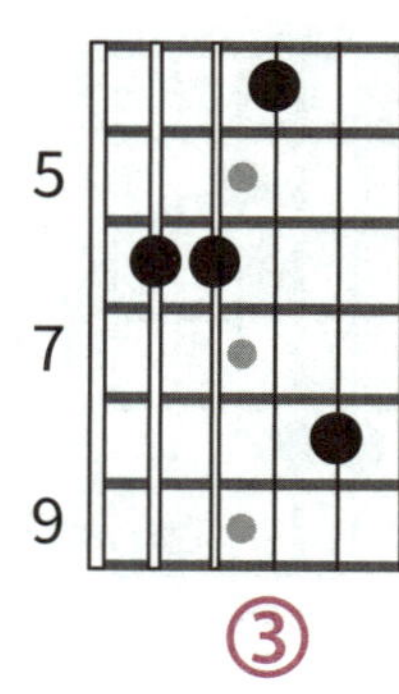

③

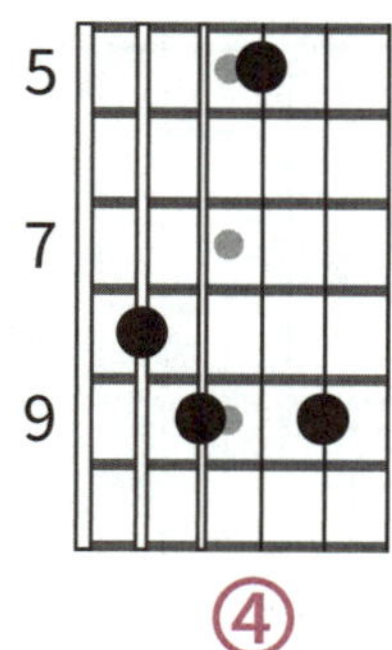

④

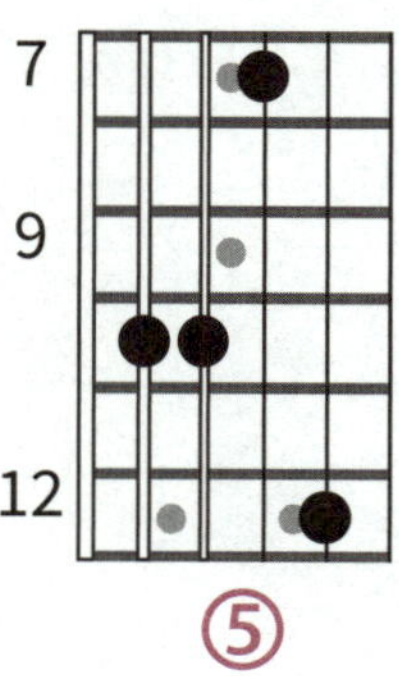

⑤

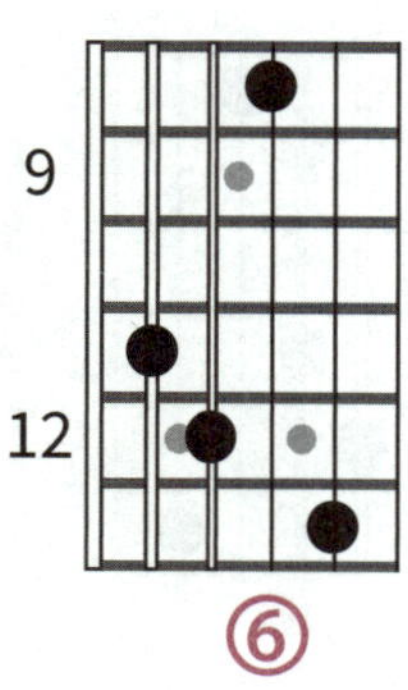

⑥

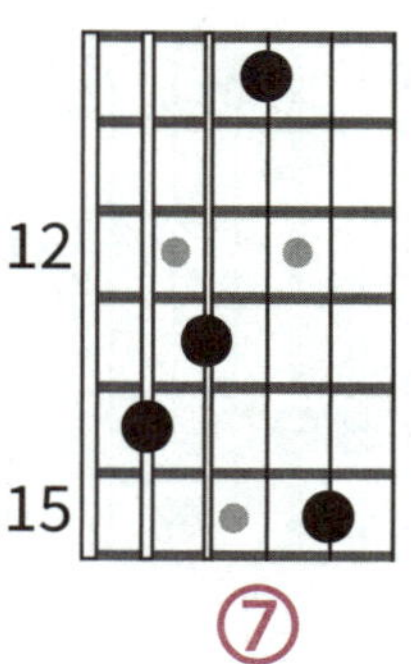

⑦

Top Position

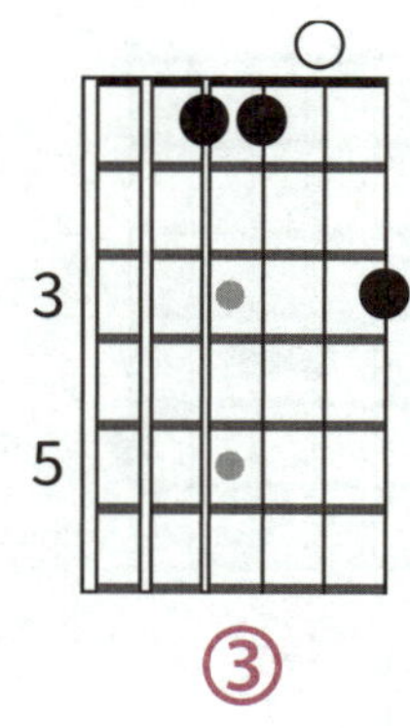

③

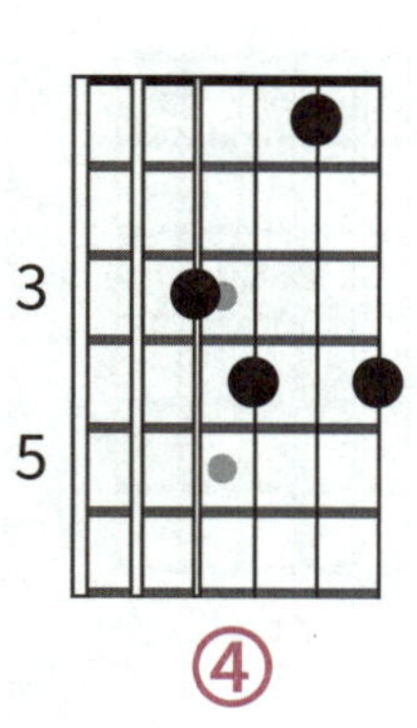

④

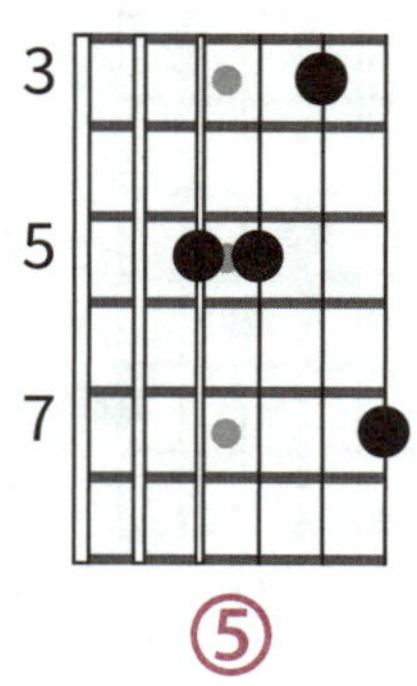

⑤

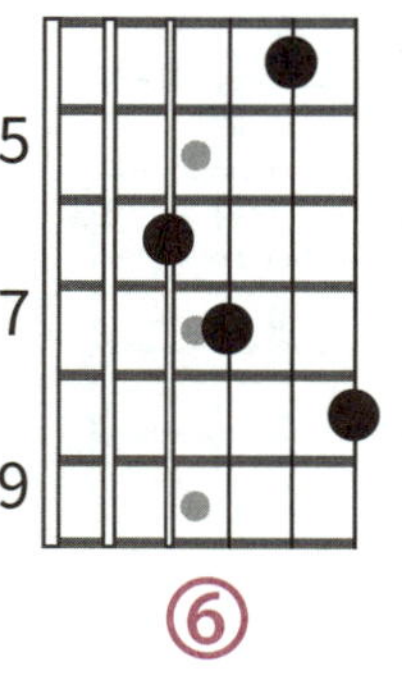

⑥

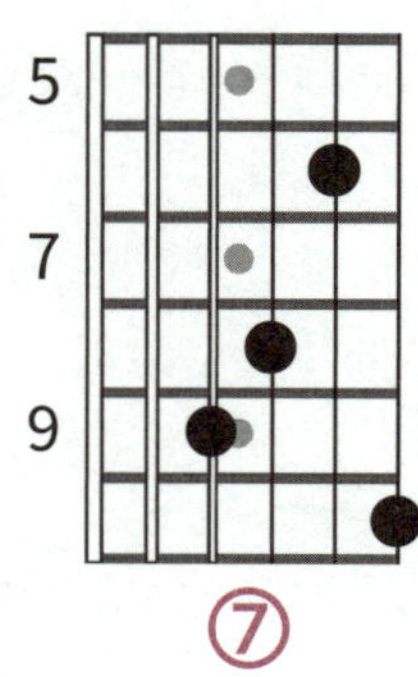

⑦

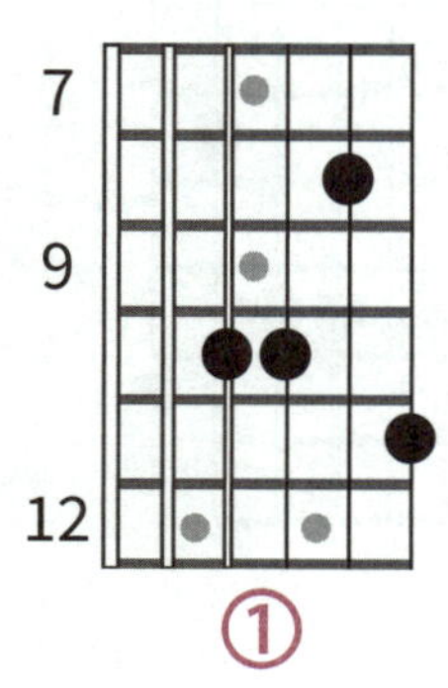

①

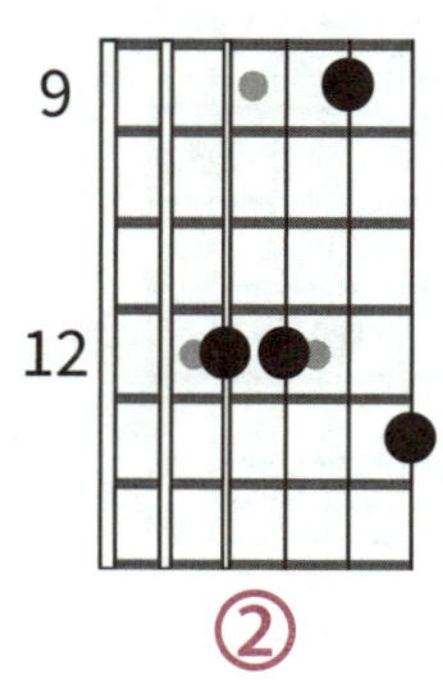

②

4도+6도 인터벌 보이싱(C 멜로딕 마이너) 4th + 6th Interval Voicing in C Melodic Minor

Middle Position

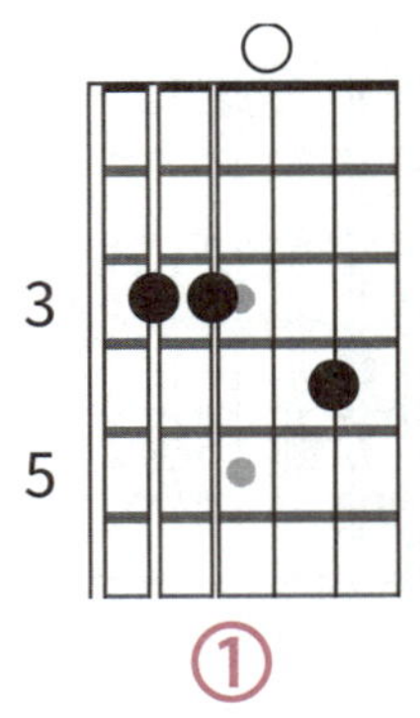

①

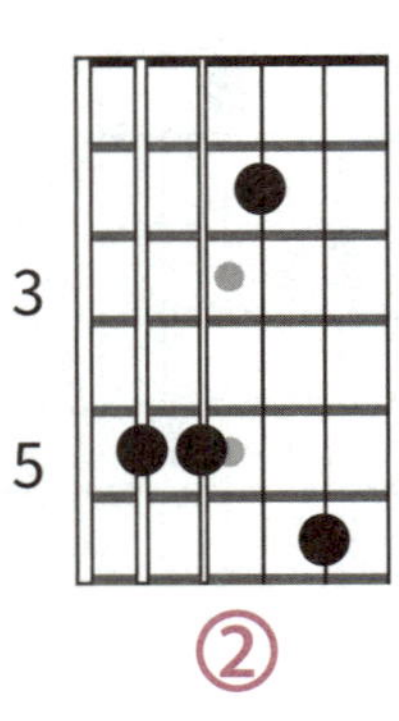

②

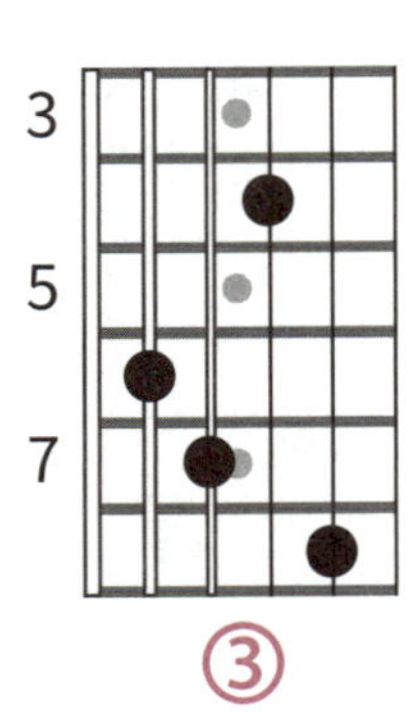

③

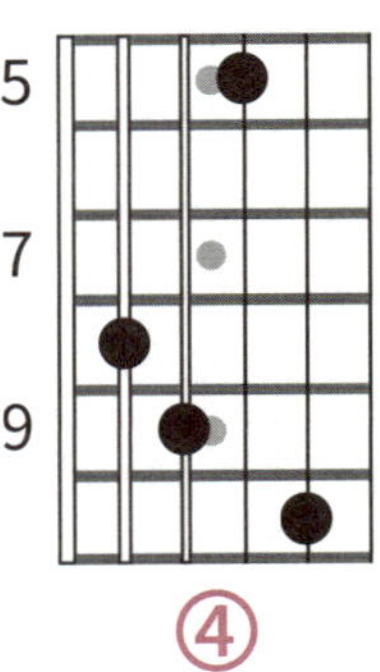

④

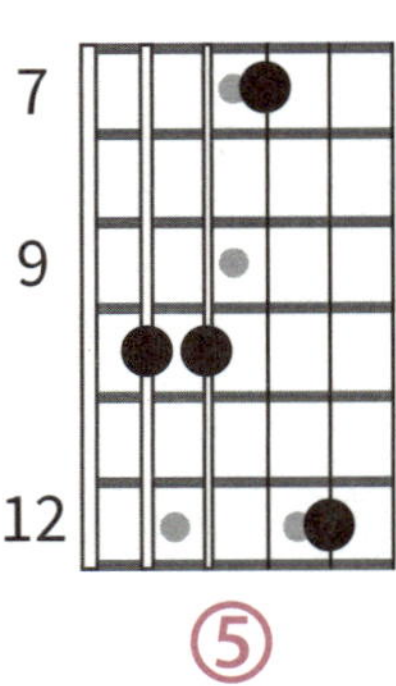

⑤

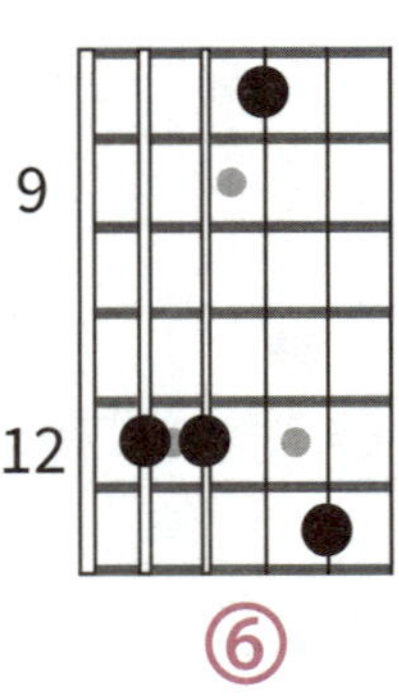

⑥

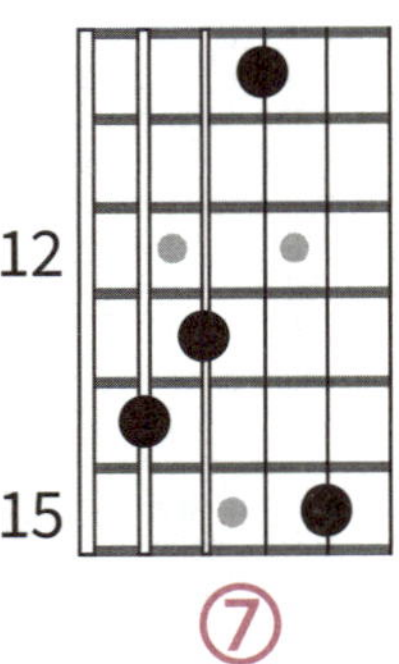

⑦

Top Position

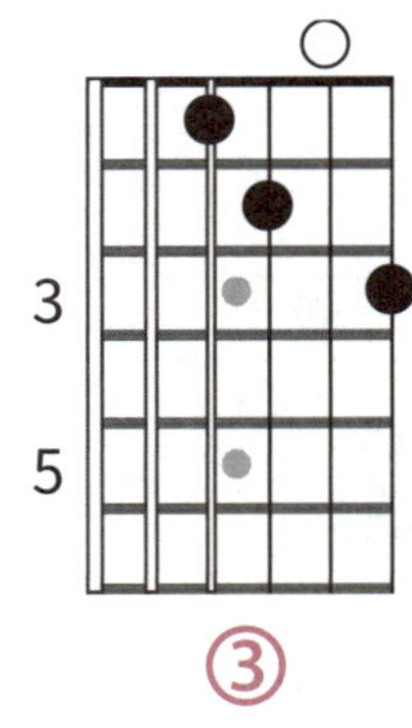

③

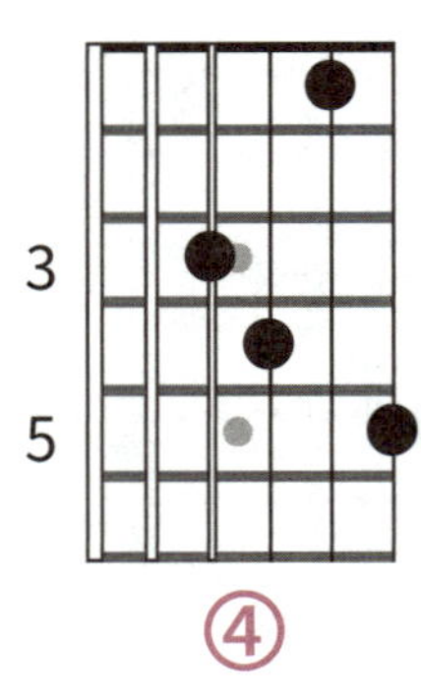

④

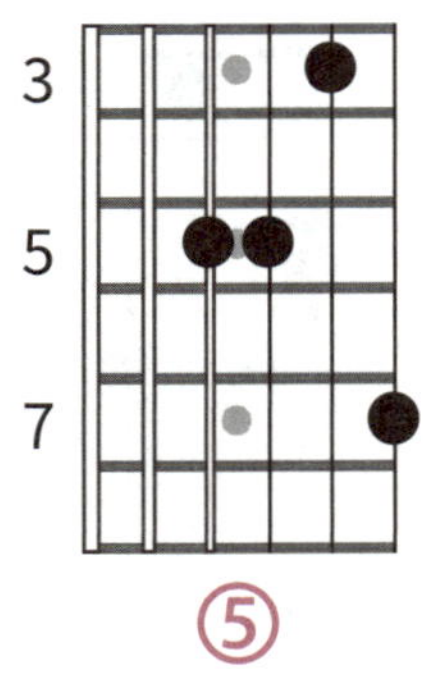

⑤

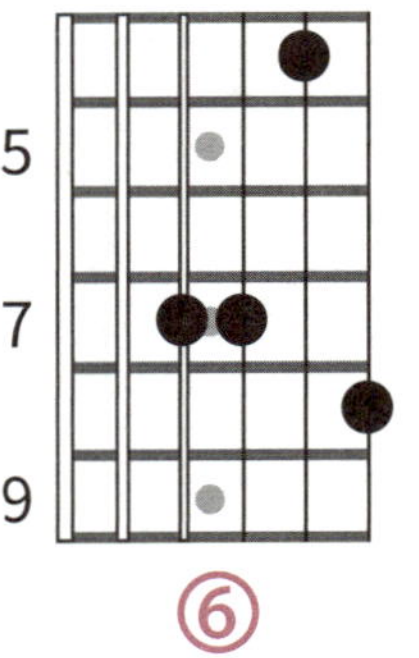

⑥

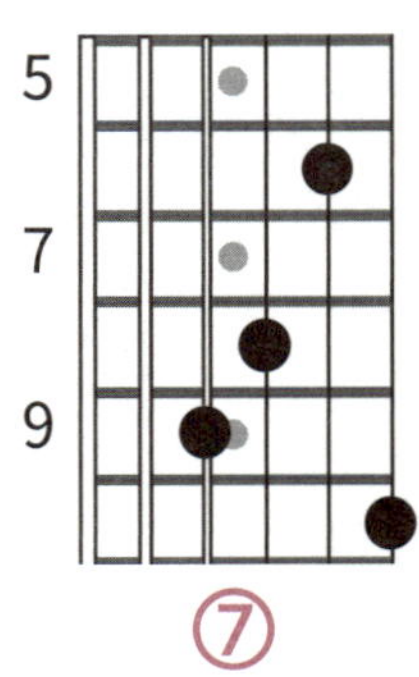

⑦

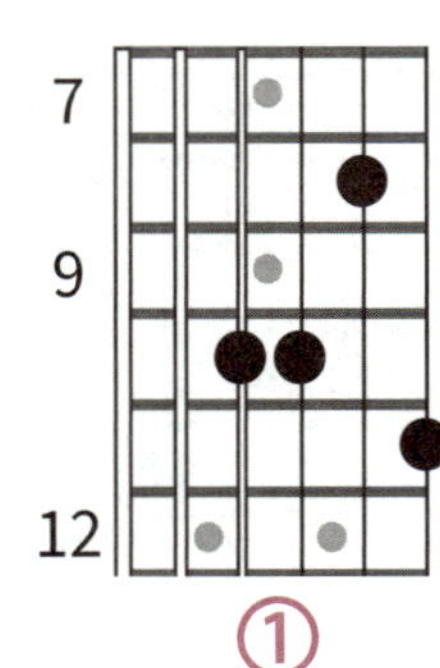

①

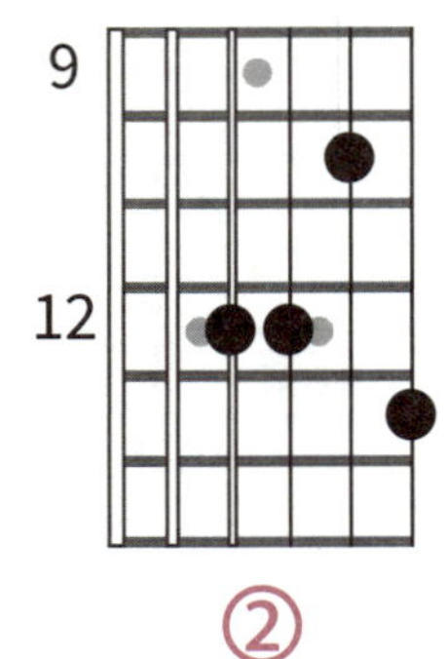

②

4도+2도 인터벌 보이싱(C 메이저 스케일)

Middle Position

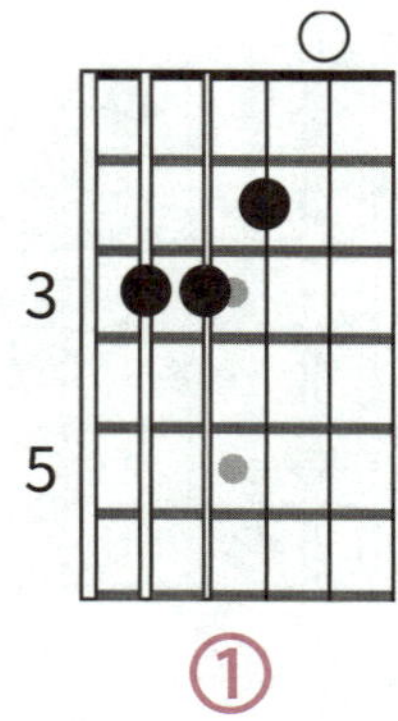
①

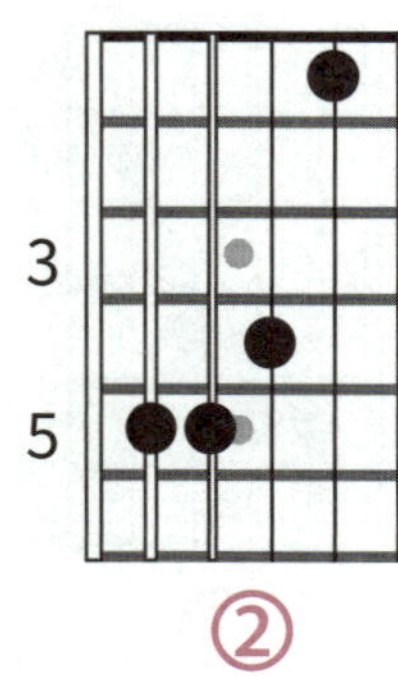
②

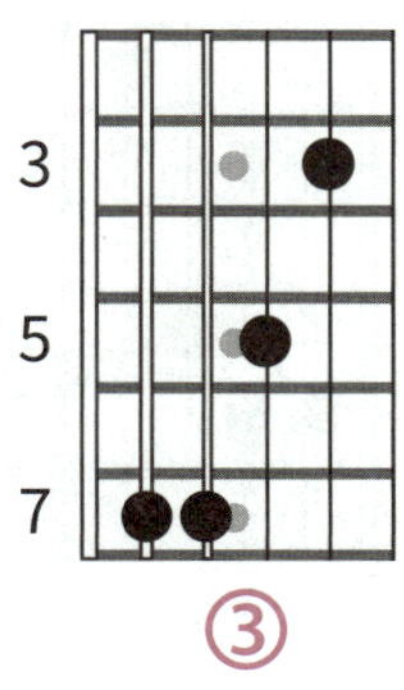
③

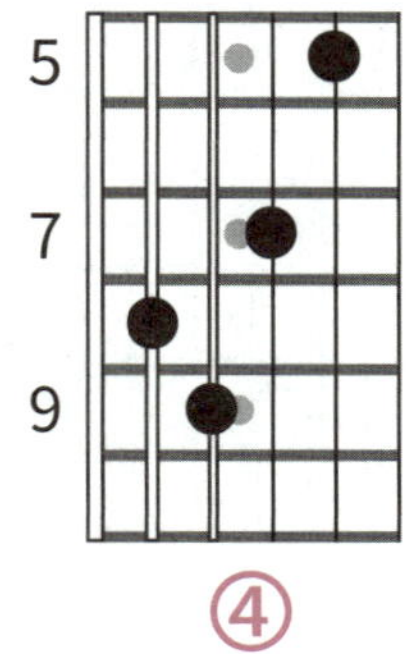
④

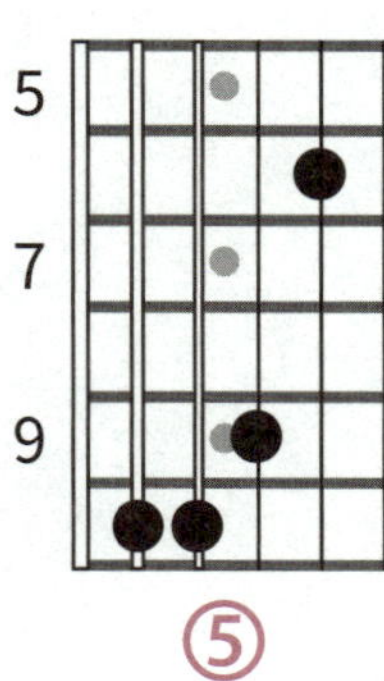
⑤

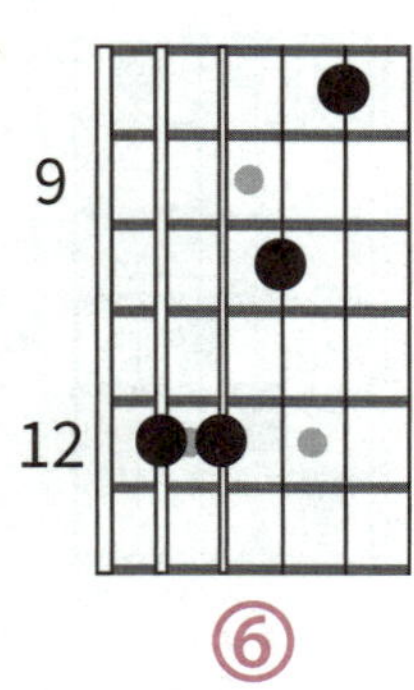
⑥

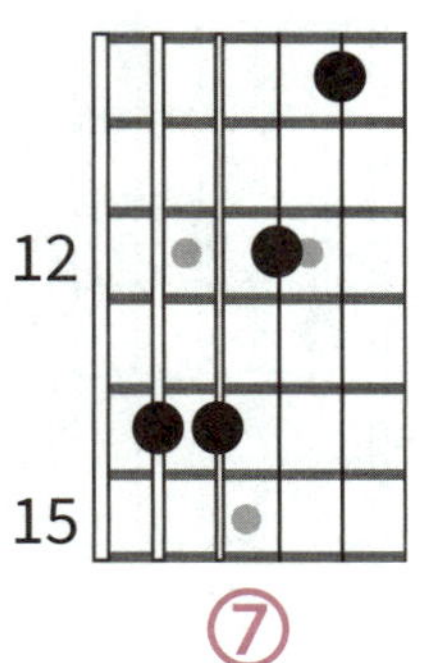
⑦

Top Position

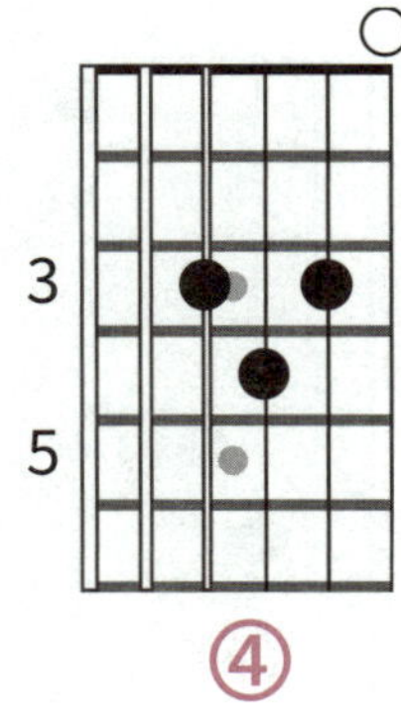
④

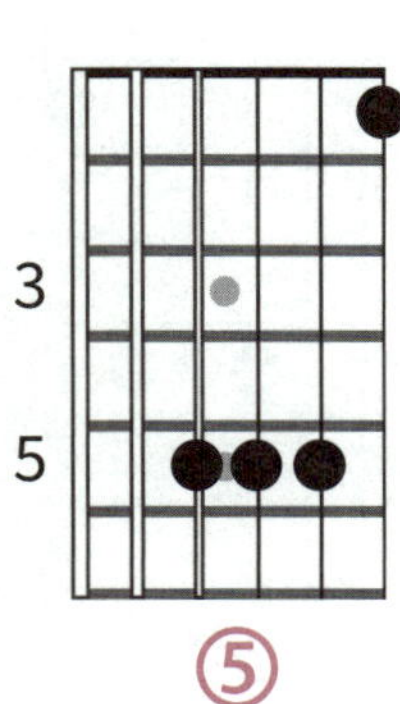
⑤

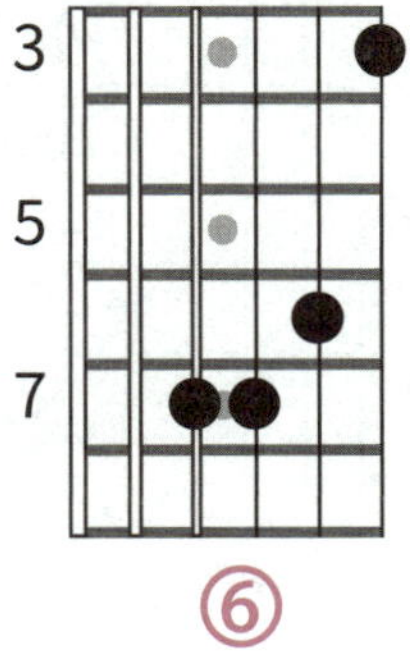
⑥

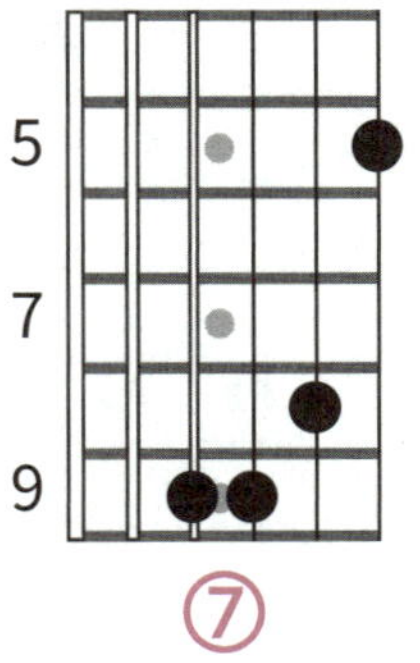
⑦

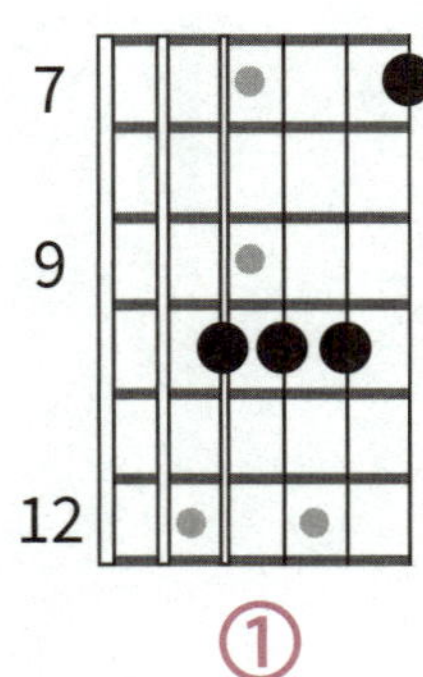
①

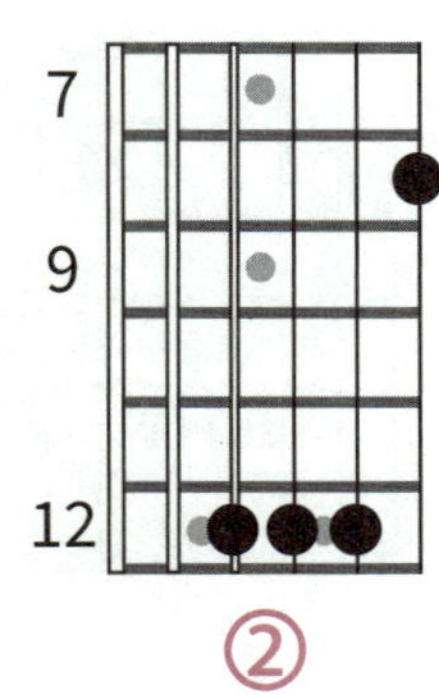
②

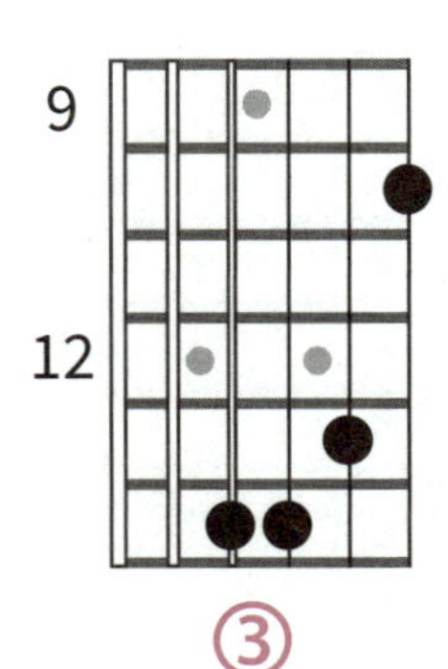
③

4도+2도 인터벌 보이싱(C 하모닉 마이너) 4th + 2nd Interval Voicing in C Harmonic Minor

Middle Position

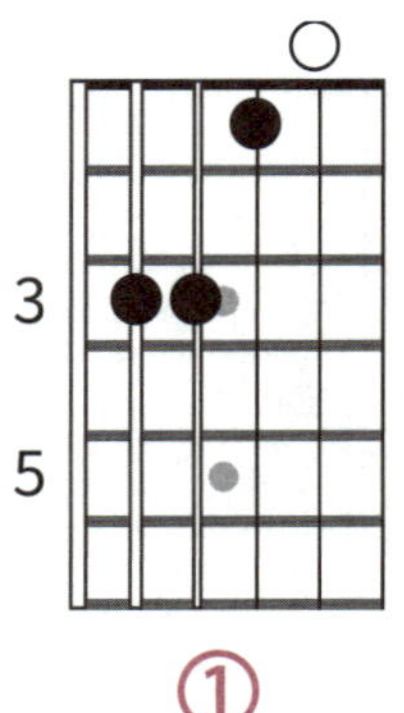
①

②

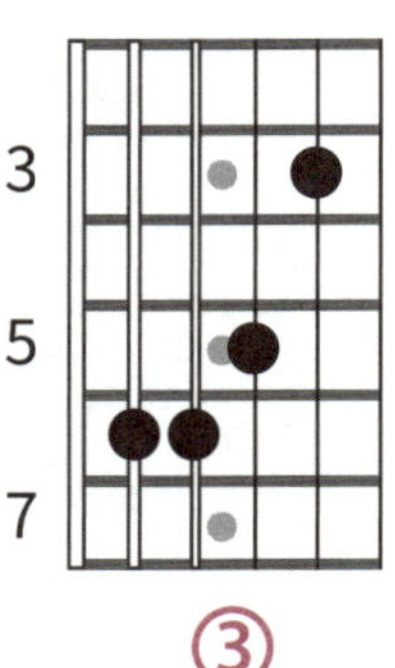
③

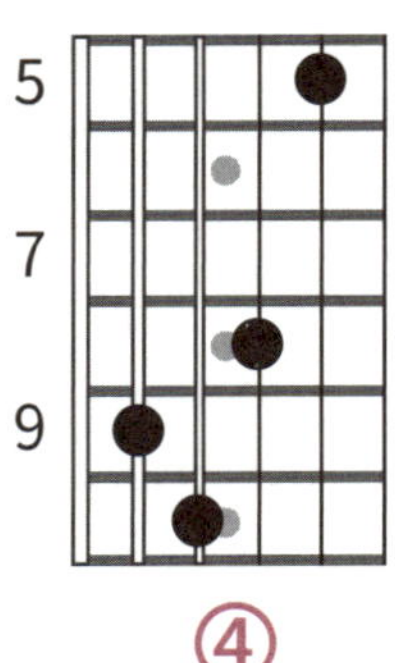
④

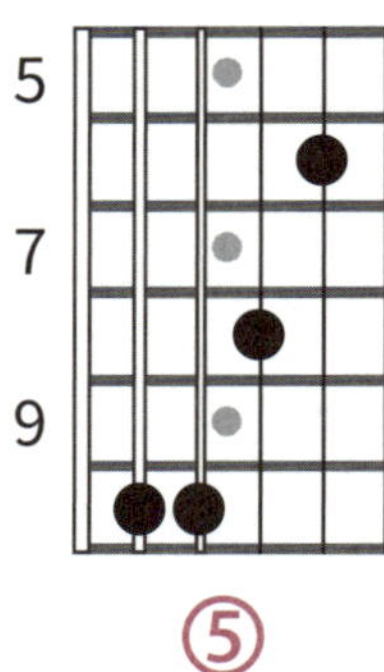
⑤

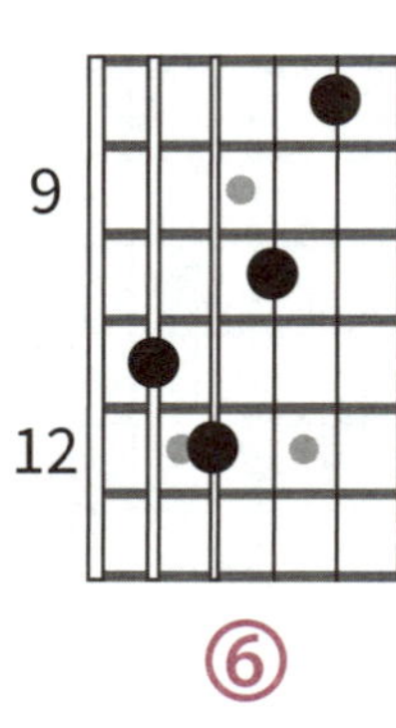
⑥

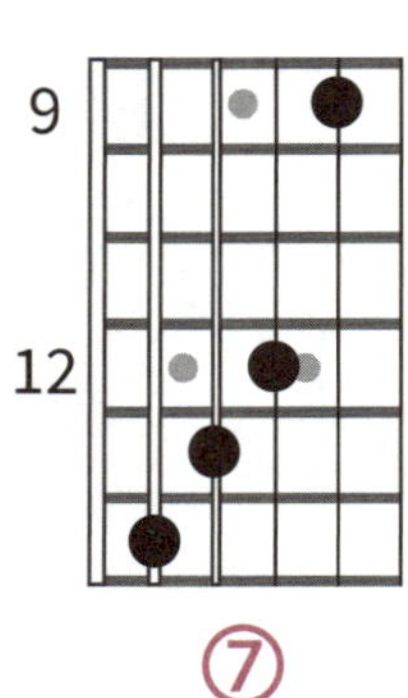
⑦

Top Position

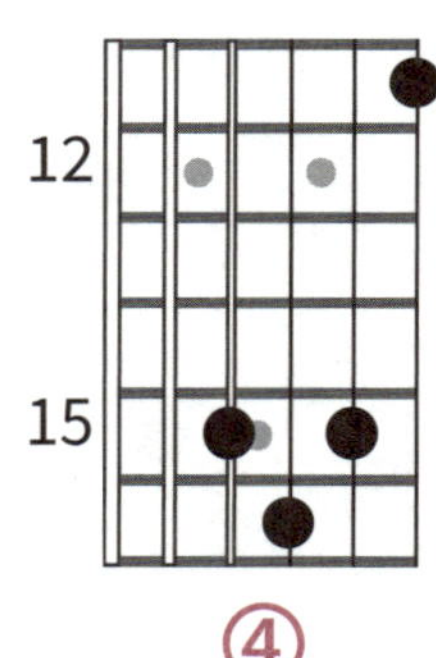
④

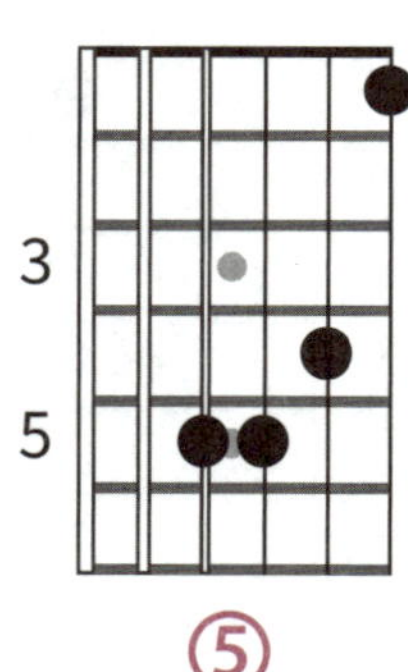
⑤

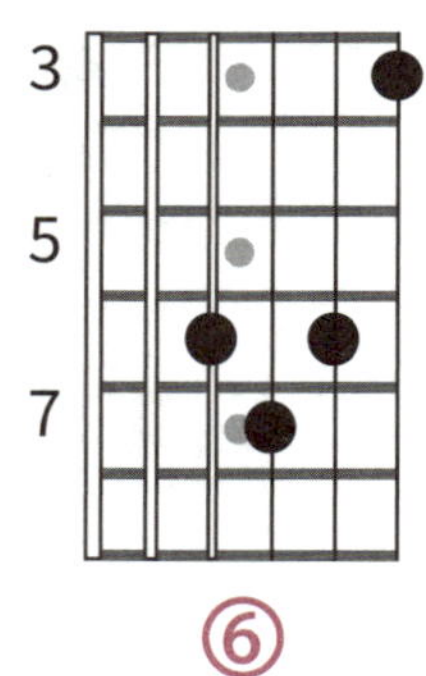
⑥

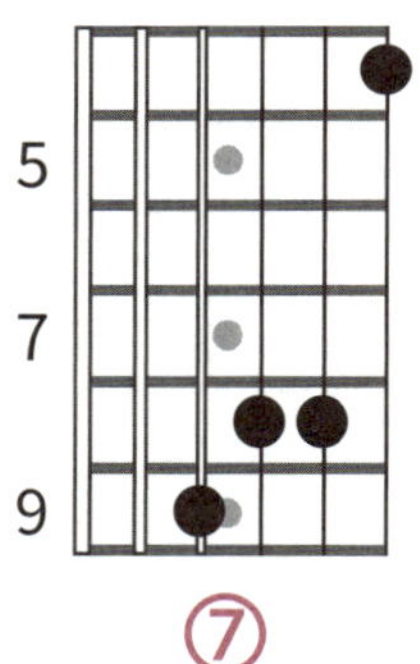
⑦

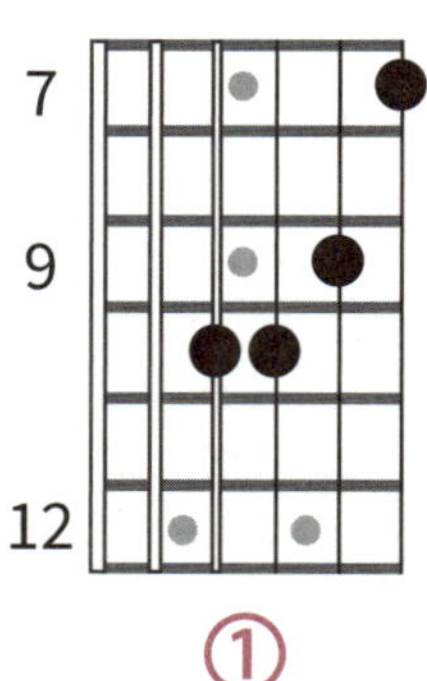
①

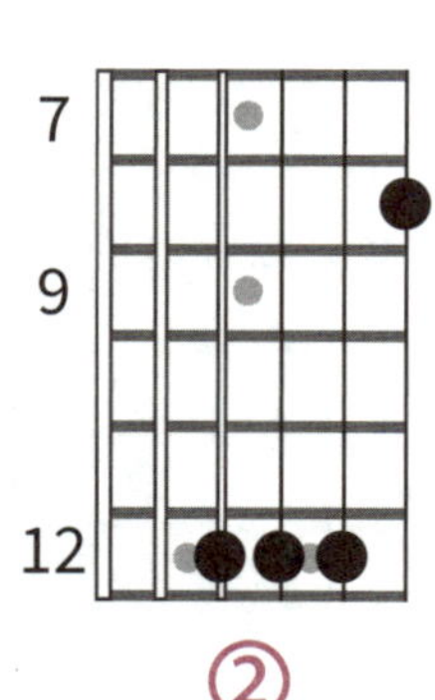
②

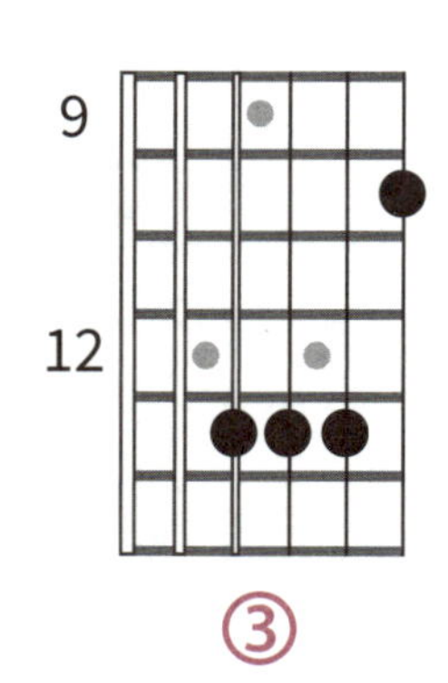
③

4도+2도 인터벌 보이싱(C 멜로딕 마이너) 4th + 2nd Interval Voicing in C Melodic Minor

Middle Position

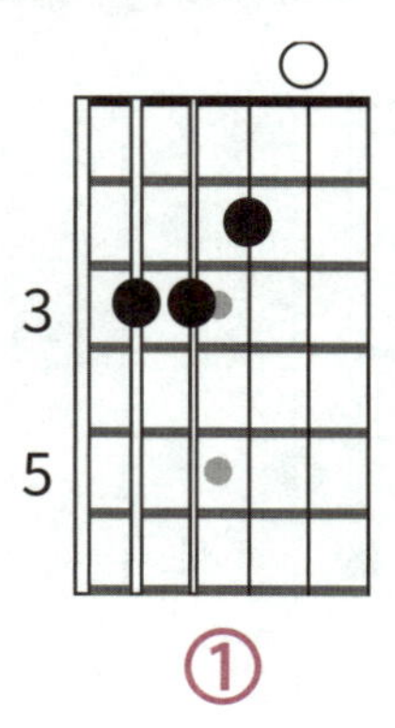

①

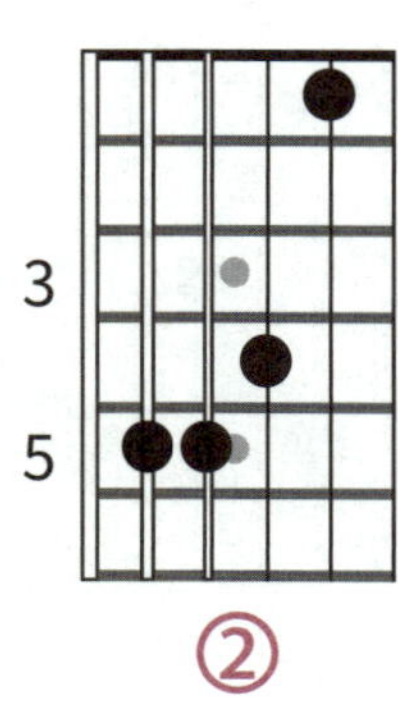

②

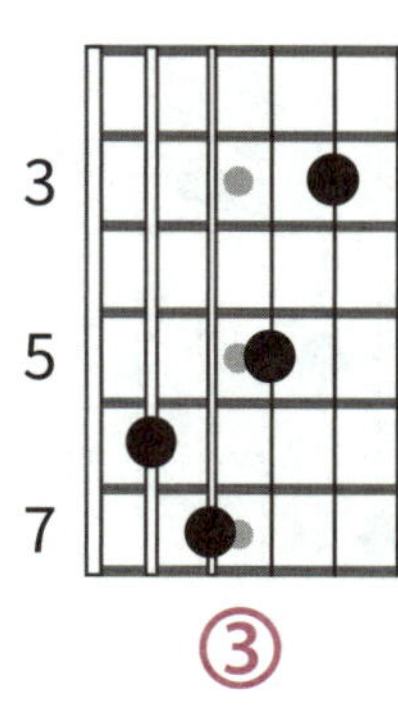

③

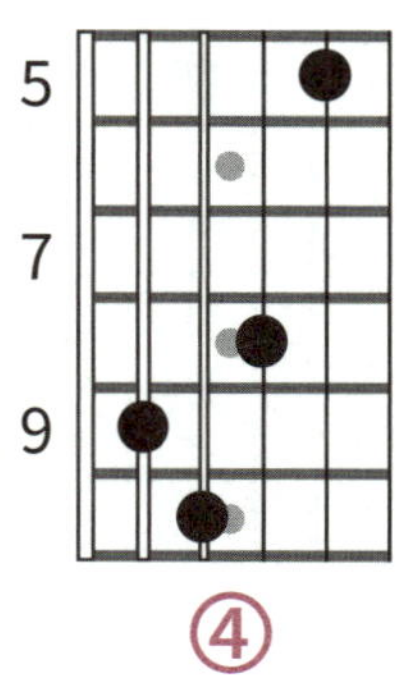

④

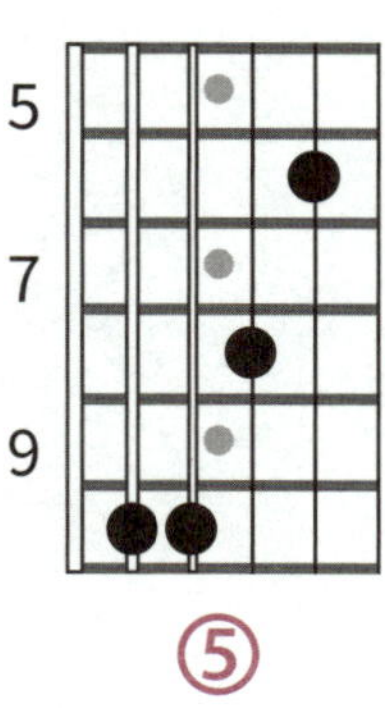

⑤

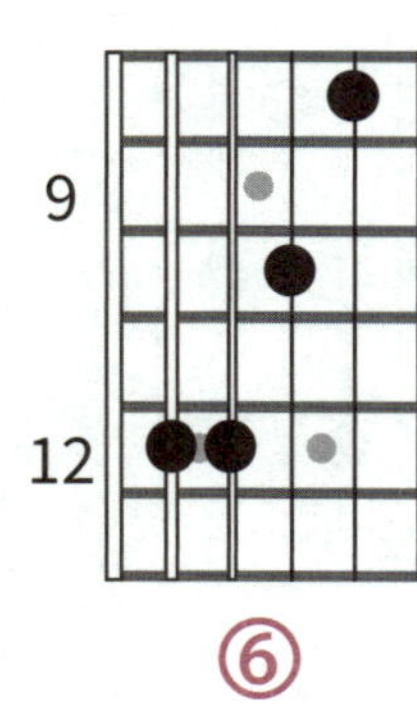

⑥

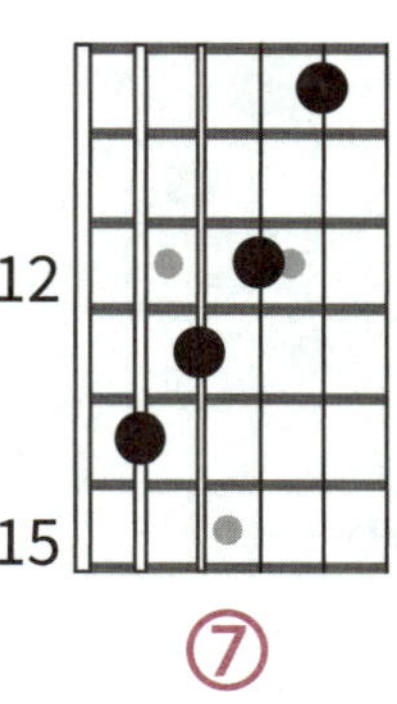

⑦

Top Position

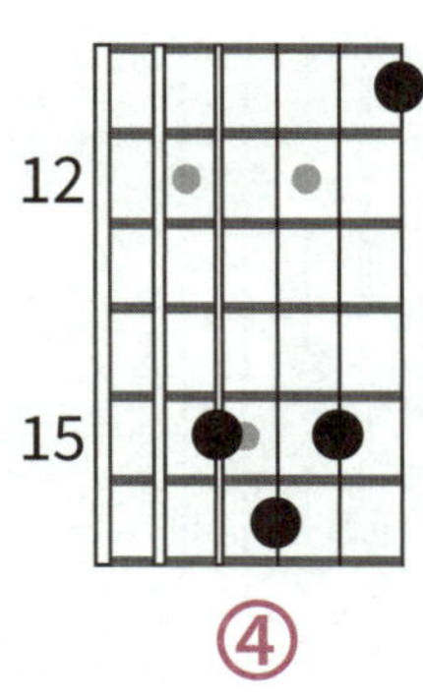

④

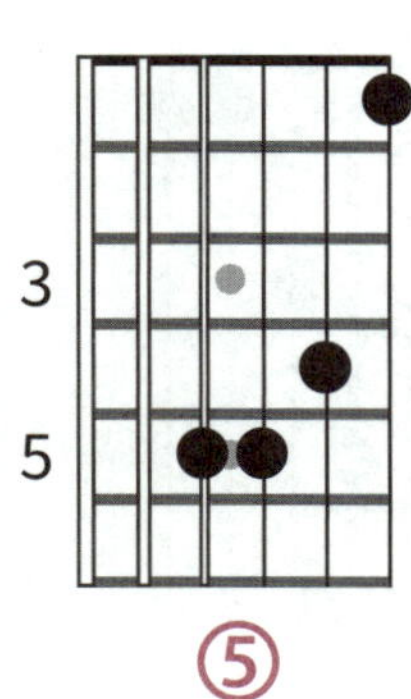

⑤

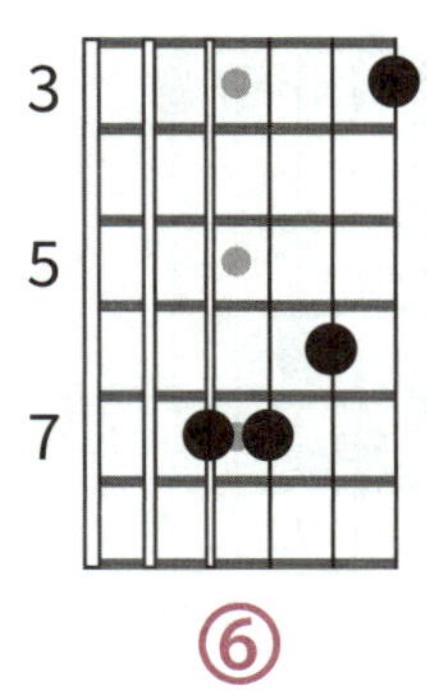

⑥

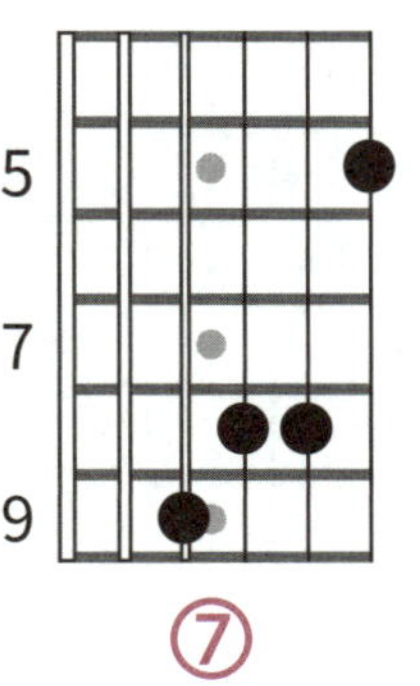

⑦

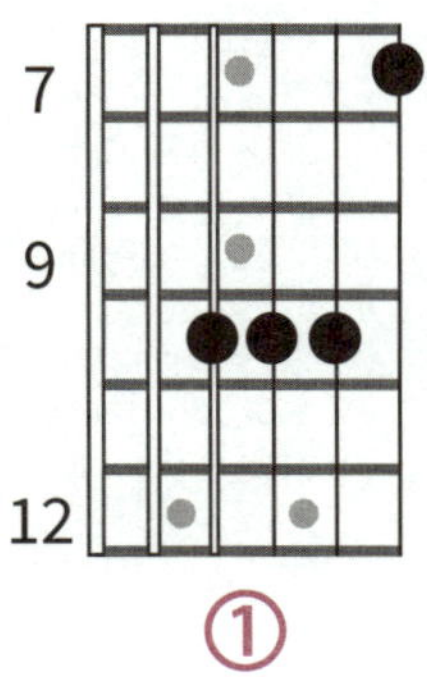

①

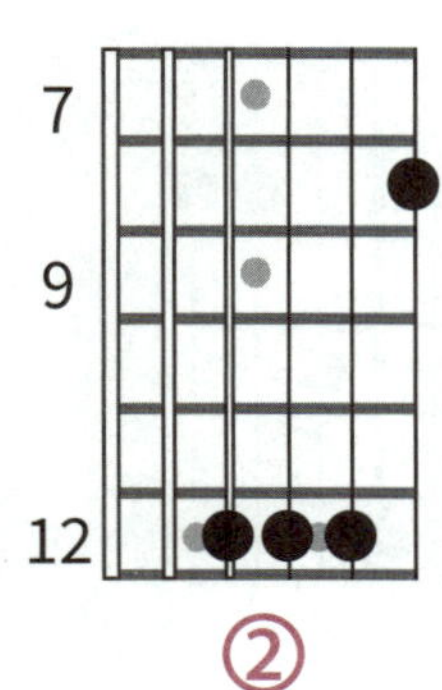

②

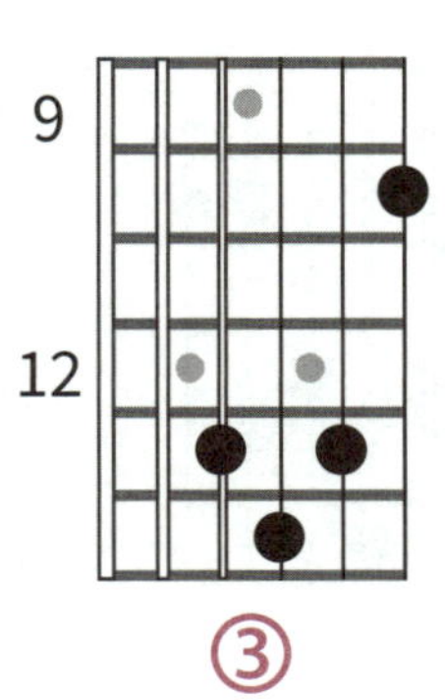

③

3도+4도 인터벌 보이싱(C 메이저 스케일) 3rd + 4th Interval Voicing in C Major Scale

Middle Position

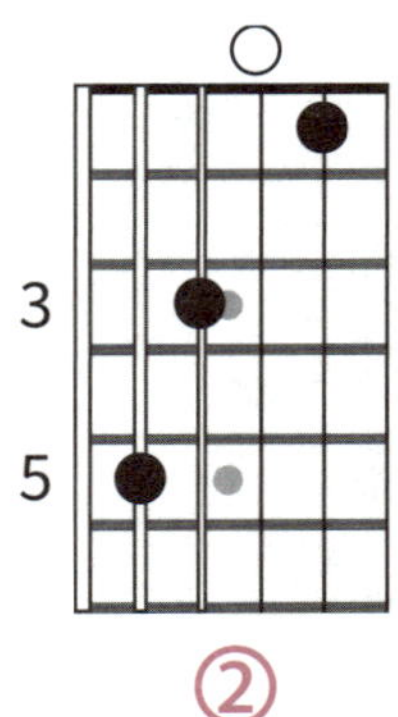

②

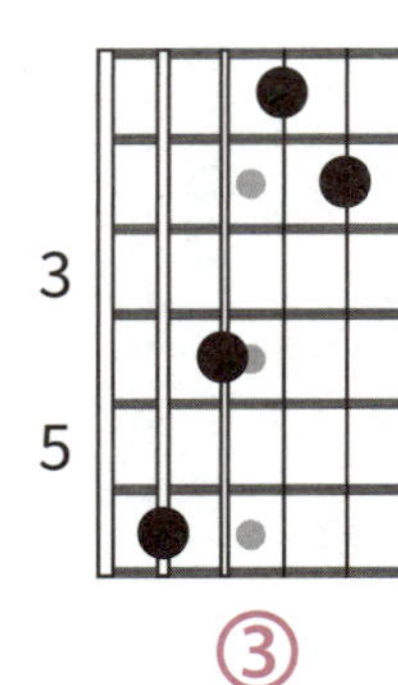

③

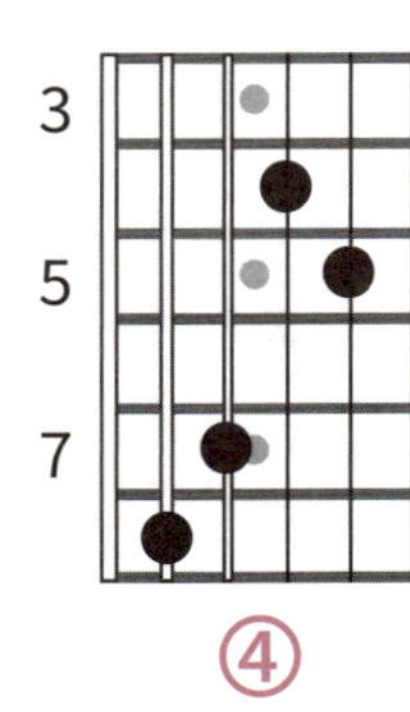

④

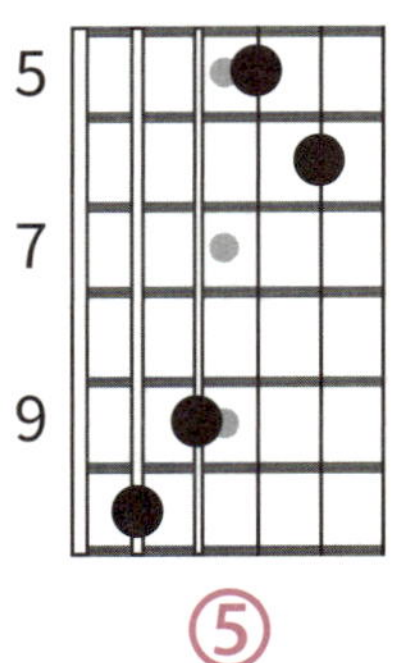

⑤

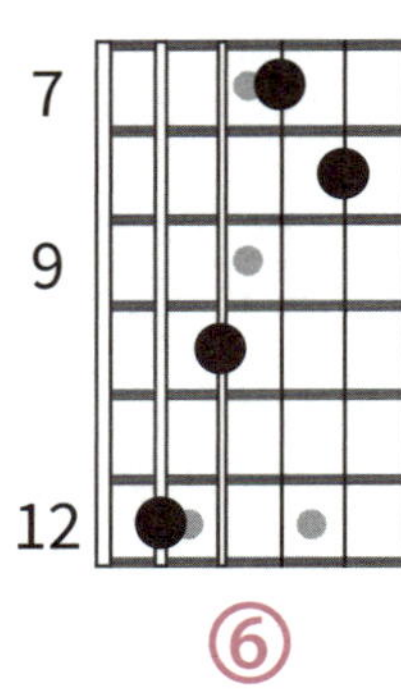

⑥

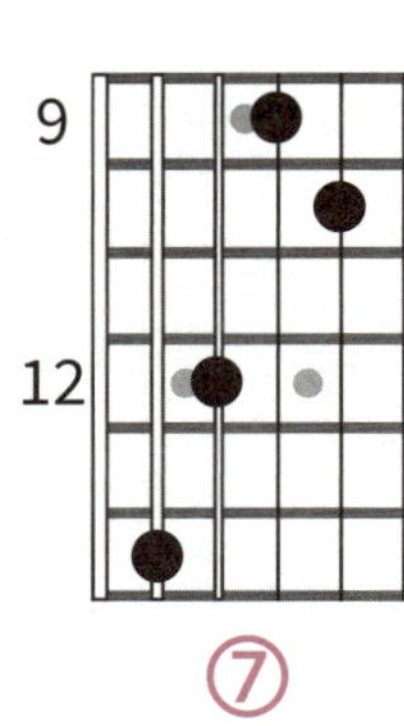

⑦

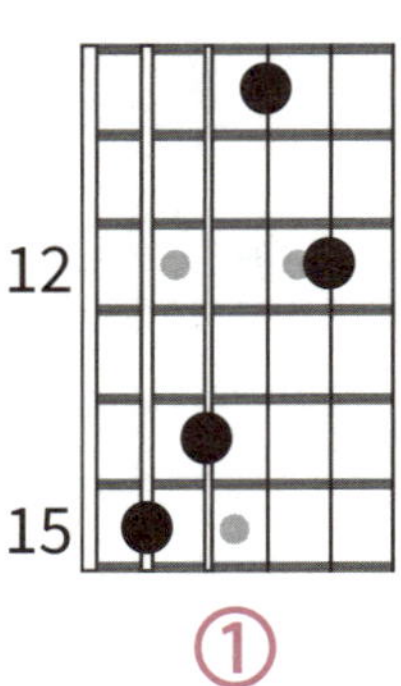

①

Top Position

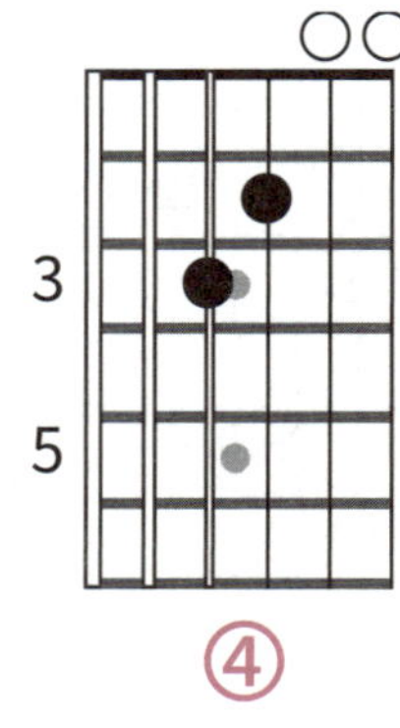

④

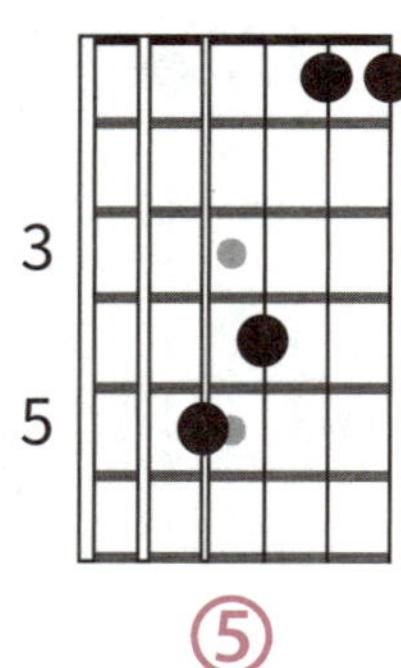

⑤

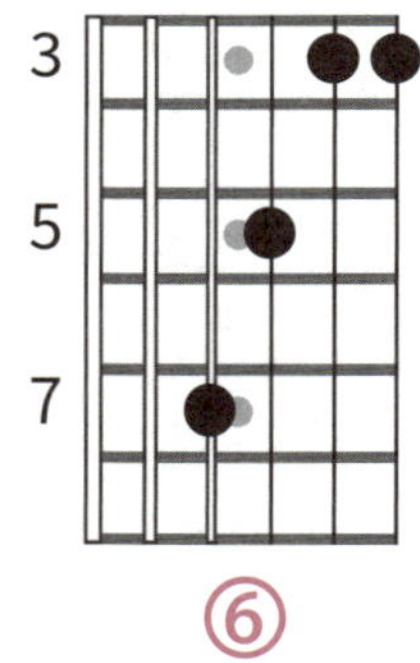

⑥

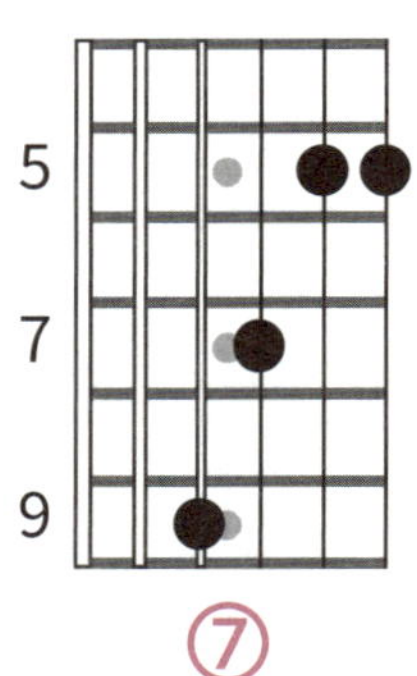

⑦

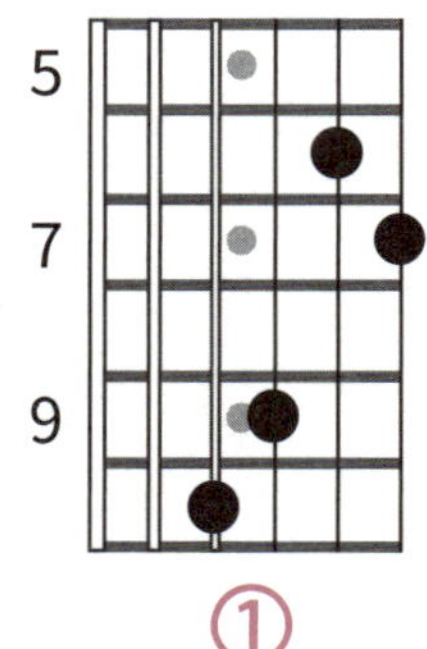

①

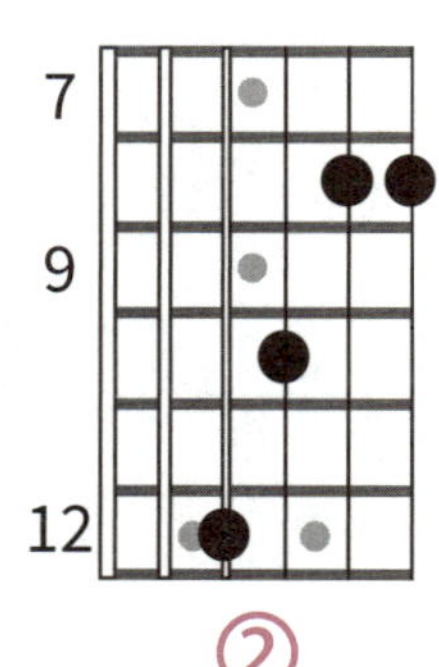

②

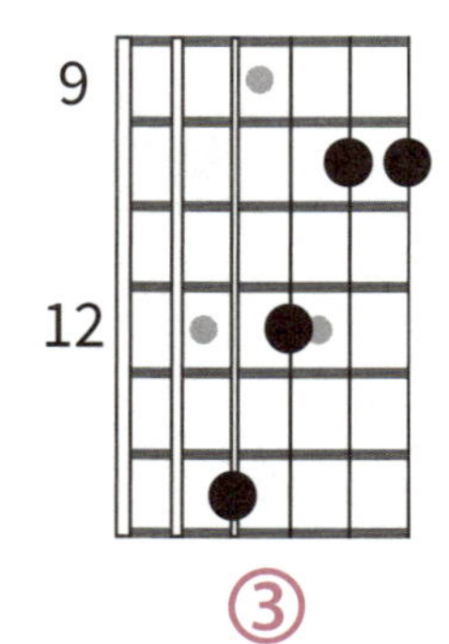

③

3도+4도 인터벌 보이싱(C 하모닉 마이너) 3rd + 4th Interval Voicing in C Harmonic Minor

Middle Position

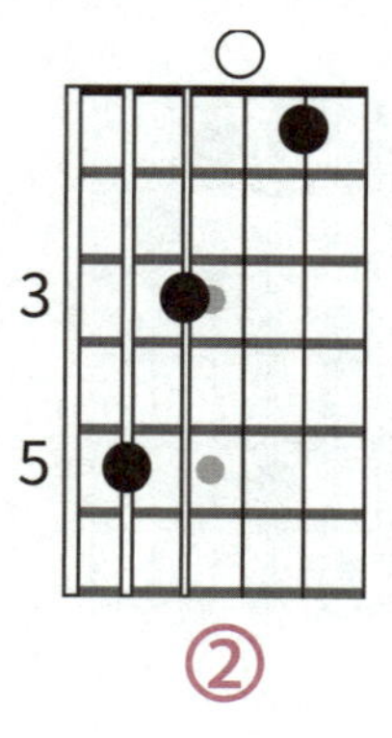

②

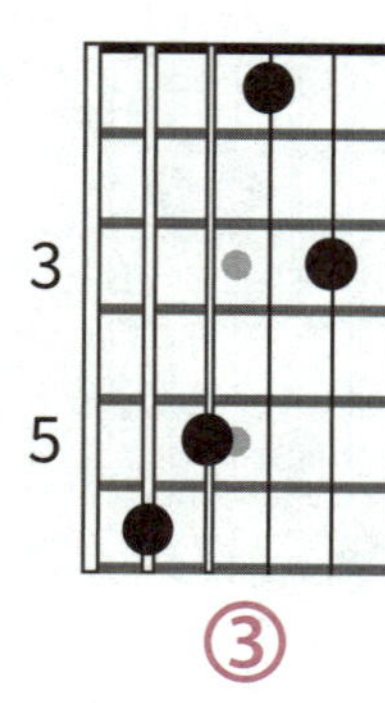

③

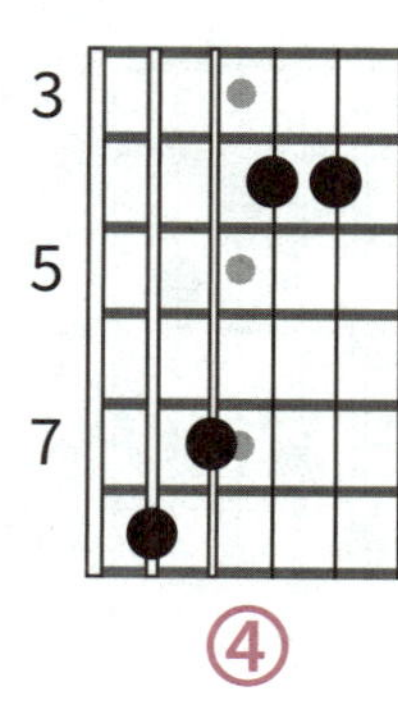

④

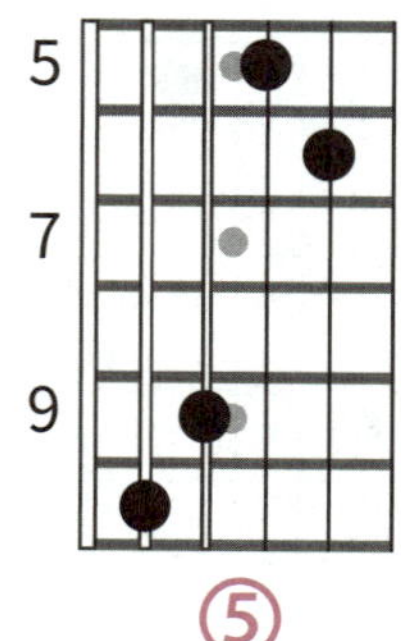

⑤

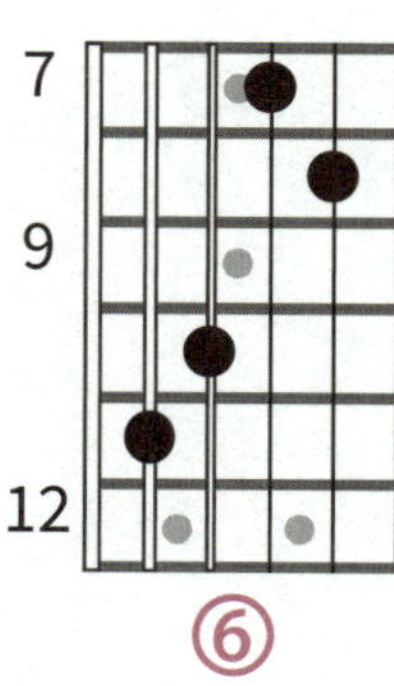

⑥

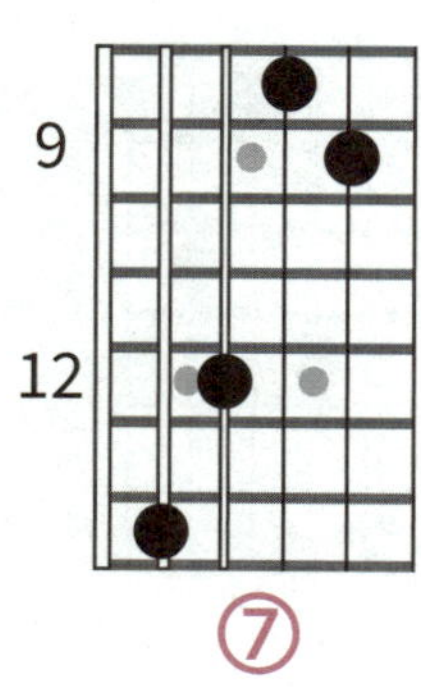

⑦

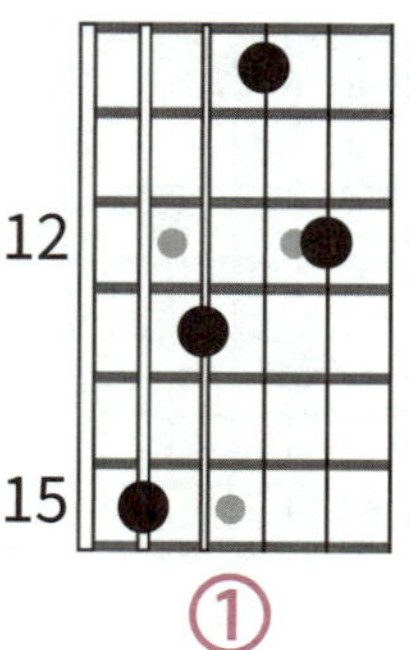

①

Top Position

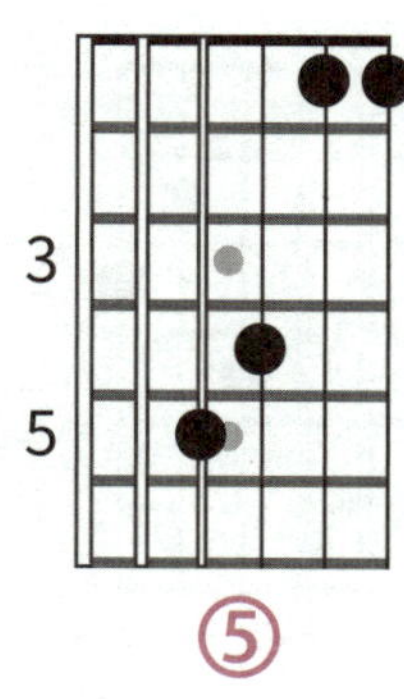

⑤

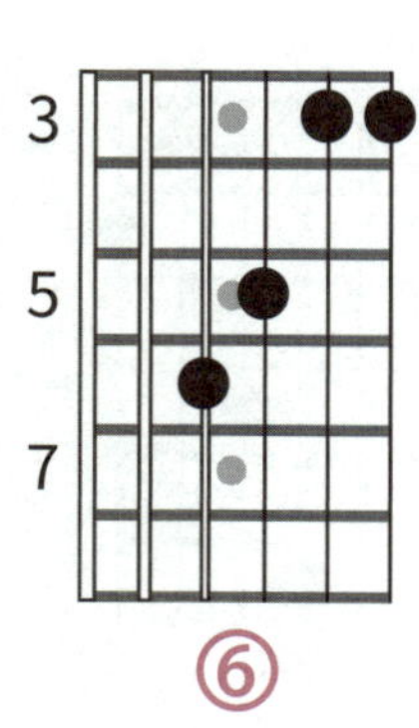

⑥

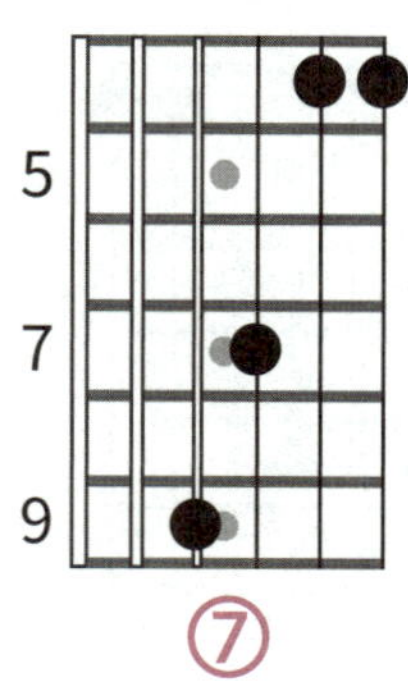

⑦

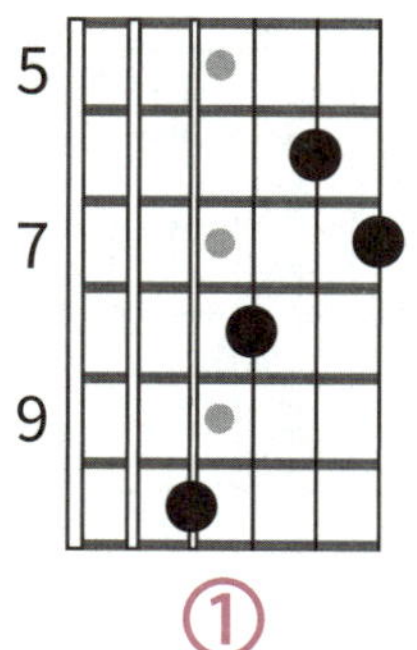

①

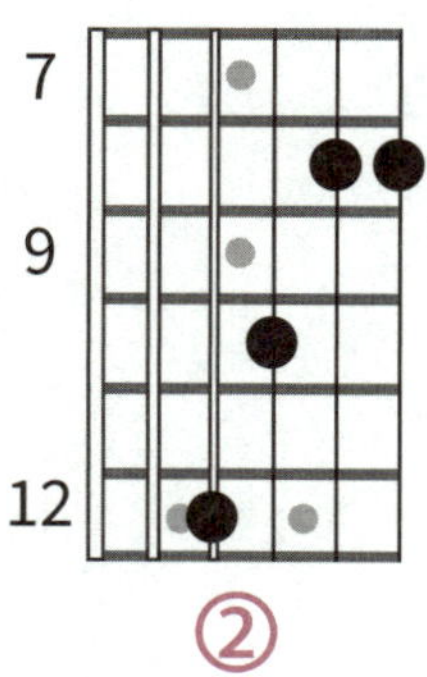

②

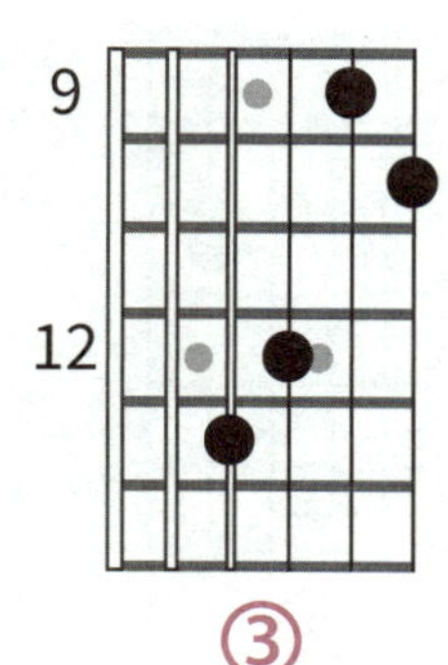

③

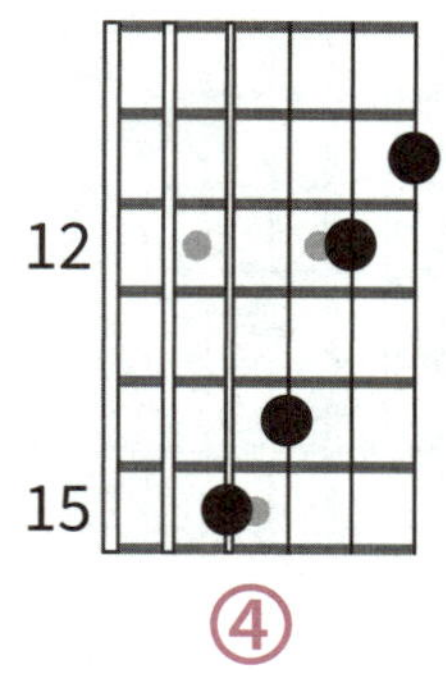

④

3도+4도 인터벌 보이싱(C 멜로딕 마이너) 3rd + 4th Interval Voicing in C Melodic Minor

Middle Position

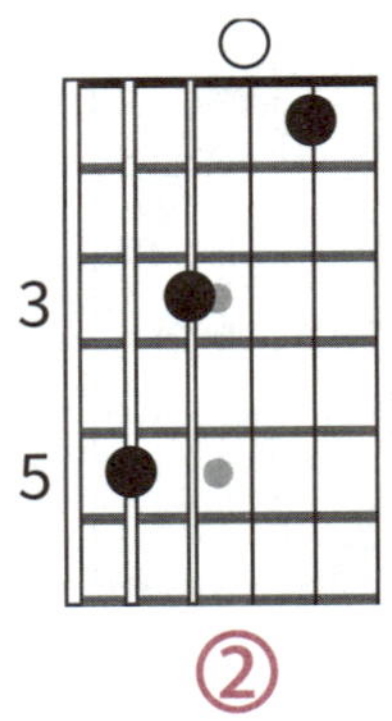
②

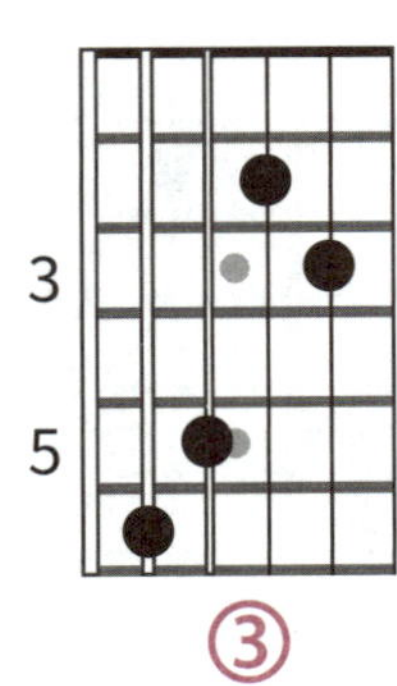
③

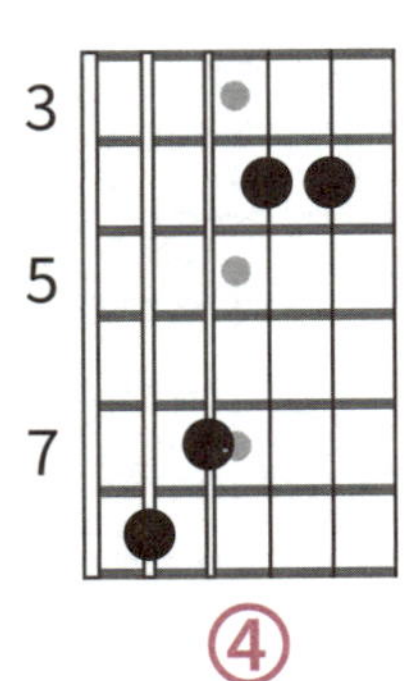
④

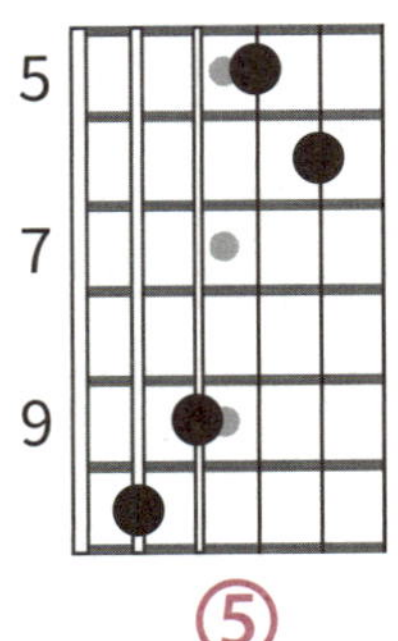
⑤

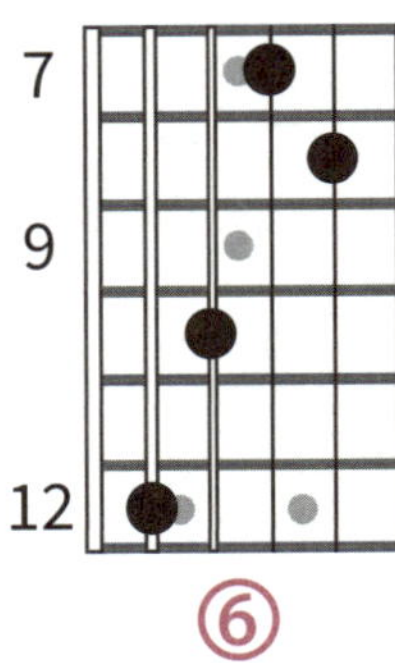
⑥

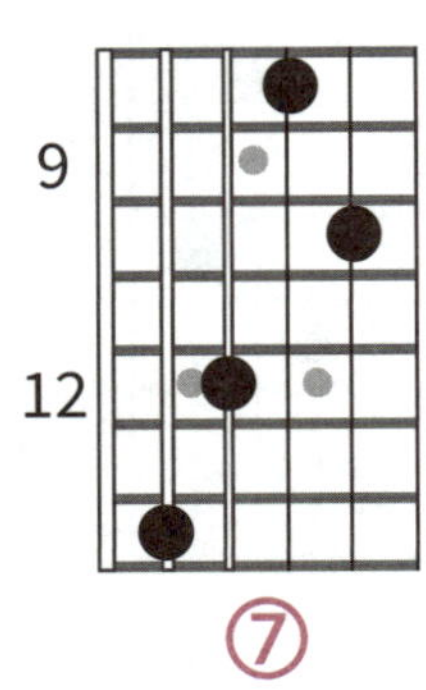
⑦

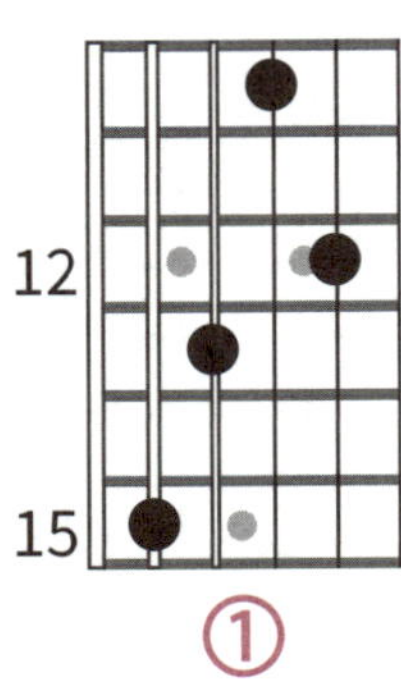
①

Top Position

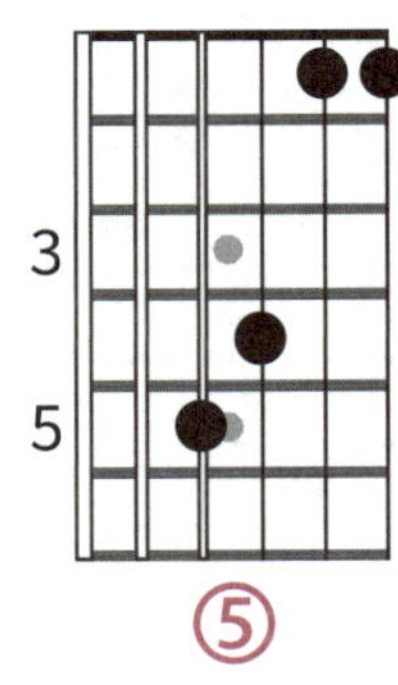
⑤

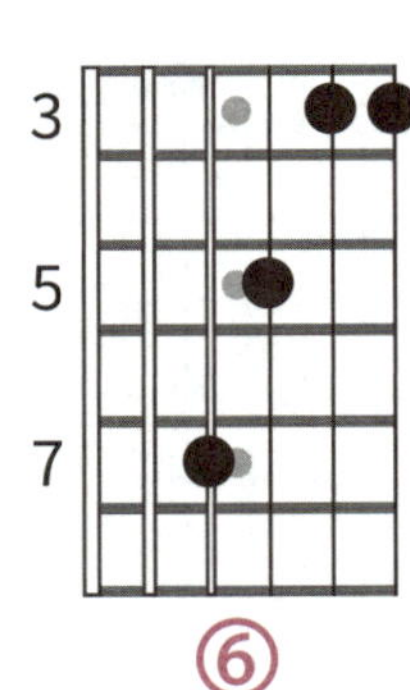
⑥

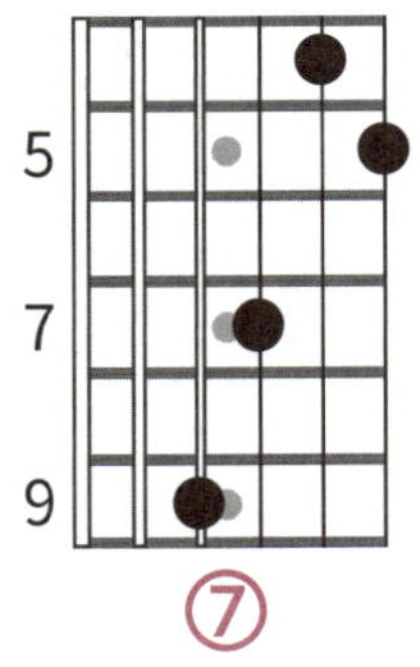
⑦

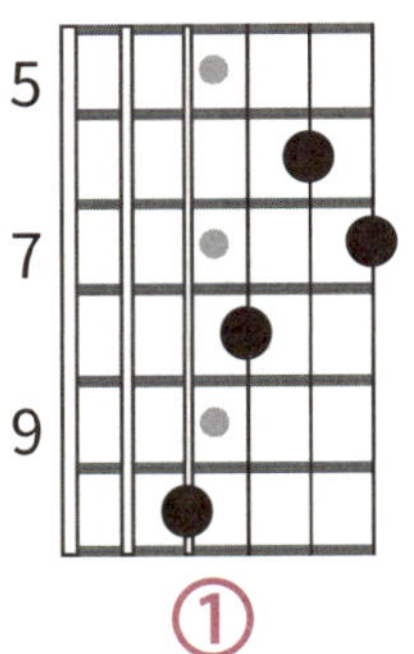
①

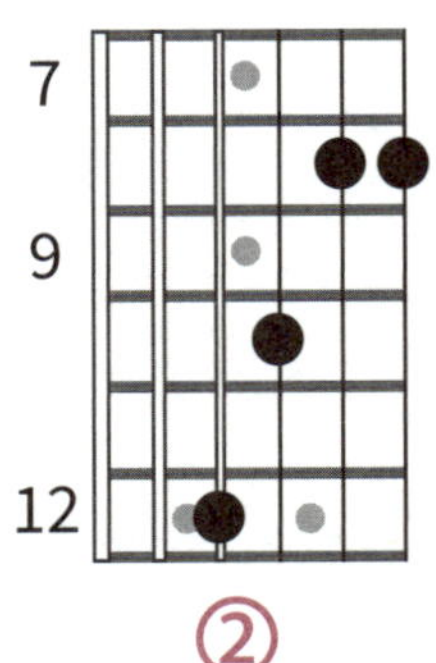
②

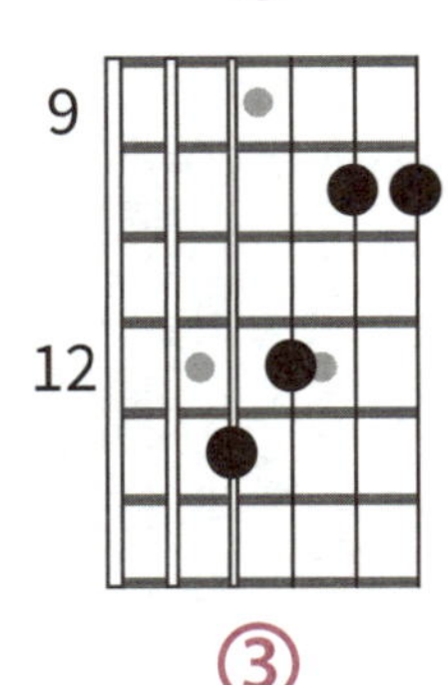
③

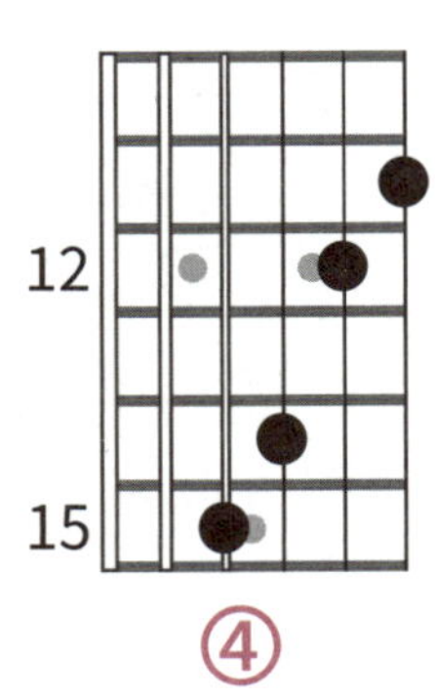
④

6도+6도 인터벌 보이싱 (C 메이저 스케일) 6th + 6th Interval Voicing in C Major Scale

Middle Position

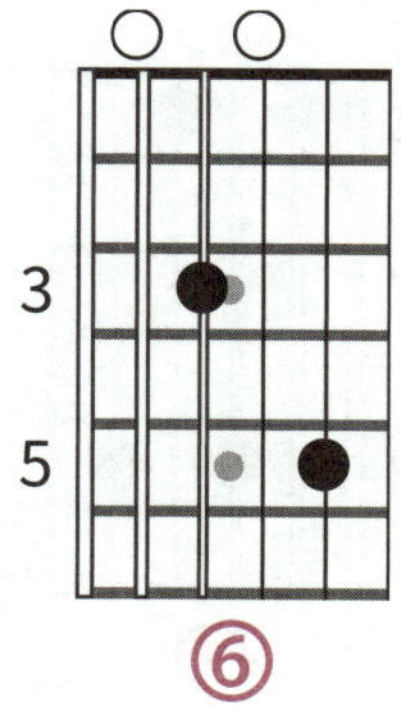
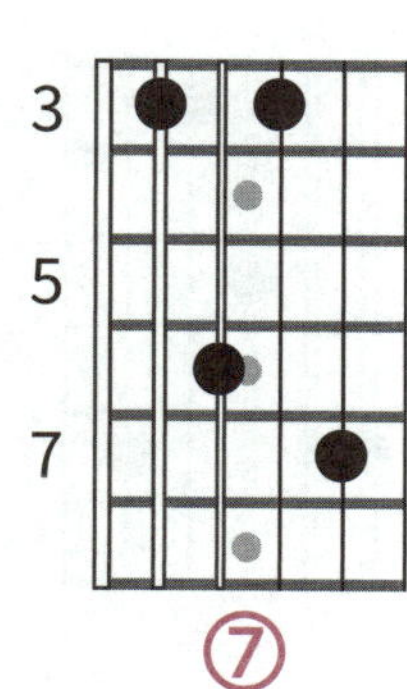
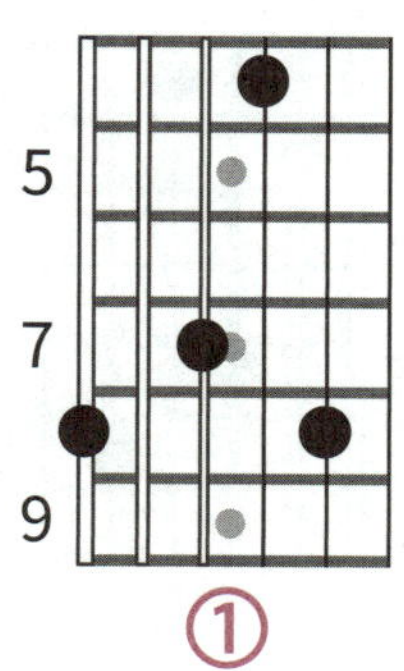
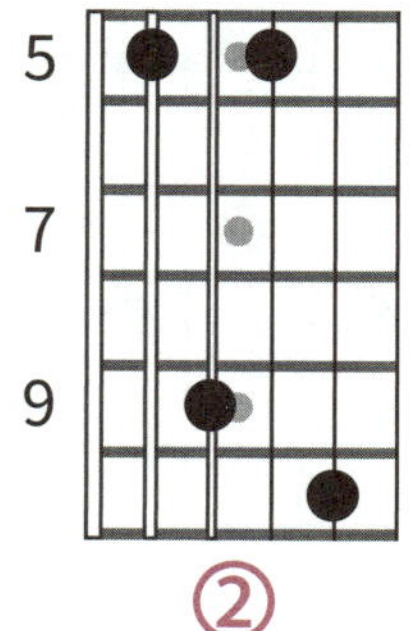

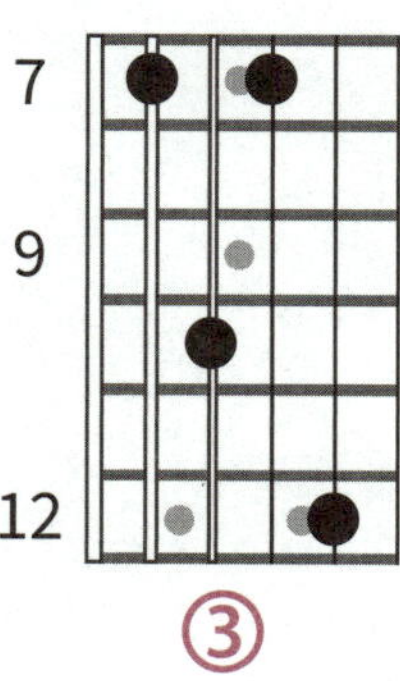
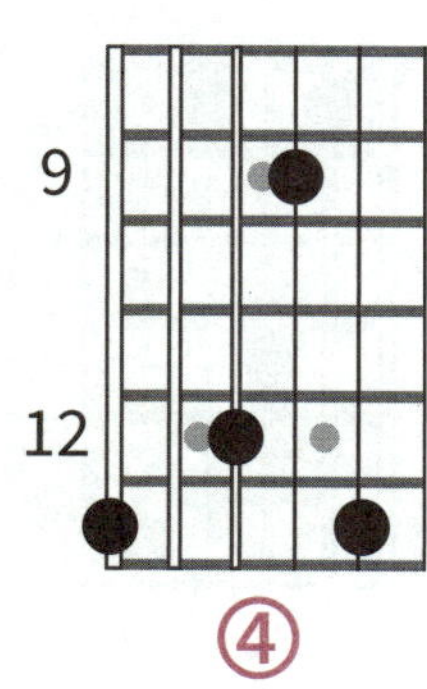
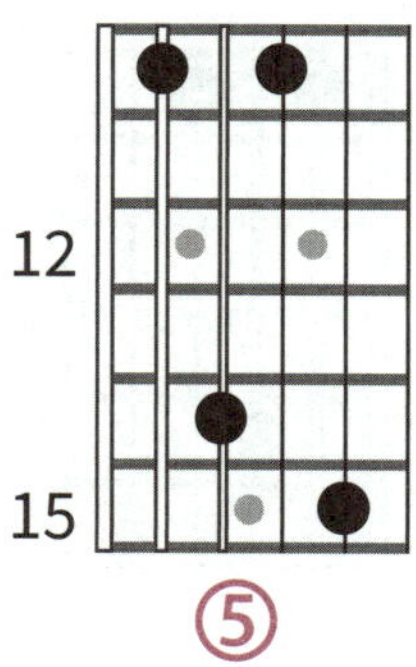

Top Position

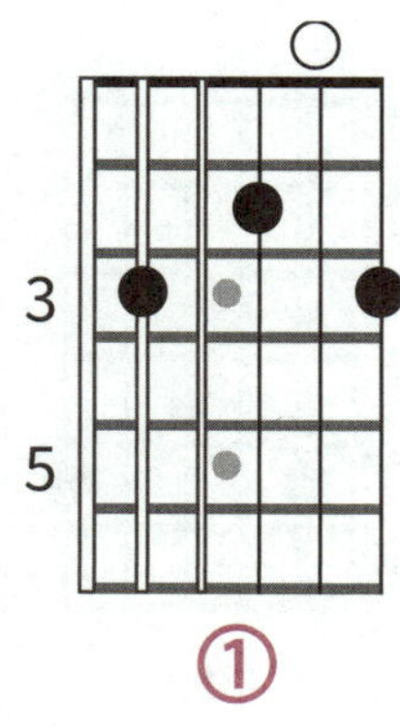
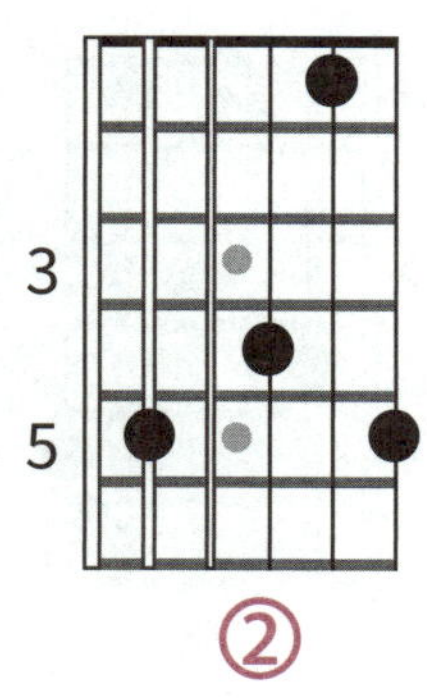
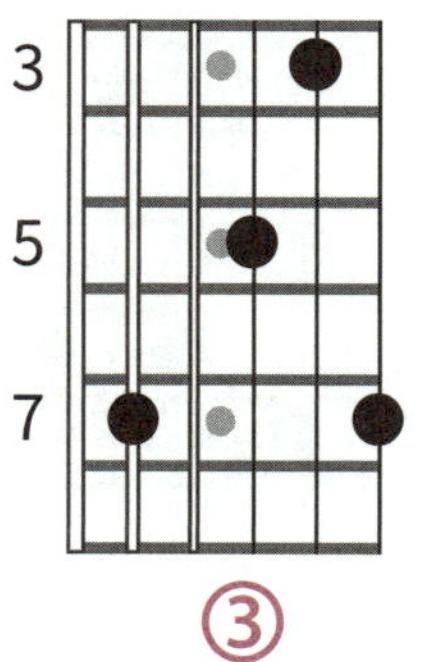
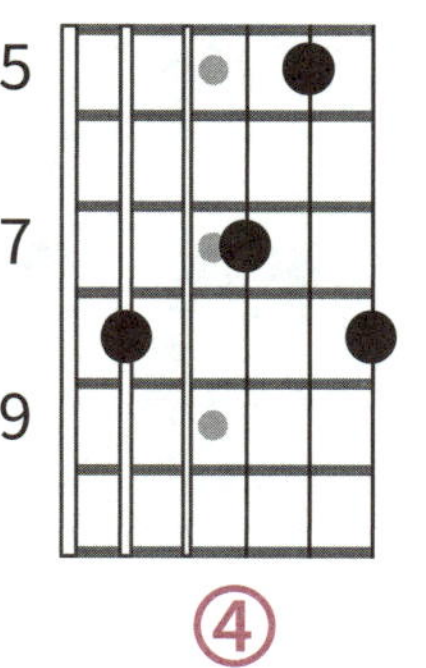

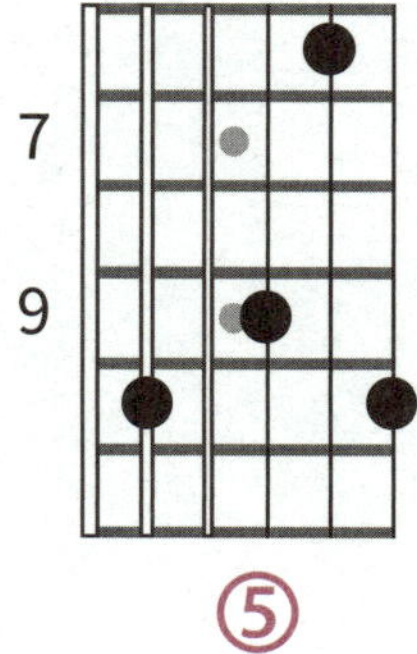
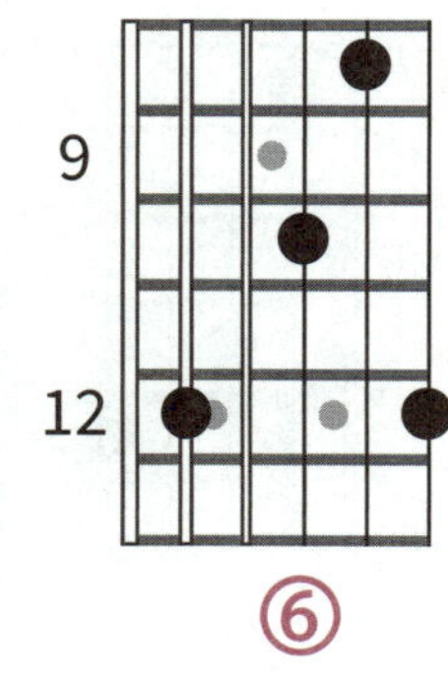
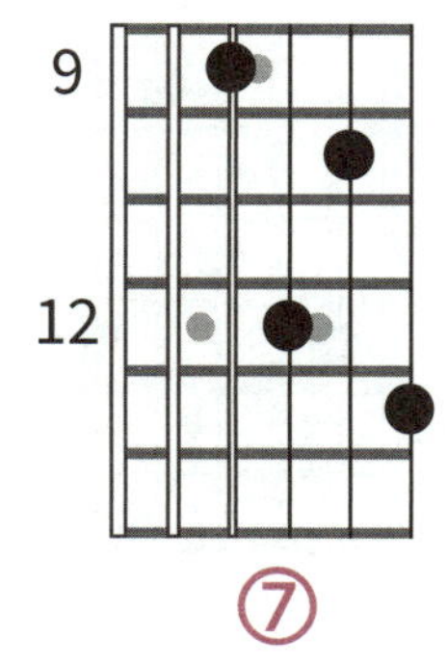

6도+6도 인터벌 보이싱(C 하모닉 마이너)

6th + 6th Interval Voicing in C Harmonic Minor

Middle Position

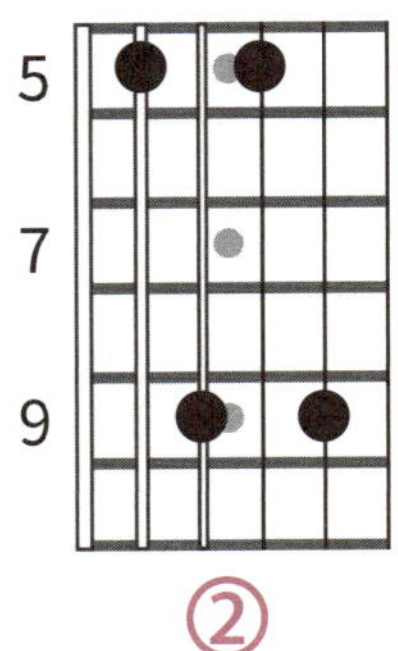

⑥

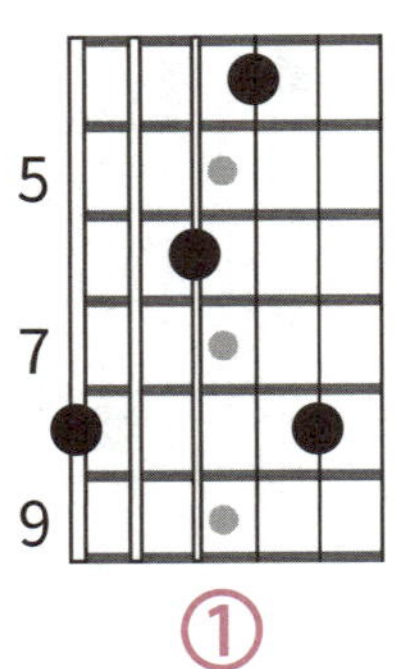

⑦

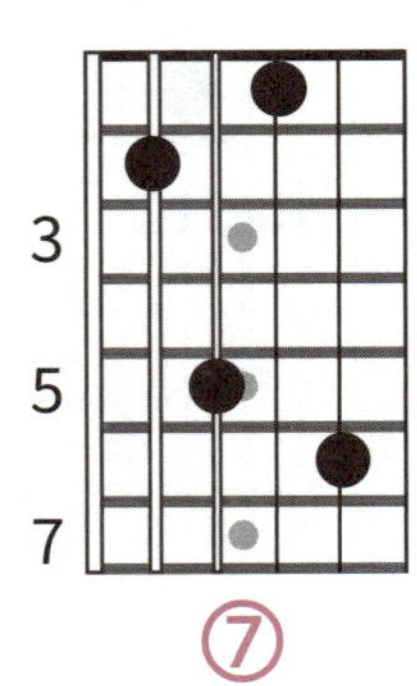

①

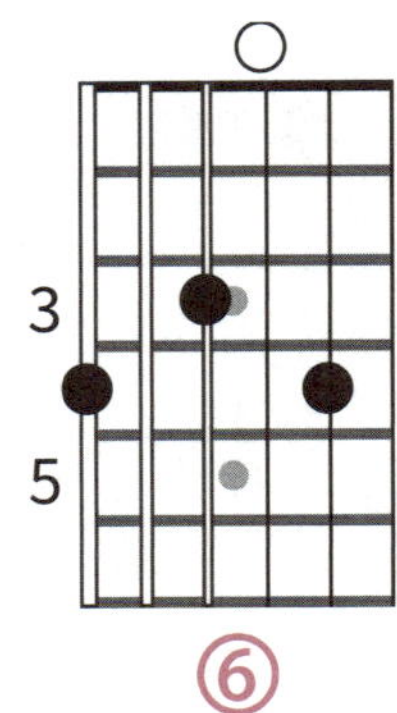

②

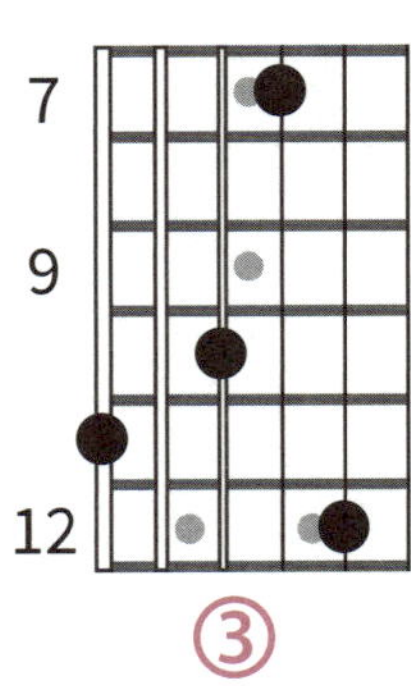

③

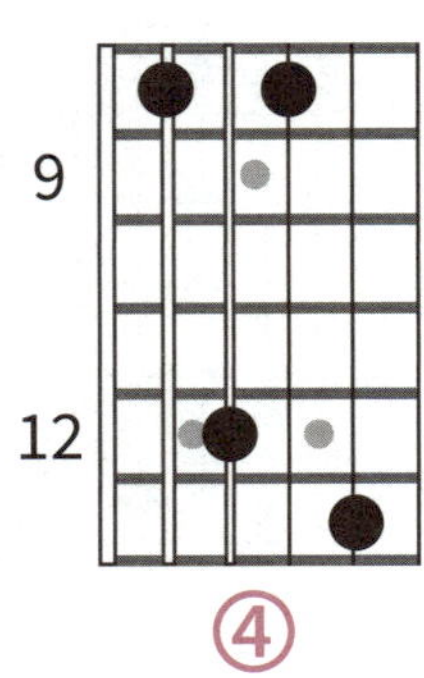

④

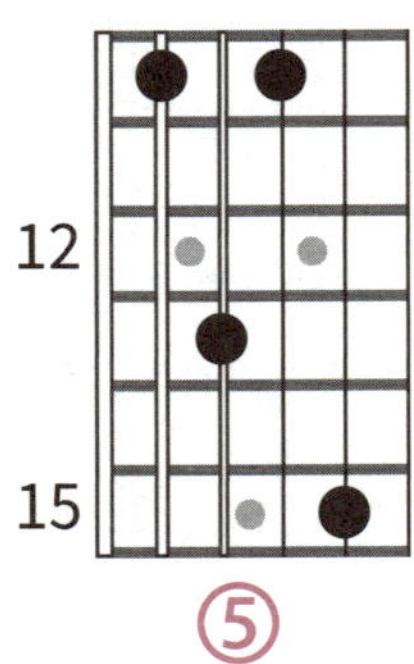

⑤

Top Position

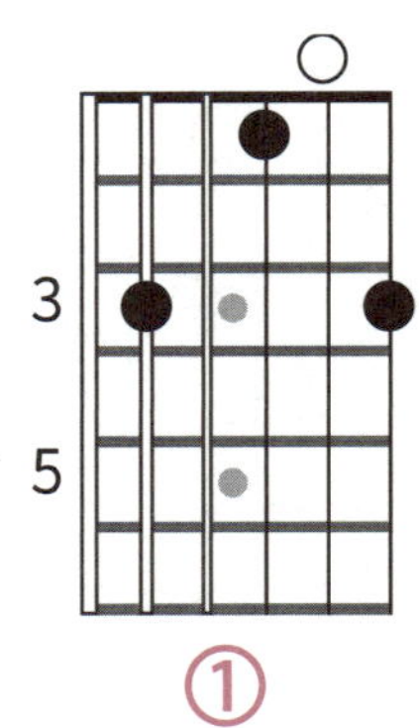

①

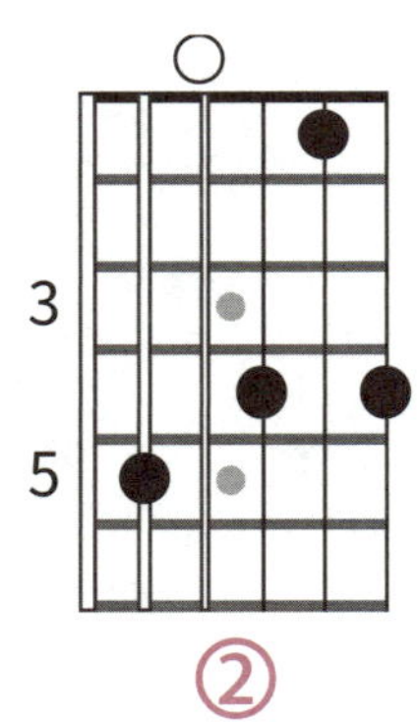

②

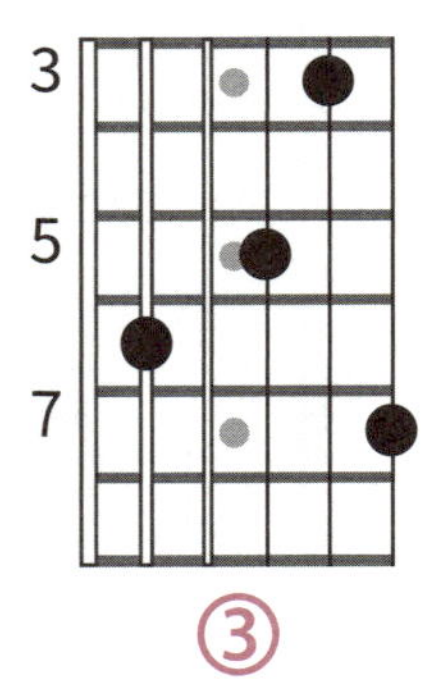

③

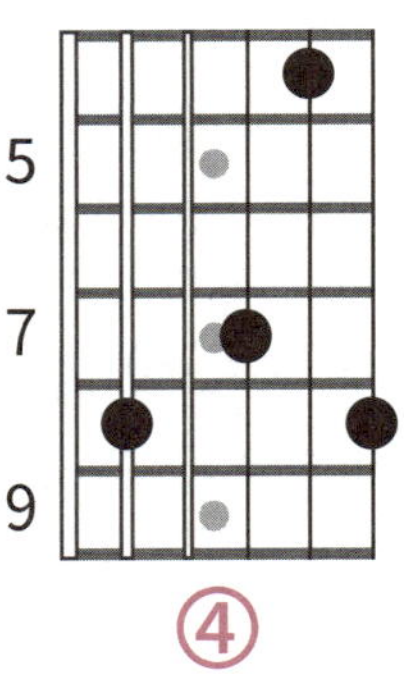

④

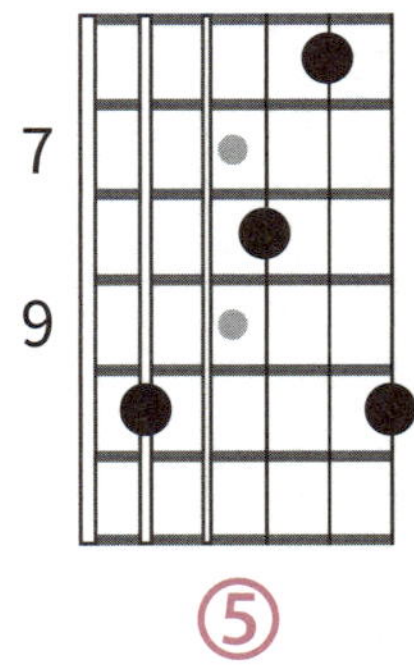

⑤

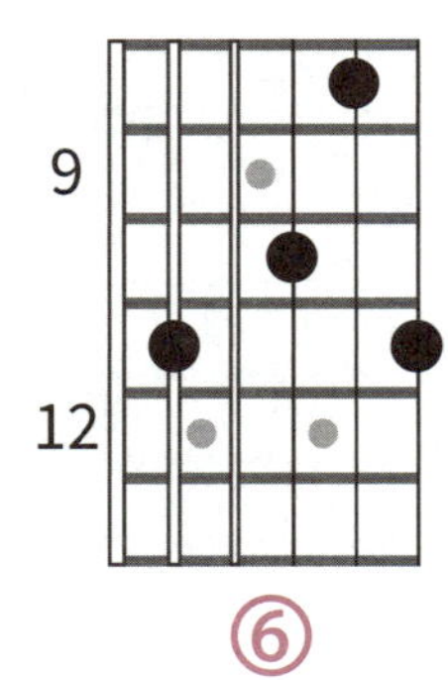

⑥

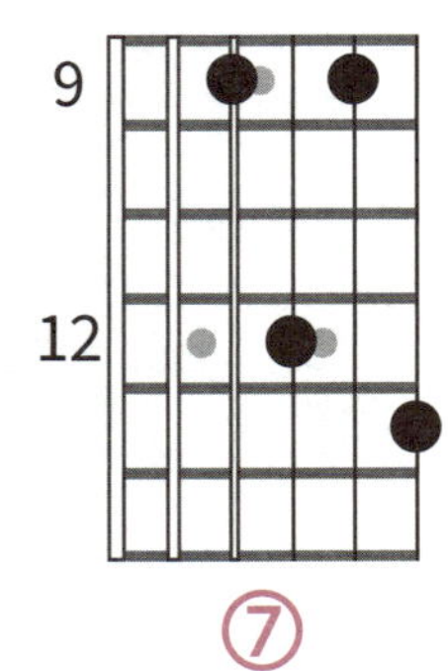

⑦

6도+6도 인터벌 보이싱(C 멜로딕 마이너) 6th + 6th Interval Voicing in C Melodic Minor

Middle Position

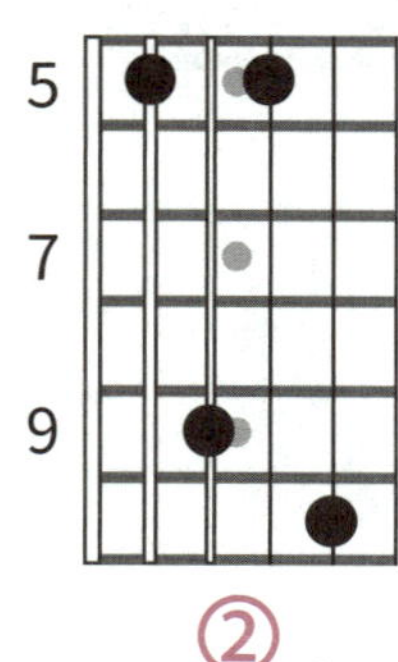

⑥

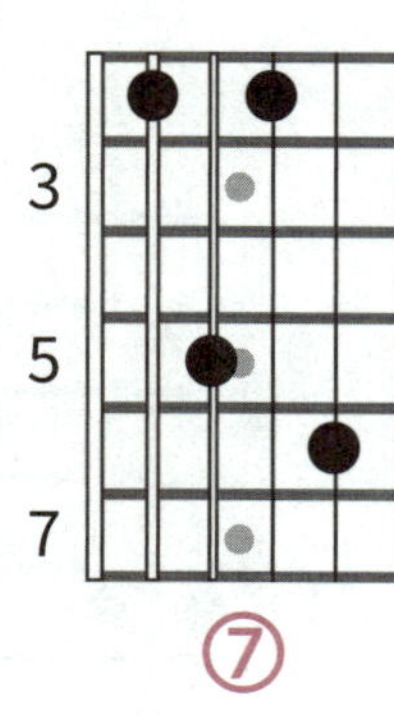

⑦

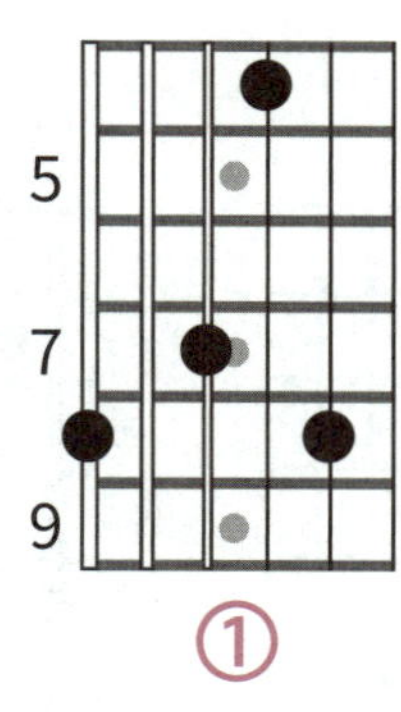

①

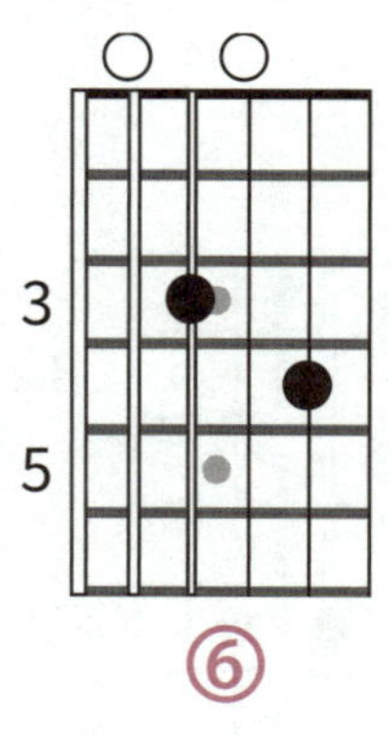

②

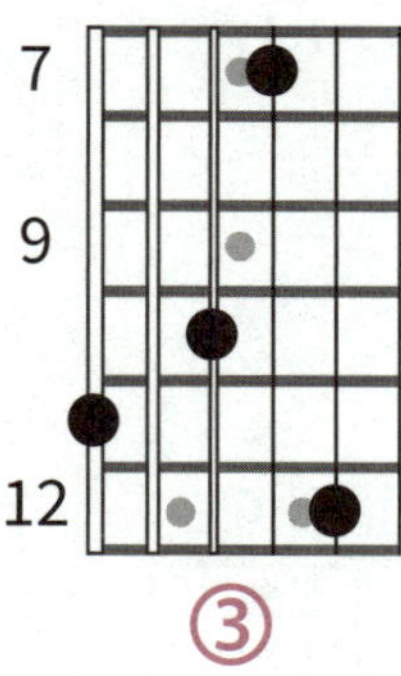

③

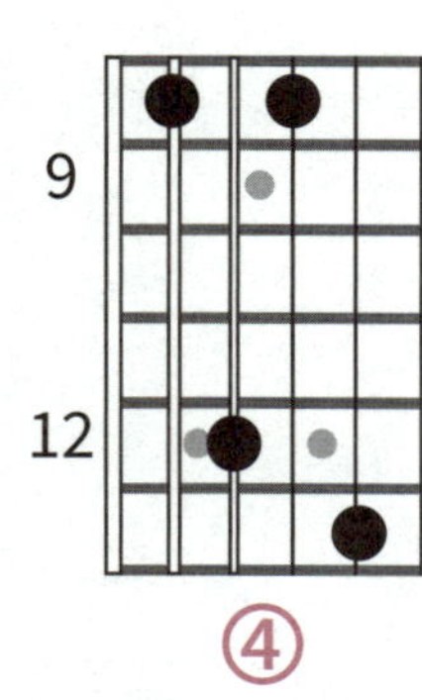

④

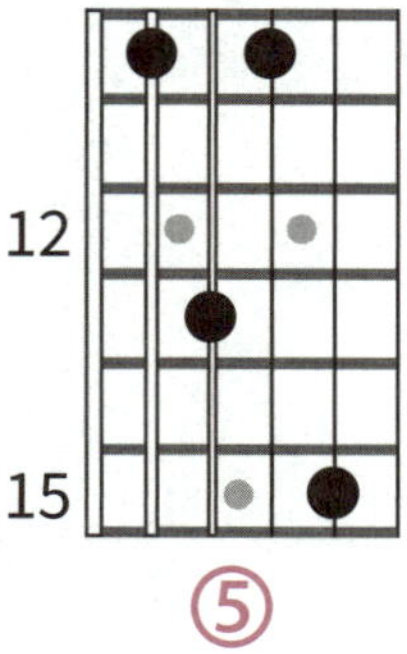

⑤

Top Position

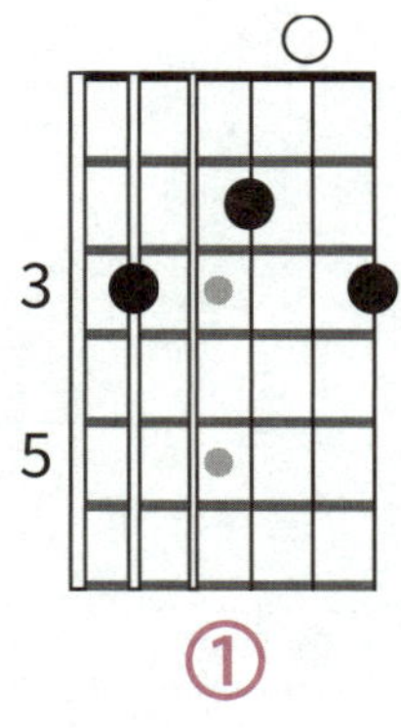

①

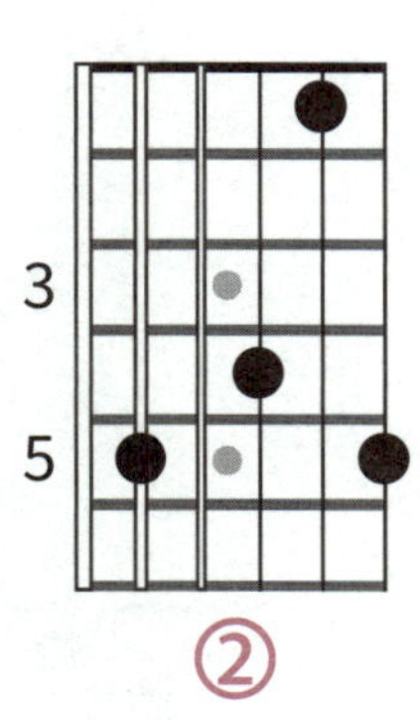

②

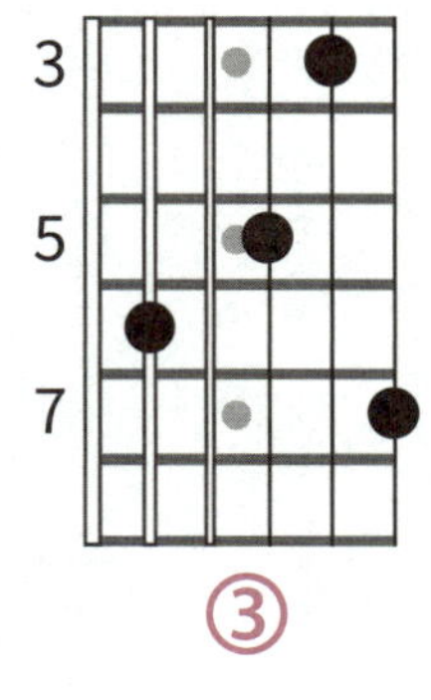

③

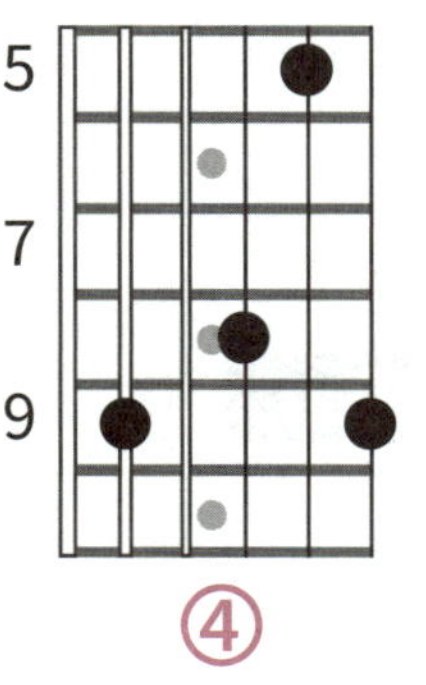

④

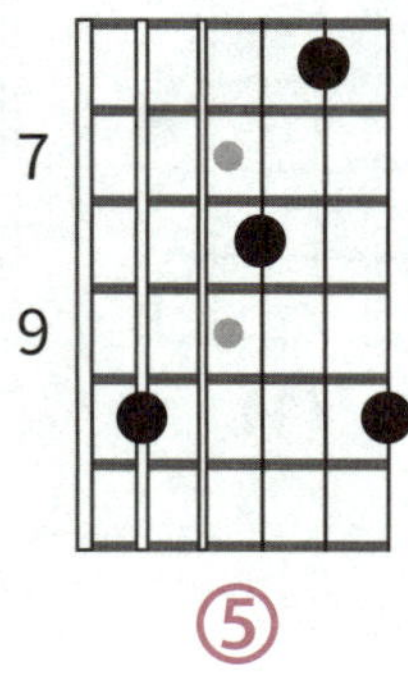

⑤

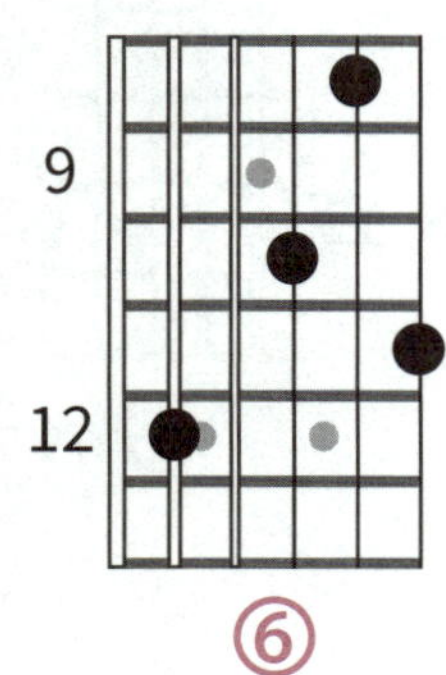

⑥

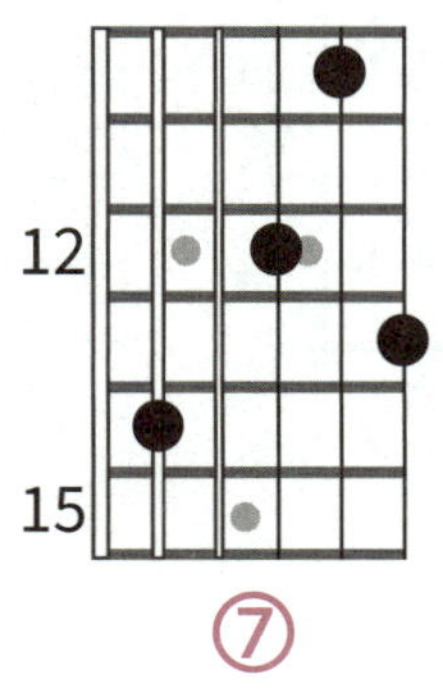

⑦

5도+6도 인터벌 보이싱(C 메이저 스케일) 5th + 6th Interval Voicing in C Major Scale

Bottom Position

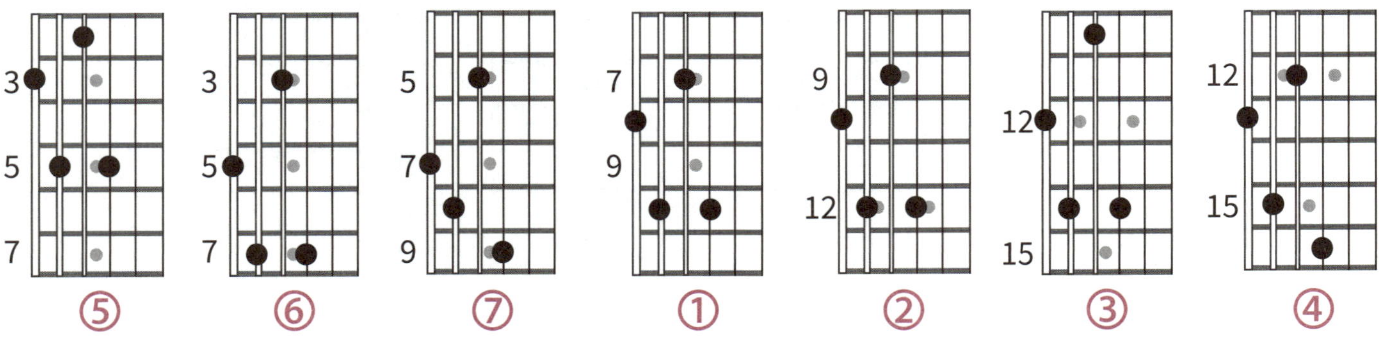

Middle Position

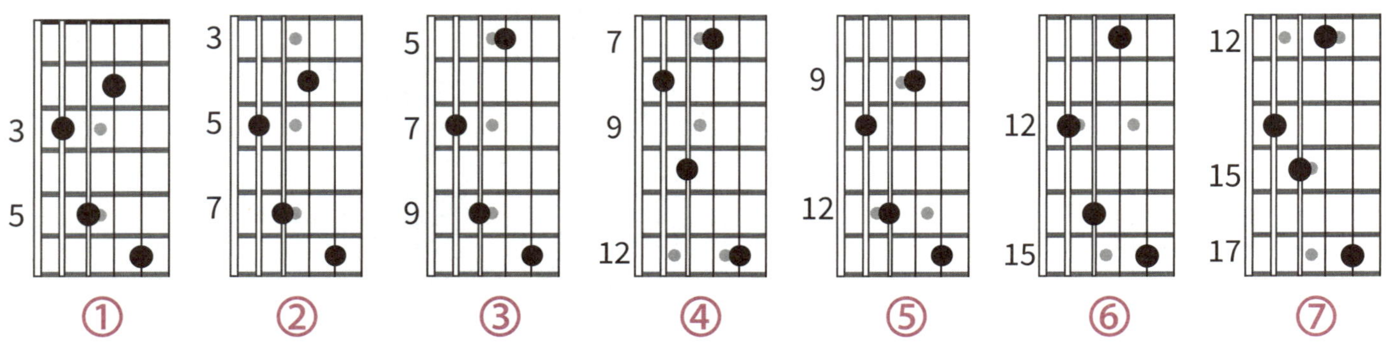

Top Position

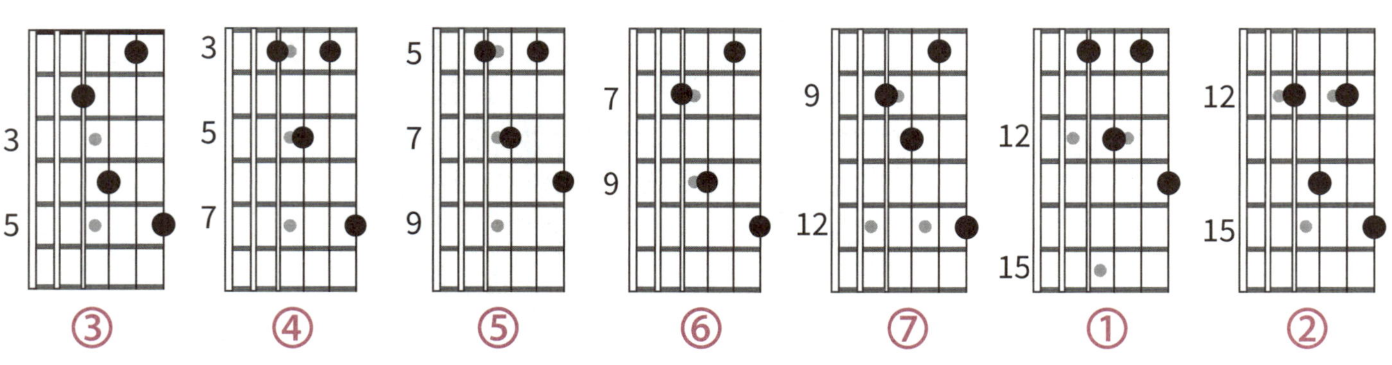

5도+6도 인터벌 보이싱(C 하모닉 마이너)

5th + 6th Interval Voicing in C Harmonic Minor

Bottom Position

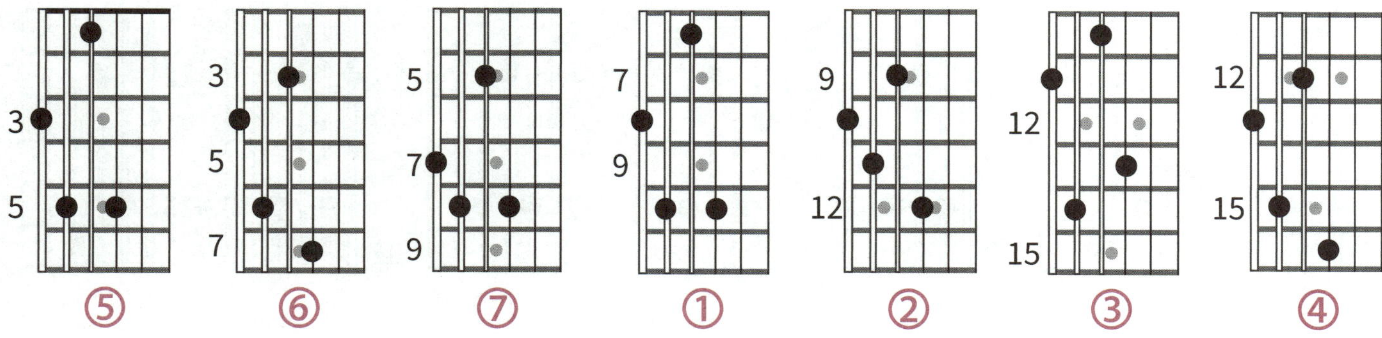

Middle Position

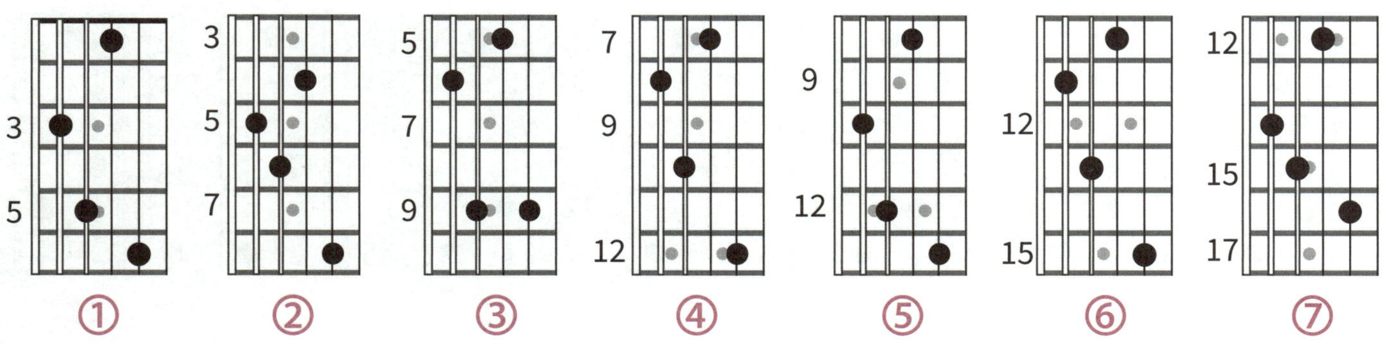

Top Position

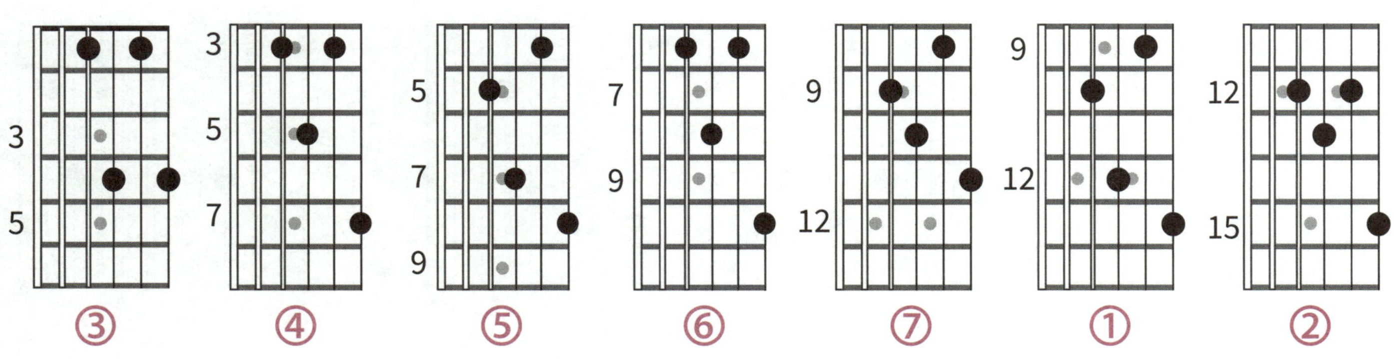

5도+6도 인터벌 보이싱(C 멜로딕 마이너) 5th + 6th Interval Voicing in C Melodic Minor

Bottom Position

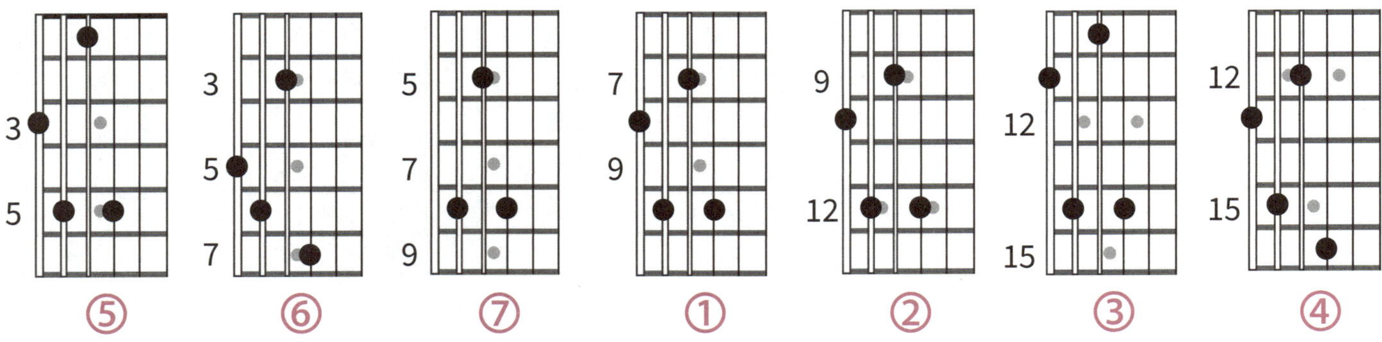

Middle Position

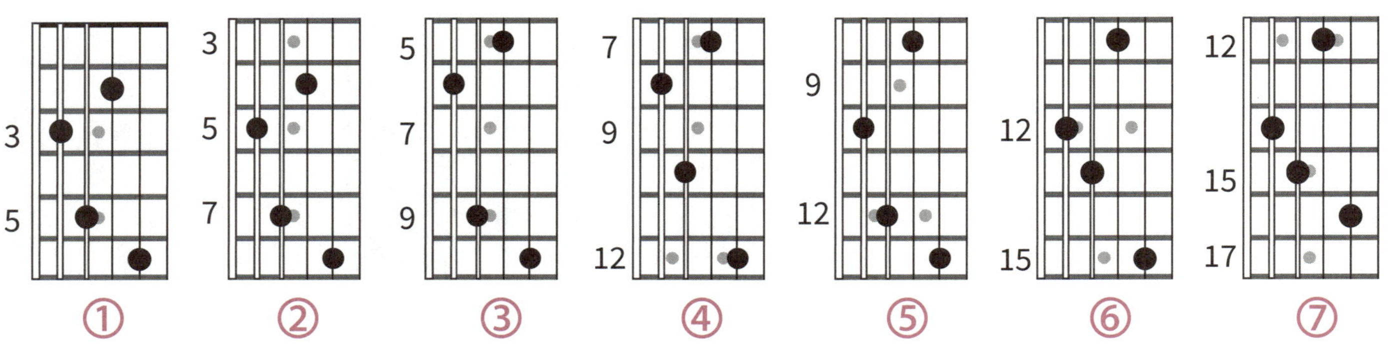

Top Position

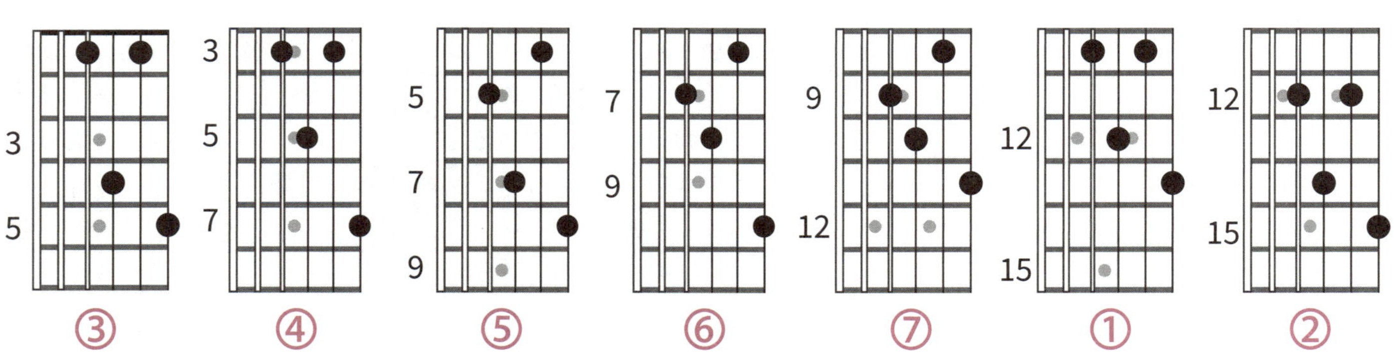

4도+3도 인터벌 보이싱(C 메이저 스케일) 4th + 3rd Interval Voicing in C Major Scale

Bottom Position

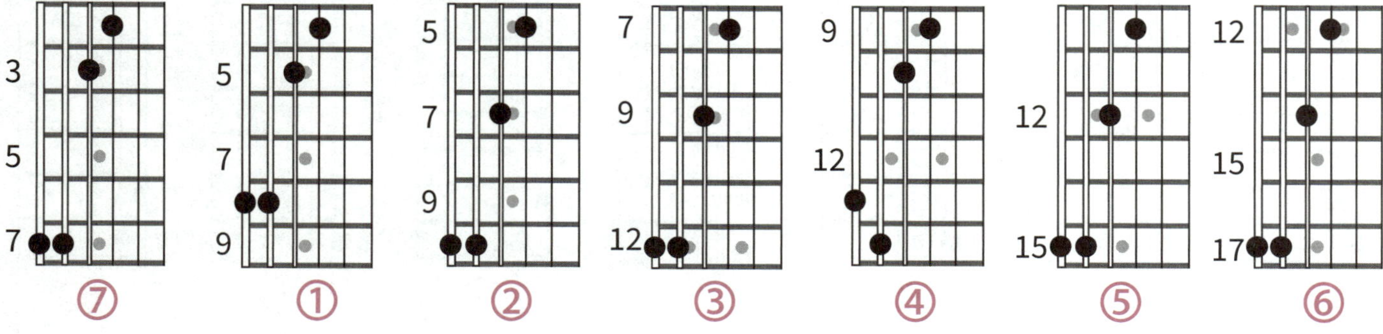

Middle Position

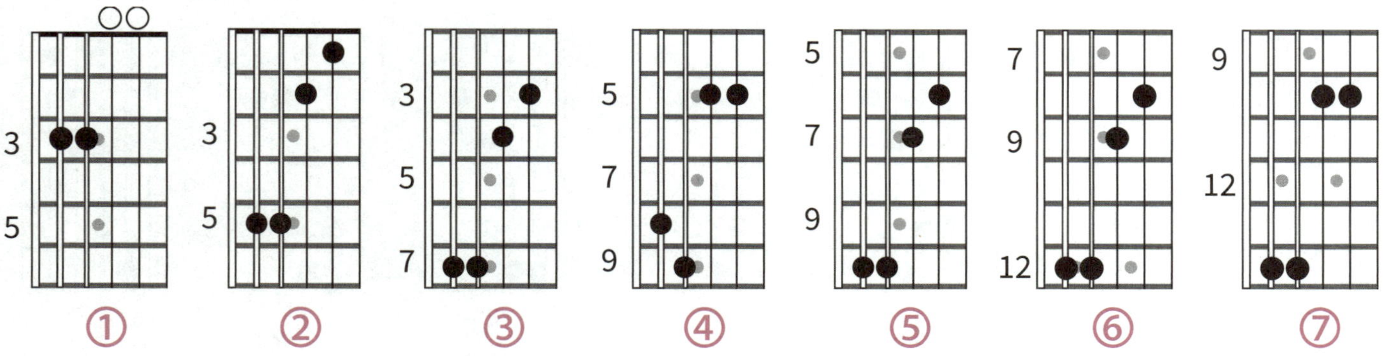

Top Position

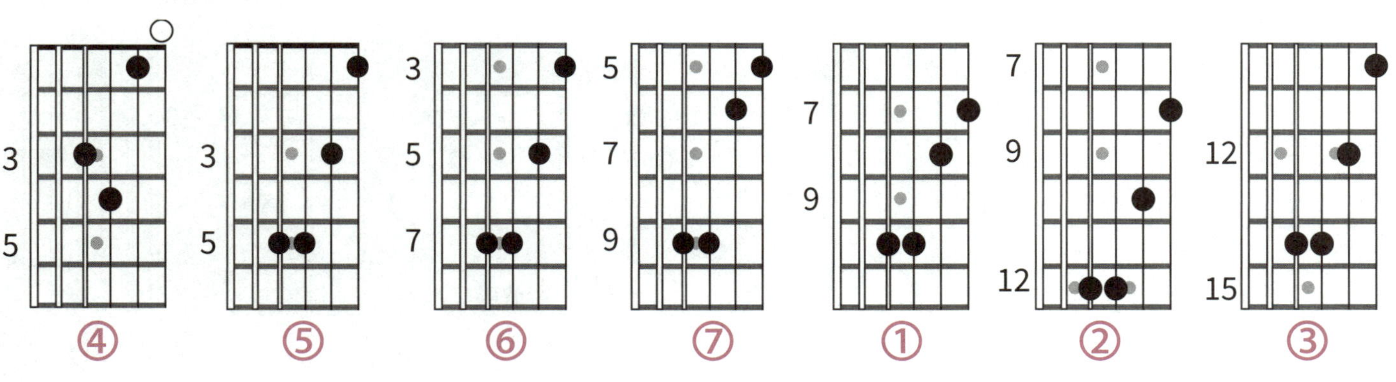

4도+3도 인터벌 보이싱(C 하모닉 마이너) 4th + 3rd Interval Voicing in C Harmonic Minor

Bottom Position

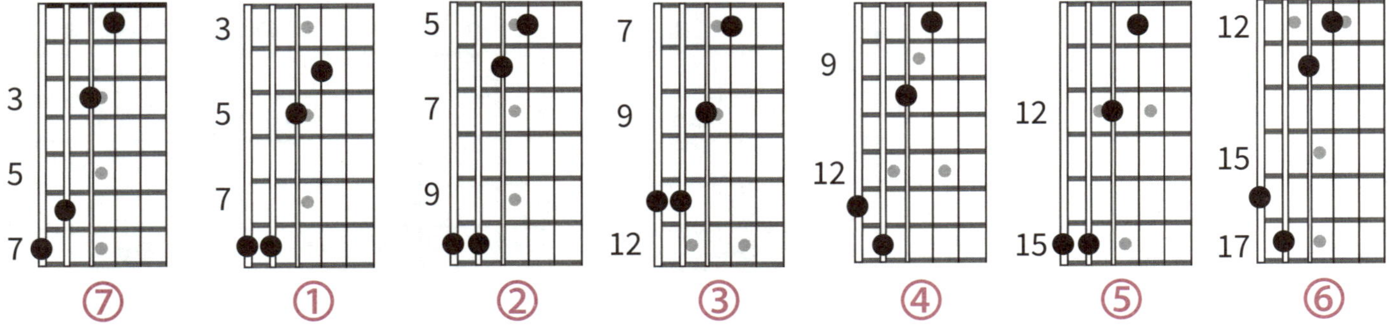

Middle Position

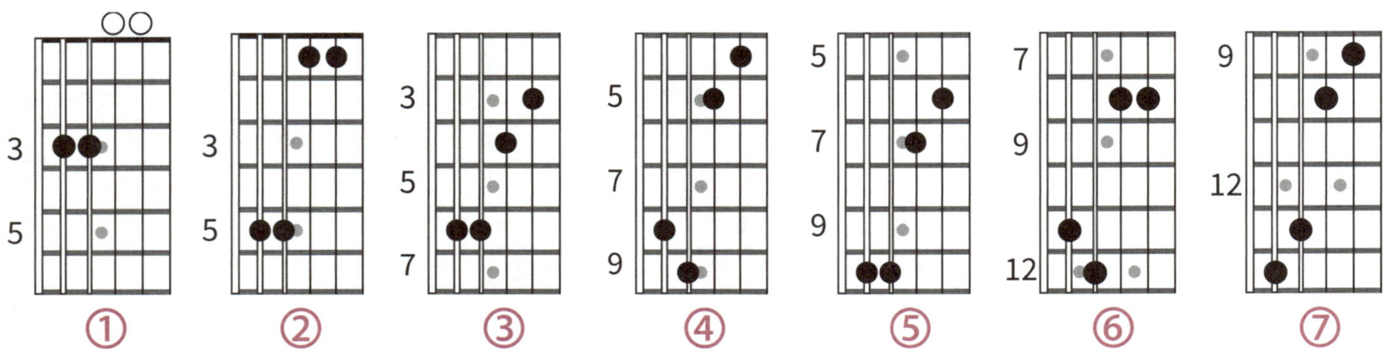

Top Position

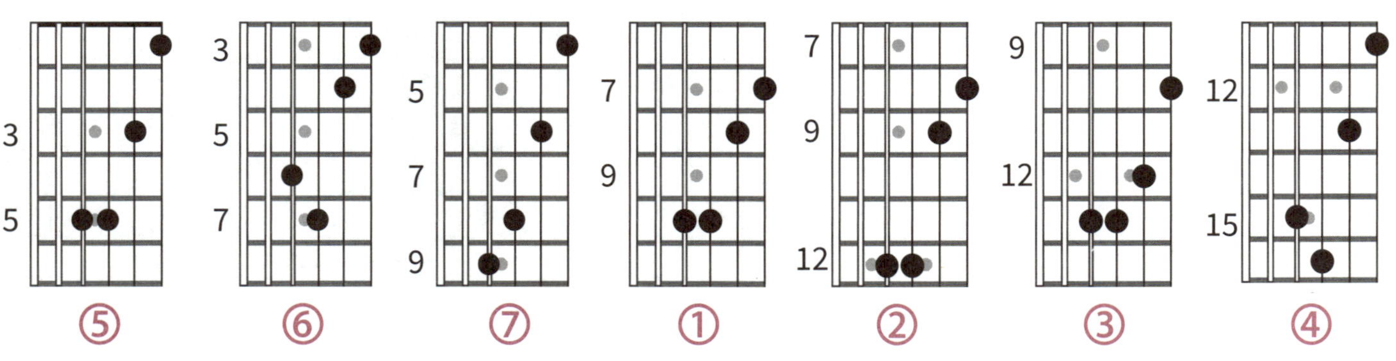

4도+3도 인터벌 보이싱(C 멜로딕 마이너)

4th + 3rd Interval Voicing in C Melodic Minor

Bottom Position

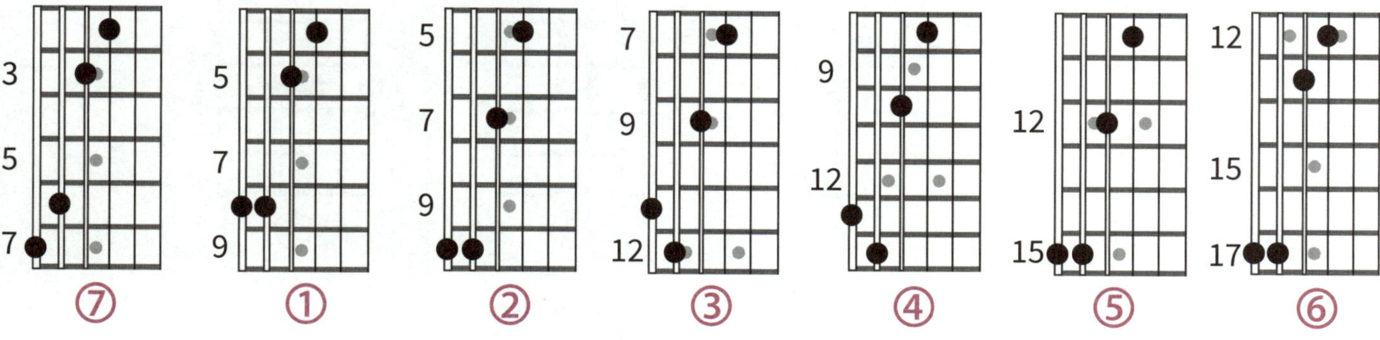

Middle Position

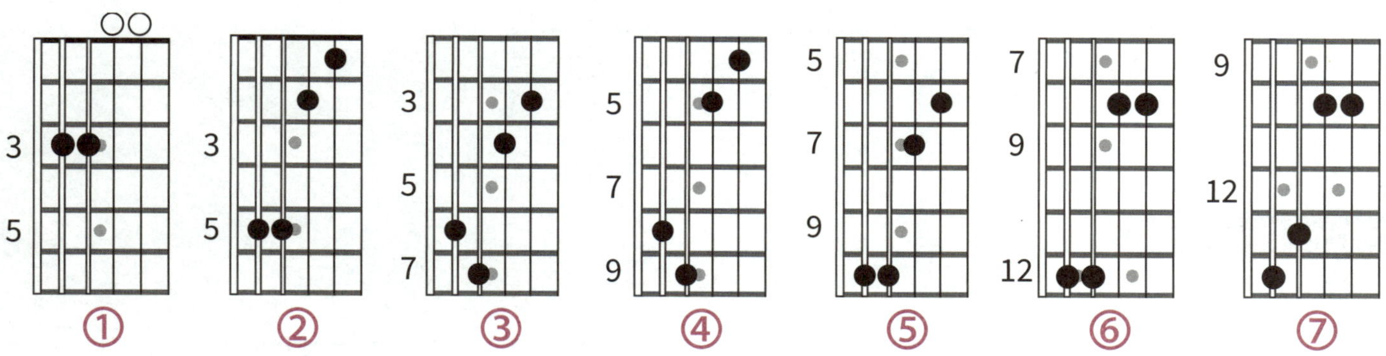

Top Position

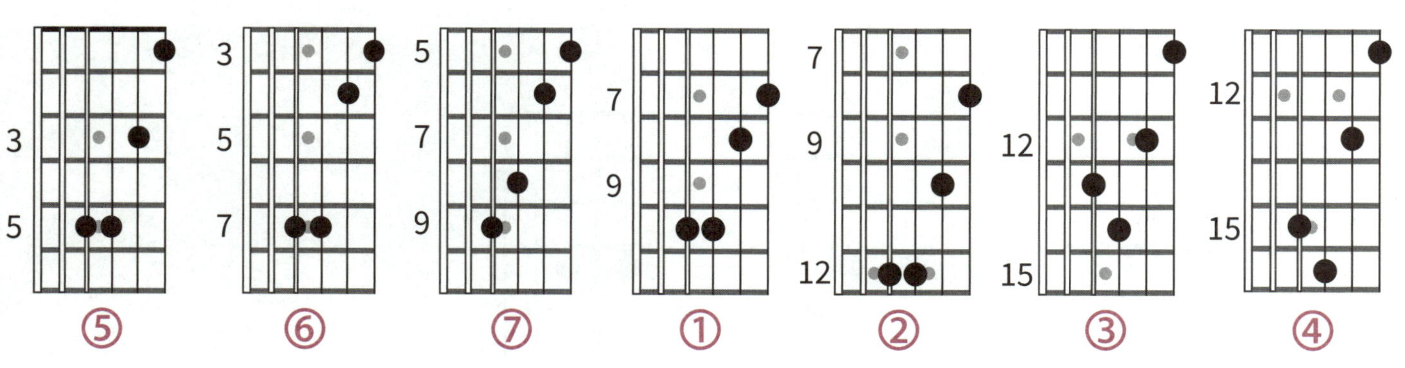

7도+2도 인터벌 보이싱(C 메이저 스케일) 7th + 2nd Interval Voicing in C Major Scale

Middle Position

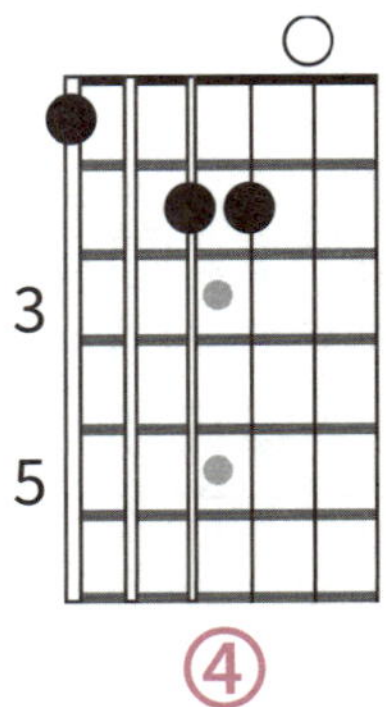 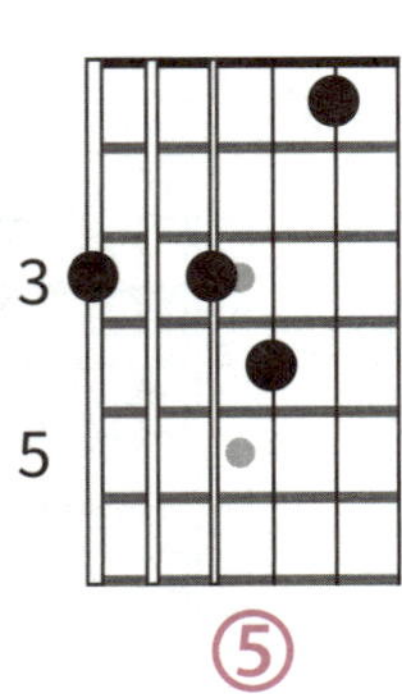 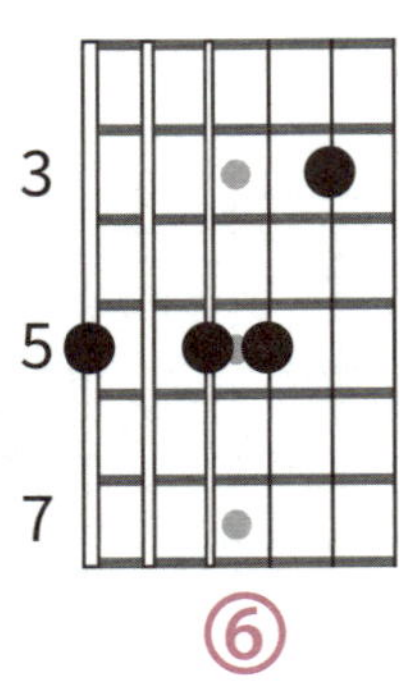 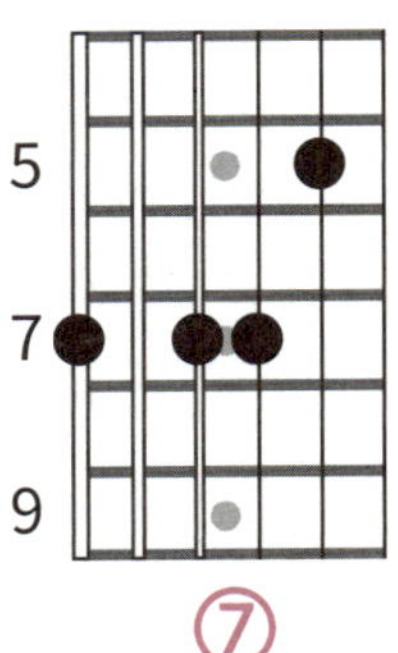

④ ⑤ ⑥ ⑦

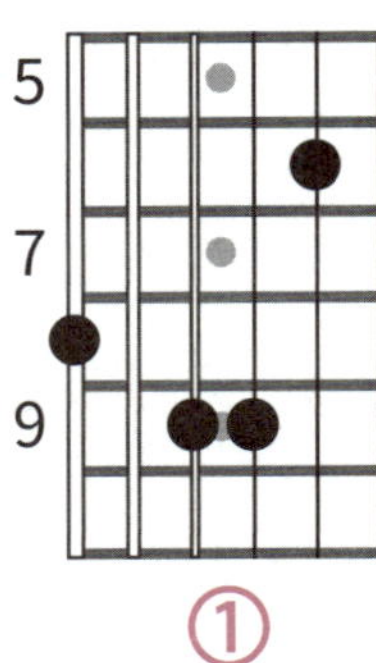 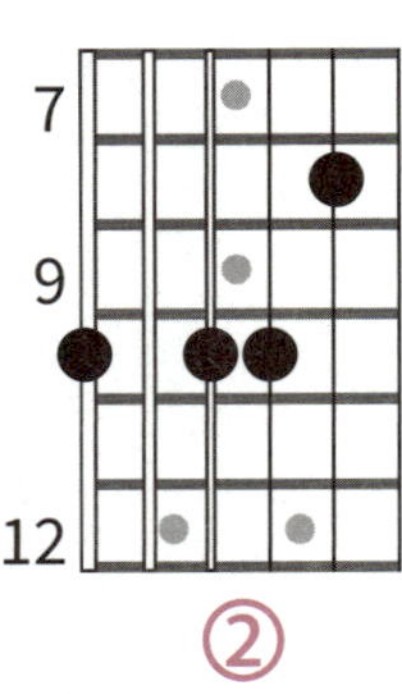 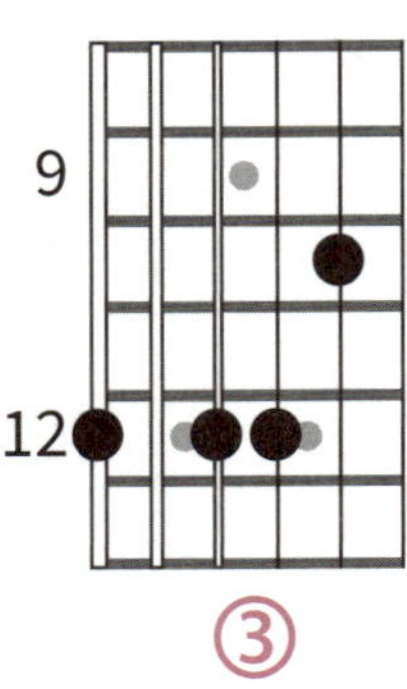

① ② ③

Top Position

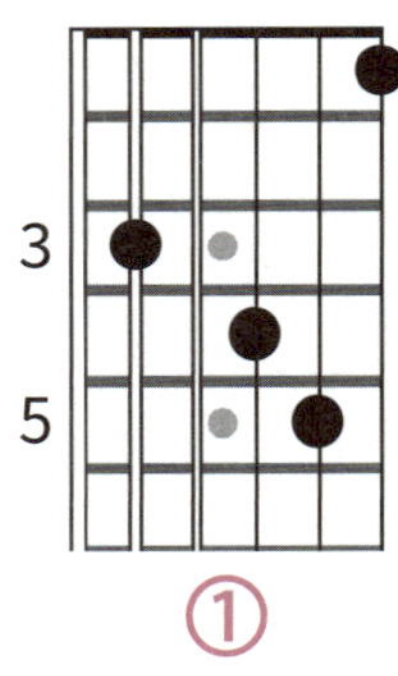 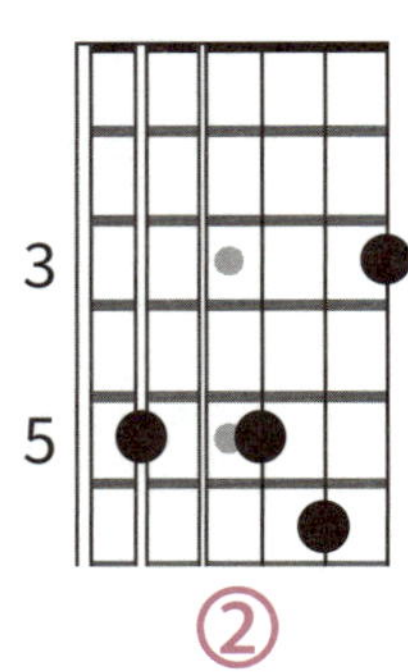 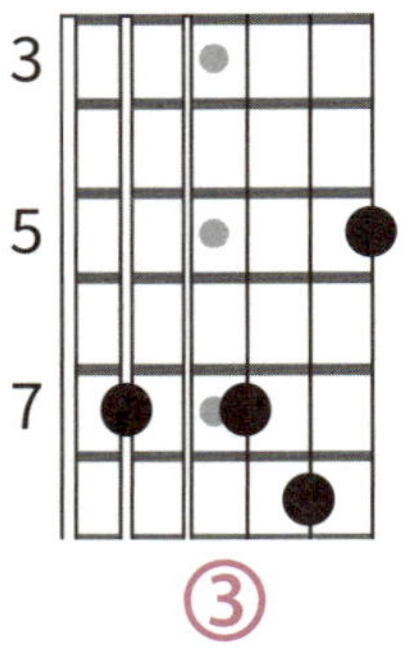 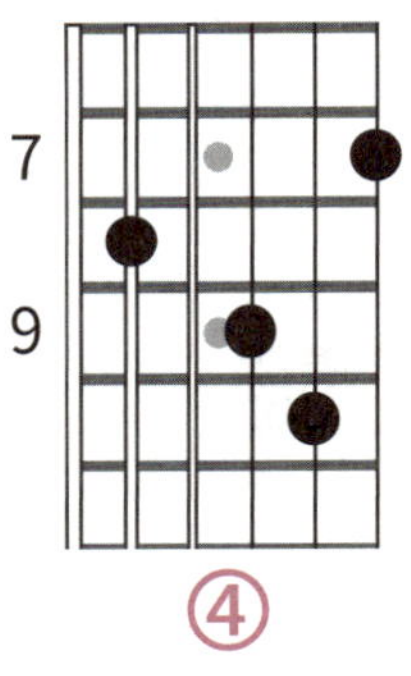

① ② ③ ④

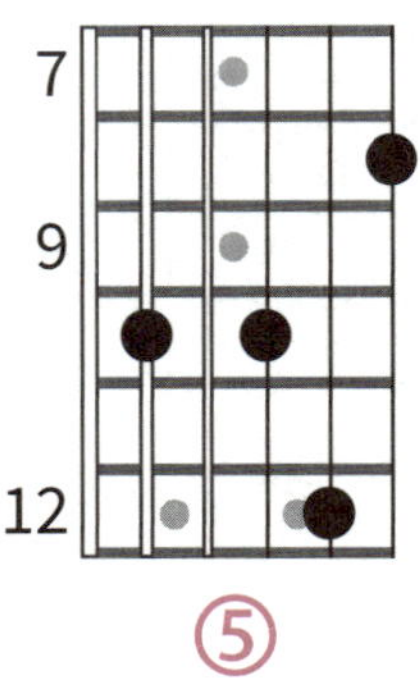 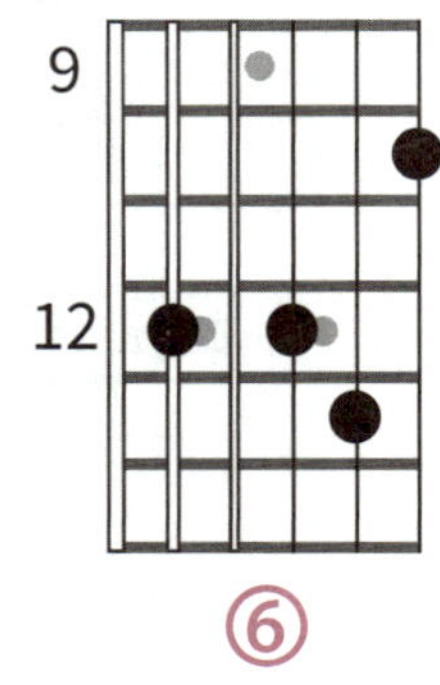 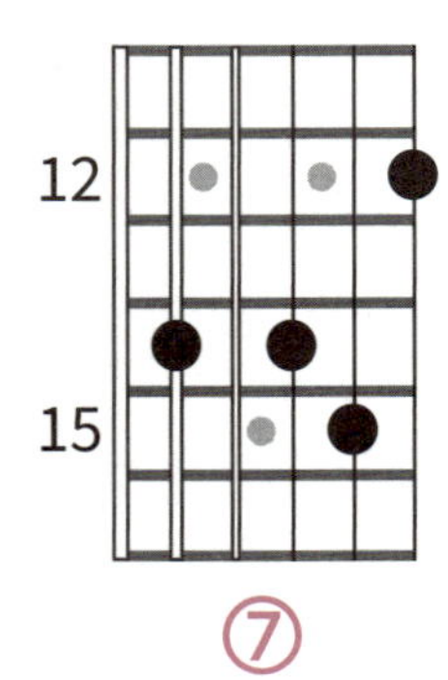

⑤ ⑥ ⑦

7도+2도 인터벌 보이싱(C 하모닉 마이너) 7th + 2nd Interval Voicing in C Harmonic Minor

Middle Position

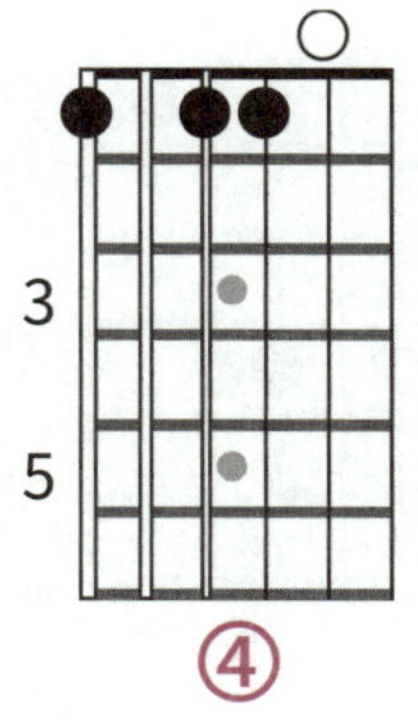
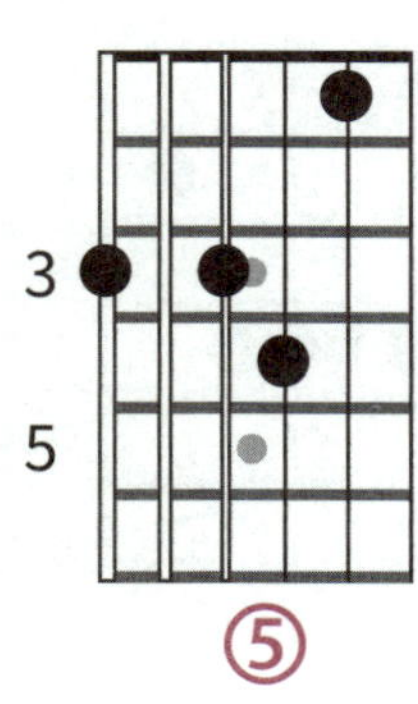
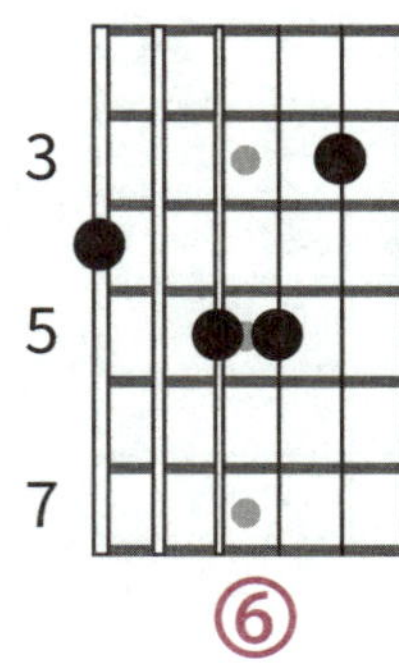
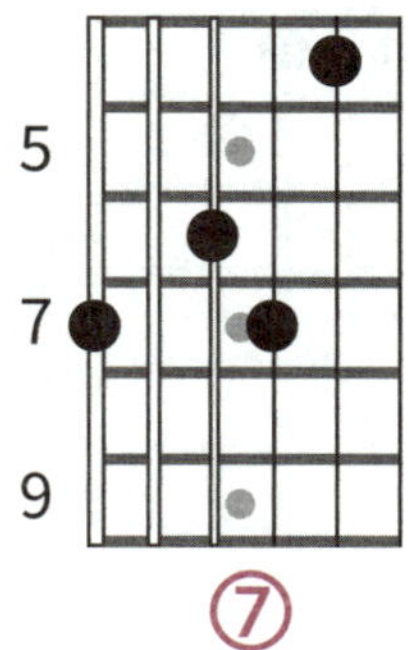

④ ⑤ ⑥ ⑦

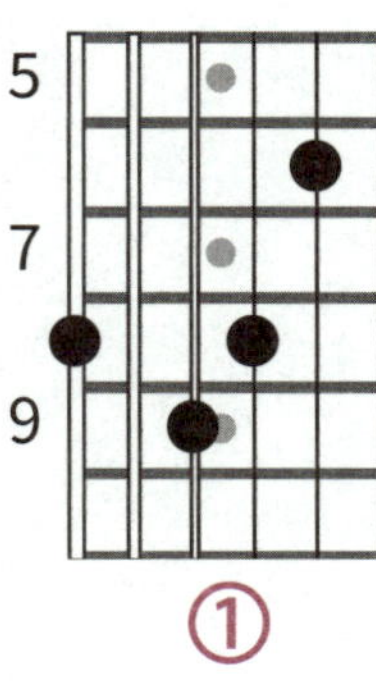
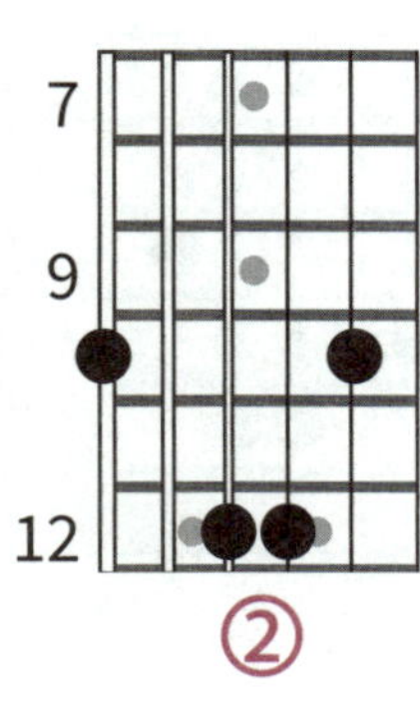
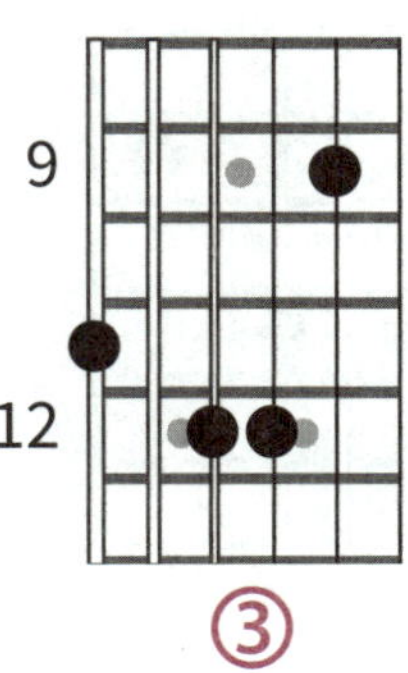

① ② ③

Top Position

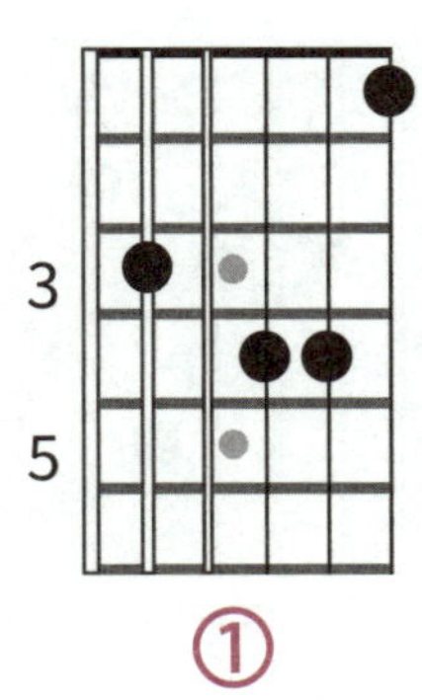
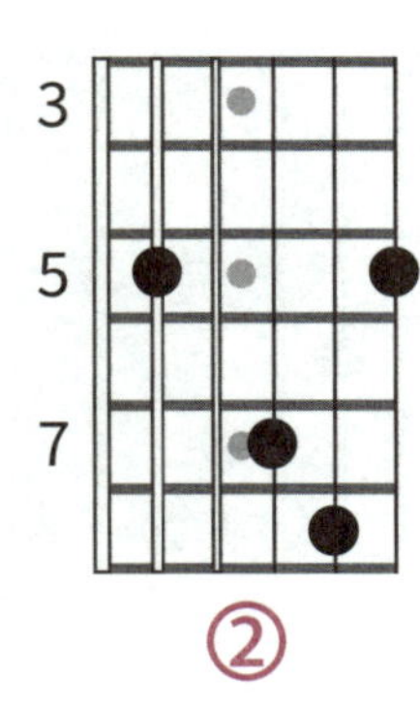
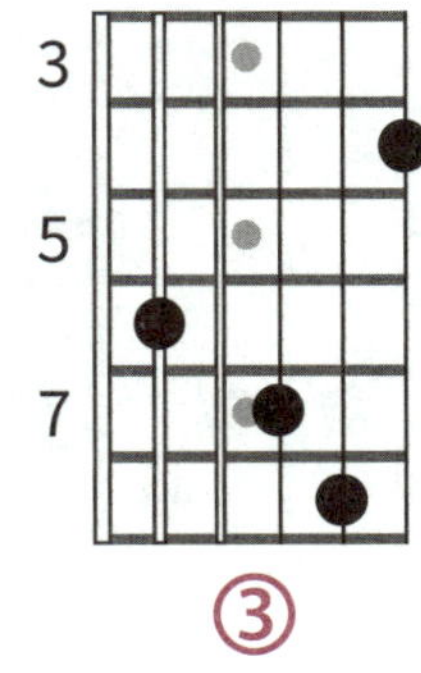
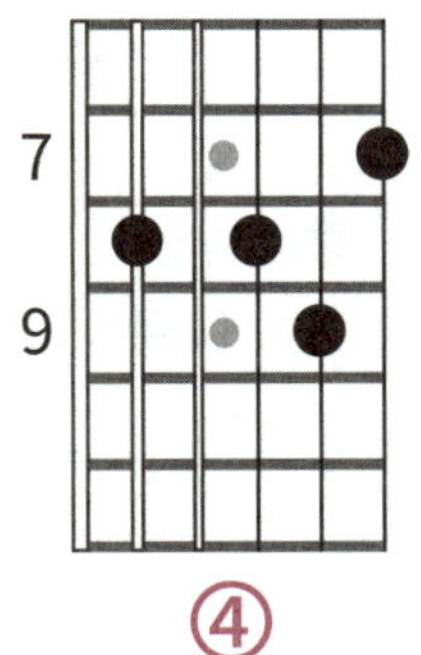

① ② ③ ④

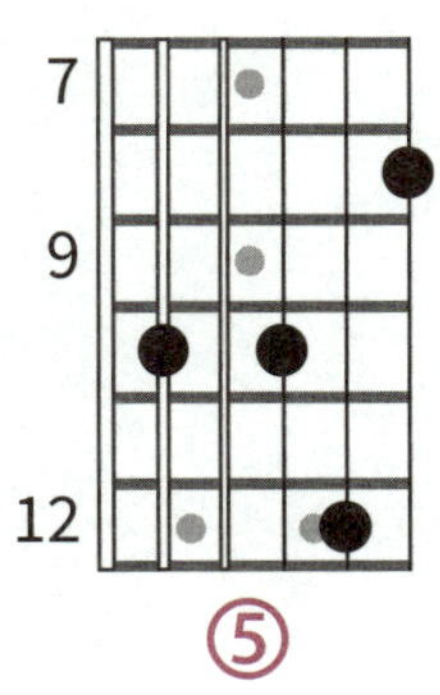
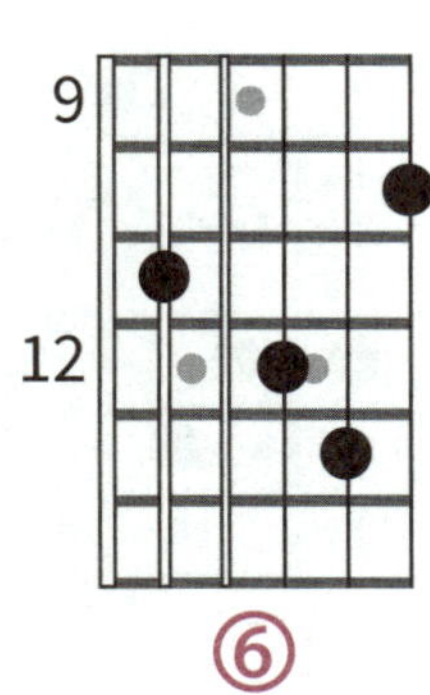
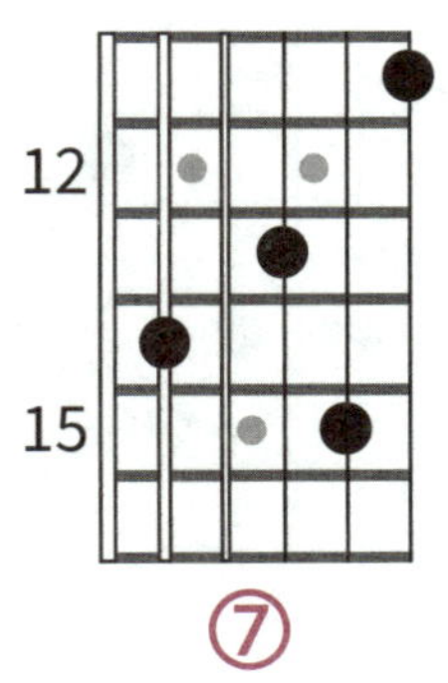

⑤ ⑥ ⑦

7도+2도 인터벌 보이싱(C 멜로딕 마이너) 

Middle Position

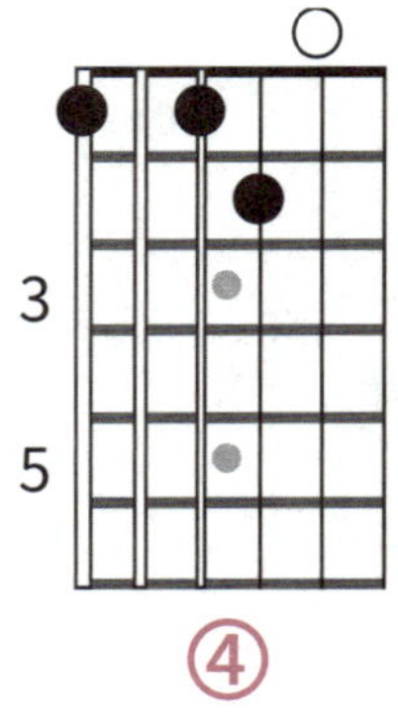
④

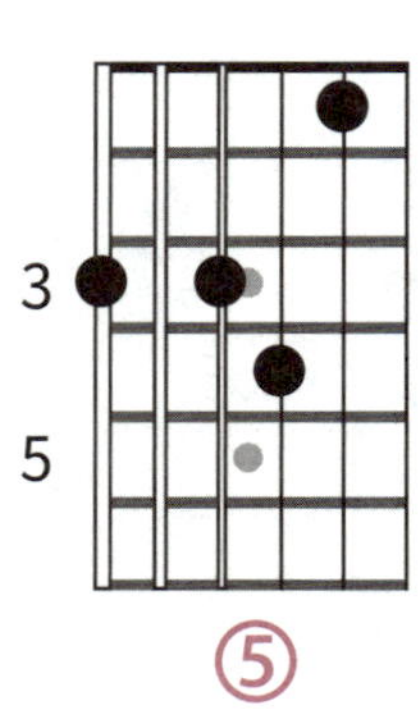
⑤

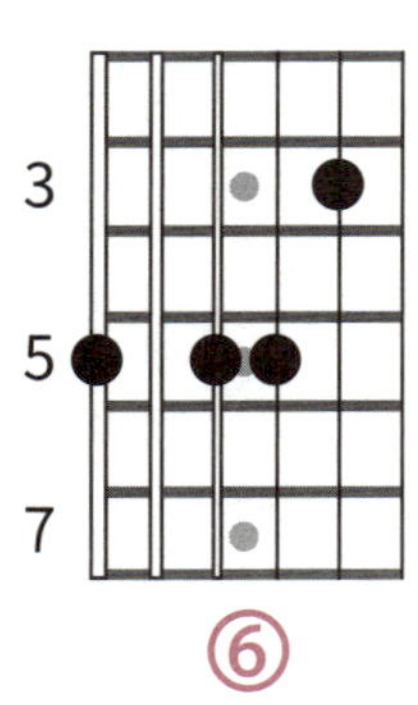
⑥

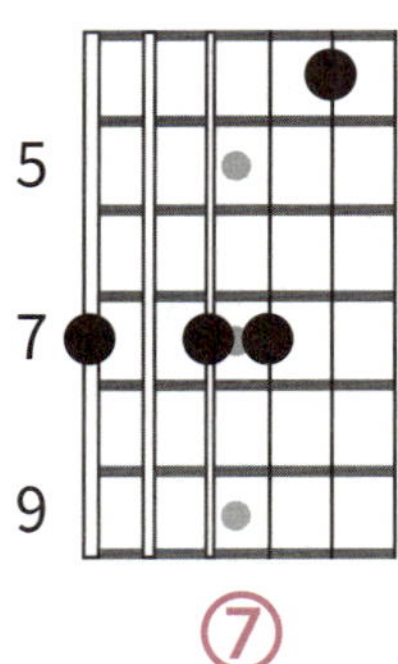
⑦

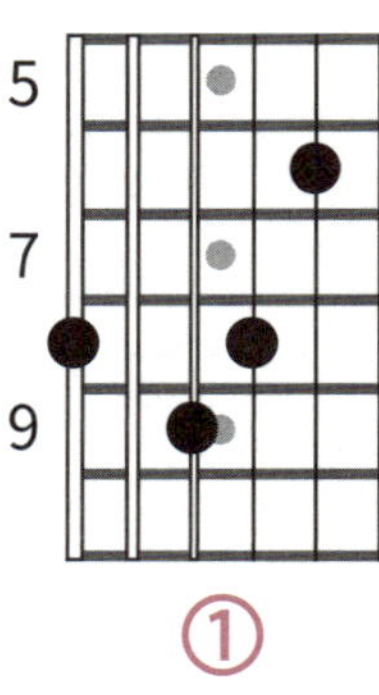
①

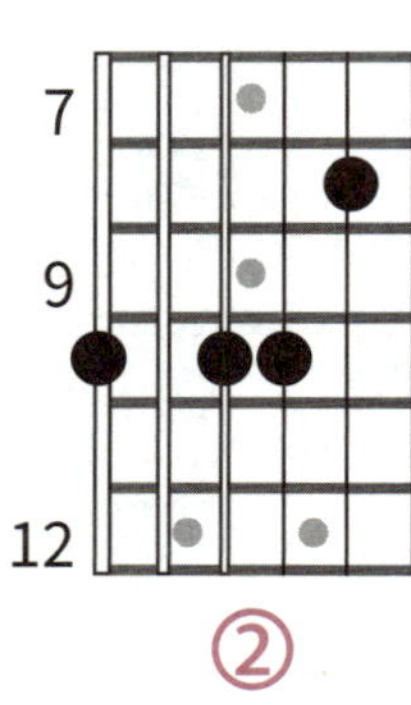
②

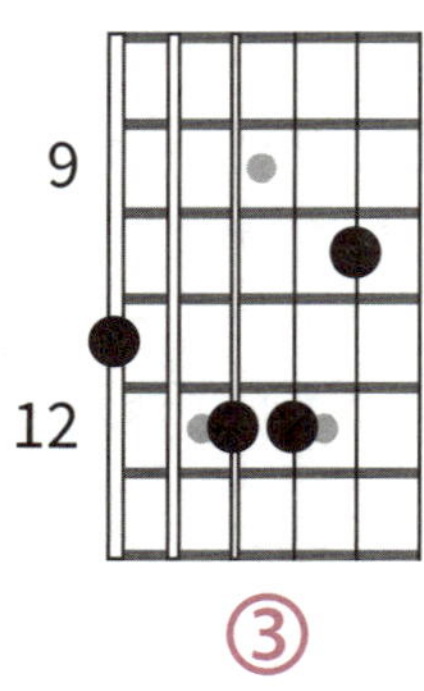
③

Top Position

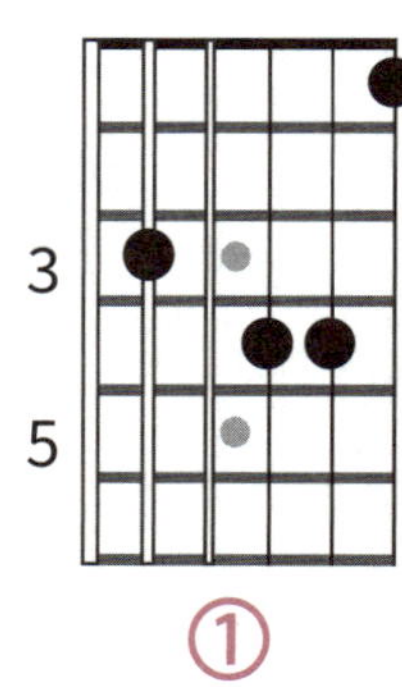
①

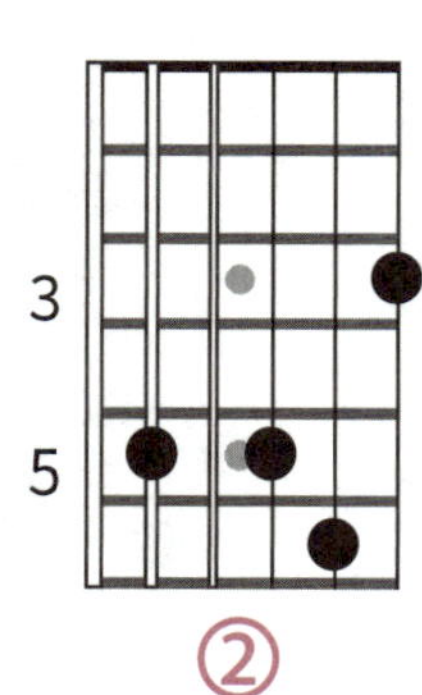
②

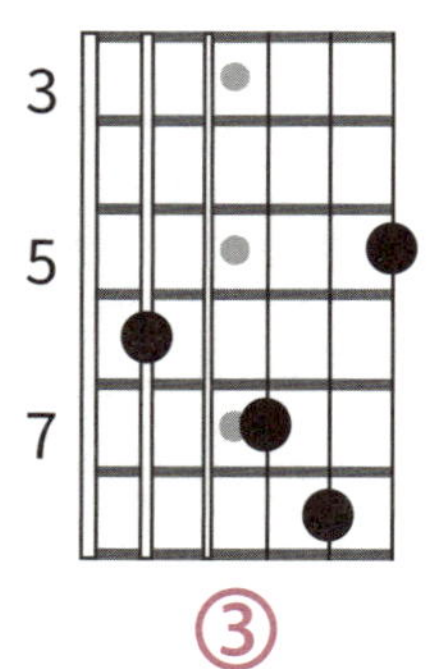
③

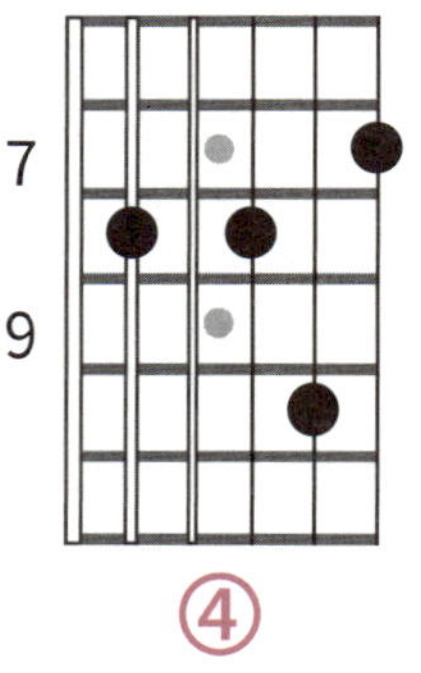
④

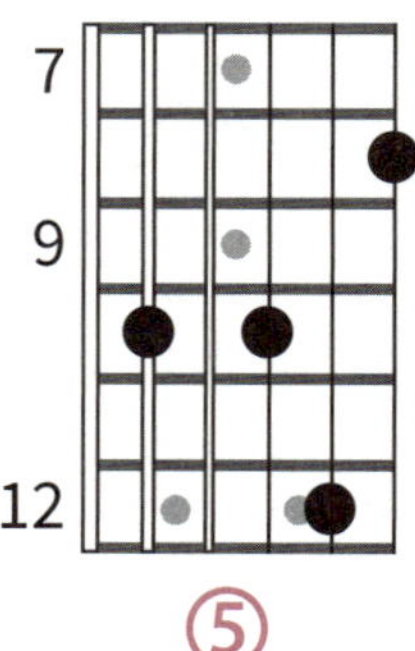
⑤

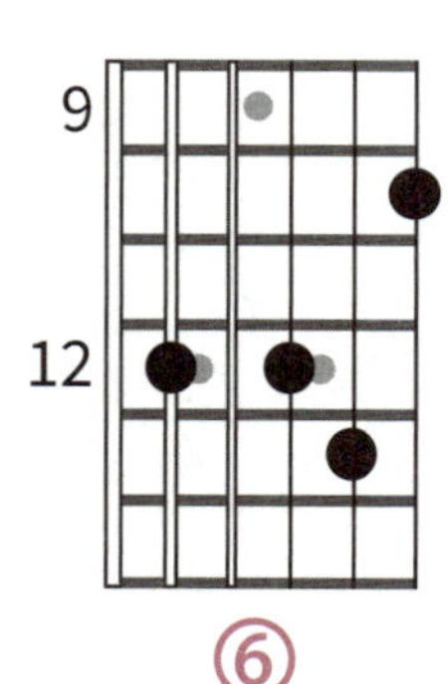
⑥

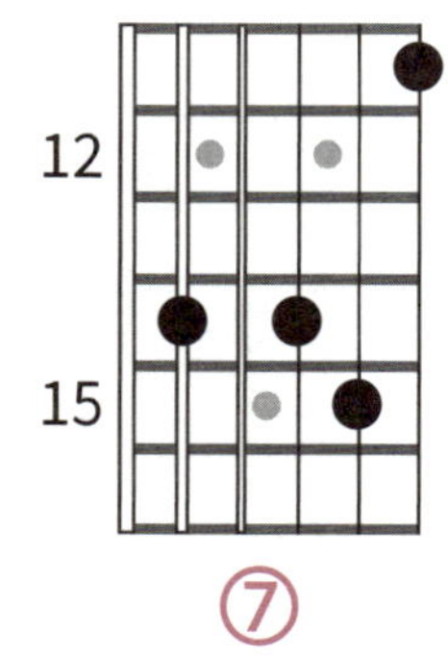
⑦

트위킹 드롭 2 – 메이저 코드

CM9♯5

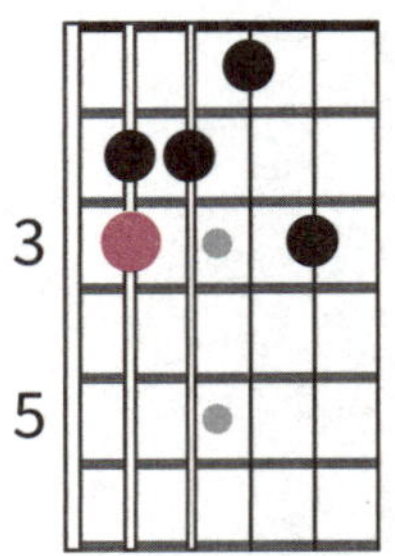 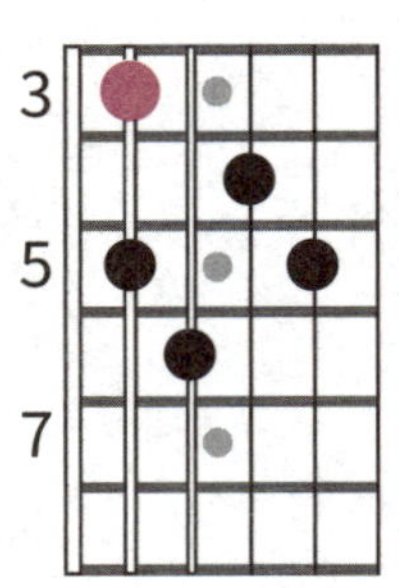 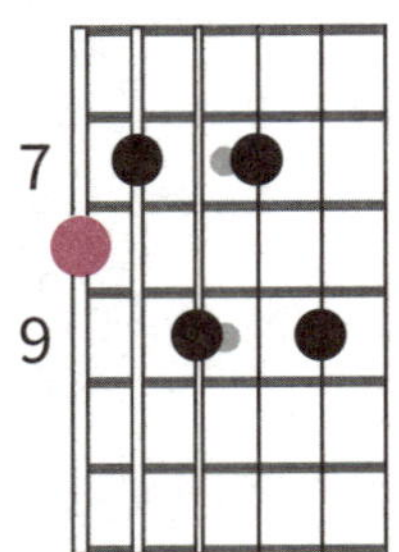 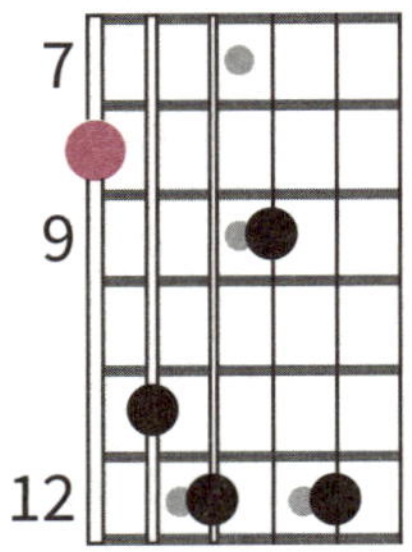

CM9

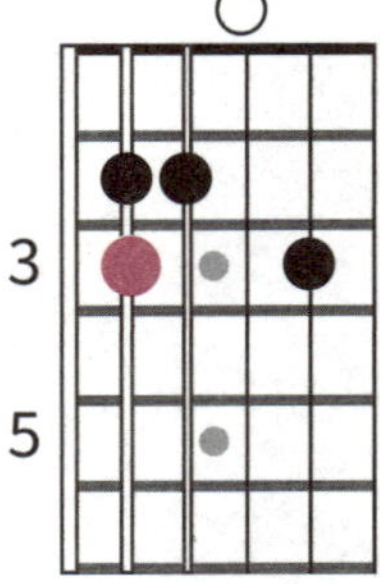 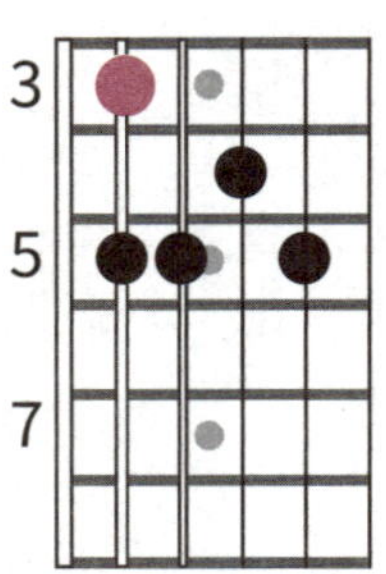 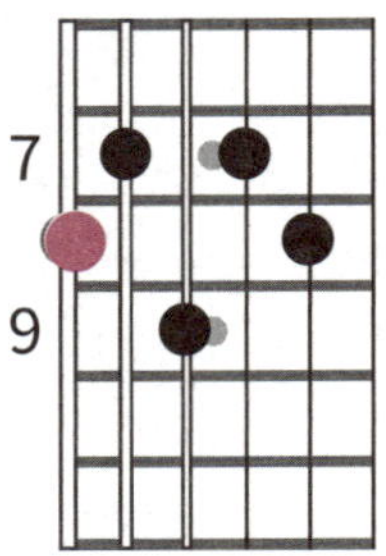 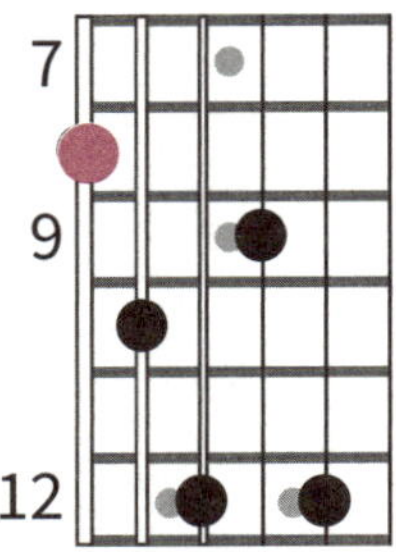

CM9♯11

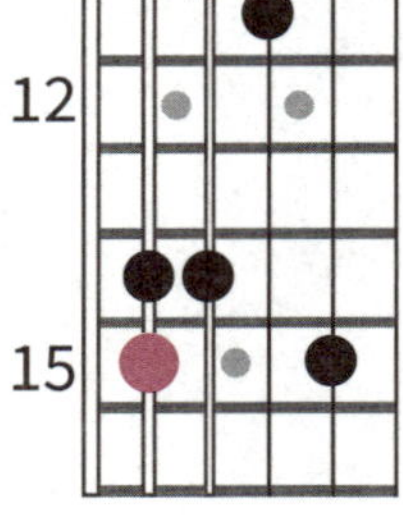 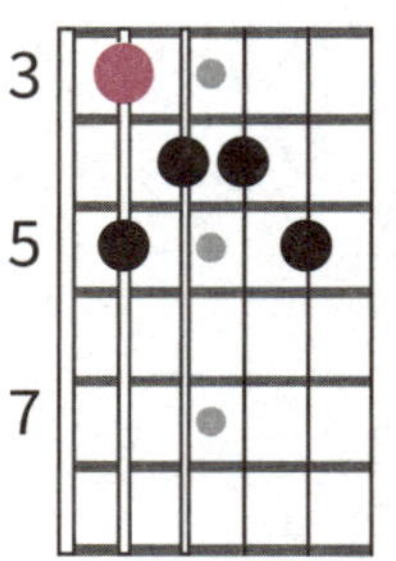 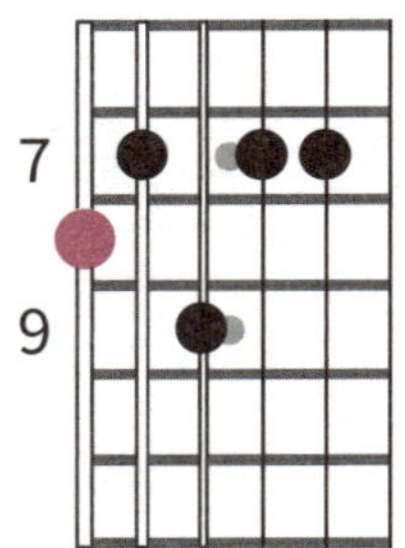 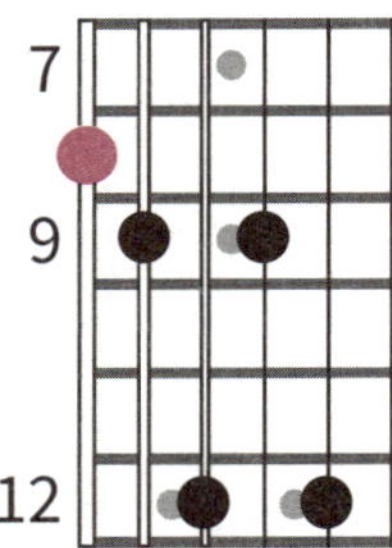

CM13♯11

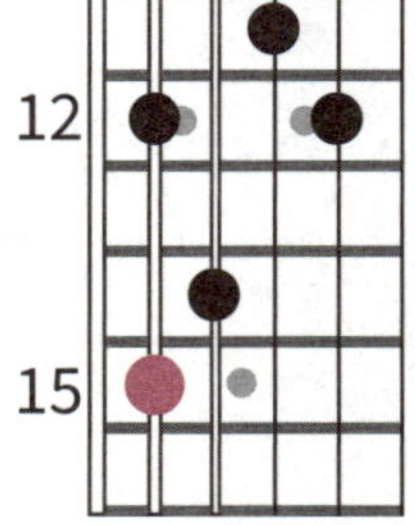 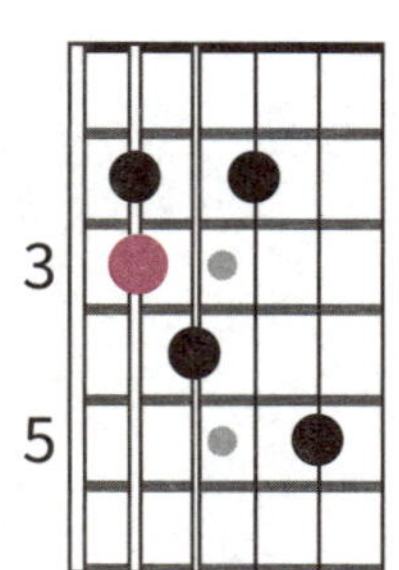 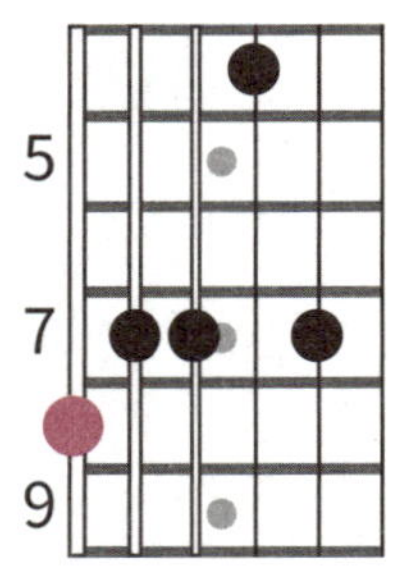 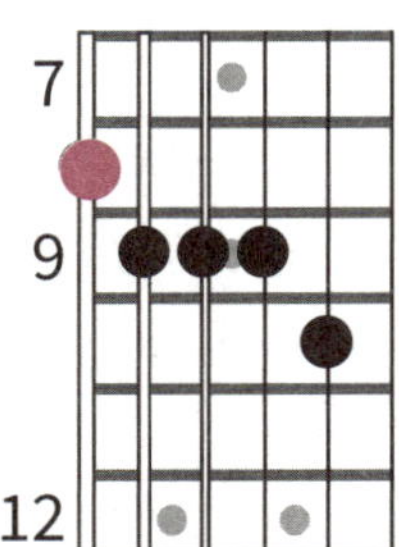

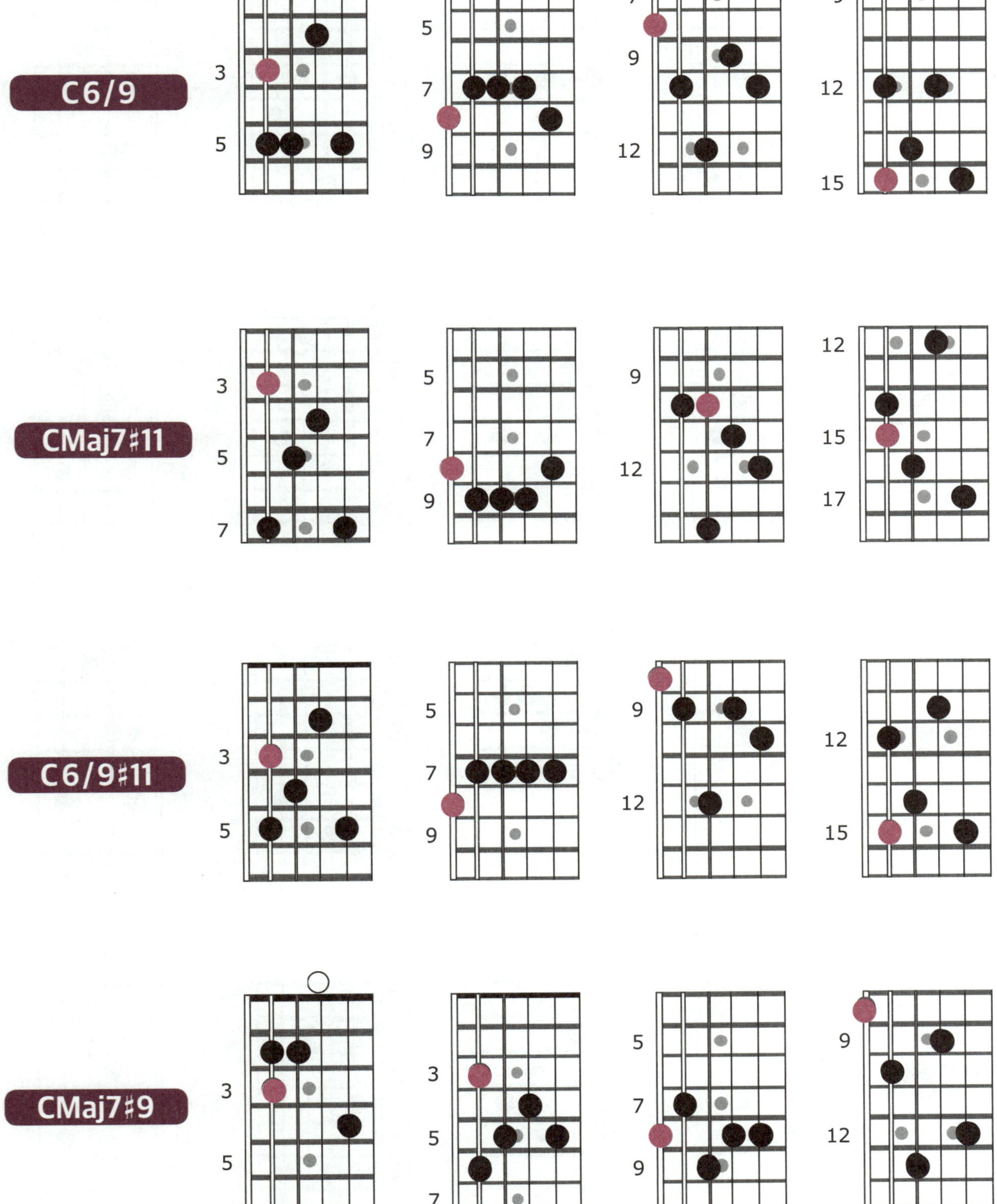

C6/9
CMaj7#11
C6/9#11
CMaj7#9

트위킹 드롭 2 – 마이너 코드

Tweaking Drop 2 - Minor

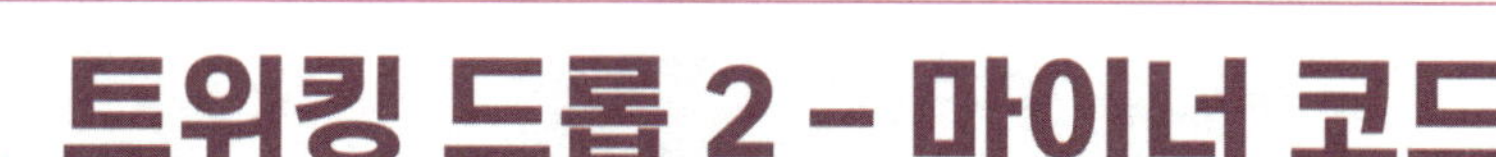

Cm11

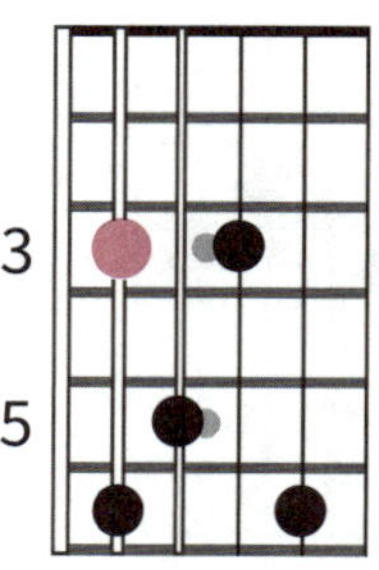 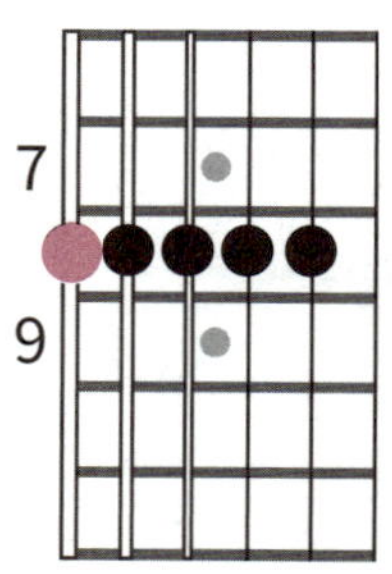 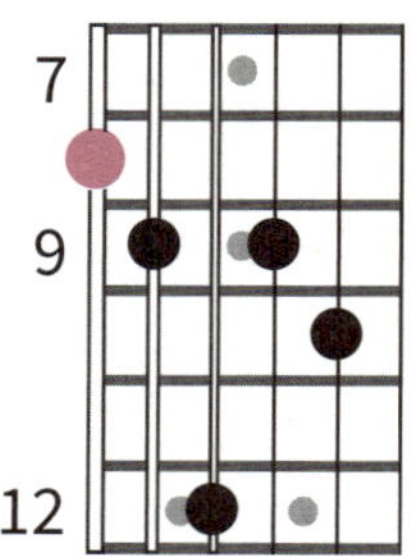 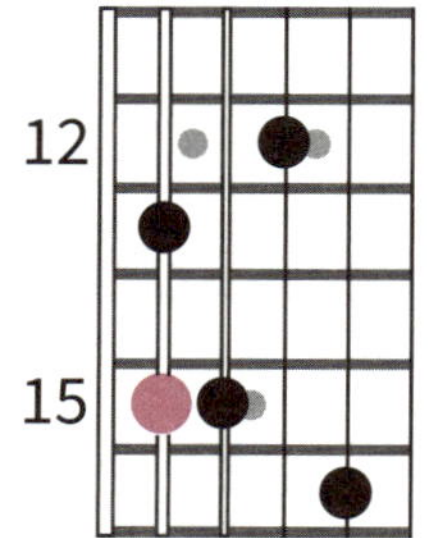

Cm9

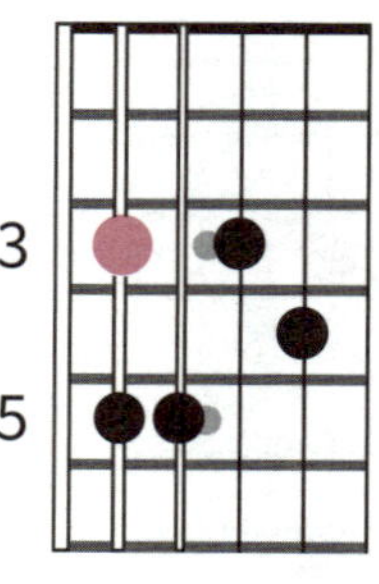 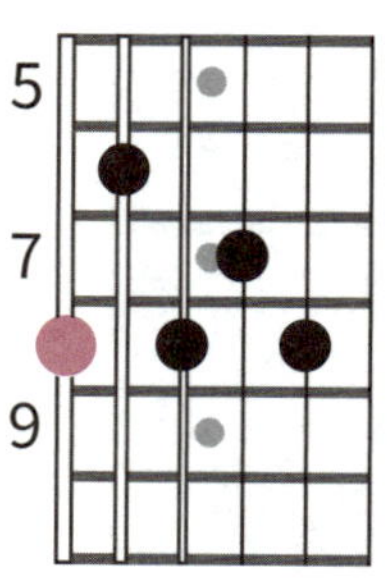 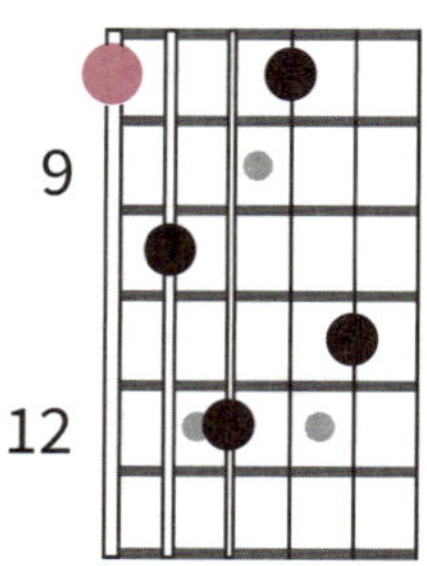 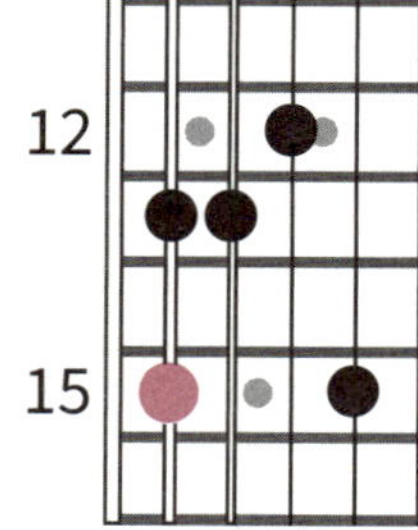

Cm9♭5

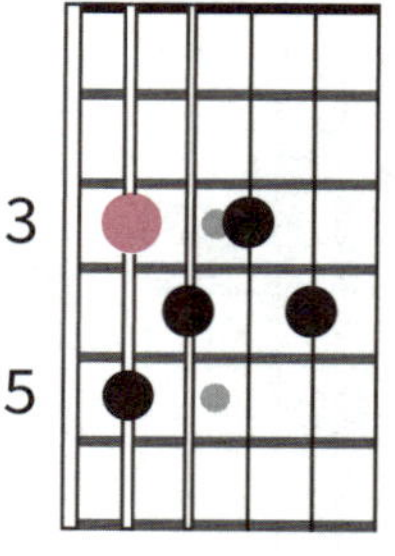 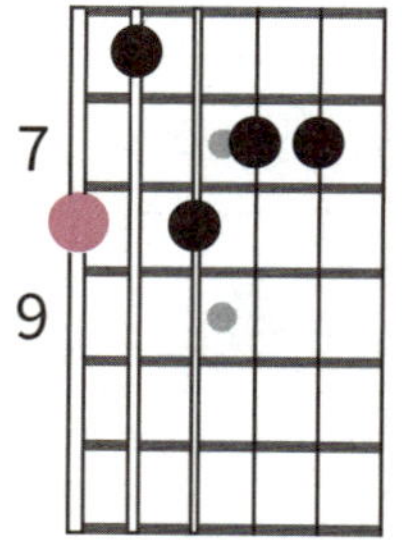 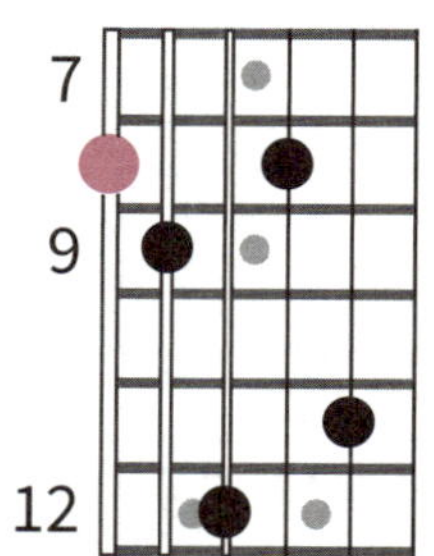 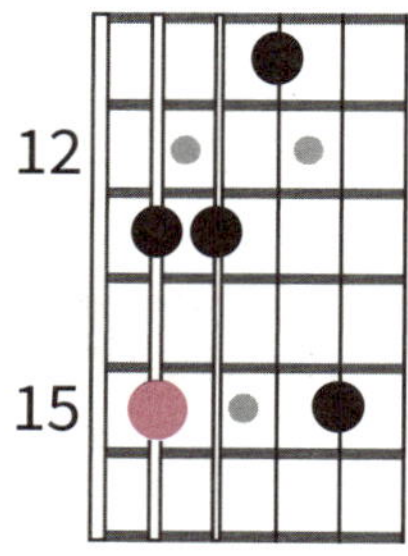

CmM9

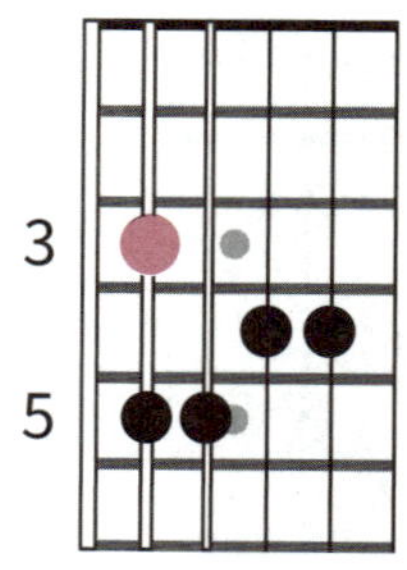 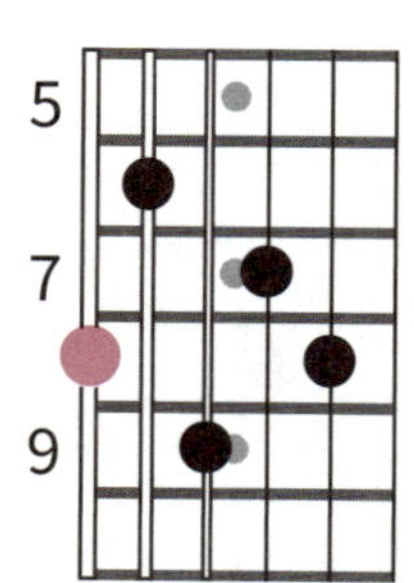 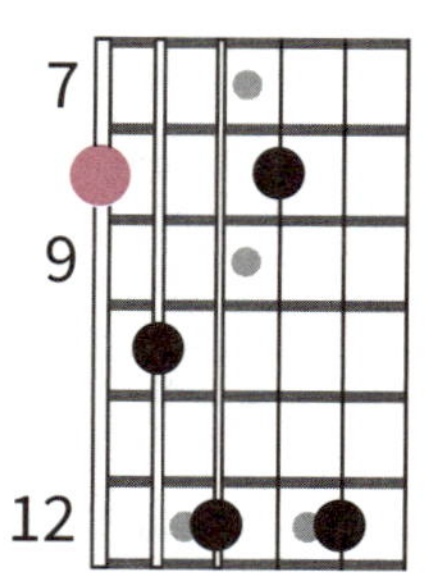 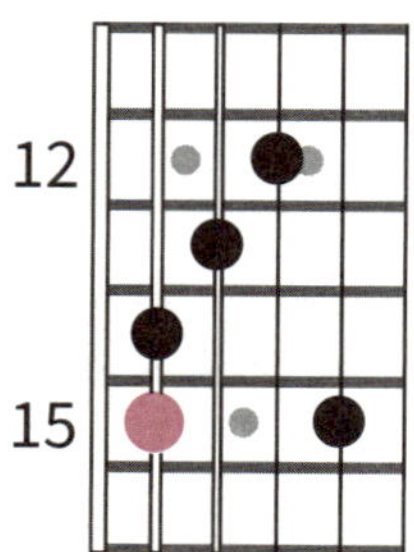

Cmin6/9

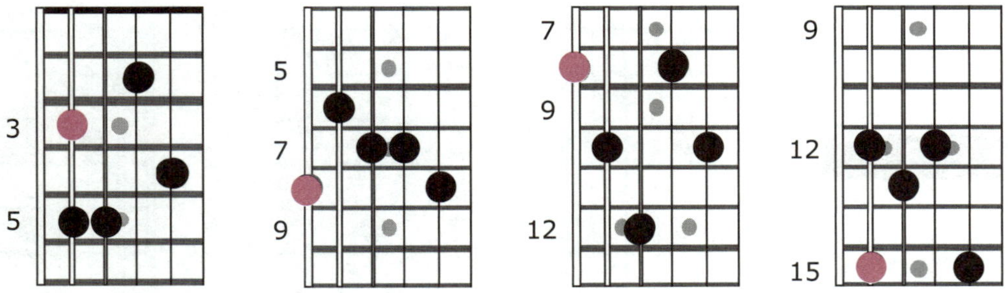

CmMaj#11

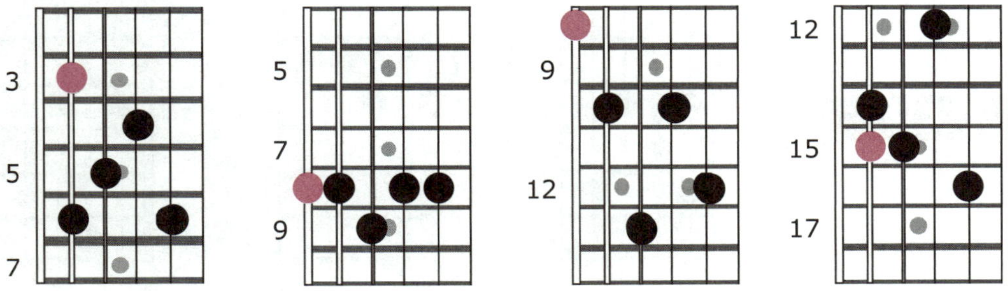

Cmin6(11)

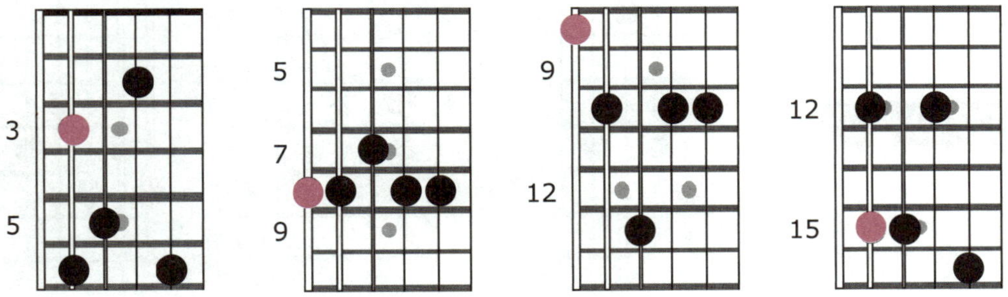

트위킹 드롭 2 – 도미넌트 코드 Tweaking Drop 2 - Dominant

C13

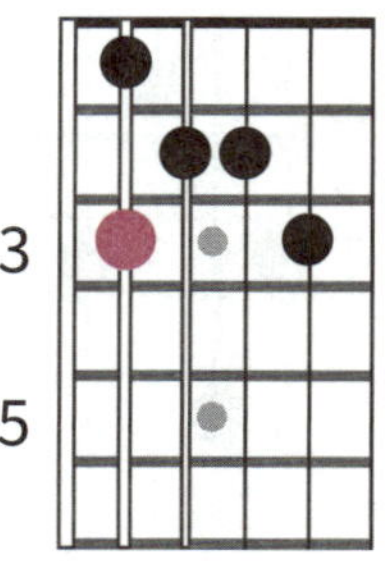
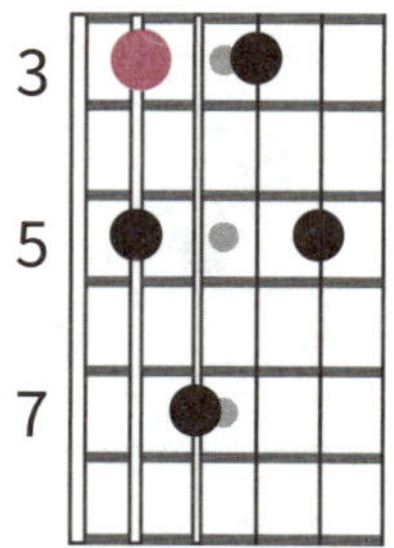
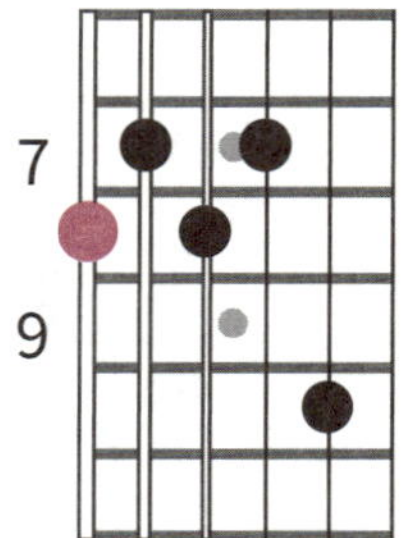
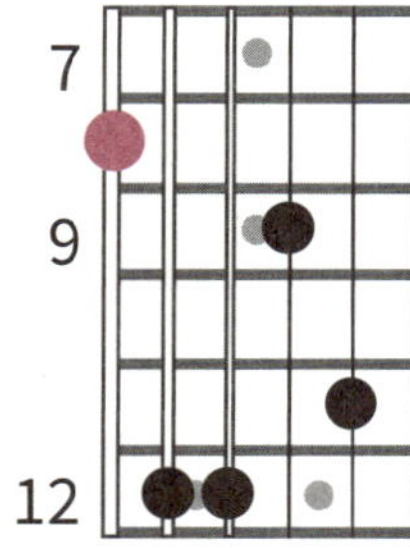

C9♯11

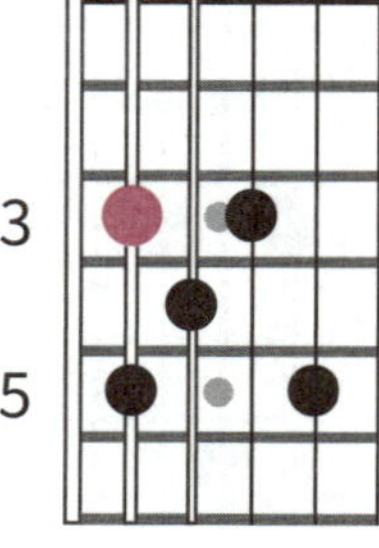
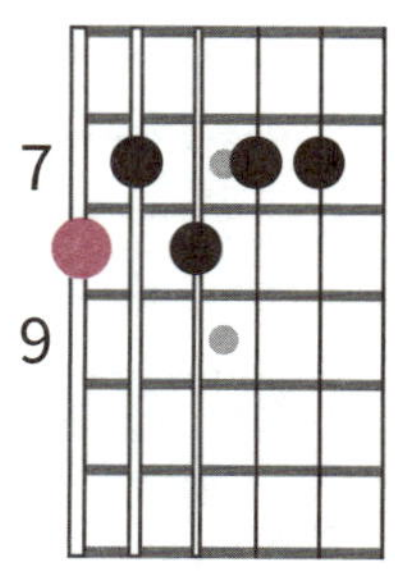
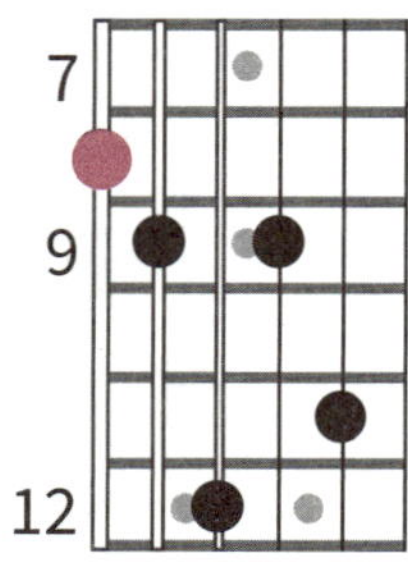
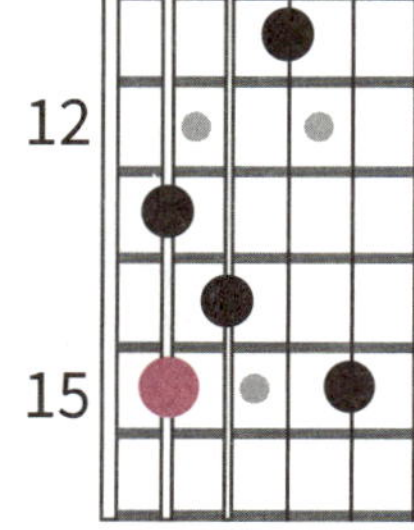

C7♭9♭5

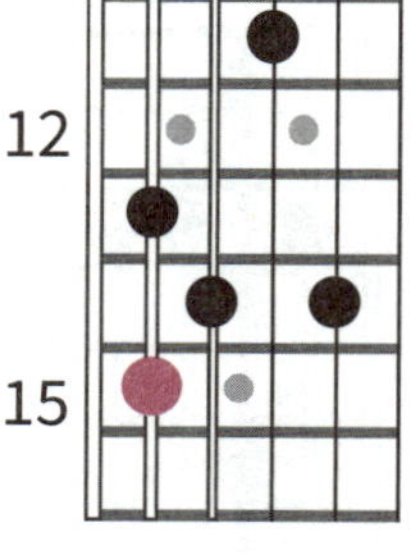
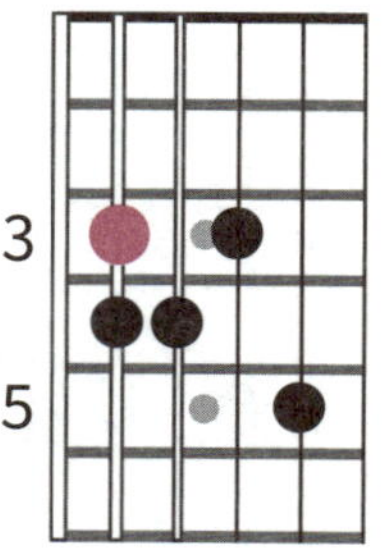
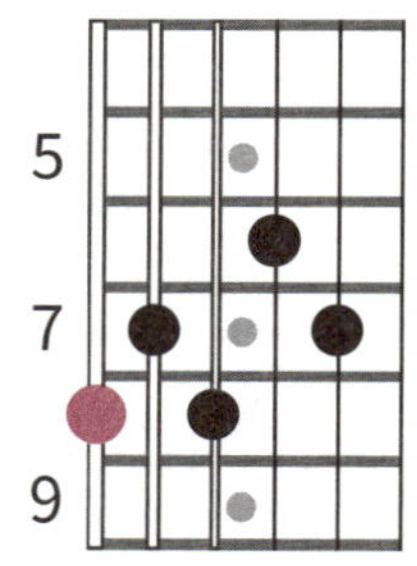
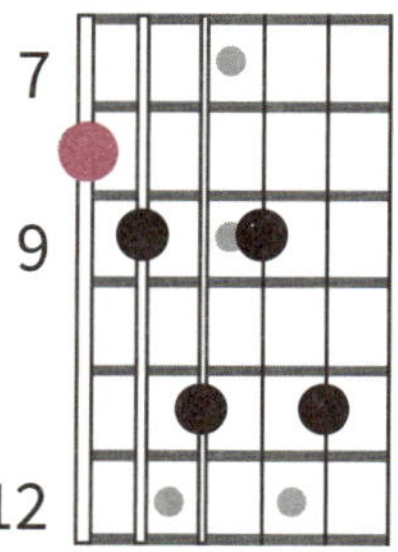

C7♯9♯5

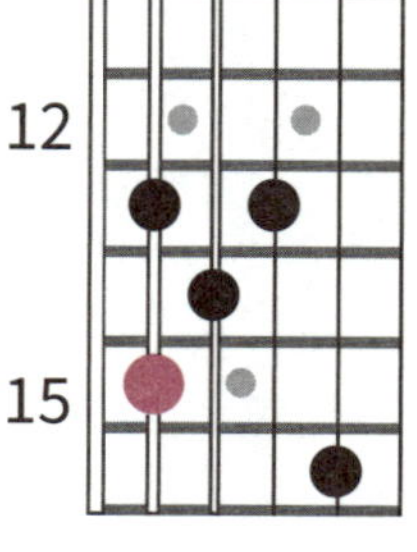
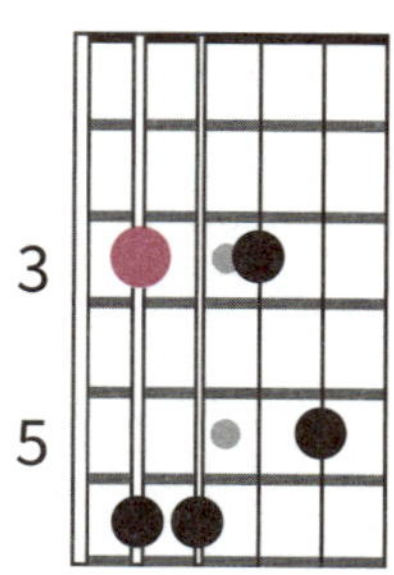
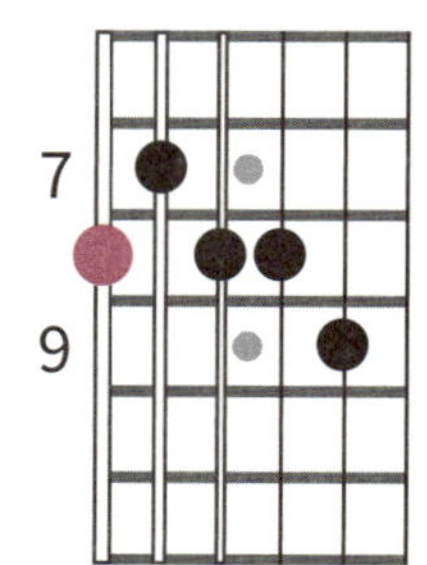
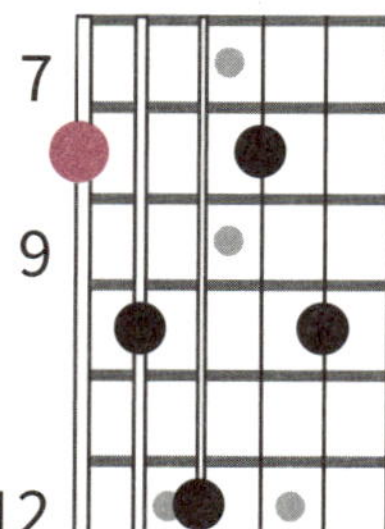

C13♭9

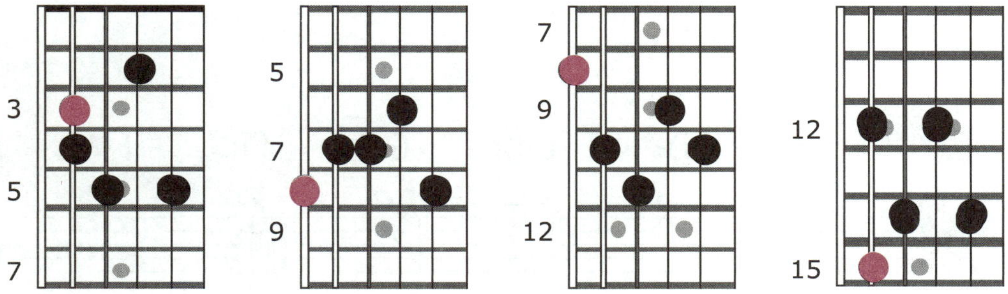

C7♭9#5

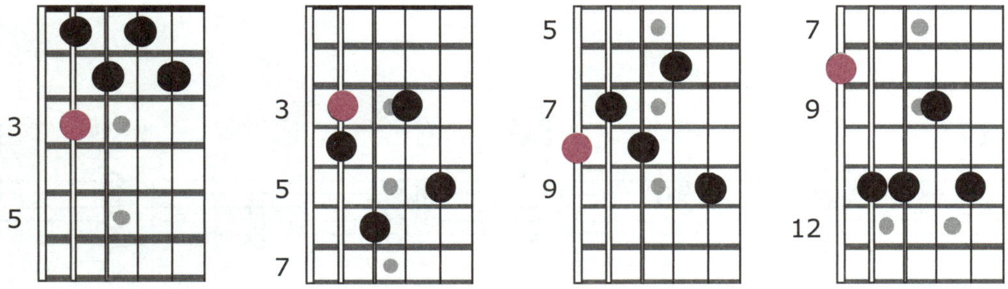

C13#11

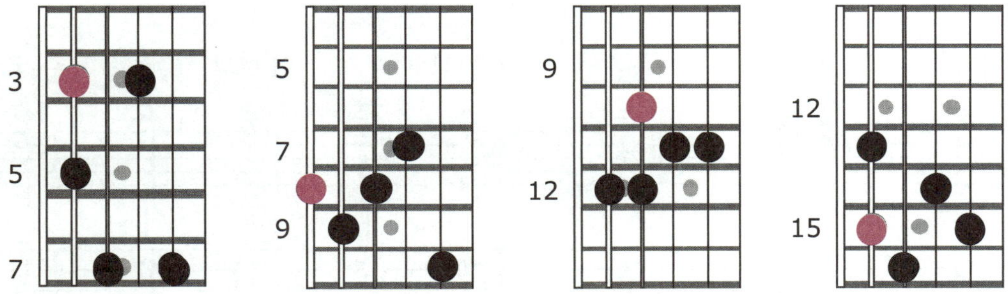

C9#5

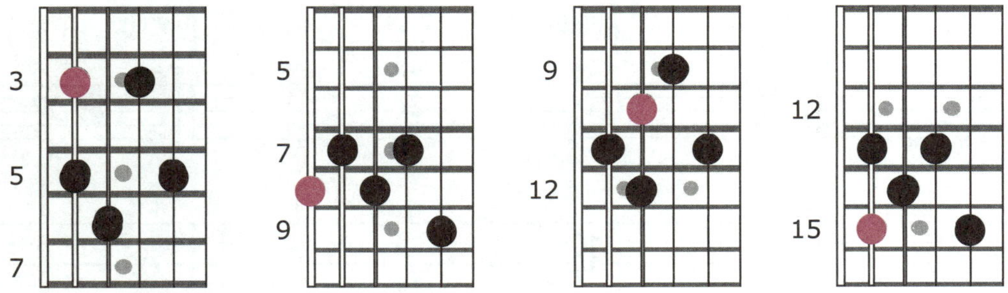

트위킹 드롭 2 예제 1

BEAUTIFUL LOVE

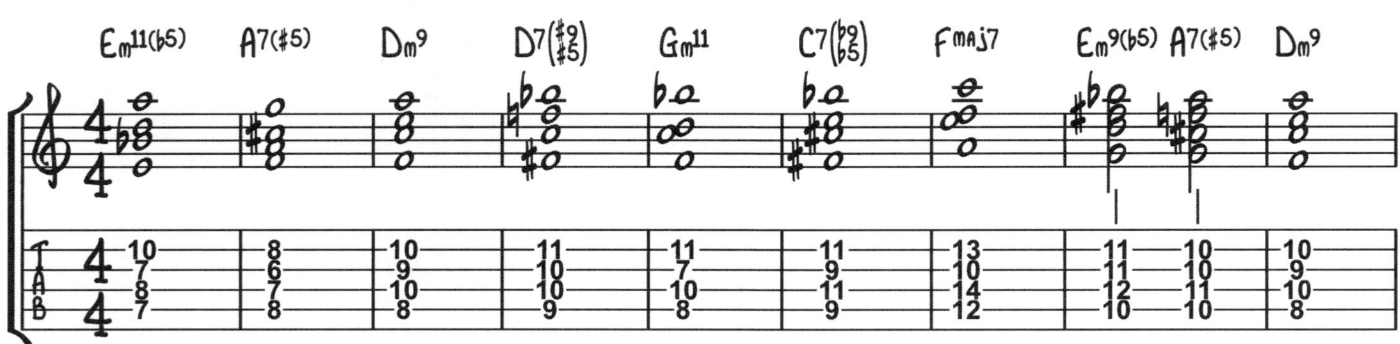

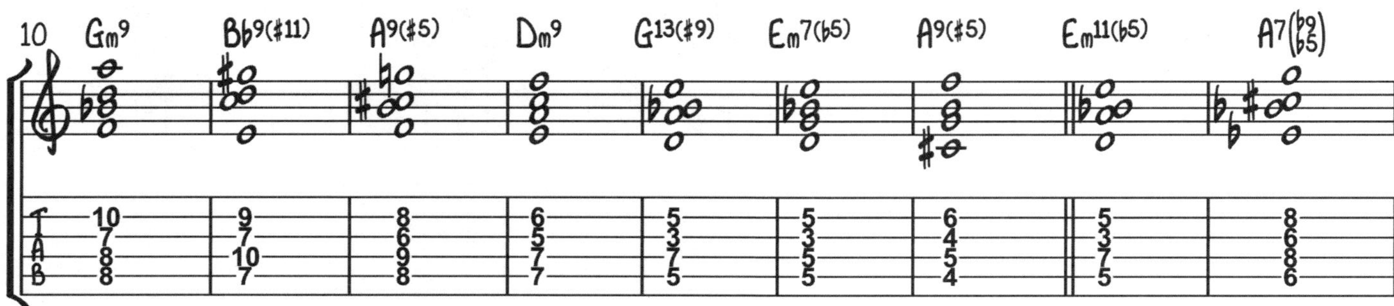

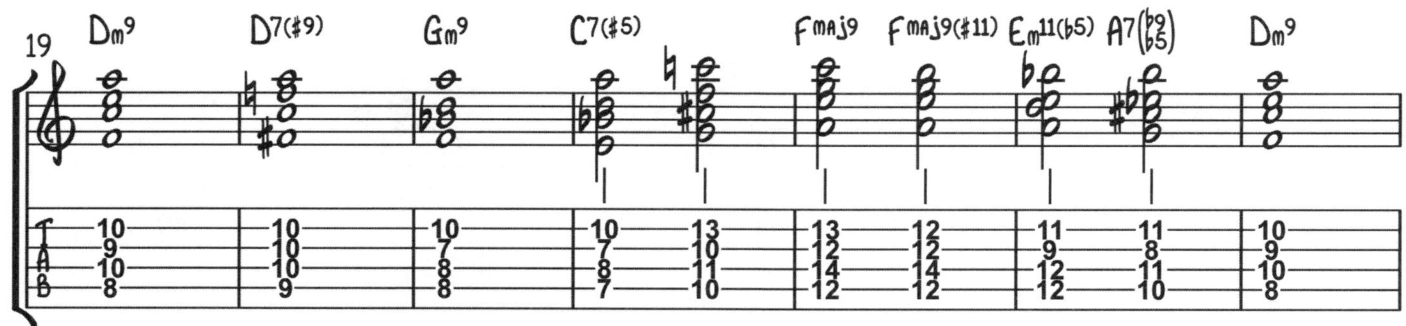

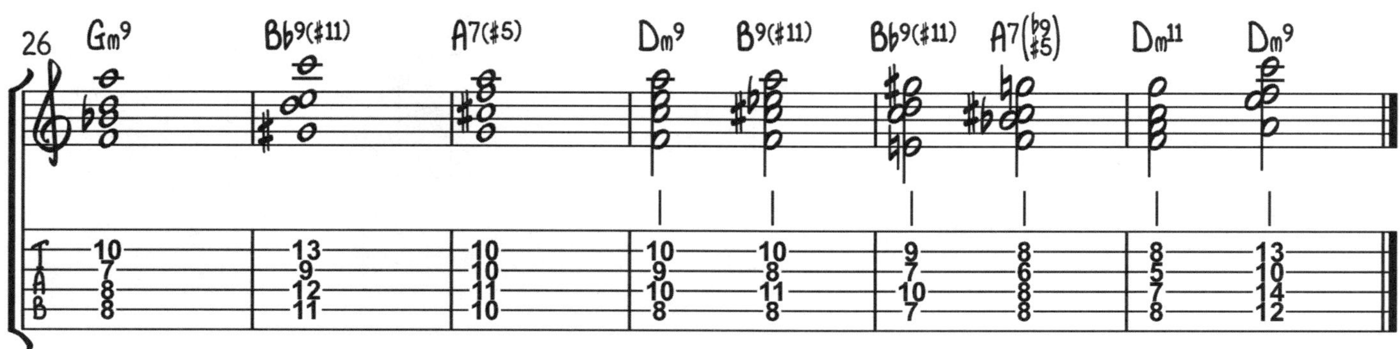

트위킹 드롭 2 예제 2

BODY AND SOUL

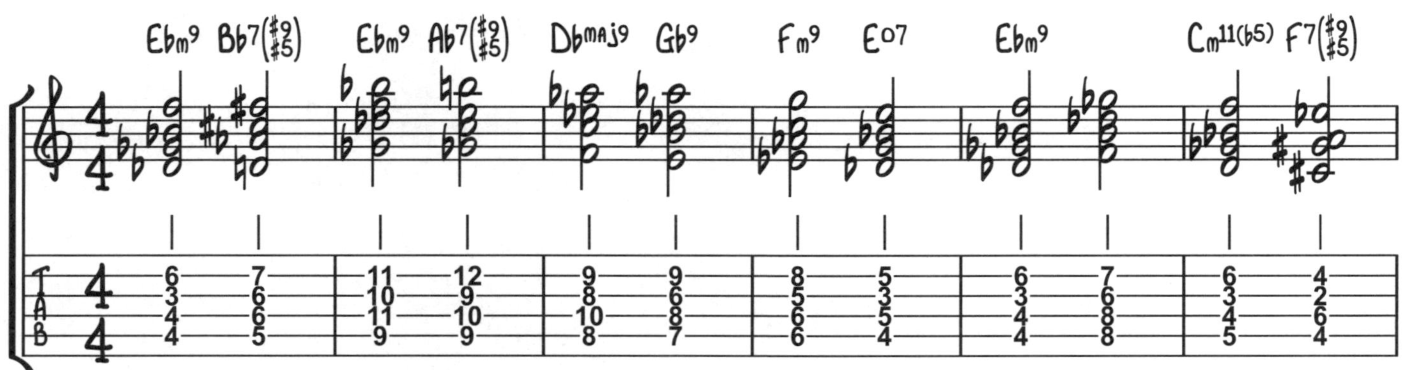

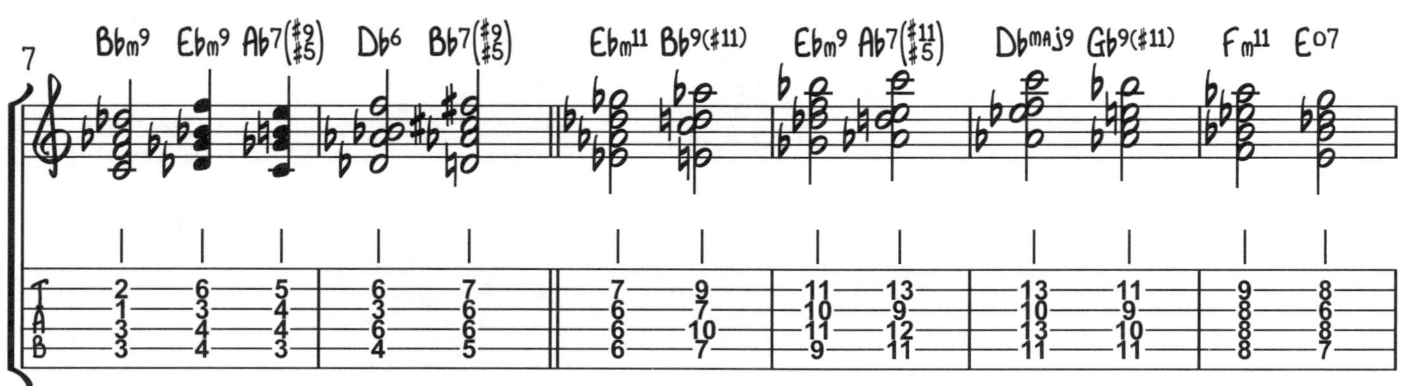

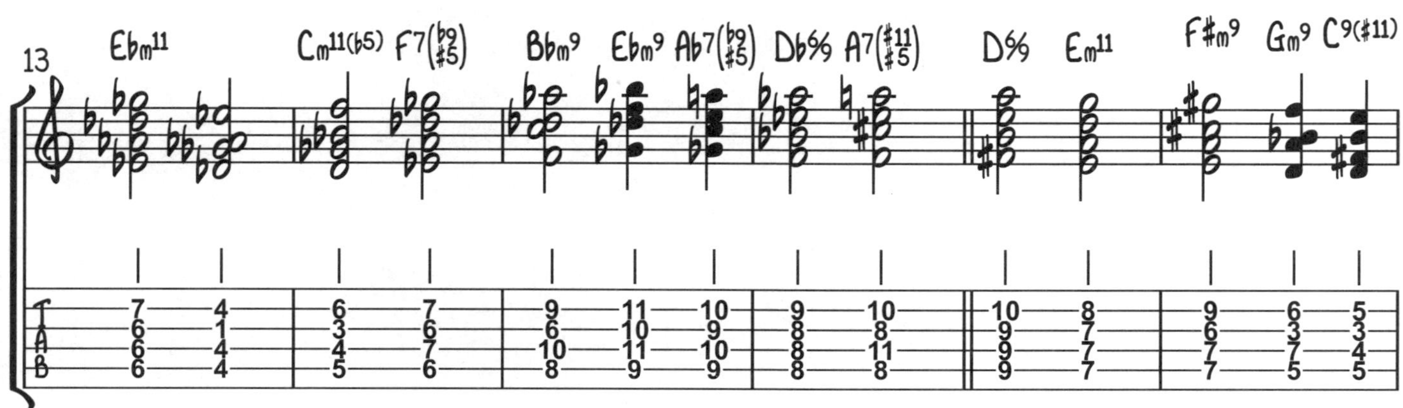

NO COPY

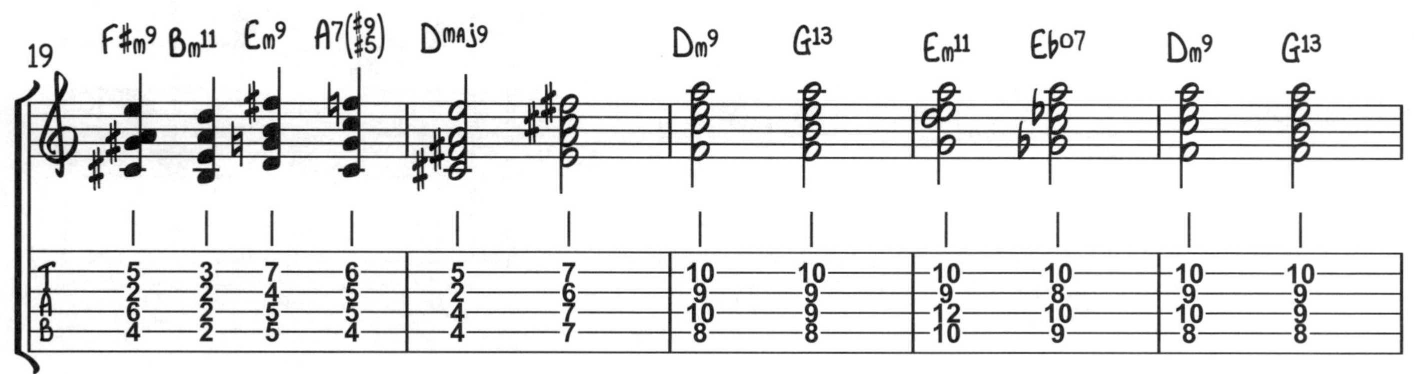

19
F#m9 Bm11 Em9 A7(#9/#5) Dmaj9 Dm9 G13 Em11 Eb07 Dm9 G13

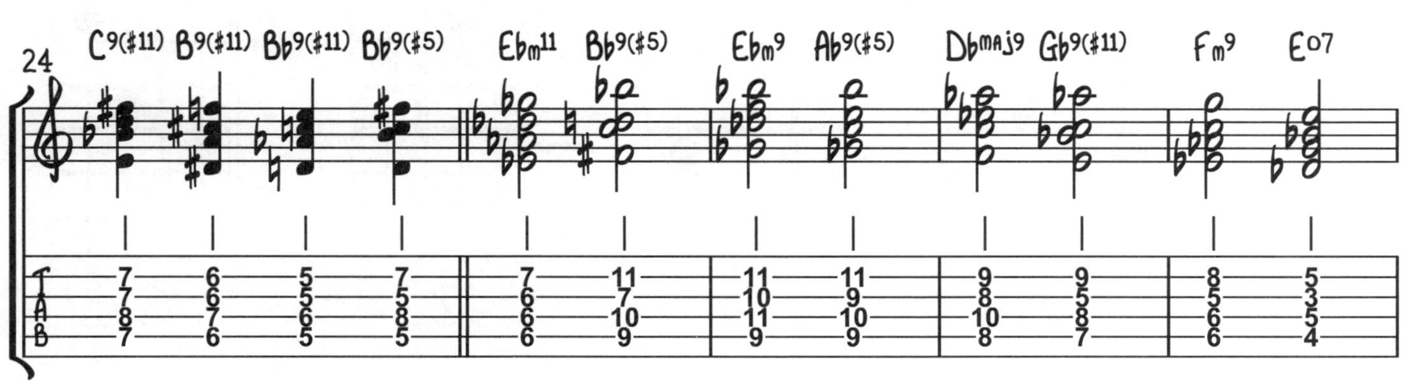

24
C9(#11) B9(#11) Bb9(#11) Bb9(#5) Ebm11 Bb9(#5) Ebm9 Ab9(#5) Dbmaj9 Gb9(#11) Fm9 E07

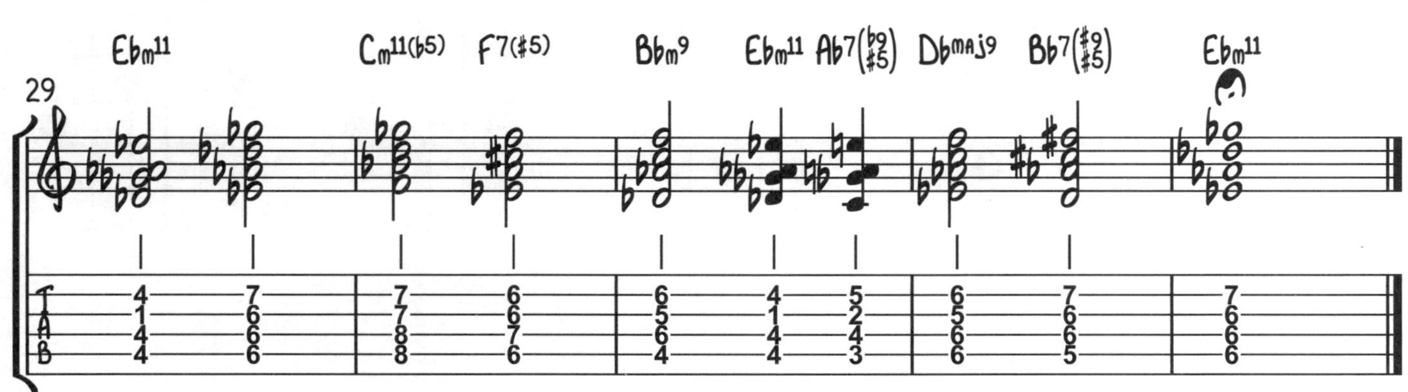

29
Ebm11 Cm11(b5) F7(#5) Bbm9 Ebm11 Ab7(b9/#5) Dbmaj9 Bb7(#9/#5) Ebm11

메이저 나인스 코드 보이싱

Major 9th Voicings

DM9

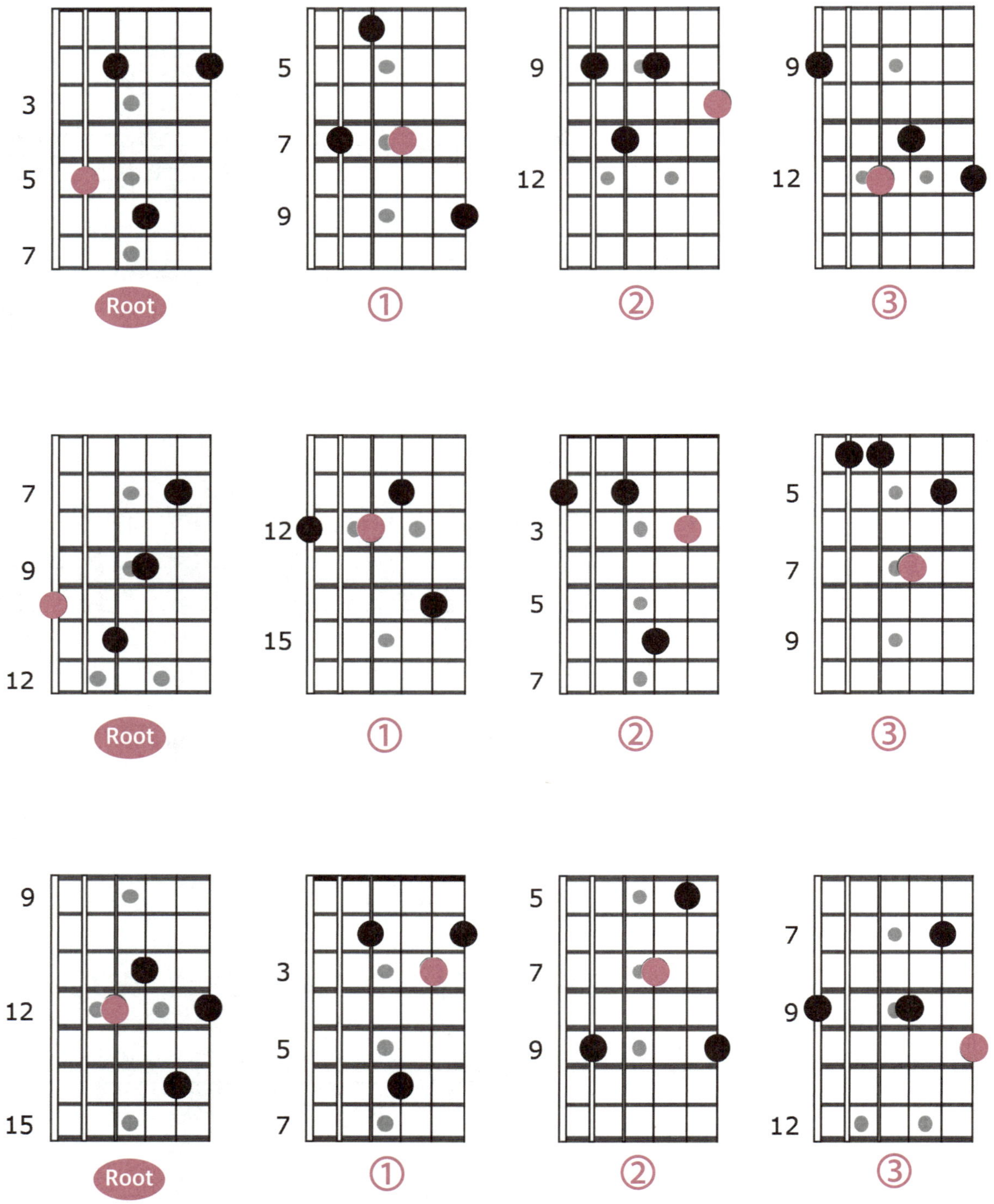

메이저 나인스 코드 보이싱의 활용

Using Major 9th Voicings

E♭M9/D = D7alt or Dm11♭9 Phrygian sus sound (♭9 11 R ♭3)

FM9/D = Dm11 (♭3 5 9 11)

G♭M9/D = D7alt (3 ♯5 ♯9 ♯11)

A♭M9/D = Dm11♭5 (♭5 ♭7 11 ♭13)

AM9/D = DM13♯11 (5 7 ♯11 13)

B♭M9/D = D Natural minor Sound (♭13 R 5 ♭7)

CM9/D = D9sus or Dm sound (♭7 9 13 R)

Ex. 1 ‖: Fm7 (A♭M9) | B♭7 (DM9) | E♭M7 (E♭M9) | A♭7 (G♭M9) :‖

Ex. 2 ‖: Cm7♭5 (G♭M9) | F7 (AM9) | B♭M7 (FM9) :‖

Ex. 3 ‖: F♯m7♭5 (CM9) | B7 (E♭M9) | Em7 (GM9) :‖

마이너 나인스 코드 보이싱

Minor 9th Voicings

Dm9

마이너 나인스 코드 보이싱의 활용

Using Minor 9th Voicings

Em9/D = D9sus (9 3 R 11)

Fm9/D = Dm11♭5 (♭3 11 ♭9 ♭5)

G♭m9/D = DM9#11 (3 #11 9 5)

Gm9/D = D Natural minor Sound (11 5 ♭3 ♭13)

A♭m9/D = D13alt (♭5 #5 3 13)

Bm9/D = DM13 (13 7 5 R)

Cm9/D = D7alt (♭7 R #5 ♭9)

Ex. 1 ‖: Fm7 (Fm9) | B♭7 (A♭m9) | E♭M7 (Gm9) :‖

Ex. 2 ‖: Cm7♭5 (E♭m9) | F7 (Bm9) | B♭M7 (Gm9) :‖

Ex. 3 ‖: F#m7♭5 (Am9) | B7 (Am9) | Em7 (Em9) :‖

도미넌트 나인스 코드 보이싱

Dominant 9th Voicings

D9

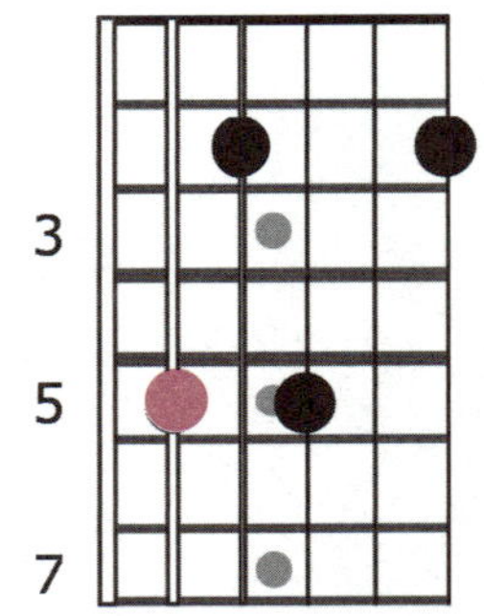

Root

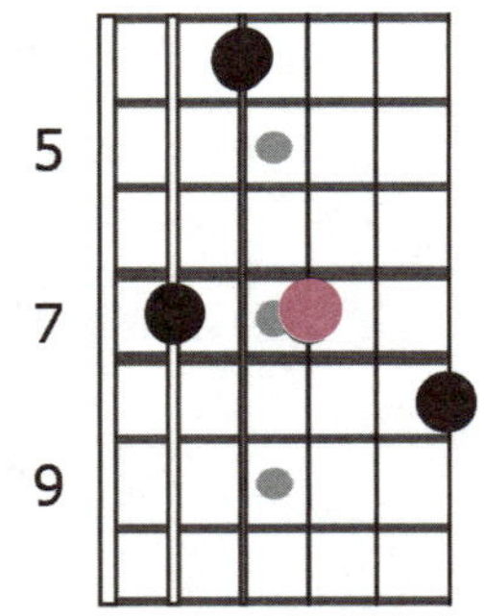

①

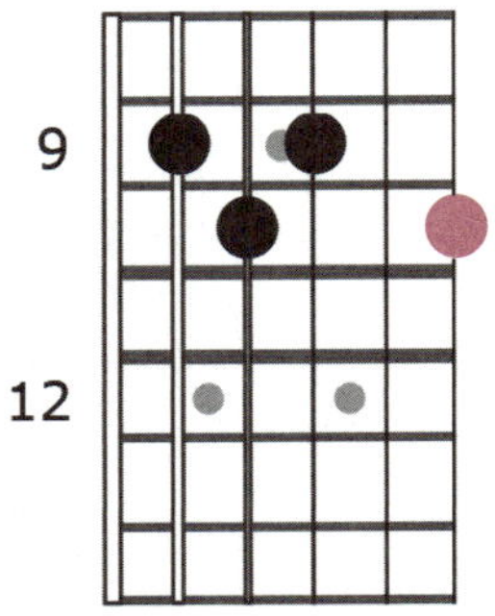

②

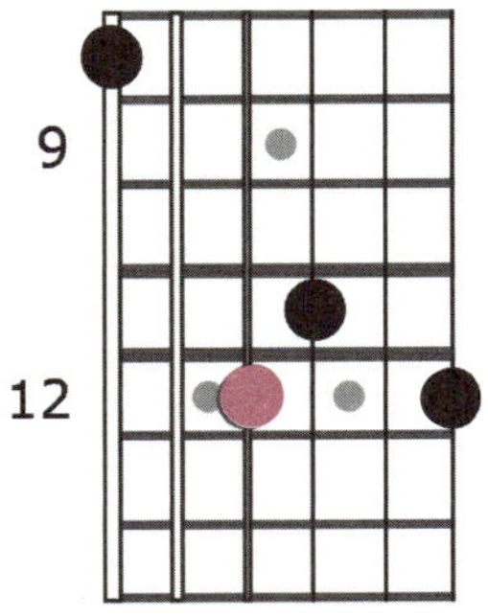

③

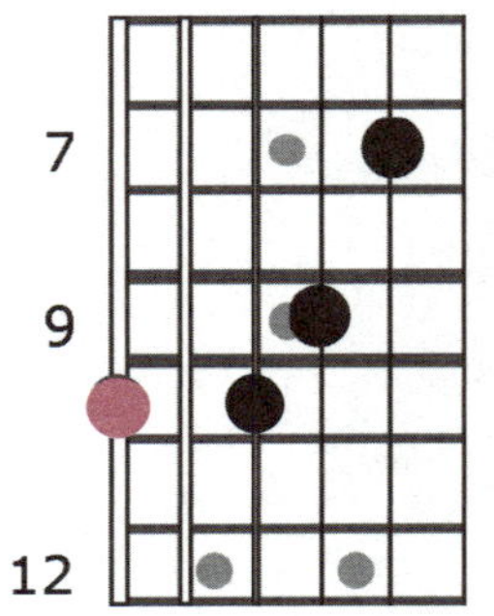

Root

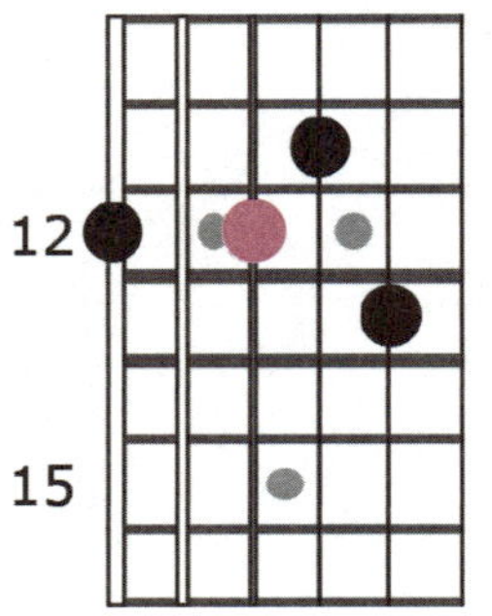

①

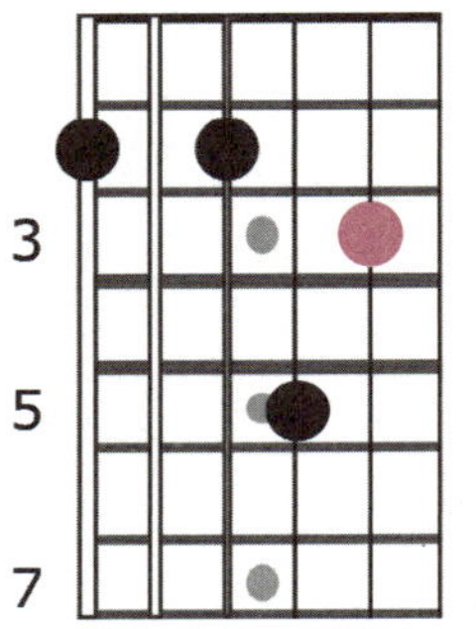

②

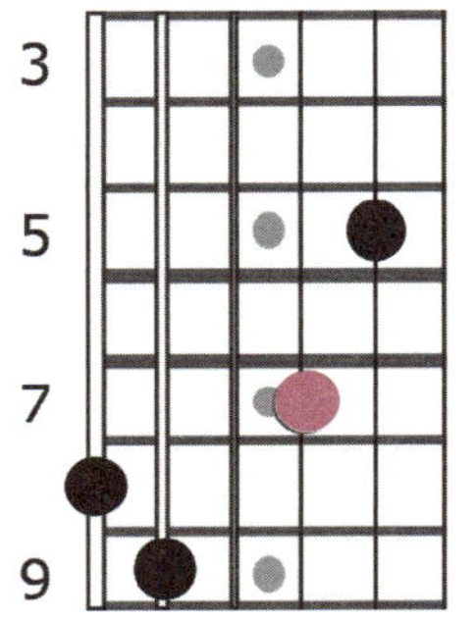

③

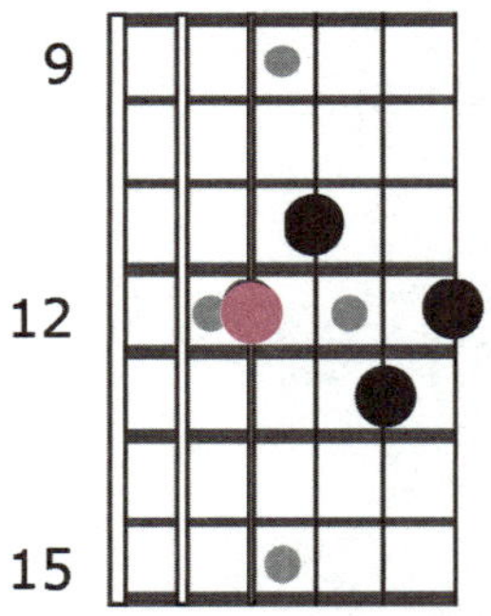

Root

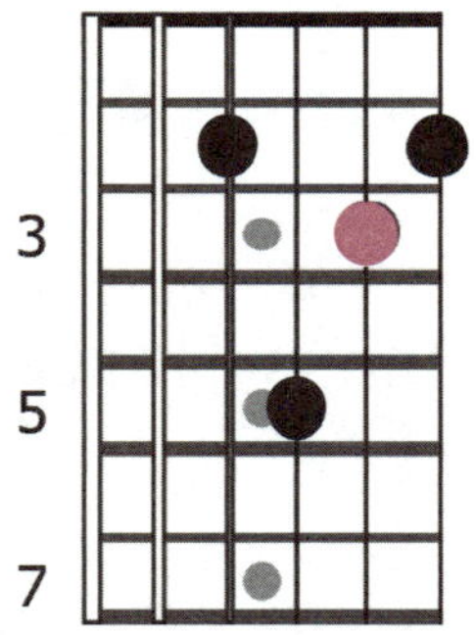

①

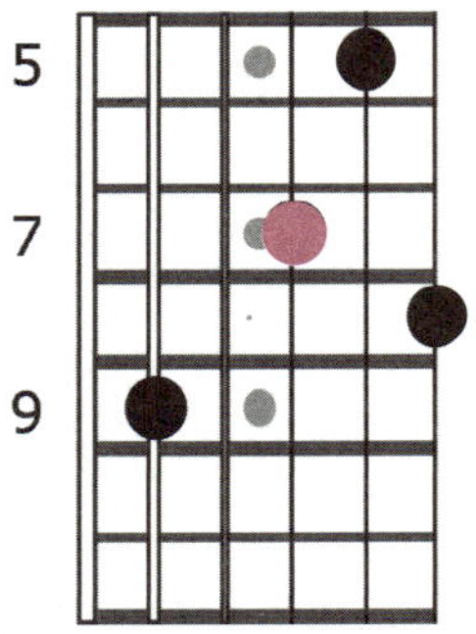

②

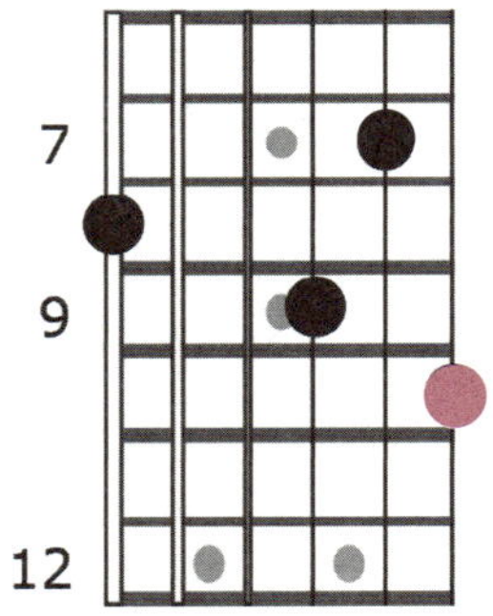

③

도미넌트 나인스 코드 보이싱의 활용

Using Dominant 9th Voicings

E9/D = D9#11 (9 3 R #11)

F9/D = D7alt or Dm11♭9 Phrygian sus sound (♭3 11 ♭9 5)

G♭9/D = DM9#5 or D7#5 (3 #11 9 #5)

G9/D = Dm13 (11 5 ♭3 13)

A♭9/D = D7alt (♭5 #5 3 ♭7)

B♭9/D = Dm7♭5 (♭13 ♭7 ♭5 R)

C9/D = D9#5 (♭7 R #5 9)

Ex. 1　‖: Fm7 (B♭9) | B♭7 (E9) | E♭M7#5 (G9) :‖

Ex. 2　‖: Cm7♭5 (A♭9) | F7 (B9) | B♭M7#5 (D9) :‖

Ex. 3　‖: F#m7♭5 (D9) | B7 (F9) | Em7 (A9) :‖

조혜진

Musicians Institute GIT 준학사 졸업

Berklee College of Music 학사 졸업

University of Southern California 석사 휴학

가천대학교 교육대학원 음악교육 대학원 졸업

개인 정규 앨범 《Bygone days》 발매

백석예술대학교, 신안산대학교, 남서울종합예술대학교, 서울공연예술고등학교, 세종예술고등학교 등 외출강

모두의
기타 코드 바이블

발행일 2024년 1월 20일

저자 조혜진
발행인 최우진
편집 김병수
디자인 김세린

발행처 그래서음악(somusic)
출판등록 2020년 6월 11일 제 2020-000060호
주소 경기도 성남시 분당구 정자일로 177
전화 031-623-5231 **팩스** 031-990-6970
이메일 mysomusic@naver.com

ISBN 979-11-92447-88-9(13670)